AMERICI
80
BALOR REGIO
desertum
GARNEI
180
190
200
60
50

Raymond Cartier
In die neue Welt

Raymond Cartier

In die neue Welt

Wie die Europäer Nordamerika besiedelten

Mit 73 Abbildungen und 4 Karten

R. Piper & Co. Verlag
München Zürich

Aus dem Französischen übertragen von Hanns und Myra von Winter
Die Original-Ausgabe erschien unter dem Titel
»L'EUROPE À LA CONQUÊTE DE L'AMÉRIQUE«,
bei Librairie Plon, Paris, 1956
Bildnachweis: Amerikanische Botschaft, Bonn/Bad Godesberg (7),
Bilderdienst Süddeutscher Verlag, München (4)

ISBN 3-492-02368-1
Überarbeitete und ergänzte Neuausgabe 1978

Gesamtherstellung: Kösel, Kempten
Printed in Germany

Inhalt

Die Indianer 7

Die Spanier 33

Die Konquistadoren: Vaca, Coronado, de Soto und das nordamerikanische Trugbild 35

Die Hidalgos: Von den Sümpfen Floridas bis zum Großen Cañon: Der rauhe Vortrupp des Spanischen Weltreichs 62

Die Franzosen 87

Die Entdecker: Cartier sucht nach der Großen Passage und entdeckt den Sankt Lorenz-Strom; Champlain baut seinen Glauben darauf 89

Die Märtyrer: Jogues, Jean de Brébeuf und die Jesuiten von Huronien am Marterpfahl der Irokesen 117

Die Vergessenen: Kanadas schmerzliche Kindheit; die Ankunft des Mgr. de Montmorency-Laval 142

Die Soldaten: Das Regiment de Carignan — Salières und Oberpräsident J. B. Talon errichten in Amerika eine Provinz Frankreichs 158

Die Eroberer: Der Graf de Frontenac und die tragische Geschichte von La Salle 177

Holländer und Schweden 229

Die Engländer 255

Die Virginier: Kapitän John Smith gründet ein Weltreich 257

Die Virginier: Der erste Aufständische der Neuen Welt, ein Taugenichts namens Nathaniel Bacon 282

Die Puritaner: John Winthrop Esq. im Kielwasser der »Mayflower« 303

Die Puritaner: Mrs. Hutchinson und der hochwürdige Williams im Streit mit der Theokratie 324

Die Puritaner: Das Neue Sion gegen die Quäker und zwei Könige: Philipp und Stuart 351

Die Puritaner: Die wahre Geschichte der Hexen von Salem und anderer Orte 382

Schluß 395

Das Jahr 1689 397

Register 417

Erläuterungen zu den Abbildungen 437

Die Indianer

Sie kannten das Rad nicht. Auch die Schrift nicht. Sie schmolzen kein Metall. Ein einziges Haustier hatten sie: den Hund, der ihnen als Pack- und Zugtier diente, des öfteren auch als Nahrung. Manche lebten ganz nackt, die meisten betrieben keinerlei Ackerbau, und nur ganz wenige hatten es bis zur Töpferkunst gebracht. Groß waren die Unterschiede zwischen der Lebensweise und dem Kulturniveau ihrer Stämme, aber über das Steinzeitalter war keiner hinausgekommen. Baumrinde, Weidenstämme, Tierknochen, Tierhäute und -sehnen, Steine und, bei den entwickeltesten, etwas Baumwolle und Kupfer, im Rohzustand aufgelesen — all das bildete ihr Material —, und darin bestand auch ihr Arsenal in ihren Kämpfen gegen die wilde Natur des Kontinents.

Die Indianer, von denen hier die Rede ist, saßen auf dem Gebiet der heutigen Vereinigten Staaten und des südlichen Kanada. Bei ihnen gab es nichts, was sich mit der Zivilisation der Maya, der Kunst der Inkas oder der Organisation der Azteken vergleichen ließe. Die jetzige Grenze Mexikos, der Rio Grande, war so etwas wie der armselige Rhein der westlichen Hemisphäre. Südlich davon waren Kaiserreiche entstanden, mit Gesetzen, Städten, Straßen, Bergwerken, Bürokraten, Theokraten und Potentaten, die sich für Söhne der Sonne ausgaben. Im Norden aber lag das amerikanische Germanien, mit über 600 politischen Gruppen, deren Gesetz Unabhängigkeit hieß. Mitten in diesen Ameisenhaufen hinein stießen die Spanier, Franzosen, Engländer, Holländer und Schweden. Sie und die von ihnen gezeugten Amerikaner mußten gegen die nordamerikanischen Indianer viel längere und härtere Kämpfe bestehen als die Eroberer Südamerikas. Angefangen mit Ponce de Leon bis zu Custer waren es 350 Jahre Kampf, der auch nach der endgültigen Regelung der Hoheitsfrage weitertobte. Das Auftauchen der Indianer im europäischen Weltbild am Ende des 15. Jahrhunderts verursachte größte Bestürzung. Die Heilige Schrift bot keine Erklärung für diese unerwarteten Wesen, von denen man doch nicht behaupten konnte, sie seien keine Menschen. Vom Christlichen her versuchte man diese Schwierigkeit zu umgehen, indem man annahm, die amerikanischen Indianer seien die zehn seit der Eroberung Babylons verlorenen Stämme Israels. Bei längerer Betrachtung entdeckte man jüdische Züge, und William Penn schrieb schon im 17. Jahrhundert aus Philadelphia an die »Free Society of Traders«, er fühle sich nach Duke's Place oder Berry Street versetzt, also ins Londoner Ghetto. Diese Version wurde schließlich angesichts der außerordentlichen Beförderungsschwierigkeiten zwischen Chaldäa und dem nordamerikanischen Kontinent aufgegeben. Eine andere, naheliegende Version, die der Atlantis, hatte gleichfalls Anhänger, doch gelang es nie, sie durch eine halbwegs wahrscheinliche Erklärung zu stützen.

Amerika konnte seine Einwohner auch selbst gezeugt haben. Stammten doch einige große Säugetiere von da, darunter das Pferd, das Kamel und der Elefant – freilich waren alle drei zur Zeit des Kolumbus ausgestorben. Indessen entdeckte man auf dem Kontinent nie Überreste eines Anthropoiden oder auch nur eines höheren Affen. Seit Urzeiten müssen also Amerikaner von auswärts gekommen sein. Man glaubt heute im allgemeinen – hauptsächlich nach dem Ausscheiden aller anderen Wege – die allerersten, die Indianer, seien über die Beringstraße gekommen.

Unter den heutigen geographischen Bedingungen ist der Übergang an sich nicht unmöglich. Die Beringstraße ist so schmal, daß man von Amerika bei hellem Wetter Asien mit freiem Auge sehen kann. Zwei kleine Inseln, die Diomeden, liegen in ihrer Mitte, gleichsam zwei Stufen. Dazu kommt, daß die Straße im Winter zufriert. Die Anthropologen sind übrigens in jeder Weise bemüht, der Bevölkerung Amerikas ohne jede Schwierigkeit über die Beringstraße zu helfen. Auch nehmen sie an, zur Zeit der Völkerwanderung der Indianer, also vor etwa 20 000 Jahren, habe ein Isthmus die beiden Hemisphären verbunden. Die Urahnen der Indianer werden sich wohl, hinter ihrem Wild herjagend, auf diese natürliche Brücke verlaufen haben und allmählich bis zum Feuerland vorgedrungen sein.

Gegen diese Theorie sprechen der Breitegrad und die Chronologie. Die Beringstraße liegt nämlich am Polarkreis, die Völkerwanderung der Indianer soll sich aber vor dem Ende der Eiszeit abgespielt haben: da stellt man sich schwer vor, warum zahlreiche wilde Stämme hoch in den Norden ziehen sollten, zu einer Zeit, als die natürliche Wanderung des Menschen mehr denn je ein Marsch der Sonne entgegen gewesen sein muß. Außerdem wäre noch zu erklären, weshalb die Übertritte von Asien nach Amerika späterhin unterblieben, obwohl die klimatischen Bedingungen günstiger wurden. Eine »sinnwidrige« Völkerwanderung ist nur dann wahrscheinlich, wenn die ketzerischen Ansichten derer vertreten werden, die an eine revolutionäre Umwälzung in geologischer Neuzeit glauben, hervorgerufen durch eine klimatische Veränderung infolge Verschiebung der Erdachse. Ostsibirien und Alaska waren zu einer Zeit, da heute viel südlichere Landstriche unter einer dicken Eiskruste liegen, vielleicht milde Savannen. Das Ausbleiben des Menschenstromes wäre dann mit der Katastrophe in Zusammenhang zu bringen, die beiderseits der Beringstraße den Mammuts das Leben kostete und sie in den Eispanzer hüllte, der sie heute unserem staunenden Auge wieder preisgegeben hat. So wurde Amerika zum verschollenen Kontinent, den die Skandinavier und Spanier wiederentdeckten.

Nach den heute geltenden Theorien sind die nächsten Verwandten der Indianer die Chinesen. Die Haut der Indianer ist nicht rot, sondern von einer Farbe, die vom hellen Ocker bis ins Dunkelbraun reicht. Sie haben vorspringende Backenknochen, sehr schwarze, leicht schräggestellte Augen, starkes, straffes und schwarzes Haar und spärlichen Bartwuchs. Einige ihrer Sprachen, deren es 26 Familien und Hunderte von Dialekten gibt, haben (für die Gelehrten) große Ähnlichkeiten mit dem Koreanischen, das wiederum dem Türkischen ähnlich sein soll. Bei den Stämmen der Gruppe der Athapaskanen, die angeblich als letzte aus Asien herüberkamen, verändern die Laute wie im Chinesischen je nach dem Tonfall die Bedeutung. Auch sonst sollen kulturelle Ähnlichkeiten zwischen den primitiven Gesellschaftsformen der Indianer und denen der Urvölker Hochasiens bestehen. Anderseits entdeckte man erst kürzlich charakteristische Analogien zwischen den Indianern und den Polynesiern. Angesichts der großen Unwahrscheinlichkeit einer Überquerung des Stillen Ozeans durch Völker, denen das Segel unbekannt war, müßte diese Verwandtschaft die Annahme zulassen, es hätte noch einen, der Atlantis parallelen Kontinent gegeben, der genau wie diese versunken wäre. So wird auch behauptet, die Inselgruppen im Pazifik seien von aus Amerika kommenden Seefahrern bevölkert worden — was wenigstens die großartige und bezaubernde Fahrt des Floßes Kon-Ti-Ki von Peru nach den Marquesas-Inseln zur Folge hatte. Wahr ist jedenfalls, daß man dem Problem der Abstammung der Indianer mehr mit Behauptungen und Theorien zu Leibe rückt als mit Beweisen.

Der weiße Mann hat ihren Kontinent derart umgewandelt, daß es einer Anstrengung der Phantasie bedarf, sich das unendliche Land vorzustellen, das die Indianer allein bewohnten. Der Wald war viel ausgedehnter als heute, im Osten Amerikas bedeckte er ununterbrochene Flächen, wessen man sich in einigen Teilen von Maine oder des Staates New York noch heute vergewissern kann. Doch in den großen Ebenen kannte man, wie zu unserer Zeit, den Baum nur als dünne Linie entlang der Flußläufe. Die Gewässer, in jeder Form, waren viel wilder. Sümpfe erstreckten sich über Landstriche, aus denen die Zivilisation sie jetzt verdrängt hat. Die Flußtäler, besonders das des Mississippi, waren unendliche Überschwemmungsgebiete, und ihr Wasser so schlammhaltig, daß die Entdecker es für untrinkbar hielten. Staubstürme, die den Boden zernagen, waren schon damals furchterregend, Waldbrände aber so häufig, daß die ersten Seefahrer an der amerikanischen Küste von großen Rauchwolken und beißendem, von der Küste herüberwehendem Holzbrandgeruch berichten. Das Klima war, gelinde gesagt, nicht minder brutal als heute. Reisende wie La Salle fanden vereiste Flüsse in Breiten, wo das heute nur mehr selten vorkommt, und ihre Beschreibungen der Kälte- und Wärmewellen deuten darauf hin, daß sich diese eher gemildert als verschärft haben. Die immer wiederkehrende Plage Amerikas war damals wie heute die Dürre. Die ersten Berichte der Entdecker zeigen, daß die Pawnee- oder Hopi-Indianer sie genauso fürchteten, wie es die Farmer von Oklahoma und Kansas heute tun.

Der Kontinent war reich an wilder Fauna. Der Bär war von einem Ozean zum anderen zu finden; Riesenhirsche, wie Elen, Wapiti usw., traf man bis weit hinein in die Wälder des Nordostens; der Bison dagegen — zahlenmäßig immer stark übertrieben — kam nicht bis zu den Alleghanies. Unter den Vögeln war der interessanteste der Truthahn, den der Neue Kontinent dem Alten schenken sollte. Hauptsächlich aber war Amerika das Land der Kleintiere: es gab Nager, Wühler und Bauer wie das Eichhörnchen, den Präriehund und den Biber. Legionen von Schlangen boten manchmal Nahrung, bildeten aber eine ständige Gefahr.

Die Welt der Pflanzen war nicht weniger eigenartig. Die Entdecker benannten gewöhnlich Bäume, Pflanzen und Früchte, denen sie begegneten, mit europäischen Namen, doch handelte es sich stets um bloß ähnliche, nie um gleiche Arten. Alle waren sie in ihrer Art und Substanz ganz verschieden, und die angeblichen Einwanderer der Beringstraße haben offenbar nicht einen einzigen Samen mitgebracht. Alle Pflanzen, die die Europäer als Kulturen in beiden Amerika vorfanden, waren ihnen völlig neu: Erdapfel (Topinambur), Maniok, Kartoffel, Kakao, Pfeffer, Baumwolle (obwohl eine ähnliche Pflanze seit Urzeiten im Orient angebaut wurde), Tabak und vor allem Mais. Die Entstehungsgeschichte dieser komplizierten Pflanze, deren wilde Form zu finden niemand gelang, bleibt deshalb ein Geheimnis. Wahrscheinlich wurde sie von den weit mehr entwickelten Zivilisationen Südamerikas nach Nordamerika herübergebracht, und alle Völker, die sie kannten, betrachteten sie als göttlichen Ursprungs. Es gab vielerlei Arten von Mais, die sich durch die Farbe der Körner voneinander unterschieden, doch waren sie durch Kreuzung häufig am selben Kolben anzutreffen. Ob Spanier, Franzosen oder Engländer, die Eroberer erkannten sehr bald den Wert des »indianischen Korns«, das sie oft vor dem Verhungern bewahrte.

Die Zahl der Indianer ist sehr umstritten. Oft lassen die Schätzungen ganz andere Zwecke erkennen als die objektive Suche nach der Wahrheit. Jene, die behaupten, die Indianer seien heute genauso zahlreich wie zu Kolumbus' Zeiten, verraten damit den Wunsch, die so oft erhobenen Anschuldigungen gegen den weißen Mann zu entkräften – und die ihnen entgegentreten, übertreiben die Zahl, um die Behandlung, die zu ihrer Vernichtung führte, besser geißeln zu können. So kommen Zahlen zustande, die zwischen 300 000 und 3 000 000 schwanken. Das wenige, was man mit Sicherheit über die zahlenmäßige Verminderung einiger Stämme weiß, bestätigt eher die höhere Schätzung; so sank etwa die Zahl der Pawnees zwischen 1838 und 1951 von 10 000 auf 650. Anderseits haben die mächtigsten Stämme sogar in den ersten Zeiten der Eroberung nur verhältnismäßig schwache Kräfte in den Kampf geworfen, weshalb sie sehr bald von den Eroberern zahlenmäßig überrundet wurden. »Wir hatten keine Ahnung«, sagten die besiegten Häuptlinge der Reihe nach, »daß es so viele Bleichgesichter auf der Welt gibt.« Auch als sich die letzten Sioux unterwarfen, gaben sie dafür die Erklärung: »Ihr seid zu viele.« Ob es nun 300 000 oder viel mehr Indianer waren, sie bevölkerten jedenfalls Nordamerika. Es gab keinen unbewohnten Landstrich, nicht einmal die Salzwüsten von Utah. »Auf dem Boden«, schreibt William C. Mac Leod, »saß das Maximum an Bevölkerung, das der Stand des indianischen Ackerbaues und Handwerks zuließ.« Mit Bevölkerungsdichten, die hundert- bis dreihundertmal geringer waren als die heutigen, geriet man bereits in kritische Übervölkerungszustände, gegen die gewisse Stämme mit Malthusianismus ankämpften. »Es ist«, schreibt Cabeza de Vaca, »bei ihnen Sitte, zwei Jahre nach der Geburt eines Kindes sich ihren Frauen nicht zu nähern.« In anderen Gegenden war eine andere primitive Form des Malthusianismus verbreitet, die Homosexualität. Den Alten nachzutrauern, war nicht Sitte, denn ihr Tod bedeutete den Ausfall überflüssiger Esser.

Periodisch wurden die Indianer von Hungersnöten heimgesucht. Sie werden aus den entferntesten und verschiedensten Gegenden der Neuen Welt berichtet. Champlain erzählt von einer Horde von Skeletten, die den St. Lorenz überquert, und Vaca beschreibt ausführlich die Nöte der Stämme um den Golf von Mexiko, unter denen er lebte. »Ganze zwei Monate im Jahr hindurch«, sagt er, »sind Kaktusfeigen die einzige Nahrung der Indianer ... Was sie essen, ist erbärmlich: hauptsächlich mühselig ausgegrabene Wurzeln, die noch dazu so bitter schmecken, daß man sie mehrere Tage lang kochen muß. Zwei-, dreimal im Jahr gelingt es ihnen, ihren Hunger dadurch zu stillen, daß sie die Prärie in Brand stecken und so zu Damhirschen kommen ... Ab und zu erlegen sie ein Wild oder fangen etliche Fische, aber all dies in ganz kleinen Mengen; der Hunger aber ist so groß, daß sie Spinnen, Ameiseneier, Eidechsen, Salamander und Schlangen zu sich nehmen, auch Holz, Erde, Tierexkremente; und wahrhaftig, sie hätten wohl auch Steine gegessen, wenn es hier welche gäbe.« Dieses fortwährende Fasten entwickelte eine trostlose Philosophie des Hungers. »Hatten wir drei, vier Tage nichts gegessen, wurden wir von den Indianern getröstet; sie meinten, wir sollten nicht so traurig dreinschauen, die Zeit der Kaktusfeigen wäre nahe, dann könnten wir uns satt essen, dicke Bäuche kriegen und fröhlich und zufrieden sein.« Mitunter war der Hunger so schrecklich, daß die Indianer in dem rauhen Klima des Nordens an den Lederriemen nagten, die ihre Wigwams zusammenhielten, und die Pelze verschlangen, die sie vor der Kälte schützten.

Die Schuld daran lag natürlich nicht am Kontinent, wie die Spanier und Franzosen auf den ersten Blick erkannten. »Es gibt überall«, sagt Vaca von Texas, »weite, prachtvolle Ebenen, und ich hege keinen Zweifel an der Fruchtbarkeit dieser Gegend, wenn sie bloß von einem zivilisierten Volk bewohnt würde.« »Der Boden«, schreibt Champlain über Kanada, »ist vorzüglich und für den Ackerbau sehr geeignet, würden sich die Indianer bloß mehr Mühe geben.« Der Hidalgo drückte es besser aus als der Gentleman. Nicht Faulheit war es, die den Indianer in seinem erbärmlichen Zustand festhielt, sondern der Mangel an Zivilisation.

Die großen Indianer-Reservate befinden sich heute im Südwesten der Vereinigten Staaten, in Oklahoma, Neu Mexiko und Arizona. Zur Zeit der europäischen Eroberung war dies die Gegend, wo eine eingeborene Zivilisation von annähernd seßhafter, städtischer Art angetroffen wurde.

Die »Pueblos«, nahe Verwandte der Azteken, waren die einzigen Indianer mit greifbaren Spuren ihrer Vergangenheit. Sie stammten von dem Volk, das auf der Mesa Verde an die Felsenabhänge Riesenwohnhäuser angeklebt hatte, Häuser mit so zahlreichen Wohnungen, daß sie 300 Familien oder 2500 Personen aufnehmen konnten. Wenig bekannte Umstände, wahrscheinlich die große Dürre von 1275—1300, hatten sie aus diesen Wohnstätten verjagt, aber ihre mehrstöckigen Stein- oder Lehmhäuser blieben noch eindrucksvoll genug, um

Siedlungsgebiete der Indianer vor der Europäischen Eroberung

die Bewunderung ihrer ersten spanischen Besucher zu erregen. In ihren befestigten Ortschaften, von kleinen, meist trokkenen Äckern umgeben, lebten die Pueblos zwar mit allen Vorsichtsmaßnahmen und recht beengt, umgaben sich aber mit dem prächtigsten Indianerluxus. Als Abkömmlinge der »Basket Makers« beherrschten sie die Kunst des Korbflechtens wie auch die der vielfarbigen Töpferei und stellten höchst kunstvolle Gewebe her, zu denen ihnen ihre Baumwollpflanzungen das Rohmaterial lieferten. Feldhasen jagten sie mit einer Art Bumerang, waren jedoch vor allem gewissenhafte und geschulte Ackerbauern. Sie züchteten Kürbisse, verschiedene Gemüse und Mais. Dabei war ihnen die Hacke, die andere Indianerstämme erdacht hatten, unbekannt; sie arbeiteten mit einem spitzen Stock.

Die Hochebene des Südwestens war nicht nur von den Pueblos besiedelt. Vom Norden kommend, waren die Apachen und Navajos, Stämme, deren Erscheinung wie Sprache rauher und härter wirkten und die wahrscheinlich einer späteren asiatischen Einwanderung angehörten, in die Gegend eingedrungen. Nur der starke Widerstand der in ihren Dörfern verschanzten Pueblos ermöglichte diesen, den Einfall der Barbaren zu überstehen. Im Laufe der Zeit aber entwickelten sich zwischen den beiden Gruppen gewisse wirtschaftliche Beziehungen; die einen boten die Erzeugnisse ihrer Arbeit an, die anderen etwa ein Wild, doch waren die Neuankömmlinge so arm, daß diese Beziehungen nicht weiter gedeihen konnten. Die Apachen, deren Name so stolz klingt, waren damals weit davon entfernt, das zu sein, was die zwei unschätzbaren Gaben des weißen Mannes – Pferd und Flinte – aus ihnen später machten. Ohne Herden und Pferde konnten sie nicht einmal als richtige Nomaden gelten. Sie wechselten nur wenig ihren Wohnort, etwa auf der Suche nach den so seltenen eßbaren Pflanzen oder nach Wild, das ihnen freilich meist entging.

Kalifornien wimmelte von Indianern wie ein Ameisenhaufen. Es waren ihrer wohl an die hunderttausend, was die damals drückende Bevölkerungsdichte von einem Indianer pro Quadratmeile ergab. Aus diesen oder anderen Gründen war Kalifornien das Land der Armut. Der Ackerbau war unbekannt, die Jagd unbedeutend und die menschliche Tätigkeit beschränkt auf das Graben nach Wurzeln und das Sammeln von Wildfrüchten. Das Korn Kaliforniens gab die Eichel ab, welche die Frauen zu Mehl rieben und dann kochten, indem sie am Feuer erglühte Steine in eine Kürbisschale tauchten. Auf der inneren Hochebene, zwischen der Sierra Nevada und den Rockies, waren die Lebensbedingungen noch primitiver. Es gab keine Behausungen, und der Mensch lebte mit seinem Ungeziefer, Insekten, Schlangen und Würmern auf dem nackten Boden.

Einem Leben in Fülle begegnete man erst wieder in den schönen Landstrichen, die heute Oregon, Washington und Britisch-Kolumbien heißen. Ein vorzügliches Klima, ein unerschöpflicher Vorrat an Holz, das leicht zu bearbeiten war, und ein Küstenstrich gleich einem Spitzenmuster, das alles trug dazu bei, dem Indianer ein besonders günstiges Dasein zu sichern. Die Nahrungsmittel, Grundlage jeder eingeborenen Zivilisation, waren im Überfluß vorhanden. Vor allem füllte der Lachs des Stillen Ozeans auf seinen regelmäßigen Wanderungen die Wasserläufe mit einer leicht zu erbeutenden Nahrung. Die Nootkas, Chimakuanen und Chinooken jagten den Seehund in seetüchtigen Pirogen, deren Länge 70 Fuß erreichte, und griffen den Wal mit Harpunen an, die ihnen das Rückgrat der Auerochsen fertig lieferte. Gut genährt und tatenfreudig, bildeten sie eine rein materialistische Gesellschaft, deren Hierarchie auf dem Reichtum beruhte. Ihre seltsamen geschnitzten Totems waren gleichzeitig Götzen und Wappen. Die Reichen bewohnten große, solid gebaute Holzhäuser, trugen prunkvolle Kleidung und im Kampf Holzwaffen. Eine interessante Sitte dieses prahlerischen Volkes war der »Potlatsch«. Mindestens einmal in seinem Leben mußte jeder bemittelte Stammesgenosse im Rahmen eines glänzenden Festes an alle Anwesenden seine Güter verteilen. Sehr geschickt ausgeklügelte Spielregeln verlangten übrigens, daß auch er beschenkt werde, und das sehr üppig, was schließlich zu seiner Bereicherung ausschlug; so stellte der »Potlatsch« ein kapitalistisches Manöver dar, bloß getarnt hinter Freigebigkeit und Nächstenliebe.

Gegen die Mitte des Kontinents zu nahm die Bevölkerungsdichte ab. Im schrecklichen Klima dieser Ebene ohne Stein, Baum und Wasser war das Leben äußerst schwierig, ausschließlich bedingt von der Größe der Bison- und Caribuherden. Wie aber sollten diese mächtigen und schnellen Tiere, ein gefährliches Wild, von Unberittenen erlegt werden, da die meisten nicht einmal den Bogen kannten? Sie lebten als Nomaden, folgten von weitem den großen Horden und suchten Einzelgruppen zu überfallen, indem sie das Gras in ihrem Umkreis in Brand steckten. Die unendlichen Ebenen und Steppen bildeten die steinigen Gründe indianischer Hungersnot. Als die spät hinzugekommenen Angelsachsen mit der großen Familie der Sioux (Dakotas, Schwarzfüße, Omahas usw.) oder mit den Jägerstämmen der Algonkins wie den Pawnees in Berührung traten, waren diese im großen und ganzen wohlhabend; allerdings hatte der durch das Pferd verursachte Umsturz vor über hundert Jahren stattgefunden. Er hatte die Lebensbedingungen der Bisonjäger radikal verändert. Dies geschah zum Verderben der Bisons, die nicht vom weißen Mann, wie leichtfertig behauptet wird, sondern von den Rothäuten ausgerottet wurden, freilich mit den von den Weißen gelieferten Mitteln.

Wieder anders gestalteten sich die Lebensbedingungen der Indianer im Tal des Mississippi und seiner östlichen Nebenflüsse sowie im Umkreis der großen Seen. Hier gab es wieder Ackerbau und damit ein beständigeres Dasein. Hacke und Spaten traten im Kampf ums Dasein in Erscheinung, meist in Gestalt des Schulterblattes eines Elentiers. Doch nahm der Boden stets den zweiten Rang ein, und seine Bebauung wurde den Frauen überlassen. Die Zeit und Kraft des Mannes gehörten ungeteilt der Jagd auf Tiere, da sie das Nötigste lieferten: Nahrung und Kleidung. Trotz alledem waren Völker wie die Ottawas, Miamis und Illinois nicht so rauh wie die nomadisierenden und ausschließlich fleischessenden Stämme der großen Ebenen. Sie bildeten die große Bruderschaft der Pfeife, deren Gebrauch als Talisman, weiße Fahne oder Paß auf die Urzeiten zurückgeht. »Zeigt sie nur«, schrieb Pater Dublon, »und ihr könnt ohne Furcht unter die Feinde treten, die bei ihrem Anblick sogar im Eifer des Gefechts die Waffen sinken lassen.« »Das Zepter unserer Könige«, sagt einerseits Pater Marquette, »ist nicht so hoch angesehen wie sie.« Der Kopf dieser geheiligten Pfeife war aus farbigem Stein geschnitzt und das einen Meter lange Mundstück geschmückt mit weißen Federn (roten für die Kriegspfeife), Adlerkrallen und Vogelköpfen.

Die zwischen dem unteren Tal des Mississippi und dem Atlantik gelegene Gegend war der Wohnsitz der Muskogi. Diese Gruppe stellte vier der fünf zivilisierten Stämme (Creek, Choktaw, Chikasaw und Seminolen), die der weiße Mann späterhin für ihre Angleichung an seine Sitten so hart bestrafte. Eine fünfte Gruppe, die Natchez, wurde vollkommen vernichtet. Von diesen wird angenommen, daß sie aus Mexiko kamen und mit der Maya-Zivilisation in Verbindung standen. Ihre hieratische Gesellschaft bildete kleine Königreiche aus, und der spanische Hauptmann Hernando de Soto entdeckte sogar eine »caciqua«, eine indianische Königin, deren Macht sich über zahlreiche Dörfer erstreckte. Die Stämme dieser Gruppe trieben den besten indianischen Ackerbau, deckten ihre Häuser mit Stroh und lebten derart üppig, daß sie Federmäntel, Schemel und Betten besaßen. Als wirklich eigenständig erwiesen sie sich aber auf dem Gebiet der religiösen Begriffsbildung und Religionsausübung. Wenn sich die Kultur der Indianer jemals geistiger Weltdeutung annäherte, so hier.

Kein Indianer ist Atheist gewesen. Als die französischen Jesuiten nach Amerika kamen, stellten sie mit Begeisterung fest, daß die zu Bekehrenden schon an die Sintflut glaubten. Leider entdeckten sie später verdächtige Ähnlichkeiten zwischen dem Großen Geist oder Manitou und dem Satan, was die armen Indianer in Verruf brachte, den Teufel anzubeten. In der Tat herrschten vom Pazifik zum Atlantik die verschiedensten Glaubensformen, doch waren die Muskogis des Südostens die einzigen mit einer angestammten Religion. Es gab bei ihnen eine Priesterkaste, und sie bauten die einzigen Tempel nördlich des Rio Grande. Wie die mexikanischen Tempel, deren pastorale Nachahmung sie darstellten, erhoben sie sich auf Erdhügeln, die man auf Knüppeltreppen erstieg. Im Inneren brannte eine ewige Flamme als Symbol des göttlichen Ursprungs und verewigte ihn auch in Abwesenheit der Sonne. Die Natchez, deren sieben Dörfer im Tal des Mississippi lagen, hatten einen Zypressentempel, und der Jesuit Charleroi erzählt, jeden Morgen habe ihr Oberpriester der Sonne Weihrauch gespendet, indem er den Rauch seiner Pfeife in ihre Richtung blies.

Mehr dem Norden zu waren die atlantischen Küsten und die Weiten Kanadas von Stämmen aus der ethnisch und linguistisch großen Familie der Algonkins besiedelt. Vielleicht die Hälfte aller Indianer nördlich von Mexiko lebte in dieser Gegend, obwohl die durchschnittliche Bevölkerungsdichte zwischen dem Sankt Lorenz-Strom und Florida auf nur sechs oder sieben Menschen pro hundert Quadratkilometer geschätzt wird. Die ersten Eingeborenen, mit denen die französischen und englischen Siedler in Berührung traten und deren Namen in die gemeinsame Geschichte der Rothäute und Bleichgesichter eingegangen sind, wie der des Königs Massassoit oder der Prinzessin Pocahontas, waren Algonkins. Sie lebten entweder in runden Wigwams oder in langgestreckten Häusern mit Wänden aus Rasenklumpen oder auch in Lederzelten, ähnlich den »tepees« der großen Ebenen. Sie waren richtige Waldbewohner, der beklemmenden Atmosphäre der Wälder preisgegeben. Manche, wie die Montagnais und die Mikmaks Kanadas, hatten vom Ackerbau keine Ahnung. Die Hauptnahrung lieferten ihnen Schwärme von Aalen, die zu bestimmten Jahreszeiten den Sankt Lorenz-Strom heraufschwammen. Sie vegetierten in einem unbeschreiblichen Zustand von Schmutz und Armut. Andere, wie die zahlreichen Stämme Neu-Englands, die Penobscots, Massachusetts, Pequots, Narragansets usw., scharrten die weichsten Stellen der Lichtungen auf und ergänzten so ihre Jagd- und Fischbeute mit einer Handvoll Mais. Ihr wichtigstes Eigentum aber waren die Kanus aus Birkenrinde, den langen, aus Baumstämmen ausgebrannten Pirogen der Mississippi-Indianer weit überlegen. Sie waren so leicht, daß man sie auf dem Rücken entlang der Stromschnellen oder über Wasserscheiden zwischen zwei Flüssen schleppen konnte. Sie trugen bis zu zwölf Mann oder mehrere hundert Pfund Ware, waren so lautlos, daß sie sich zur Überrumpelung des Feindes eigneten, und wurden sofort von den Europäern übernommen, die ohne den wundervollen Kanu der Algonkin in Amerikas Wäldern hätten weder reisen noch kämpfen oder handeln können.

Einer der großen Konflikte der indianischen Geschichte war gerade im Gang, als die Europäer auftauchten. Vom Süden her, im Gegensatz zu allen anderen Invasionen, trieben Eroberer einen Keil mitten in die zersplitterten Stämme der Algonkin des Nordostens. Diese Eroberer, den Muskogis verwandt, bildeten eine zwar weniger zahlreiche, aber viel kompaktere Gruppe als die Eroberten. Es waren Irokesen, und ihr Name hat in der Geschichte der Weißen wie der Indianer einen so furchtbaren Klang, daß wir uns über sie hier ein für allemal Klarheit verschaffen müssen. Die Eries und die Huronen, seßhaft an den zwei Seen, die noch heute ihren Namen tragen, waren zwar Irokesen, gehörten aber den Seitenzweigen der Familie an. Es war ihnen bestimmt, von der Hand ihrer eigenen Verwandten tragisch zu enden. Die wahren Irokesen, die ein Anrecht haben auf den blutigen Ruhm dieses Namens, waren die fünf Stämme, deren Siedlungen südlich des Ontario-Sees, zwischen dem Niagara und dem Sankt Lorenz-Strom, im heutigen Staate New York lagen. Sie hießen (von Ost nach West): die Senekas, Cayugas, Onondagas, Oneidas, Mohawks, und sie alle werden noch bis zum Überdruß im folgenden Bericht auftauchen. Zusammen bildeten sie die Fünf Völker, eine Schöpfung des indianischen Genies, Hiawathas des Einigers.

Wären die Europäer etwas später gekommen, hätten sie von Hiawatha nur mehr als von einem Gott gehört. Doch bloße fünfzig Jahre nach seinem Tode konnten sie sich noch davon überzeugen, daß er wirklich gelebt hatte, und seine Lebensgeschichte in groben Umrissen darstellen. Von Geburt Angehöriger des Mohawk-Stammes, predigte Hiawatha den Frieden, doch ist nicht mehr auszumachen, ob er den Weltfrieden meinte oder bloß den Frieden unter den Irokesen, damit diese ihre Feinde mit größerer Kraft bekriegen könnten. Das Ergebnis entsprach jedenfalls der zweiten Vermutung. Hiawatha gelang es nach vielen Bemühungen und einer langen Verbannung, einen Bund der Irokesen zustande zu bringen, auf der Grundlage der Unabhängigkeit der Fünf Völker und des Zusammenschlusses ihrer Hilfsmittel gegen die Außenwelt. Ein aus 49 Mitgliedern bestehender Rat, der stammweise abstimmte und in Onondaga seinen Sitz hatte, stellte die gemeinsame und höchste militärische wie diplomatische Autorität dar.

Es gelang Hiawatha jedoch nicht, die Angst vor den angeblichen Vormachtbestrebungen der Onondagas zu zerstreuen. Er war gezwungen, jedem Volk das Vetorecht zu belassen. Dieser Bund verhinderte trotz seiner Unvollkommenheit immerhin den Ausbruch von Feindseligkeiten zwischen seinen Mitgliedern. Mehr brauchten die Irokesen nicht, um ein Kaiserreich aufzubauen.

Sie wohnten in eingezäunten Dörfern, ließen den Boden von

den Frauen bebauen und waren vielleicht schon von der Verweichlichung der Siegervölker bedroht, hatten sie doch von ihren Feinden, den Algonkin, den Genuß des Ahornzuckers übernommen. Sie trugen keinen Federschmuck wie die Indianer der großen Ebenen, tätowierten aber Gesicht und Oberkörper reichlich. Ihre Kleidung ließ für gewöhnlich den Oberkörper frei und bestand aus einem Kilt, Ledergamaschen und Mokassins. Ihre Bewaffnung – Hornpfeile und Steinbeile (Tomahawks) – verschaffte ihnen zwar kein ausgesprochenes Übergewicht über ihre Feinde, doch erwarben sie sich in der Indianerwelt den Ruf der Unbesiegbarkeit, gleich den Panzern Hitlers oder den Grenadieren Napoleons. »Sie schleichen heran wie die Füchse«, schreibt ein französischer Missionar, »kämpfen wie die Löwen und verschwinden wie die Schlangen.« In ihrer Siegestrunkenheit traten sie mit der Unverschämtheit der Eroberer auf. »Kein venetianischer Senator«, sagt Pater Hennequin, »gab sich je so hochmütig und sprach mit solcher Sicherheit wie diese irokesischen Häuptlinge.« Indes bauten sie ihr Kaiserreich zu einer Zeit auf, als es mit den indianischen Reichen vorbei war. Den Höhepunkt ihrer Macht erklommen sie unter den Augen der Europäer und gingen unvermittelt von der Herrschaft zur Botmäßigkeit über.

Trotz der außerordentlichen Verschiedenheiten der ersten indianischen Amerikaner ist ihnen doch eine ganze Anzahl allgemeiner Züge gemeinsam. Vor allem war es eine prachtvolle Rasse, groß gewachsen, von wunderbarem Gleichmaß und in ihrer Tat- und Körperkraft erstaunlich wenig beeinträchtigt durch die schlechten Lebensbedingungen. Die schlanken Spanier hielten die Indianer des öfteren für Riesen, und Champlain erzählt, er habe in der Gegend des Süßmeeres (der Großen Seen) Frauen von überraschendem Wuchs und erstaunlicher Kraft angetroffen. In Nieder-Kalifornien, auf der anderen Seite des Kontinents, begegneten die Entdecker kolossalen Menschenwesen, deren Beschreibung an die der Patagonier durch die ersten Feuerland-Seefahrer erinnert—beide sind wahrscheinlich gleich übertrieben.

Diesen indianischen Völkern waren gewisse Krankheiten bekannt, so das Gelbe Fieber, nicht jedoch die große Mordplage Europas, die Blattern (und wohl auch die Tuberkulose und die Syphilis). Die Weißen brachten sie alle mit — und es wurde die erste und schrecklichste der indianischen Tragödien. Überall in Amerika folgen die Seuchen auf Schritt und Tritt der Eroberung, manchmal laufen sie ihr sogar voraus, sind den ersten Indianern auf den Fersen, die mit den Europäern schon in Berührung getreten waren. Als die Jesuiten zu den Huronen kamen, begleitete sie eine Pest, wie sie selbst der älteste Einwohner nicht erlebt hatte, und brachte fast das ganze Volk ins Grab. Die Brüder von Plymouth fanden bei ihrer Landung im Jahre 1620 die Wigwams der Massachusetts »voll von Leichen« und völlig ausgestorbene Dörfer — die Franzosen hatten sich nämlich kurz davor im Maine angesiedelt und waren mit den Bewohnern der Gegend in Kontakt getreten. »Wodurch«, sagt Bruder Johnson, »Christus, der in der ganzen Welt glorreich für seine Kirche sorgt, nicht nur Platz für sein Volk schuf, sondern auch das Herz dieser wilden Indianer bändigte.«

Ferdinando Gorges, ein anderer englischer Pionier, betrachtete die Sache von einem noch patriotischeren und nützlicheren Standpunkt: »Gott«, schrieb er, »verbreitete die Seuche, was die Engländer der Sorge enthob, die Indianer durch Schwert und Feuer zu vernichten. Anscheinend überläßt er diese abstoßende Aufgabe den Spaniern, nicht der englischen Nation, die viel humaner ist als jene.«

Der Alkohol, erst Zahlungsmittel beim Erwerb von Pelzen, späterhin des Bodens, wurde zur weiteren Waffe der weißen Eroberer. Die Zahl seiner Opfer erreicht zwar nicht annähernd die der Seuchen, doch gab er den Indianern einen neuen Grund zu Zerwürfnissen. In allen Stämmen brach der Kampf zwischen »Trockenen« und »Feuchten« aus. Führte ein Stamm bei sich die Prohibition ein, machte er sofort mit der Plage des Alkoholschmuggels Bekanntschaft, der dann oft zu Auszügen und blutigen Konflikten führte. So war der Alkohol ein Anlaß zur Gewalttätigkeit und steigerte diese bis zu ihrem höchsten Grad.

Nichts konnten die Indianer weniger brauchen. Ohnehin war die Streitlust ihre größte Schwäche. Raufereien entstanden in ihren Dörfern so plötzlich wie Präriegewitter. Dann gab es Handgemenge mit viel Gekreisch, in denen die Frauen eine große Rolle spielten; sie endeten oft mit dem Auszug einer Gruppe von Familien, die dann in einiger Entfernung ein neues – feindliches – Dorf gründeten. Obwohl die Stämme zahlenmäßig schwach waren (tausend Mitglieder im Durchschnitt), bildeten sie keineswegs festgefügte Einheiten. Interner Hader, erbliche Fehden, regelmäßig auftretende Blutrache ließen sie einander aufreiben. »Es war schwer«, sagt Clark Wissler, »mehr als hundert Krieger beisammenzuhalten.« Die politischen Herrschaftsformen wechselten von der theokratischen Monarchie zur Anarcho-Demokratie; doch war eine feste Gewalt überall die Ausnahme. Um ein wenig Ordnung zu halten, bedurfte es schon eines Tyrannen; aber seine Macht überlebte ihn selten.

Diese Gemeinschaften befanden sich stets in größter Aufregung. Entgegen der herkömmlichen Meinung war der Indianer alles, nur nicht gelassen. Die Rothäute waren im Gegenteil geschwätzig, überschwenglich und prahlerisch. Schwiegen sie Ausländern gegenüber, so aus Mißtrauen, und versuchten sie am Marterpfahl ein steinernes Gesicht zur Schau zu tragen, so nur, um einem alten stolzen Brauch zu folgen, was oft genug mißlang. Von Natur aus waren die Indianer heiter, empfindlich, großmäulig und verlogen, rechte Jäger, die sie ja alle waren.

Geschenke, deren gesellschaftliche und wirtschaftliche Bedeutung sehr groß war – und auch im heutigen Amerika noch ist – gaben stets zu langen, feierlichen Ansprachen Anlaß.

Einige Völker hatten eigene, manchmal sogar berufliche Redner, deren Ruf geradezu an echten Ruhm heranreichte und deren Begabung europäische Kenner bewunderten. »Im ganzen Cicero«, sagt Jefferson, »findet man keinen Passus, der höher stünde als die Ansprache des Irokesenhäuptlings Logan an Lord Dunmore.« Sie waren der Alten würdig, aber auch der heutigen Staatsmänner, was nämlich die vielen Versprechen ewiger Freundschaft und ständigen Friedens angeht; von ihnen strotzte die Rhetorik dieser völlig uneinigen, unbeständigsten und kriegerischsten aller Rassen. Überdies grenzte ihre Erfindungsgabe geradezu ans Wunderbare. Beschreibungen von Eldorados durch Eingeborene, die das Gold gar nicht kannten, jagten die Spanier durch ganz Amerika. Diese suchten auch, im Glauben an indianische Erzählungen, nach Menschen mit bis zum Boden herabhängenden Ohren, nach Stämmen, die ihre Dörfer auf dem Grund der Seen bauten, und nach solchen, die von Gerüchen allein lebten.

Empfindlichkeit und sogar Sentimentalität waren den Indianern nicht fremd. Sie konnten vor Rührung außer sich geraten, wie es den Bewohnern von Texas angesichts der Verzweiflung der Spanier erging, die an ihrer Küste Schiffbruch erlitten hatten. »Das Mitgefühl und der Kummer, die sie empfanden«, schreibt Cabeza de Vaca, »brachten sie in so lautem Klagegeschrei zum Ausdruck, daß man sie in ganz weiter Ferne noch hören mußte. Das dauerte eine halbe Stunde, und es mutete gar seltsam an, diese elenden, unwissenden Geschöpfe wie die Tiere über unser Unglück brüllen zu hören.« Des öfteren wurden Europäer aufgenommen, gelabt, vom Tode und von der Marter errettet durch Indianer, die jeden Grund zu Rachegefühlen gehabt hätten. Ein Leutnant von Hernando de Soto, der gerade eine Gruppe von Eingeborenen niedersäbelte, sah plötzlich einen weißen Mann vor seinem Pferd auftauchen, der ihm auf spanisch zurief: »Caballero, töte diese Leute nicht; ich verdanke ihnen das Leben.« Es war ein Überlebender einer früheren Expedition, der bei einem Gefecht gefangengenommen worden war, das Herz der Häuptlingstochter gerührt und seit vierzehn Jahren mit dem Stamm gelebt hatte, ohne je belästigt worden zu sein. Ähnlich ist der Fall der Prinzessin Pocahontas, die den Hauptmann Smith rettete. Die Beispiele ließen sich beliebig vermehren.

Dabei waren die Indianer von maßloser Grausamkeit. Die heutigen amerikanischen Geschichtsschreiber sind den Indianern gegenüber derart schuldbewußt, daß sie dies zu vertuschen trachten und von den Indianern beinahe wie die Utopisten des 18. Jahrhunderts schreiben, als von den »guten Wilden«. Was hier folgt und dokumentarisch belegt ist, ergibt ein ganz anderes Bild. Das Martern der Gefangenen geschah mit äußerster Kunstfertigkeit. Die fast unbeschreiblichen Qualen waren derart gestaffelt, daß sie manchmal zwei Tage dauerten, und es ist rein aus der Luft gegriffen, zu glauben, der Stoizismus der Opfer habe Anerkennung gefunden. Sie wurden wütend verhöhnt, gemein beschimpft, und wenn sie sich trotzig oder bloß unbewegt gaben, entfesselte das geradezu obszöne Wutausbrüche, bei denen sich die Frauen besonders hervortaten. Sucht man nach Unterschieden, so neigt man der Annahme zu, die Grausamkeit sei im Westen weniger stark gewesen als im Osten; dort ersetzten etwa einige Stämme am Stillen Ozean die Skalpierung durch einen symbolischen Haarschnitt. Doch handelt es sich dabei um eine lokale Milderung, die nicht bezeichnend ist für die erschreckende Grausamkeit der indianischen Welt.

Auch der Kannibalismus der Indianer ist ein Zug, den ihre Geschichtsschreiber verschleiern. Sie erwähnen ihn nur am Rande und trachten, ihn nach Möglichkeit als rituelle Zeremonie hinzustellen, bei der man sich damit begnügte, das Herz des tapfersten der gefallenen Feinde zu verschlingen, um sich ihren Mut einzuverleiben. Unzählige Aussagen widerlegen aber diese Abschwächungen. Die Gefangenen aufzuessen, war zur Zeit der europäischen Landung eine allgemein verbreitete Sitte, und gerade die verhältnismäßig zivilisierteren Irokesen zeichneten sich sowohl als Folterer wie auch als Feinschmecker aus. Das Verspeisen der Feinde gehörte zur Versorgung des Heeres und erlaubte diesem, vom Lande zu leben. Als Gustostück wurde der Kopf geschätzt, der stets den Häuptlingen vorbehalten blieb, aber auch die Finger galten als Delikatessen.

Das Verhalten der Indianer im und zum Krieg war, wie alles übrige, unterschiedlich. Die Pueblos beschränkten sich auf die Verteidigung, und einige westliche Stämme, wie die armseligen Heuschreckensammler von Nevada, waren praktisch Pazifisten. Die merkwürdige Zivilisation des Nordwestens hatte vor dem Tod einen so gewaltigen Abscheu, daß jeder Krieger, der einen Feind getötet hatte, einem Mörder gleichgesetzt wurde und sich den gleichen Reinigungszeremonien unterwerfen mußte. Sie kämpften mit Holzwaffen, und ihr Ziel war es, Gefangene zu machen, die sich dann entweder loskauften oder Sklaven wurden, was dem Aberglauben wie dem praktischen Sinn der Chinooks und Chimakmaws gleicherweise zusagte.

Gegen den Osten hin nahm die Bösartigkeit des Krieges zu. Den Indianern östlich des Mississippi war der Krieg ein Lebensbedürfnis wie das Atmen, je toller, desto besser. In der verhältnismäßig kurzen Zeitspanne, während der die Europäer die Kämpfe der Indianer unter sich beobachten konnten, gab es nichts als vernichtete Dörfer, plötzlich entvölkerte Landstriche und völlig ausgerottete Stämme. Die Kampfhandlungen bestanden meist in Überfällen schwacher Truppenteile, denn das Verschwinden nur weniger Krieger gefährdete angesichts der kleinen Zahl der Stämme ihren Weiterbestand, so daß ungeschriebene Gesetze die gegenseitigen Verluste beschränkten. »Unsere indianischen Verbündeten«, sagt der Puritaner Underhill in seiner Geschichte der Kriege der Pequoten, »haben unsere Art zu kämpfen sehr bewundert; sie fanden bloß, daß wir zu heftig waren und zuviel töteten.«

Nichtsdestoweniger gab es zahlreiche und entsetzliche innerindianische Vernichtungskriege. Im Südosten sammelten die zivilisierten Fünf Völker richtige Armeen, mit denen sie wochenlange Raubzüge unternahmen; Skalpe beider Geschlechter und jeden Alters waren ihr Stolz, sie marterten und töteten die Bevölkerung der eroberten Dörfer. Die Irokesen benahmen sich, wie wir sehen werden, noch schrecklicher. Seit jeher gering an Zahl, konnten sie wahrscheinlich gegen das Ende, von den Siegen geschwächt, kaum mehr als 2500 Krieger in die Schlacht schicken. Gleichwohl, meint Ritter Heinrich von Tonti, »siegten ihre Waffen in einem Umkreis von 800 Meilen vom Golf des Sankt Lorenz-Stroms bis nach Florida und selbst jenseits des Mississippi. Sie vernichteten über dreißig Völker, brachten in achtzig Jahren über 600 000 Menschen um und verwüsteten die meisten Landstriche um die Großen Seen.« Diese Schätzung der Zahl ihrer Opfer ist unglaubwürdig (einige Jesuiten gehen bis zur unmöglichen Ziffer von zwei Millionen), doch die beiden letzten Behauptungen Tontis sind nicht zu bestreiten; weite, dichtbesiedelte und blühende Landstriche wurden von den Irokesen in Wüsten verwandelt.

Tapfer und kriegerisch, wie sie waren, hätten die Indianer von den paar Europäern zu Beginn der Eroberung eigentlich nicht besiegt werden können. Das eiserne Schwert, das schwerfällige Feuerrohr sicherten diesen keine entscheidende technische Überlegenheit über Pfeile, die Panzer durchschossen und denen die stärksten Krieger eine tödliche Tragweite von bis zu 200 Schritt verliehen. Das hauptsächlich aus Sümpfen und dichtem Wald bestehende Land sicherte der Störungs- und Zermürbungstaktik, welche die Indianer so vorzüglich beherrschten, den größten Vorteil. »Sie bleiben nie still«, schrieb ein spanischer Chronist, »sondern laufen ständig, so daß es unmöglich ist, mit einem Feuerrohr oder einer Armbrust auf sie zu zielen. Ehe der Christ Zeit hatte, mit dem einen oder der anderen zu schießen, hat der Indianer schon drei Pfeile auf ihn abgeschossen.« Mit Hilfe der Entfernungen und des Fiebers hätten die Amerikaner ihren Kontinent wohl besser verteidigen können.

Doch fielen sie vor allem ihrer kindlichen Neugier zum Opfer, die sie zu oft veranlaßte, die merkwürdigen Fremdlinge zu empfangen. Ferner erlagen sie dem Modernismus und der Verweichlichung, die sie alle von den Fremdlingen mitgebrachten Bequemlichkeiten und Nichtigkeiten als unentbehrlich betrachten ließen: den gußeisernen Kochtopf, das Stahlbeil, die Glasperlen, die Blechglocken – und den Alkohol. Sie gingen schließlich an ihrem eigenen Ungestüm und ihren schrecklichen Zwistigkeiten zugrunde. Nicht nur, daß sie sich gegen den Eroberer nicht zusammentaten, nein, sie träumten bloß davon, die Neuankömmlinge mit ihren »Feuerstöcken« in ihre angeerbten Kämpfe gegen das Nachbarvolk einzubeziehen. So führten sie die Europäer in die indianische Politik ein, gaben ihnen die Möglichkeit, die Völker gegeneinander auszuspielen, und waren bald in die niedrige Rolle von Helfern der zu Hilfe gerufenen Helfer versetzt. Die schlimmsten Zerstörer der indianischen Unabhängigkeit wurden die Indianer selbst. Allerdings konnten sie die Zahl, die Macht und die List der vom Ostwind zu ihnen verwehten Bleichgesichter nicht ahnen.

Christoph Kolumbus landet am 12. Oktober 1492 auf der Bahama-Insel San Salvador (rechts)

Verhandlungen und Tauschgeschäfte zwischen Spaniern und Indianern (Rückseite)

Die Spanier

Die Konquistadoren

Vaca, Coronado, de Soto und das nordamerikanische Trugbild

Diese Erde hatte Narvaez verhext. Umsonst hatte man ihm weise Ratschläge erteilt: die Küste zu erkunden, einen sicheren Ankergrund zu suchen, eine feste Basis zu errichten und erst dann sich ins Innere zu wagen. Ihn stachelte das Fieber der Eroberung an, und all die anderen um ihn waren zu Tode erschöpft von den Gefahren der See, die man seit dem Verlassen Spaniens durch elf Monate hatte erdulden müssen. Das Oberhaupt der Franziskanertruppe, dessen Anwesenheit die Expedition heiligte, Pater Juan Xuarez, lieferte der Angst vor den Wogen die Ausrede auf die Vorsehung. Er sagte: »Sich nach so vielen Abenteuern und Stürmen wieder einzuschiffen, heißt, dem Willen des Allmächtigen trotzen.« Diese Worte eines Mönchs besiegelten das Schicksal des Panfilo de Narvaez und seiner kleinen Armee.

Man schrieb den Monat April des Jahres 1528. Cortez hatte gerade dem Aztekenreich den Gnadenstoß versetzt, indem er den Nachfolger Montezumas bis nach Honduras jagte. Pizarro, der die Zugänge zum Inkareich ausgekundschaftet hatte, sammelte in Madrid Geld zu seiner Eroberung. In Spanien wußte man seit 15 Jahren, daß Kolumbus nicht nach Indien gelangt war, doch fühlte man sich angesichts der überall vorgefundenen Schätze längst nicht mehr enttäuscht. Die Eroberung der Eldorados befand sich in vollem Gang. Das tropische, flache und wasserreiche Land, dem Narvaez zustrebte, gehörte zu jenen, die größte Hoffnungen erweckten.

Noch zu Lebzeiten des Kolumbus hatte man sein Vorhandensein vermutet. Die Spanier hatten Erzählungen der Eingeborenen entnommen, eine große Insel, Biminien genannt, befinde sich nordwestlich Kubas. Der dortige Jungbrunnen wurde in Europa so schnell bekannt, daß der Geograph Pierre

Martyr ihn in seinen »Dekaden« 1511 erwähnt. Ponce de Leon, der frühere Begleiter des Kolumbus, entdeckte dieses Land 1513, und da er dort zu Ostern landete, benannte er es »Pascua Floridas« — Blumenreiche Ostern —, und der Name Florida blieb ihm bis heute. Spätere Entdecker, wie Alonso de Pinedo, stellten wohl fest, daß es sich nicht um eine Insel, sondern um eine Halbinsel handelte. Jedoch als 1521 Ponce de Leon, gealtert und reich geworden, zu einer zweiten Reise rüstete, übertrugen ihm die von Karl V. ausgestellten Patente die Regierung »der Inseln Biminien und Florida«. Er kam dort in der Absicht an, eine dauernde Niederlassung zu gründen und durch Bäder im Wunderbrunnen tausend Jahre Leben zu gewinnen. Die Eingeborenen zeigten sich aber so wenig gastfreundlich, daß er sich mit einem Pfeil im Leibe gleich wieder einschiffen mußte: an den Folgen des Schusses starb er in Kuba.

Fünf Jahre nach seinem Tod wurde Lucas Vasquez de Allyon ein königliches Dekret übergeben, das ihn zum Gouverneur (adelantado) von Florida ernannte, unter der Bedingung, es zu erobern und zu besiedeln. Er näherte sich aber Florida nicht durch den Golf von Mexiko, sondern erforschte statt dessen die atlantische Küste, wo ihn starke Strömungen sehr schnell nordwärts abtrieben. An der Landspitze angelangt, die heute den Namen Kap Fear trägt, hatte er kehrtgemacht und seine 500 Kolonisten in einer sumpfigen Flußmündung ausgeschifft. In einigen Wochen hatte das Gelbe Fieber den größten Teil dieser Spanier dahingerafft. Die folgende Überwinterung brachte allerlei Unheil wie Hungersnot, Aufstände und Störangriffe der Indianer. Die 150 Überlebenden schifften sich im Frühjahr wieder ein. Kaum hatten sie Hispaniola erreicht, traf eine neue Truppe aus Europa ein, so frisch und munter, wie das nach einer Überfahrt von 45 Tagen möglich ist: die des Panfilo de Narvaez, die Florida zurückerobern sollte, noch ehe man in Madrid den Verlust zur Kenntnis genommen hatte.

Mit seinen 50 Jahren war Narvaez unter den Konquistadoren ein Patriarch. In Kastilien geboren, wies er keins der dortigen Merkmale auf, war weder brünett noch nervig, aber von schwerem Körperbau; ein roter Bart zierte den massigen Kopf, und dies ließ ihn zusammen mit seiner hohlen Stimme etwas unheimlich erscheinen. Eine leere Augenhöhle war die Erinnerung an ein grausames und kränkendes Abenteuer, und Panfilo glaubte sie nur durch das Anhäufen von Gold und Ruhm auslöschen zu können. Kubas Gouverneur, Velasquez de Leon, hatte ihn gegen Cortez gesandt, der sich anschickte, Mexiko, jeder Hierarchie zum Hohn, zu erobern; und obwohl Narvaez in erdrückender Überzahl erschien, ließ er sich überrumpeln und schlagen. Besiegt, gefangen, mit ausgestochenem Auge wurde er von dem Rebellen gefesselt, den er doch in Eisen zurückbringen sollte. Ein Gefühl unendlicher Demütigung überkam ihn, wenn er daran dachte, daß er unleugbar auf die Knie gefallen war und um sein Leben gebettelt hatte. Er mußte seinen Stolz wiederherstellen, das war einer der Gründe, warum er gebeten hatte, Florida neu erobern zu dürfen. In sein Sühneabenteuer zog er 400 Mann und 42 Pferde mit, die auf der westlichen Küste der Halbinseln landeten, im Golf, an dem heute Tampa liegt.

Selten wurde eine Expedition derart vom Unglück verfolgt. Der unbedachte Eifer des Narvaez führte ihn, mit nur zwei Pfund Zwieback und einem Pfund Speck pro Mann, in eine wüste Gegend; umsonst hielt er nach seinen Schiffen Ausschau, denn er hatte unterlassen, sie an einen bestimmten Ort zu bestellen. In den tiefen Sümpfen Floridas wurde die Expedition von Moskitos, Fieber, Hunger und dem Guerillakrieg der Indianer verfolgt, so daß sie allsogleich ihr Ziel aus dem Auge verlor. Sie irrte einige Monate umher, stieß schließlich auf die tiefe Bucht, die heute den maritimen Flughafen von Pensacola beherbergt, und faßte, angesichts der zahllosen Hindernisse des Landes entmutigt, den Plan, über völlig unbekannte Gewässer Mexiko zu erreichen. Daß keine Unze Gold gefunden wurde, versteht sich von selbst.

Das spanische Heldenepos in der Neuen Welt ist voll von Wundertaten, die ans Unwahrscheinliche grenzen. So ist es unerfindlich, wie es den verzweifelten, uneinigen, halb verhungerten und kranken Männern des Narvaez gelang, ohne Handwerker und Werkzeug fünf seetüchtige Brigantinen zu bauen. Und doch glückte es – sie opferten eben ihre Rüstungen, Sporen, Waffen und sogar ihre Pferde; das Roßhaar wurde zu Seilen geflochten und aus den Fellen Segel verfertigt. Diese wunderliche Flotte verließ, mit 242 Überlebenden an Bord, die Bucht von Pensacola in Richtung West.

Eine der Brigantinen wurde von einem andalusischen Edelmann befehligt, Alvar Nunez, der den seltsamen erblichen Titel Kuhschädel trug – Cabeza de Vaca. Er verlor die anderen Schiffe aus den Augen und wurde am 6. November 1528 nach langer Irrfahrt mit seiner Brigantine vom Sturm an die Küste geworfen. Vom Hunger erschöpft, ertranken einige der Männer, den übrigen halfen die Indianer. Sie versuchten, das Schiff wieder in Fahrt zu setzen, doch wurde es von der Brandung erfaßt, ihren geschwächten Händen entrissen und zerschellte in wenigen Augenblicken. Hier spielte sich die von Cabeza de Vaca erzählte merkwürdige Szene ab, in der sich das Mitgefühl der nackten, tierähnlichen Indianer mit der Verzweiflung der Europäer in langanhaltendem Schmerzgeheul äußerte. Die Spanier wurden dann von den Indianern in ihre Dörfer gebracht; diese entzündeten unterwegs große Feuer, damit die Spanier von Zeit zu Zeit Kräfte sammeln könnten.

Nichtsdestoweniger war deren Jammer unbeschreiblich. Sie hatten keine Ahnung, wohin sie der Sturm verschlagen (wahrscheinlich war es die Insel Galveston an der Küste von Texas), noch wie weit es bis zum Hafen von Panunco war, dem sie zustrebten. Das wenige an Vorräten und Waffen, das ihnen verblieb, war beim Schiffbruch verlorengegangen. Die Indianer, unter denen sie sich befanden, waren bei all ihrer ersten Hilfsbereitschaft denkbar primitiv, verkommene Wesen. Nackt, im kalten Winde zitternd, waren sie den kräftigen Seminolen von Florida zivilisatorisch weit unterlegen, die so mutig die Männer von Narvaez bekämpft und jene von Ponce de Leon zurückgeschlagen hatten. In Ermangelung jeglichen Ackerbaus oder einer geordneten Jagd ernährten sie sich ausschließlich von Seemuscheln, Erdwurzeln oder Kaktusfeigen. Einige der Begleiter Vacas jammerten, die Indianer würden sie ihren Götzen opfern, wie sie es von Mexiko her in Erinnerung hatten; doch ihre Angst war unbegründet, da die elenden Küstenbewohner des Golfes noch nicht auf der Stufe der Abgötterei angelangt waren, nicht einmal auf der des anderen Indianern bekannten Kannibalismus: sie sollten darin von den Spaniern unterwiesen werden.

Am Tage nach dem Schiffbruch erfuhr Alvar Nunez, daß sich andere Weiße auf der Insel aufhielten, der die Verzweifelten den Namen »Malhado« zugelegt hatten. Die Hoffnung auf ein Eingreifen der Vorsehung belebte die Schiffbrüchigen, aber die Enttäuschung folgte ihr auf dem Fuß. Diese Weißen waren nämlich bloß Überlebende einer anderen im Sturme zerschellten Brigantine, und sie befanden sich selbst im Zustand völliger Nacktheit. Zwei Schiffbrüche, das ergab in diesem wüsten Land 80 Spanier. Vielleicht hätte ein gottbegnadeter Führer diese immerhin bedeutende Truppe genutzt und auf den Kontinent gebracht, von dem man bloß durch eine leicht zu überquerende Meerenge getrennt war. Dieser Führer fand sich aber nicht. Man faßte bloß den Beschluß, vier kräftige, gute Schwimmer gen Panunco zu schicken. Sie zogen los, furchtbaren Erlebnissen entgegen, während die übrigen sich in kleine Gruppen zersplitterten, die versuchten, auf dieser Hungerinsel mit dem Leben davonzukommen.

Der Bericht Cabeza de Vacas beschreibt ihren langwierigen Dornenweg in allen Einzelheiten. Einige wurden von Indianern umgebracht, als diese eine Darmkrankheit heimsuchte, deren Entstehung sie den Fremden zuschrieben. Andere starben vor Hunger und wurden zum Entsetzen der Eingeborenen von ihren Kameraden verspeist. Als der Winter vorbei war, blieben nur mehr 15 Spanier übrig. Die Indianer brachten sie aufs Festland, wohin sie jedes Jahr zum Sammeln von Kaktusfeigen zogen.

Lange Monate vergingen. Allmählich erlagen alle Spanier, mit Ausnahme eines gewissen Lope de Oviedo und des energischen Nunez. Obgleich Sklave geworden, wußte sich dieser mit großem Geschick seinen armseligen Herren so nützlich zu machen, daß er zu einer bedeutenden Stellung aufstieg. Er nutzte sie, um einen Fluchtplan zu entwerfen. Oviedo, charakterlich und körperlich der viel Schwächere, hätte vorgezogen, in der Sklaverei zu bleiben, als die unendlichen Schwierigkeiten zu erdulden, die er voraussah; Vaca aber rief ihm unausgesetzt die Vorteile eines menschenwürdigen Daseins in Erinnerung und riß ihn schließlich mit sich fort.

Die zwei Spanier setzten sich gegen Süden – das ferne Mexiko zu – in Marsch. Flußmündungen, Meeresarme und Sümpfe versperrten ihnen oft den Weg, und Nunez mußte stets Oviedo darüber hinweghelfen. Sie stießen auf feindliche Indianer, denen sie mit größter Mühe entkamen, auch auf freundlichere, die ihnen zu verstehen gaben, daß sich Weiße in der Gegend aufhielten. Aber Lope de Oviedo war schon völlig erschöpft. Er beschloß, so erzählt Vaca, zurückzukehren – es ist jedoch nicht ausgeschlossen, daß Vaca ihn stehenließ und, zäh wie er war, allein weiterging, in der Hoffnung, andere Leidensgefährten anzutreffen. Jeder Wahrscheinlichkeit zum Trotz gelang ihm dies auch. Zwei davon, Andreas Dorante und Alonzo del Castillo, waren vom Schiffbruch bei der Insel Malhado übriggebliebene Hauptleute. Der dritte war ein Neger (vielleicht auch ein Maure), ein Diener der Expedition, namens Estevan oder Esteban. Eine Bande von Indianern hatte sie, wie auch Vaca, in die Sklaverei verschleppt; sie hatten sich in ihr Schicksal ergeben. Vaca selbst wurde einem einäugigen Indianer überlassen und mußte wohl das Gefühl haben, bloß den Herrn gewechselt zu haben.

Die Unglücklichen erzählten einander ihre Schicksale; Castillo und Dorante waren die Überlebenden einer Gruppe von zwölf Soldaten. Eines Tages begegnete ihnen eine Art Geist, in dem sie mit Mühe Figueroa erkannten, einen der vier starken Männer, die vor ein paar Monaten nach Panunco entsandt worden waren. Die anderen drei waren umgekommen; Figueroa aber hatte einen neuen Begleiter namens Esquirol gefunden, der als Mundvorrat ein großes Stück nach Art des von den Wilden geräucherten Menschenfleisches mit sich trug. Durch ihn erfuhr man das Schicksal des Narvaez, auf dessen Brigantine er sich befunden hatte. Seine Leute waren auf Nahrungssuche an Land gegangen, als eine Strömung das Schiff mit dem alten Anführer, der allein an Bord geblieben war, in die offene See hinausriß. Die Männer hatten sich dann gegen Süden zu in Marsch gesetzt; die Toten wurden von den Kameraden verzehrt, bis dann nur mehr Esquirol am Leben geblieben war. Von den zwei letzten Brigantinen hat man nie mehr etwas gehört.

Cabeza de Vaca entwarf einen neuen Fluchtplan. Dorante und Castillo wollten nicht recht mittun. Fünf ihrer Kameraden waren getötet worden, weil sie versucht hatten, die Familien zu verlassen, denen sie als Sklaven gehörten. Die übrigen waren Hungers gestorben, und so armselig ihr Dasein war – wollten die zwei nicht aus dem Leben scheiden. Die vorgeschlagene Flucht schien übrigens völlig undurchführbar. Alle vier waren nackt »wie am Tage unserer Geburt«, wie Vaca genau feststellt. Von den zu durchmessenden Entfernungen hatten sie keine Ahnung, und die einzige logische Marschroute entlang der Küste war im Hinblick auf die Hindernisse, die den Mut Lope de Oviedos gebrochen hatten, unbrauchbar. Man mußte sich also nach Westen wenden, in einen unbekannten Kontinent eindringen und mit riesigen Umwegen rechnen, wollte man die vermuteten Niederlassungen von Christen erreichen. Doch entschlossen sich Dorante und Castillo schließlich, mitzuhalten, und auch der Neger Esteban erklärte sich bereit, an dieser Odyssee teilzunehmen.

In der ganzen Geschichte der Expeditionen gibt es nichts, was sich mit dem Zug der vier nackten Männer vergleichen ließe. Hunger, Unwetter, die eisigen oder glühenden Stürme von Texas setzten ihnen grausam zu. Cabeza de Vaca, von seinen Kameraden getrennt, entging einmal dem Erfrierungstod nur, weil er in der Wüste auf einen »Flammenbaum« stieß — das erste Anzeichen des Erdöls, das sich in der Einöde selbst entzündete. Fünf Tage lang war er ohne einen Bissen unterwegs und trug die Glut mit sich, die ihn am Leben hielt. Beinahe wäre er bei lebendigem Leib verbrannt; er versengte sich die Haare, als sein Lagerfeuer durch einen Windstoß die Steppe in Brand setzte. Die Menschen waren nicht weniger grausam als die Natur. Nach den armen Küstenbewohnern stießen die Wanderer in zunehmendem Maße auf kriegerische, wilde Stämme. Man ließ sie am Leben, weil sie die Krankenpflege übernahmen und ihnen der Himmel Wunderkuren ermöglichte, wohl als Gegengabe für ihre »Pater« und »Aves«, aus denen ihre ganze Arzneikunst bestand. Ihre medizinischen Erfolge hatten freilich den Nachteil, daß die Wilden die Heilkünstler behalten wollten. Sie mußten zu wiederholten Malen Reißaus nehmen, was öfters mit den schlimmsten Gefahren verbunden war.

Trotz so vieler Leiden ist der Bericht Cabeza de Vacas derart genau, daß es möglich ist, die Marschroute der Spanier zu rekonstruieren. Sie überquerten alle großen Wasserläufe von Texas, zogen durch die Bisonebenen (die sie als erste Europäer beschrieben), erblickten die Rocky Mountains und drangen, nach Südwesten abbiegend, bis zum Golf von Kalifornien vor. Diese ungeheure Leistung konnte nur durch das Zusammenwirken von Mut und Not vollbracht werden: die ersten Europäer, die als Entdecker den nordamerikanischen Kontinent durchquerten, waren nackt!

Mit einem Male hatten sie den Eindruck, an eine Grenze gekommen zu sein. Es war nicht mehr möglich, Führer zu finden, als fürchteten die Indianer, sich in ein gefährliches Land zu wagen. Castillo und Esteban gingen als Kundschafter vor und kehrten drei Tage später in freundlicher Begleitung und mit wichtigen Neuigkeiten zurück. Sie hatten, wie Cabeza de Vaca erzählt, festgefügte Behausungen, Dörfer, hohe Häuser, Mais-, Gemüse- und Kürbiskulturen vorgefunden. Die völlig nackten, aber kräftigen und klug aussehenden Einwohner warfen sich, als sie die Fremden kommen sahen, vor ihnen nieder und beteten sie als Sonnensöhne an, deren Ankunft eine ihrer Legenden prophezeit hatte. Eine Katastrophe – eine furchtbare Dürre – verwüstete die Gegend, und die Indianer, es waren Pueblos, hatten den Spanier und den Afrikaner angefleht, Regen zu schicken. Der Himmel war zwar unerbittlich geblieben, was den Glauben des Volkes aber nicht erschütterte. Die Pueblos kamen von allen Seiten angerannt, den Söhnen der Sonne zu huldigen.

Von da ab wurde aus dem jämmerlichen Dahinschleppen ein Triumphmarsch. Das ehrerbietige Volk geleitete die göttlichen Fremden von Dorf zu Dorf. Die Bevölkerungsdichte, die Größe der Dörfer, das gesunde Aussehen ihrer Bewohner, der gesittete Charakter des Volkes machten auf Cabeza de Vaca, dem so lange Zeit jede Vergleichsmöglichkeit gefehlt hatte, einen tiefen Eindruck. Einige Edelsteine – Türkise – die er in den Händen der Indianer sah, weckten in ihm den in sieben Jahren des Dahinkümmerns vergessenen Appetit nach Reichtümern. Er erkundigte sich nach ihrer Herkunft und hörte so von den Sieben Städten von Cibola, prachtvollen und reichbevölkerten Gemeinwesen, die von Silber, Gold und Edelsteinen nur so glänzten. Fortuna schien seine Leiden belohnen zu wollen: sie setzte ihn auf die Spur unschätzbarer Reichtümer.

Die Flucht gelang diesmal auf ganz unwahrscheinliche Art. Zufällig trafen Vaca, Castillo, Dorante und Esteban auf eine Gruppe Spanier, die im Begriff waren, nach Gründung der Kolonie Sonora das Christentum und die Zivilisation einzuführen, indem sie auf Sklaven für ihre Bergwerke Jagd machten. Wie gewöhnlich waren die Söhne der Sonne von ein paar hundert Anbetern begleitet. Sie wurden ergriffen, gefesselt und — so sagt Cabeza de Vaca — »alle unsere Bitten waren vergeblich und konnten ihnen die Freiheit nicht wiedergeben«.

In den Jahren, da Cabeza de Vaca von der Zivilisation abgeschnitten war, hatte sich das Spanische Weltreich gefestigt und das Traumgebilde Amerika an Leuchtkraft gewonnen. Die zweite Generation der Konquistadoren hatte sich auf die Fahrt gemacht, doch war ihr Betätigungsfeld schon enger geworden. In Mexiko hatte der erste Vizekönig Neu-Spaniens, Antonio de Mendoza, Hunderte von Abenteurern ohne Abenteuer auf dem Hals, die ihre Sporen klirren ließen und empört warteten, da doch ihre Vorgänger im Reichtum geschwommen waren. Die Nachricht, daß es jenseits der Wüsten des Nordens sieben Goldstädte zu erobern gab, peitschte diese Leute auf und kam auch Mendoza gelegen, der Arbeitslosigkeit unter seinen Konquistadoren zu steuern.

Übrigens war der Vizekönig selbst auf Reichtum aus. Er empfing Cabeza de Vaca, befragte ihn über die Sieben Städte von Cibola und bot ihm an, sie gemeinsam zu erobern. Da aber wurde Alvar Nunez, der im ersten Freudentaumel nach seiner Befreiung zu viel geplaudert hatte, sehr wortkarg. Er wollte, so erklärte er, lieber zurück nach Spanien — mit dem Hintergedanken, eine eigene Expedition auszurüsten. Als man bei Castillo und Dorante vorfühlte, schützten auch sie Müdigkeit vor, und Mendoza mußte sie zu seinem Ärger nach Spanien zurückbefördern. Keiner der drei sollte je wieder nach Mexiko kommen, wenn auch Cabeza de Vaca noch 20 Jahre gewalttätiger Abenteuer in Südamerika bestimmt waren.

Mendoza beschloß nun, Cibola auf eigene Rechnung zu erobern. Er bedeutete den vor Ungeduld bebenden Hidalgos, es sei bei Strafe keinem gestattet, nach Norden zu ziehen, ehe die Expedition ausgerüstet und der Befehl erteilt wäre. Zunächst müßten die etwas unklaren Aussagen der drei Geret-

Entdeckung Nordamerikas durch die Spanier

teten überprüft und vor der Eroberung Erkundungen durchgeführt werden. Nur ein Mönch, der noch das Gelübde der Armut abgelegt hatte, konnte damit betraut werden, ohne die wilde Eifersucht der Schwertträger zu erregen. Mendozas Wahl fiel auf den Franziskaner Marcos, genannt von Niza, mit Bezug auf seinen Aufenthalt im Lande des Herzogs von Savoyen. In der Jagd nach Schätzen war er kein Neuling, hatte er doch Pizarro nach Peru begleitet. Der von Vaca in Mexiko sitzengelassene Neger Esteban erklärte sich bereit, den Geistlichen in die Gebiete zu führen, aus denen er so mühsam mit heiler Haut entkommen war. Die Kumpanei der beiden sollte zu einem grandiosen Gaukelspiel werden.

Sogar unter den außerordentlichen Gestalten der hispanoamerikanischen Welt des 16. Jahrhunderts hatte dieser Schwarze Eigenprägung. Er besaß alle Gaben eines Scharlatans, dabei die Wollust und den Hochmut eines Sultans. Er wanderte den endlosen Weg zu den Sierras des Rio Grande zurück und, da er kräftiger als der Mönch war, ging er diesem voraus gen Cibola, nachdem er mit ihm vereinbart hatte, regelmäßig Berichte durch eingeborene Boten zu senden. Es wurde ausgemacht, daß ein Kreuz aus Ästen als Zeichen dienen würde, wobei seine Größe den Entdeckungen und Verheißungen entsprechen sollte. »Das erste Kreuz«, erzählt Pater Marcos, »war beinahe so groß wie der Mann, der es trug, die nächsten aber noch größer.« Davon angespornt, gab sich der Mönch jede Mühe, den Neger einzuholen, dieser schien aber Flügel zu haben. Es entwickelte sich ein atemraubender Wettlauf, von Zeit zu Zeit durch immer größere Kreuze gekennzeichnet, den Verheißungen von Ruhm und Gold.

Marcos befand sich nur noch drei Etappen von Cibola entfernt, als das Unglück geschah. Statt des Triumphkreuzes, das der Mönch erwartete, brachten die Indianer die Nachricht vom Tode Estebans. Später erfuhr man dessen nähere Umstände. Als Esteban die erste der Sieben Städte erreicht hatte, verlangte er mit größter Dreistigkeit Türkise und Frauen; er verkündete, Weiße folgten ihm auf den Fersen. »Die Indianer dieser Gegend aber«, sagt sein Chronist, »sind auf ihre Frauen sehr eifersüchtig, und da Esteban ein Schwarzer war, hielten sie seine Behauptung, er käme aus einem von Weißen bewohnten Land, für aberwitzig.« Zufolge dieser indianischen Logik brachten sie den Afrikaner als Wüstling und Hochstapler vom Leben zum Tode.

Es bestehen Zweifel über das weitere Tun und Lassen des Mönches Marcos von Niza. Er befand sich allein in unerforschtem Land, vom nächsten spanischen Posten durch 2000 Kilometer Berge und Wüsten getrennt, und vor der ihm drohenden Gefahr durch den tragischen Tod seines Begleiters gebührend gewarnt. Daß er davonlief, daß er die von den Apachen unsicher gemachten Hochebenen sowie die Schluchten der Sierra Madre eilig durchquerte, kann ihm niemand zum Vorwurf machen. Nur gestand der Mönch, nach Mexiko zurückgekehrt, seine menschliche Schwäche nicht ein. Er will seinen Schreck überwunden, die Reise fortgesetzt haben, ja, in Sichtnähe Cibolas gelangt sein. Auf einem Hügel versteckt, will er einen ganzen Tag lang die erste der Sieben Städte, von der er wußte, sie wäre die kleinste und am wenigsten reiche, beobachtet haben. Größer und ansehnlicher als Mexiko habe sie sich inmitten einer fruchtbaren und besiedelten Gegend erhoben. Unglaublich hohe Häuser hätten die in der Sonne funkelnden, silbernen Stadtmauern überragt! Marcos habe wegen der durch die Frechheit Estebans hervorgerufenen Volkswut nicht weiter können, aber er habe gesehen! Und er war doch mit Pizarro in Peru gewesen — er wußte also, was sehen hieß!

Eine Welle der Begeisterung überflutete Mexiko, gleichzeitig freilich auch ein Schauder der Angst. Im Mutterland wurden neue Expeditionen vorbereitet, von denen die Hernando de Sotos beinahe reisefertig war. Sickerte die Nachricht durch, das Bestehen der Sieben Städte Cibolas sei bestätigt worden, würde ein wilder Wettstreit entbrennen. Und sie sickerte durch, trotz aller Bemühungen Mendozas. Sie verbreitete sich wie ein Lauffeuer und trieb de Soto so viele Edelleute zu, die bereit waren, ihre Güter zu verkaufen, wenn sie dafür die Schätze der Neuen Welt plündern durften, daß die Bodenpreise fielen. Soto segelte am Tag des hl. Lazarus des Jahres 1538 ab, während sich Mendoza erst der Organisation seiner Armee widmete. Der Wettlauf um die Schätze Nordamerikas zwischen den direkt aus dem Mutterland kommenden Konquistadoren und den aus Neu-Spanien aufbrechenden hatte begonnen. Er sollte zu dem seltsamen Doppelergebnis führen, daß zwei mächtige Expeditionen einige Jahre hindurch den Kontinent vom Atlantik zum Pazifik durchstreiften — um das gleiche Resultat zu erzielen.

Mendoza ging die Sache großzügig an. Er widmete 60 000 Dukaten aus seinem eigenen Vermögen der Ausrüstung von sechs Reiterkompanien und einer Kompanie Fußsoldaten; im ganzen waren es 300 Spanier, verstärkt durch etwa 1000 indianische Hilfskräfte. Zwei kleine Kanonen aus Bronze bildeten die erste Artillerie, die je über den Boden der Vereinigten Staaten rollte. Das genaue Inventar an Waffen und Ausrüstungen vermittelt jedoch den Begriff davon, mit wie auffallend schwachen militärischen Mitteln Spanien die Neue Welt eroberte. Feuerrohre und Armbrüste waren eine Seltenheit, und die meisten Soldaten trugen nur blanke Waffen. Beim Menschenmaterial machte sich der Unterschied zwischen der ersten und der zweiten Generation von Abenteurern bemerkbar. Unter den Mitgliedern der Expedition befanden sich viele Edelleute; diese Muttersöhnchen jammerten darüber, ihre Siebensachen tragen und ihre Pferde selbst satteln zu müssen. Viele von ihnen litten unsäglich unter den Mühsalen des Feldzuges, und die Disziplin bekam gar manches Mal die Empfindlichkeit ihrer Füße zu spüren.

Der Vizekönig wollte persönlich das Heer befehligen, das ihm so teuer zu stehen kam. Madrid verbot es ihm jedoch. So

Hernando de Soto (oben)
De Soto erobert ein Indianerdorf am Mississippi (unten)

vertraute er es einem jungen Mann an, den er aus Spanien mitgebracht und der in den drei Jahren Amerika eine bequeme Laufbahn durchmessen hatte. Francisco Vasquez de Coronado, jüngerer Sohn aus Salamanca, kaum dreißig, Gouverneur von Neu-Galizien, Gemahl der Beatrix de Estredo, der besten Partie Mexikos, erhielt also den Auftrag, die Bande anzuführen, welches Unternehmen entweder das Genie eines Cortez oder die rücksichtslose Faust eines alten Soldaten erfordert hätte. »Das Mißgeschick so vieler braver Edelleute«, schrieb der Chronist der Expedition, »bestand darin, einen Mann zum Anführer zu haben, der in Neu-Spanien große Güter und eine schöne Frau zurückließ. Diese edle und vortreffliche Dame trug in nicht geringem Maße die Schuld an dem, was uns geschah.« Nun, dieser wenig liebenswürdige Satz, so zutreffend er sein mag, findet im Gesamttext eigentlich keine Bestätigung. Francisco de Coronado war kein schlechter Befehlshaber. Den Indianern gegenüber zeigte er sich menschlich, verfuhr geschickt bei der Nutzung seiner Kräfte, war ausdauernd über jedes vernünftige Maß hinaus und verfaßte über seine Entdeckungen Berichte, die den Ruhm jedes Forschers einer anderen Epoche ausgemacht hätten. Man hatte ihn allerdings ausgeschickt, Goldländer zu entdecken.

Die Chronik des Anmarsches besteht in nichtssagenden Berichten über Mühsale, Durst und Hunger. Nach dem Genuß der Früchte eines Tales glaubte das ganze Heer an Vergiftung zu sterben, doch erholte es sich nach einigen qualvollen Tagen. Der Zug war großartig. Die Kavallerie zählte 559 Pferde für 225 Reiter; der Oberbefehlshaber besaß nicht weniger als 23 Schlachtrosse sowie eine prachtvolle Sammlung kostbarer Waffen und vergoldeter Harnische. Einige Träger hochklingender Namen Kastiliens zogen mit. Da waren z. B. Don Pedro de Toledo, Sohn des Hofmarschalls Johannas der Wahnsinnigen, und Don Rodrigo Maldonado, Schwager des Herzogs von Infantado. Der Mönch Marcos von Niza, zum Provinzial Neu-Spaniens ernannt, amtete als Großalmosenier, wobei er die

Zeitgenössische Federskizze der Expedition de Sotos (oben)
Coronado sucht das Königreich Quivira (unten)

Einbildung durch Geschichten anregte, die mit dem Näherrücken des Ziels nichts von ihrem Goldglanz einbüßten. Drei Frauen ritten mit: eine mit einem gewissen Caballero verheiratete Indianerin; ein »Engel an Güte«, die Frau des Juan de Paradino, dem sie folgte; und ein schreckliches Mannweib: die Señora Sanchez, deren Stimme die der größten Brüller übertönte. Eine recht dilettantische Angelegenheit im Grunde, diese glänzende Truppe, obwohl sich in ihren Reihen einige alte Haudegen befanden, zu denen auch der Hauptmann Melchior Diaz zählte, der sich übrigens den Erzählungen des Pater Marcos gegenüber sehr skeptisch verhielt.

Am 7. Juli 1540 wurde die erste der Sieben Städte von Cibola erreicht. Es war kein mythischer Ort, sondern ein indianisches Pueblo, das noch heute bei Zuca in Arizona besteht. Vor dem Anmarsch der Spanier gewarnt, hatten die Einwohner Frauen und Kinder evakuiert, lehnten jede Unterhandlung ab und verteidigten ihr Dorf mit bäuerlicher Zähigkeit. Sogar die schöne, funkelnde Brünne Coronados wurde ganz zerbeult, und er selbst, trotz seines Helmes, fast erschlagen. Die eisernen Waffen besiegten schließlich die Keulen der Eingeborenen. Die Pueblos aber flüchteten, statt sich zu unterwerfen, auf die Hochebenen, wo sich ihre Frauen und Kinder verborgen hielten. Die Spanier saßen als Sieger im verwüsteten Dorf und durften ihre Enttäuschung auskosten.

Sie waren fünf Monate marschiert. Unterernährt, von der glühenden Sonne ausgedörrt, hatten viele von ihnen ihre ganze Habe in Mexiko verkauft, nur um sich anwerben lassen zu können. Der für solche Opfer erwartete Lohn bestand nun aus einigen Stein- oder Lehmhäusern inmitten einer Wüste. Man begann mächtig auf den Mann zu fluchen, der Schuld trug an dem jetzt schwindenden Wahn. »Ich versichere Euch«, schrieb Coronado an den Vizekönig, »daß Pater Marcos gelogen hat, denn alles, was er erzählte, ist das gerade Gegenteil der Wahrheit. Es gibt weder Gold noch Türkise, und die Sieben Städte sind sieben kleine Dörfer.« Zu seinem Glück befand sich der Mönch bei der Nachhut. Er benutzte die erste Gelegenheit, um sich nach Mexiko abzusetzen, und verschwand für immer aus der Geschichte.

Die folgenden Monate schleppten sich für die moralisch zerrütteten und enttäuschten Spanier dahin. Indessen gehören sie zu den aufregendsten in der ganzen Geschichte der Entdeckungen. Nachdem Coronado die anderen Dörfer der Gegend erobert hatte, gelang es ihm, einen Teil der Bevölkerung zurückzuholen, die er durch gute Behandlung zu gewinnen trachtete. Später sandte er nach allen Seiten Kundschafter aus, denn es war ihm befohlen worden, »die Augen offenzuhalten« und die Durchfahrt vom Atlantik zum Pazifik, die nördliche Magellanstraße zu suchen, deren Vorhandensein von den zeitgenössischen Geographen gelehrt wurde. Auf der Suche nach diesem neuen Trugbild marschierte Melchior Diaz um den Golf von Kalifornien, inmitten riesenhafter Indianer, doch gelang es ihm nicht, mit den beiden Schiffen Verbindung zu bekommen, die Mendoza in der Hoffnung ausgeschickt hatte, auf dem Seeweg mit der Expedition Fühlung zu nehmen. Der junge Lopez de Cardenas, der die gleiche nordöstliche Durchfahrt suchte, entdeckte das Wunder aller Wunder, die buntfarbige Schlucht des Grand Canyon von Colorado, doch glückte ihm der Abstieg auf die Talsohle nicht. Andere, gegen Osten ausgesandte Erkundungen gelangten zu unendlichen Savannen und bestätigten das Vorkommen des buckligen, rinderartigen Tieres mit gelocktem Stirnhaar, des Büffels, den Cabeza de Vaca beschrieben hatte. Gleichzeitig entdeckte man auch Indianerstämme, die ganz verschieden waren von den Pueblos und den kleinen Nomaden der Hochebenen. »Sie leben ausschließlich vom Fleisch des Büffels«, bemerkt Coronado, »und essen sogar das gekaute Gras, das sie im Magen dieser Tiere finden.«

Der Winter schleppte sich mühsam hin in dem unbequemen Indianerdorf. Die Eingeborenen verhielten sich weiter feindlich, und die guten Absichten Coronados ihnen gegenüber wurden ständig von Dieben und Wüstlingen unter seinen Leuten durchkreuzt. Eine heftige Schlägerei entstand einmal wegen der »unbegreiflichen Eifersucht« der Indianer, die sich gegen Liebesabenteuer der Spanier mit ihren Frauen zur Wehr setzten. Als die schlechte Jahreszeit vorbei war, befand sich das Heer moralisch und materiell in argem Zustand. Nach soviel Prahlerei mit leeren Händen zurückzukehren, war äußerst kränkend; die Truppen forderten es jedoch, da sie einem Aufenthalt in so ungastlichem Land sogar die Beschämung vorzogen.

Und dann platzte die große Neuigkeit: Cibola war ein Mißverständnis gewesen! Es gab wohl ein Eldorado, nur lag es viel weiter ab und hieß Quivira. Der Indianer, dem man diese Eröffnung verdankte, war ein Sklave der Pueblos gewesen, vom Hauptmann Hernando de Alvarado befreit worden und wurde »El Turco« benannt, weil er einen langen Schnurrbart trug, der ihm eher das Aussehen eines Orientalen als eines Eingeborenen Amerikas verlieh. In der Zeichensprache (»sie sind darin so geschickt«, vermerkt Coronado, »daß sie alles, was sie nur wollen, verständlich machen«) beschrieb El Turco seine Heimat Quivira. Ein riesiger See lag in ihrer Mitte. Phantastisch reiche Städte spiegelten sich in seinem klaren Wasser, auf dem goldbenagelte Galeeren schwammen, und ein allmächtiger Potentat herrschte über unzählige Untertanen. Die Spanier erkannten das Bild wieder: Mexiko! Aber ein viel reicheres Mexiko, mit einem mächtigeren Montezuma! El Turco hatte übrigens auch einen Beweis für seine Geschichten: ein schweres goldenes Armband, das ihm die Pueblos nun leider gerade gestohlen hatten und nach dem die Spanier vergeblich forschten.

Coronado war der einzige, der seine Zweifel hatte. Er schrieb dem König von Spanien, daß er sich hüte, den Erzählungen eines Indianers Glauben zu schenken, es jedoch für seine Pflicht halte, nicht kehrtzumachen, ohne Quivira mit eigenen Augen gesehen zu haben. Die Konquistadoren waren im übrigen von den Großsprechereien El Turcos derartig aufgepeitscht, daß es ihm schwergefallen wäre, sie zurückzubeordern. »Er fragte uns«, schreibt Coronado, »warum wir unseren Pferden soviel Proviant aufbürdeten, sie würden zu müde sein, das Gold und Silber, das wir dort finden müßten, zu tragen.« Er bot sich auch an, vorauszumarschieren, um dem Herrscher von Quivira die Ankunft der Spanier zu melden; diese zogen aber vor, ihn bei sich zu behalten.

Die neue Expedition begann mit einer langen Irrfahrt durch die Einöden von Texas. El Turco hatte nichts von seiner Sicherheit eingebüßt, doch wurde allen klar, daß er die Spanier im Kreise herumführte und auf eine Möglichkeit lauerte, ihnen zu entfliehen. Er wurde in Ketten gelegt, dann gefoltert und schließlich hingerichtet. Und wieder bemächtigte sich die Verzweiflung des Heeres. Da entschloß sich Coronado, die Hauptmacht seiner Truppen zum Rio Grande zurückzuschicken; er selbst ritt mit 30 Reitern in der mutmaßlichen Richtung der Schätze nach Norden.

Es wurde ein beispiellos enttäuschender Ritt. Die Spanier trabten in ein Meer von Gras, genau so flach und ohne Anhaltspunkte wie die richtige See. »Ich wollte«, berichtet Coronado, »Kreuze aufrichten, um den Rückweg zu finden, es gab aber kein Holz. Dann dachte ich an Steinhaufen, doch auch Steine gab es nicht. Wir hinterließen nicht einmal Spuren, denn das Gras erhob sich sogleich hinter dem Tritt unserer Pferde.« So drangen die 30 Reiter, ohne es zu ahnen, in das Herz des nordamerikanischen Kontinents vor, durchquerten Kansas, kamen vielleicht bis nach Nebraska. Überall sahen sie unendliche Ebenen, ungeheure Herden, Staubwolken, verschlammte Flüsse unter glühender Hitze. Die Indianer, denen sie begegneten, waren in Wigwams lebende Nomaden, die ihre Hunde an eine Art Schlitten spannten und keine Ahnung von einem See, einem Kaiser oder einem Goldstück hatten.

Erst im letzten Augenblick, als die Lage ganz verzweifelt war, machte Coronado kehrt. Es gelang ihm, zu seinem Heer zu stoßen, das durch Krankheit und Fahnenflucht sehr geschwächt war. Er ließ seine Kanonen, die zu nichts gedient hatten, stehen und zog sich nach Mexiko zurück, wo er »sehr verbittert, müde und von Schande bedeckt« eintraf. Ganz Neu-Spanien widerhallte von Anklagen gegen ihn. Als er zu erklären versuchte, es gebe nördlich des Rio Grande weder eine Zivilisation noch haufenweise Gold, zuckte man bloß die Achseln. Mendoza, für den das Abenteuer eine finanzielle Katastrophe bedeutete, war nobel genug, ihn als Gouverneur von Neu-Galizien wiedereinzusetzen, besann sich allerdings einige Monate später eines Besseren und warf seinen früheren Günstling ins Gefängnis. Coronado verbrachte dort mehrere Jahre und beschloß sein Leben im Dunkel.

Von allen Frauen des 16. Jahrhunderts war wohl die Indianerin am meisten verblüfft, die, von den Reitern Coronados gefangengenommen, ihnen entkam und nach einigen Tagen Flucht gegen Osten in die Hände einer anderen Truppe von Bleichgesichtern fiel. In einem so wenig bevölkerten Land wie dem indianischen Amerika von damals, tauchten von allen Seiten die Söhne der Sonne auf, genau so erschreckend wie die Marsbewohner von Wells, mit ihren Vierfüßlern, knallenden Waffen und ihrer unbegreiflichen Beweglichkeit.

Es hätte also nicht viel gefehlt, und die zwei großen spanischen Expeditionen in Nordamerika, die des Francisco de Coronado und die des Hernando de Soto, die eine aus Mexiko, die andere aus Cadix aufgebrochen, wären im Zentrum des Kontinents zusammengetroffen. Als erbitterte Rivalen planten sie dies freilich nicht. Der zweiten wurde gemeldet, daß sich Spanier in ihrer Nähe befanden, und ihr Befehlshaber, de Soto, tat nichts, um zu ihnen zu stoßen. Es mag vielleicht auch nie einen zweiten Mann gegeben haben, der sich so mißtrauisch von der Welt abgeschlossen hätte wie Hernando de Soto. Seine Fahrt und sein Schicksal sind freilich Gipfelleistungen spanischen Heldentums und spanischen Stolzes.

Er war außerordentlich reich – »un gran rico« – und aus Peru mit einem der größten Vermögen zurückgekommen, das je von Konquistadoren nach Europa gebracht wurde. »Er lebte«, wie es ein Zeitgenosse sagt, »von Haushofmeistern, Dienern, Pagen und der ganzen Pracht eines schwerreichen Standesherrn umgeben.« Es war also der Durst nach Ruhm und Tatendrang, der ihn veranlaßte, sich um den Posten eines Gouverneurs von Florida zu bewerben, der sich für Ponce de Leon und Narvaez als so verhängnisvoll erwiesen hatte. Indessen suchte er nach Gold, denn die Eroberung der Schätze blieb eine Prestigefrage, auch wenn die Armut als Beweggrund wegfiel.

Hernando de Soto sah wie ein Prediger aus, mit seinem kurzgeschnittenen Haar und dem flammenden Fanatismus seiner Gesichtszüge, doch war er vor allem vom furchtlosen und unbeugsamen Geist des Soldaten beseelt. Hart und tüchtig, organisierte er seine Expedition wie keiner vor ihm. Er nahm Büchsenmacher und Schmiedemeister mit, sogar Zimmerleute und Kalfaterer, denn er bedachte auch die Möglichkeit, an ein Meer zu gelangen und Schiffe bauen zu müssen. Auch führte er in großen Mengen Eisen mit, für die Sklaven, die er einzufangen gedachte. Ein junger Konquistador wie Coronado ließ sich vom Dominikaner Las Casas beeinflussen und bemühte sich um eine menschliche Behandlung der Indianer, ein alter Haudegen aber wie der frühere Leutnant Pizarros betrachtete sie bloß als Vieh.

Die Expedition, 600 Mann stark, mit Lanzen, Feuerrohren und Armbrüsten bewaffnet, begann an der gleichen Stelle und in der gleichen Art wie das unglückselige Unternehmen des Narvaez. Nur waren die Führer grundverschieden, und weder die Sümpfe Floridas noch der Mut der Seminolindianer waren imstande, die Entschlossenheit eines de Soto zu brechen. Berichte Eingeborener, Ausgeburten der blühenden Phantasie dieses Volkes, vielleicht auch vom Wunsche eingegeben, die Eroberer loszuwerden, indem man sie weiterschickte, lenkten den Zug der Spanier nach »dem Lande des ewigen Sommers, so reich an Gold, daß sich die Krieger damit behelmten«. Wie in Cibola, fand man auch dort bloß einige armselige Dörfer vor, und das Geschick der Indianer, die außer Reichweite blieben, erwies sich als so groß, daß die für die Sklaven bestimmten Eisen von den Eroberern geschleppt werden mußten. Dann machte man eine Entdeckung, die als Warnsignal wirkte: die Gebeine von Pferden des Narvaez, am Strand der Bucht, wo die Expedition von 1528 sich eingeschifft hatte. Die weniger Mutigen begannen auszusprechen, es wäre an der Zeit, haltzumachen und die Schiffe zu bauen, zu welchem Zweck man doch von Spanien das Material bis hierher mitgeführt habe. Soto antwortete darauf, er sei ausgezogen, das reichste Land der Welt zu erobern, und werde keinen Schritt zurückweichen, bis er es gefunden hätte.

Das erste Winterquartier, das von 1539–1540, wurde unweit von Tallahassee bezogen, der kleinen Hauptstadt des heutigen Florida. Die wenigen Sklaven, die zu fangen geglückt war, starben alle, weil sie, wie der Chronist der Expedition sagt, »nackt und in Ketten lagen«. Schon in den ersten Märztagen brach Soto das Lager ab, marschierte in nordöstlicher Richtung und erlebte auf dem reichen, fruchtbaren Boden Georgias die einzige angenehme Episode seiner Odyssee. Eine »caciqua«, eine indianische Königin, empfing die Spanier mit größter Liebenswürdigkeit und ließ sie willfährig die Gruft ihrer Ahnen schänden, wo sie 350 Pfund Perlen fanden, die de Soto seinen Pferden auflud. Als aber seine Soldaten vorschlugen, in dieser freundlichen Gegend zu bleiben, gab er sofort den Befehl zum Aufbruch. »Denn er war«, sagt der Chronist, »unerbittlich und trocknen Tons.«

Berge traten jetzt an die Stelle der Ebene. Die Spanier, nun gegen Westen marschierend, schnauften die steilen Abhänge der Smoky Mountains empor, späterhin die glühenden Hochebenen von Tennessee. Vor dem Verhungern rettete sie bloß der Umstand, daß es ihnen gelang, 300 Hunde zu fangen, die sie verspeisten. Da sie es müde wurden, immer ärmeren Stämmen zu begegnen, wandten sie sich südwärts und stießen zu Beginn des Herbstes auf die glänzenden Gewässer des Golfes, damit aber auch auf die tapferen Völker an seinen Küsten. Der 15. Oktober wurde ihnen beinahe zum Verhängnis. Die Indianer bemächtigten sich überraschend des Dorfes, wo sich die Heeresvorräte befanden, und um ein Haar wäre die ganze Truppe ausgerottet worden. De Soto rettete die Lage, indem er das verlorene Dorf in Brand steckte, nur verschlangen dabei die Flammen mitsamt dem Feind auch seinen Proviant, seine Ausrüstung, die 350 Pfund Perlen der »caciqua« und sogar die Meßgeräte. Am Unglücksabend erschien die Bilanz der Expedition in einem düsteren Licht: seit achtzehn Monaten irrte man umher; 102 Mann waren schon zugrunde gegangen; den Überlebenden fehlte es an allem, und das Eldorado lag mehr denn je im Ungewissen.

Hier bewies Hernando de Soto, wie unmenschlich stark er sein konnte. In diesem Augenblick der größten Not erfuhr er von zwei Schiffen, die einige Meilen vom verbrannten Dorf vor Anker lagen, wo, wie der Chronist sich ausdrückt, die Spanier ihre Wunden »mit dem Fett der gemordeten Indianer« pflegten. Dona Isabella de Soto hatte den Hauptmann Maldonado von Kuba, wo sie sich vor Gram verzehrte, nachgeschickt, um Nachrichten einzuholen und ihrem Mann Proviant zu bringen. Ihr Gemahl, der Konquistador, verheimlichte jedoch seinen Soldaten die Ankunft der Karavellen und gab während der sechs Tage ihrer Anwesenheit kein Lebenszeichen. Er war in seiner Abgeschiedenheit verschwunden und wollte nur im Ruhmesglanz wieder in die Welt zurückkehren.

Der blutige Weg der Spanier führte weiter nach Westen. Tausende von Indianern hatten sie auf diese oder jene Weise umgebracht, aber auch ihre Kräfte schwanden. Auf dem Gebiet der Chikasaws verloren sie noch elf Mann und, was schwerer wog, fünfzig Pferde. Ihr zweites Winterquartier (1540–1541) wurde des öfteren aus dem Hinterhalt beunruhigt, im Frühling aber rückten sie, nackt unter ihrem verrosteten Harnisch, wieder der Sonne nach. Ihr schweigsamer Führer hatte sie so gründlich seiner eisernen Disziplin unterworfen, daß ihre anfängliche Angst geschwunden war. Sie marschierten hinter de Soto nicht aus Liebe oder Vertrauen, sondern weil sein unerbittlicher Wille sie mitriß.

Der Mittwoch, 1. Mai 1541, brachte die große Entdeckung. Der gewaltige Strom, damals gewiß noch viel breiter als heute, wurde bei Memphis erreicht. Man hatte sein Vorhandensein schon vermutet, und zwar auf Grund des geringeren Salzgehaltes des Meerwassers außerhalb des Deltas; immerhin war es zum erstenmal, daß die Weißen den Mississippi erblickten. Dieser Anblick scheint de Soto indes nicht sonderlich bewegt zu haben, obwohl er ihn zu einem der größten Entdecker aller Zeiten machte. Seine einzige Sorge galt der schnellsten Überquerung des schlammigen Gewässers, das die Grenze des Eldorados bildete. Denn diesmal hatte man ganz sichere Nachricht: jenseits des großen Stromes begann Pahuca, das Land des Goldes.

Der folgende Monat wurde den Spaniern zur Hölle. Sie gerieten in das Überschwemmungsgebiet des Mississippitals, dem nicht einmal die Dämme des 19. Jahrhunderts beizukommen vermochten. Sie wateten bis zu den Hüften im Wasser, dann bis zur Brust und schließlich bis zum Hals. Da sie sich nirgends hinlegen oder auch nur niederkauern konnten, vergingen sie vor Schlaf. Endlich kam man in trockenere Gegenden, doch erwiesen sich Pahuca und dann Chisca als völlig unzivilisiert und ohne jegliches Gold. Gefangene Indianer beschrieben das Reich von Cahca, wo es, wie sie (in der Zeichensprache!) behaupteten, haufenweise Edelsteine, Paläste und sogar eine Kupferschmelze gab. Soto setzte sich an die Spitze von 80 Reitern und gelangte wie Coronado in die großen Bisonebenen von Kansas. Zum Unterschied von Coronado überwand er seine Verzweiflung und kehrte zurück.

Das Heer, das seine gefesselten Sklaven immer noch mitschleppte, wechselte die Richtung und zog nach Südwest. Es erreichte das öde Oklahoma mit seinen Staubwirbeln, marschierte im Kreis, überwinterte ein drittes Mal und machte im Frühling in Richtung Osten kehrt. Im Tal von Arkansas abwärtsziehend, fand es sich wieder am Ufer des Mississippi. Seit dem Mai 1539 war es auf dem Marsch und hatte acht oder neun der heutigen amerikanischen Staaten nach allen Richtungen durchquert.

De Soto wurde vom Fieber geschüttelt. Fast die Hälfte seiner Männer war zugrunde gegangen. Die ewig hungrigen, mit Wunden bedeckten, von Moskitos geplagten Überlebenden waren nur mehr Schatten der kühnen Krieger, die Cadiz verlassen hatten. Von den 200 Pferden blieben kaum noch 30 übrig, und die verrosteten, abgestumpften, schartigen Waffen sicherten nicht einmal mehr die Überlegenheit in den ständigen Kämpfen mit den Indianern. Der Soldat de Soto erkannte ein Unvermögen, das der Konquistador noch nicht zugeben wollte. Man würde zwei Schiffe bauen, das eine nach Kuba, das andere nach Neu-Spanien ausschicken, um neue Waffen und Pferde herbeizuschaffen. Im kommenden Frühjahr, dem fünften (!), sollte die Suche nach dem Eldorado erneut beginnen.

Zuerst mußte man aber bis zum Meer vordringen. Man vermutete es ganz in der Nähe. Kundschafter wurden entlang des Mississippi ausgesandt. Sie kehrten zehn Tage später zurück und hatten nichts als Sümpfe, ein Gewirr von Kanälen und dichtem Wald vorgefunden, dessen Wurzeln ins ockerige Wasser tauchten. Die Sicht reichte nirgends über das fieberheiße Land hinweg, in der Ferne wenigstens den blauen Streifen des Golfes zu entdecken, und die befragten Indianer hatten nie vom »Großen Wasser« gehört. Wie weit war also das rettende Meer, und wie sollte man es angesichts der naturgegebenen Widerstände mit den erschöpften Menschen erreichen?

Hernando de Soto ahnte sein Ende kommen. Er lag auf seinem mit Gras gefüllten Sack, hatte nicht mehr die Kraft, sich aufrecht zu halten. Doch der eiserne Wille des sterbenden Konquistadors war nicht zu zähmen. Auf dem jenseitigen Ufer des Mississippi lebte der Stamm der Quiqueltaws, mit dem man sich wiederholt geschlagen hatte und der jetzt die unerklärlichen Fremdlinge von weitem beobachtete. Soto sandte ihrem Häuptling eine Botschaft und verlangte von ihm Proviant und Träger, denn, so sagte er, er wäre »der Sohn der Sonne und jeder schuldete ihm Tribut und Unterwerfung«. Worauf der Indianer im Hinblick auf die Wassermasse zwischen ihm und den Weißen antworten ließ, ein Sohn der Sonne sei sicher imstande, den Mississippi auszutrocknen; er gedenke auf diesen Identitätsbeweis zu warten, um erst dann dem Befehl Folge zu leisten. Auf diese Herausforderung und Verhöhnung reagierte de Soto auf seine Weise: Er ließ den Stamm der Quachoya überfallen und erdrosseln; so mußten diese, die am gleichen Ufer mit den Christen hausten, die Frechheit des unerreichbaren Quiqueltaws büßen. Worauf Hernando de Soto, dessen letzte Stunde die Rache versüßt hatte, seine Sünden beichtete, einen Nachfolger ernannte und starb.

Der hartnäckigste der Konquistadoren erhielt ein seines Charakters würdiges Begräbnis. Seine Leute hatten ihn zuerst begraben; da sie aber den Indianern gesagt hatten, ihr Führer sei als Sohn der Sonne wieder zur Sonne aufgestiegen, hielten sie es für richtiger, seine Leiche auszugraben und sie der Verschwiegenheit des Mississippi anzuvertrauen. Spät nachts fuhr ein Boot die mit Steinen beschwerte Leiche de Sotos auf den mächtigen Strom hinaus. Da versank er in seiner Entdekkung — ein großer Führer und Ehrenmann, wie sein Chronist sagt, indes »zu sehr vom Indianermorden eingenommen«.

Die Überlebenden mußten zusehen, wie sie nach Neu-Spanien zurückkamen. Ihr neuer Führer, Luis de Morosco, beschloß, den Zug auf dem Landweg zu unternehmen. Nach einer furchtbaren Überquerung des Überschwemmungsgebietes gelangte man ins östliche Texas. Die Marschbedingungen wurden derart schwierig, daß man sich – ein viertes Mal (!) – zum

Überwintern entschloß, um dann kehrtzumachen. So kamen die Spanier an den Mississippi zurück und führten ihren ersten Plan aus. Sie bauten Brigantinen, deren Segel sie aus wildem Hanf flochten; als Anker benutzten sie ihre Sporen. Es waren ihrer immer noch 320 Mann, die noch so viel Ordnung hielten, daß sie die ihnen verbliebenen 22 Pferde und 100 Sklaven mit an Bord nahmen. Nach zwei Monaten und sieben Tagen Schiffahrt auf Strom und Golf gingen sie, 311 an der Zahl, am 10. September 1543 bei Panunco an Land. Verblüfft sah die Garnison des Postens diese unwahrscheinliche Gruppe von Männern auftauchen. Sie waren fast nackt, trugen aber stolz ihre Waffen und zogen ihre bis zum Skelett abgemagerten Gefangenen hinter sich her.

Als letzte fiel diesem Leidenszug Dona Isabella de Soto zum Opfer, deren zwei Hilfsschiffe ihr stolzer Mann so geflissentlich übersehen hatte. Als sie erfuhr, daß sie Witwe war, »ergraute sie mit einem Schlag« und starb einige Tage später.

Die Hidalgos

Von den Sümpfen Floridas bis zum Grand Canyon:
Der rauhe Vortrupp des Spanischen Weltreichs

Pater Cancer erfuhr in Guatemala, wo er als Missionar weilte, von den Greueltaten der Expedition de Sotos gegenüber den Indianern. Er war entsetzt. Freund und Schüler von Bartholomäus de Las Casas, hatte Luis Cancer de Barbestro dem großen Franziskaner geholfen, Guatemala nach der Eroberung durch Pedro de Alcoredo zu bekehren. Bei den Mayas, glücklichen Bewohnern eines fruchtbaren, reichen Landes, hatten Milde und gutes Zureden Wunder gewirkt. Guatemala war das Land des »Vera Paz« geworden, und Cancer de Barbestro konnte den Gedanken nicht ertragen, eine andere Gegend Amerikas sei durch einen Konquistador verwüstet und entvölkert worden. Er fuhr nach Madrid und erhielt die königliche Bewilligung zur Errichtung einer Mission in Florida »an einem Orte, der von den Spaniern noch nicht mit Blut befleckt wurde«.

Doch hatte der großherzige Mönch kein Glück. Sein unbewaffnetes Schiff landete in der gleichen Bucht wie die kriegerischen Expeditionen von Narvaez und de Soto. Die am Strande versammelten Seminolen schwangen ihre Bogen zum Zeichen, daß sie keinesfalls gewillt waren, diese neuen, wieder auf einer fliegenden Piroge erschienenen Weißen brüderlich zu empfangen. Die drei Cancer begleitenden Franziskaner fühlten ihren Mut schwinden. Der Apostel aber stieg von Bord in die Fluten und watete auf die Krieger zu; er zeigte ihnen Geschenke. Da er allein war, ließen sie den Mann an sich heran, umringten ihn, hörten ihn in unbekannter Sprache reden und sahen ihn die Hände zum Himmel erheben. Als er niederkniete, taten es die Indianer ihm nach, und vom Schiffe aus sah man begeistert die um Pater Cancer versammelten Heiden beten. Als jedoch die drei Mönche ihrem Anführer folgen wollten, wurden die Indianer wieder mißtrauisch und entfernten sich in drohender Haltung.

In der Hoffnung auf eine freundlichere Aufnahme beschloß Cancer, die Küste zu erforschen. Das Meer war bewegt, die Fahrt schwierig, die Landung gefährlich. Nachdem er im Laufe mehrerer Tage weder freundliche Bewohner noch einen günstigen Landungsplatz gefunden hatte, befahl er dem Steuermann, in die geschützten Gewässer der Bucht von Tampa zurückzukehren. Die Seminolen versammelten sich neuerlich am Strande. Luis Cancer stieg wieder ins Wasser, stolperte über sein langes Gewand und winkte ihnen zum Zeichen der Freundschaft mit beiden Händen zu. Wie das erstemal warteten die Indianer ab, bis er den Fuß auf den trockenen Sand setzte, dann aber stürzten sie sich auf ihn. Man sah, wie er sich einen Augenblick zur Wehr setzte und schließlich zusammenbrach. Die übrigen Mitglieder der Mission machten sich schleunigst segelfertig und kehrten nach Kuba zurück.

Das nächste Unternehmen Spaniens war in seinem Charakter wie in seinen Dimensionen ganz anderer Natur. Philipp II. faßte jetzt persönlich den Entschluß, Florida zu kolonisieren. Er begründete ihn mit der Notwendigkeit, die Zugänge Neu-Spaniens vor der zunehmenden Angriffslust der englischen und französischen Piraten zu schützen. Nach dem Plan sollte im Golf von Mexiko eine Basis errichtet werden, mit einem starken Vorposten an der atlantischen Küste, um den Bahamas-Kanal zu sichern. Die Expedition wurde in Mexiko vorbereitet, dem Vizekönig aber von Madrid empfohlen, keine Fanatiker wie den seligen Pater Luis Cancer in ihre Reihen aufzunehmen. Auch beschloß man, die geistliche Aufsicht über die Kolonie nicht mehr den zum Überschwang neigenden Franziskanern, sondern den vernünftigeren Dominikanern anzuvertrauen. Die Wahl des weltlichen Anführers fiel auf einen Edelmann aus gutem Hause und von großer Erfahrung namens Tristan de Luna y Arellano. Achtzehn Jahre zuvor hatte er als Coronados Leutnant diesen auf seinem phantastischen

Ritt ins Herz von Kansas begleitet. Jetzt zog er in politischem Auftrag aus, mit dem Vertrauen seines Monarchen und mit Mitteln ausgerüstet, die jene seiner Vorgänger weit übertrafen.

Eine lange Karawane verließ am 24. April 1559 die Hauptstadt Mexikos. 1500 Menschen, Männer, Frauen, Soldaten und Handwerker, wandten sich nach der Stadt Vera Cruz, auf den Wildpfaden wie einst Fernando Cortez. Mit ihnen strolchte ein Lumpenpack von Dienstboten, Bettlern und Mestizen, das ein kluger Führer nie zugelassen hätte. Selbst die Soldaten flößten so wenig Vertrauen ein, daß man beschloß, vor der Einschiffung keine Waffen an sie auszugeben. Dieser bunte Haufen verstaute sich in dreizehn Schiffen, die ohne Schaden bis auf die Höhe von Florida gelangten. Luna, der lange zwischen den Buchten von Mobile und Pensacola geschwankt hatte, entschied sich für letztere, schrieb dem Vizekönig und rühmte ihre Größe und Sicherheit.

Fünf Tage später, in der Nacht des 9. August, fegte ein Hurrikan über die so große und sichere Bucht. Die Spanier verdutzte es ganz besonders, daß sie eine ihrer Karavellen in einem Wald wiederfanden, eine Schußweite vom Meer entfernt. Da sie dieses Wunder nicht der Macht der Wellen beimessen konnten, mußten sie es dem Eingreifen des Teufels zuschreiben. Alle anderen Schiffe, mit einer einzigen Ausnahme, wurden bei schweren Verlusten an Mann und Proviant vom Meer verschlungen.

Was folgt, ist wieder die alltägliche Geschichte der amerikanischen Mißerfolge. Luna führte seine Leute 40 Meilen ins Innere und gründete dort, am Ufer des Flusses Alabama, die spanische Stadt Nanicapana. Die Indianer setzten sich zur Wehr, indem sie die Erde so gründlich verbrannten, daß die Kolonie in einem Umkreis von zehn Kilometern »kaum einen Grashalm zu finden vermochte«. Die Hungersnot brach beinahe sofort aus. Viele Männer, sagt Luna, gingen barfuß, weil sie ihre Stiefel verspeist hatten. Die Kräftigsten gingen jedoch weiter bis zu der Bucht von Santa Elena, wo befohlen war,

De Soto läßt den Kaziken die Hände abschlagen (oben)
Die spanischen Eroberer in der Neuen Welt (unten)

R. Holata Outina.
12

die von Philipp II. gewünschte atlantische Basis zu errichten. Sie ließen sich freilich bloß in einem etwas weniger verwüsteten Land nieder, und der arme Don Tristan schlug sich einerseits mit dem Ungehorsam seiner Leute herum, anderseits mit den Verweisen des Vizekönigs, der seinerseits vom spanischen Hofe mit Rügen bedacht wurde. Er versuchte, Florida von drei kleinen Schiffen umfahren zu lassen, um auf dem Seeweg zu erreichen, was zu Lande undurchführbar war. Doch der Sturm warf sie zurück.

Luna y Arellano wurde im Frühjahr 1561 seines Postens enthoben und durch Angel de Villafana ersetzt. Mit frischen Truppen und neuen Vorräten gelang es diesem energischen Mann, binnen sechs Wochen zur atlantischen Küste vorzustoßen, die er bis gegen Kap Hatteras erforschte. Das Ergebnis war tief enttäuschend. Unendlich dehnten sich an wüster Meeresküste glühende Sanddünen, hinter diesem unfruchtbaren Wall aber schwarze, tiefe, riesige Sümpfe. Als der Bericht Villafanas nach Madrid gelangte, in dem er um Nachschub bat, was eine neue Tragödie voraussehen ließ, verlor Philipp II. den Mut. Am 29. September rief ein königliches Dekret die Expedition zurück und verbat jeden neuen Versuch einer Kolonisation Floridas. Einige Wochen später gab es auf dem amerikanischen Kontinent nördlich des Rio Grande keinen einzigen Spanier mehr.

Und doch hatte der König von Spanien richtig gesehen. Schon im nächsten Jahr, am 1. Mai 1562, kamen die Franzosen nach Florida, mit der Absicht, hier zu bleiben. Ein erschwerender Umstand: es handelte sich um Häretiker. Vom Admiral Coligny ausgesandt, suchte Jean Ribaut aus Dieppe mit seinen 150 Hugenotten einen sicheren Ort in Amerika für die Anhänger des reformierten Glaubens. Das Unternehmen leitete sich aus dem gleichen Geiste her, aus dem die Vereinigten Staaten entstanden sind, und sein Erfolg hätte weittragende historische Folgen gehabt. Doch waren ungeheure Mittel not-

Häuptling Outina holt sich Rat bei einem Zauberer (oben)
Outinas Leute quälen einen Feind zu Tode (unten)

wendig, um eine französisch-protestantische Festung auf einer der Hauptstraßen des kaiserlichen Spanien zu errichten. Coligny ließ sich da in einen Kampf auf Leben und Tod ein – mit einem kleinen Anhang bloß als Rückendeckung.

Anfangs freilich war man guten Mutes. Die Begeisterung der Hugenotten bei der Landung in der Neuen Welt steht im vollen Gegensatz zu der Enttäuschung so vieler anderer Kolonisten. Sie fanden alles wundervoll und, wie es einer von ihnen ausdrückt, dankten Gott dafür, sie »ins angenehmste, wohlgefälligste und fruchtbarste Land der Erde« geführt zu haben. Sie landeten nahe der Mündung des breiten Saint John-Flusses, der sich, vom Süden kommend, nächst der heutigen Grenze Floridas und Georgias in den Ozean ergießt. Die Franzosen benannten ihn Maifluß, zur Erinnerung an den verheißungsvollen Tag seiner Entdeckung, setzten wieder die Segel und suchten weiter nördlich eine Siedlungsmöglichkeit. Sie kamen mit Indianern in Berührung, die sie kräftig, freundlich und intelligent fanden; tauften die Küstenflüsse, denen sie begegneten, mit den hold klingenden Namen Seine, Loire, Charente und Gironde; bewunderten die halbtropische Flora und faßten beim Anblick der vielen Raupen auf den Bäumen den Plan zu einer Seidenraupenzucht. Von den Eingeborenen erfuhren sie (in der Zeichensprache!), die Sieben Städte Cibolas seien bloß drei Wochenmärsche entfernt, und machten die Bekanntschaft noch ganz junger Männer, die vom Jungbrunnen getrunken hatten und seit 250 Jahren lebten, als wären sie nicht ein Viertel so alt. Schließlich ließen sie sich in der Tiefe einer Bucht nahe der Mündung eines kleinen Flusses nieder, den sie Chenonceaux nannten, und gaben dem von ihnen errichteten Dreieck aus Eichenbohlen den Namen Charlesfort.

Ribaut verließ sie am 11. Juni und versprach, mit Verstärkung wiederzukommen. Die Befehlsgewalt wurde einem gewissen Albert de Pierria übertragen und damit der verhängnisvolle Fehler der spanischen Kolonisten von Alabama wiederholt. Statt sofort den Boden zu bestellen, um eine erste Ernte zu sichern, gingen die Franzosen auf Abenteuer unter den Indianerstämmen aus. Zunächst war ihr Ansehen als Söhne der Sonne so groß, daß sie dank der Gaben der Indianer ihr gutes Auskommen hatten. Doch bald kam der Augenblick, da die Indianer merkten, daß diese göttlichen Geschöpfe Schürzenjäger und Bettler waren. Die gegenseitigen Besuche wurden seltener. Mit Anbruch des Winters nistete sich die Hungersnot — die ständige Begleiterin der Anfänge aller amerikanischen Unternehmungen — in Charlesfort ein. Ihr folgte Zwietracht. Pierria hängte eigenhändig einen Trommler auf, verbannte einen Soldaten namens La Chaise auf eine wüste Insel und weihte ihn damit dem Tod. Die Freunde La Chaises rebellierten jedoch und erschossen ihren Kommandanten. Um das Unglück voll zu machen, brannte auch noch das Fort nieder. Da sie keine Hilfe bekamen, entschlossen sich die Ärmsten, auf eigene Faust heimzukehren und machten sich an den Bau eines seetüchtigen Schiffs. Leider weiß man von diesem Schiff, das ein nautisches Kunstwerk gewesen sein muß, nichts Näheres. Jedenfalls wurde es gebaut, stach in See, widerstand den Stürmen des Atlantik und erreichte zwar nicht Frankreich, aber doch die Nähe der europäischen Küste, wo es von einem englischen Konvoi aufgenommen wurde. Allerdings blieben die wenigen Männer nur dank dem klassischen Auslosen am Leben: wer als nächster aufgegessen werden sollte. Eines der Opfer des Hälmchenziehens wurde der nämliche La Chaise, dessen Verbannung zur Ermordung des Hauptmanns Pierria geführt hatte.

Die Hugenotten hatten übereilt gehandelt. Schon während ihrer schauderhaften Überfahrt kamen ihnen drei feste Schiffe, mit 200 ihrer Glaubensgenossen an Bord, mit vollen Segeln zu Hilfe. Ihr Befehlshaber, René de Laudonnière, war ein junger, hübscher Edelmann, aber von schwacher Gesundheit. Als er in Charlesfort nichts als Ruinen vorfand, beschloß er, die Siedlung an den Maifluß zu verlegen. Wenige Kilometer von der Mündung entfernt, wo jetzt die blühende Stadt Jacksonville liegt, gründete er das Fort Caroline, an einem, wie er schreibt, so angenehmen Ort, daß »selbst die schwersten Melancholiker in bessere Gemütsverfassung geraten müssen«.

Doch abermals beging man den verhängnisvollen Fehler. Unter diesen Leuten gab es zuviel Abenteurer und zuwenig Bauern, die sich dieser lockenden Erde hätten annehmen wollen. Laudonnière und seine Männer ließen sich sehr bald von den Indianern hereinlegen, die von den märchenhaften Bergwerken Appalachees flunkerten. Um diesen Bergwerken näher zu kommen, mischten sie sich in die Dreiecksfehde der großen Häuptlinge Satouriouna, Outina und Potanou ein, der drei rivalisierenden Potentaten der Gegend. Für kargen Sold verdingten sie sich bald den ehrgeizigen Indianerfürsten und stellten diesen ihren Mut und ihre Feuerrohre zur Verfügung. Zur Vergeltung setzten sie den König Outina als Geisel fest und verlangten für ihn ein Lösegeld. Doch die Indianer dachten nicht daran, etwas zu zahlen. Daraufhin wagten die Franzosen eine Razzia ins Innere des Landes, setzten sich in der von giftigen Dünsten geschwängerten Dschungelwelt großen Gefahren aus und brachten bloß geringe Mengen von Mais heim. Bald wurde die Hungersnot so groß, daß nach dem Bericht Laudonnières vielen Männern die Knochen durch die Haut ragten. Immer lauter erhoben sich die Stimmen derer, die einen Verzweiflungsakt forderten.

Es war noch ein Schiff da, »Le Breton«, das im Maifluß vor Anker lag. Man sollte sich doch seiner bedienen, um die spanischen Galionen, die entlang der Küste fuhren, anzugreifen, ja, um die Kirchen und Lagerhäuser von Kuba und Neu-Spanien zu plündern. Laudonnière widersetzte sich der Umwandlung eines Kolonisations- in ein Piratenunternehmen, aber die Hugenotten, die im Meer ihre einzige Hoffnung erblickten, wurden von ihren Leiden so erbittert, daß zwei Männer namens Genre und La Roquette versuchten, den unnachgiebigen Befehlshaber zu vergiften, und, als dies mißlang, seine Hütte mit einem Pulverfaß in die Luft zu sprengen. Schließlich sah sich Laudonnière eines Sonntags im September, als er fieberkrank darniederlag, von einer drohenden Menge umringt. Man setzte ihm ein Feuerrohr an die Brust und forderte die Unterzeichnung des Befehls, den »Le Breton« zu bewaffnen. Da er sich noch immer weigerte, wurde er von Fort Caroline in den Wald gezerrt, wo er ausgesetzt werden sollte. Nun gab er nach. Unter der Führung eines gewissen Fourneaux wurde »Le Breton« zum Abenteuer segelfertig gemacht, während die Laudonnière treu gebliebenen Männer ihn wieder als Befehlshaber einsetzten.

Im nächsten Frühling kam eine spanische Brigantine in äußerst üblem Zustand den Maifluß herauf. An Bord befanden sich Fourneaux und einige der von ihm verhetzten Männer. Nach einem kurzen Erfolg ihrer Piraterie hatten die Spanier Gegenmaßnahmen ergriffen; nur wenige der Piraten entgingen der Gefangenschaft. Jetzt kamen diese Überlebenden, verhungerter als die Hungernden von Fort Caroline, und forderten Lebensmittel. Laudonnière aber ließ sie ergreifen und aufhängen. Diese Tat stärkte sein Ansehen. Der englische Seefahrer Sir John Hawkins, der für die französischen Protestanten Sympathie hegte, wollte ihm helfen und schlug ihm vor, ihn nach Hause zu schaffen. Laudonnière begnügte sich jedoch mit dem Ankauf eines seiner Schiffe, in der Absicht, seine Leute darauf zu verstauen und nach Frankreich zu segeln, wenn vor der schlechten Jahreszeit keine Hilfe kam.

Man schrieb schon den 28. August 1565, und die Vorbereitungen zur Abfahrt waren im Gange, als sieben Schiffe in der Fahrrinne des Maiflusses gemeldet wurden. Die Kolonie schwankte zwischen Angst und Hoffnung. Als man sah, daß die Ankömmlinge keine Flagge führten und in Waffen und schweigend die Boote bestiegen, begriff Fort Caroline, daß eine spanische Flottille gekommen war, sie anzugreifen. An Verteidigung war kaum zu denken, da Laudonnière seine einzige gute Kanone als Teilzahlung für das von Hawkins gekaufte Schiff hingegeben hatte. Ein Soldat schoß jedoch aus seinem Feuerrohr in die Richtung der Schiffe, und erst als die verlorene Kugel ins Wasser fiel, erkannte man den Hauptmann Jean Ribaut an seinem großen Bart inmitten der Soldaten. Seine stille drohende Annäherung klärte sich erst auf, nachdem man in Berührung gekommen war. Nach Frankreich gelangte Gerüchte besagten, René de Laudonnière habe sich gegen die königliche Autorität erhoben, und so glaubte Ribaut, gegen Rebellen vorgehen zu müssen. Eines Besseren belehrt, bestätigte er Laudonnière, entgegen dem Befehl, ihn zu entlassen, in seiner Stellung. Mit den 400 neu angekommenen Männern des Konvois besserten sich die Aussichten für ein französisches und protestantisches Florida wieder.

Eine Woche verging. In der Nacht zum Dienstag, dem 28., meldete Jean Ribaut ein Posten, man habe in der Bucht große schwarze Schatten ausgemacht, die Schiffen glichen. Der Hugenotte stieg auf die Schutzwehr, ließ seine forschenden Blicke in die helle Nacht wandern und sah tatsächlich Schattenrisse auf dem Wasser. Schon vor Morgengrauen stand die Garnison unter Waffen. Die Dämmerung ließ eine ganze Flotte erkennen, und als es lichter wurde, zeigten sich an den Masten die Farben Kastiliens. Eine Karavelle setzte sich ab, kam näher, und im atemlosen Schweigen rief eine Stimme den Franzosen den Namen Pedro de Menendez d'Afilar zu. »Im Namen des Königs von Spanien, meines Herren«, setzte sie fort, »komme ich, euch Häretiker alle bis auf den letzten Mann zu vernichten.« Der Wutschrei auf diese Herausforderung erscholl mit einigen Sekunden Verspätung, indessen hatte aber das Schiff des Menendez zur maßlosen Überraschung der Hugenotten, statt das Fort anzugreifen, gewendet. Die ganze Flotte folgte ihm, vermied geschickt die Untiefen und war bald in Richtung Süden verschwunden.

Menendez, ein ritterlicher Fanatiker, war gekommen, den Hugenotten den Krieg zu erklären, hatte jedoch den Zeitpunkt für einen Angriff nicht als günstig erachtet. Eine Woche vorher—genau am Tage der Ankunft von Ribaut in Fort Caroline — hatte er einen Teil seiner 2645 Männer umfassenden Expedition auf einer Sandbank ausgeschifft, um die sich Delphine tummelten. So wurde San Agostino — Sankt Augustin —, die älteste der amerikanischen Städte, ins Leben gerufen. Als Basis für das Unternehmen zur Vernichtung der Hugenotten gedacht, sollte sie späterhin zur ständigen Festung zwecks Abwehr solcher Dreistigkeiten ausgebaut werden. Das Dekret von 1561 wurde aus defensiven Erwägungen widerrufen. Florida, die ewige Enttäuschung, sollte ein Bollwerk zum Schutze des Karibischen Reiches werden, das in nicht ganz hundert Jahren zur Hauptsorge des Eskorial geworden war.

Eine spanische und eine französische Niederlassung, die eine katholisch, die andere protestantisch, lagen einander gegenüber, voneinander bloß 30 Meilen entfernt; eine der beiden mußte der Vernichtung anheimfallen.

Zahlenmäßig unterlegen, fand es Jean Ribaut weiser, selbst anzugreifen. Er plante, San Agostino zu überfallen, ehe die Spanier Zeit fanden, den Platz zu befestigen. Laudonnière, in seiner Unternehmungslust von einem schlimmen Fieber geschwächt, riet dagegen, sich in Fort Caroline zu verschanzen und die Spanier da zu erwarten. Es gelang ihm aber nicht, seinen Vorgesetzten zu überzeugen. Dieser schiffte alle seine kampftüchtigen Männer ein und fuhr die Sandbänke der Küste entlang gegen den Feind.

Das Meer ergriff jedoch die Partei der Spanier. Kaum hatte die Flotte der Hugenotten die Mündung des Maiflusses verlassen, als der Hurrikan unvermutet losbrach. Am Morgen des 20. September, nach einer Schreckensnacht, besäten Trümmer der französischen Schiffe die Küste, und die Überlebenden kämpften verzweifelt gegen die mächtige Brandung an. Menendez erkannte im Aufruhr der Wogen die Hand Gottes: nun war es an ihm, zu Ende zu führen, was die Vorsehung begonnen. Schleunigst marschierte er gegen Fort Caroline, das einigen Fieberkranken in Obhut gegeben worden war. Erst als die Spanier schon auf den Wällen erschienen, wurde Alarm geblasen.

26 Soldaten, darunter Laudonnière, konnten zu den Indianern flüchten, 122 Männer und Frauen aber wurden gehängt oder erdrosselt. »Nicht als Franzosen, sondern als Häretiker«, stellte der gewissenhafte Menendez auf einer Tafel fest, die er inmitten der Galgen anbringen ließ.

Blieben noch die Schiffbrüchigen. Ohne Waffen und erschöpft, versuchten sie, sich wieder zu sammeln, was erschwert wurde durch die tückischen Wassergräben zwischen den verschiedenen Sandzungen, auf denen sie Fuß gefaßt hatten. Menendez, der wie der Blitz von Fort Caroline zurückgekehrt war, las ihrer 140 in der Nähe von San Agostino auf. Zehn davon schworen ihren Glauben ab, die übrigen wurden am Strande aufgereiht und geköpft. Da erfuhr Menendez, daß noch etwa 200 hilflos auf einer kleinen Insel saßen. Er legte dort an, erkannte Jean Ribaut und forderte ihn auf, sich zu ergeben. Da die Hugenotten schwankten, versprach ihnen der Spanier, sie am Leben zu lassen. Worauf er ihnen allen den Hals abschneiden ließ. Sein Chronist vermerkt dazu, er habe sich dabei »übertrieben human« gezeigt, da er seinen Vorschriften zufolge jeden Häretiker lebend zu verbrennen hatte. Die etwa 200 Ertrunkenen abgerechnet, kamen an die 460 Protestanten in dieser Bartholomäusnacht des amerikanischen Kontinents ums Leben, dem größten Blutbad unter den Weißen der Neuen Welt bis zum Sezessionskrieg.

Die Kasuistik des Menendez sollte eine schlagende Antwort erhalten. Der Hauptmann Dominik de Gourgues, ein Hugenotte, erschien drei Jahre später plötzlich in Florida. San Mateo, wie Fort Caroline jetzt hieß, schlief noch, als eine Truppe von Franzosen und Indianern seine Wälle erstieg. Ein paar Dutzend nur mit Hemden bekleideter Spanier wurden gefangengenommen und an den Bäumen aufgehängt, die den Gefährten Jean Ribauts zu Galgen gedient hatten. »Nicht als

Spanier«, betonte Gourgues, »sondern als Diebe, Mörder und Meineidige.« San Agostino anzugreifen, fehlten dem Rächer jedoch die Mittel. Eiligst kehrte er nach Frankreich zurück, wo er die protestantischen Herzen durch die Berichte erfreute, wie er blutige Vergeltung geübt.

Doch die spanische Herrschaft über Florida war nun fest begründet. Menendez, der zur Zeit des Überfalls des Dominik de Gourgues abwesend gewesen war, kehrte schleunigst zurück und setzte die begonnene Konsolidierung fort. Obzwar blutrünstig, wo die Religion auf dem Spiel stand, und unerbittlich gegen seine eigenen Soldaten in Fragen der Disziplin, führte er den Eingeborenen gegenüber eine humane Politik der Befriedung. Er heiratete eine indianische Prinzessin und überließ die Beruhigung der tapferen Seminolen eher den Franziskanern als seinen Landsknechten. Entlang der atlantischen Küste bis zu den Creeks von Georgia entstanden Missionen und breiteten sich aus. Zu Beginn des 17. Jahrhunderts zählte man in Florida – das viel größer war als der heutige Staat dieses Namens – an 15 000 getaufte Indianer.

Nichtsdestoweniger blieb Florida eine verschlafene und vernachlässigte Kolonie. Es fehlten ihr Bergwerke, der Hauptköder für die Spanier. Auch die glühende Hitze und die Feuchtigkeit des Klimas erschwerten die Kolonisierung. Auf der ganzen Halbinsel gab es keinen kastilischen Acker, nur ein paar Gärten an den Mauern von San Agostino. Die Seminolen fanden sich mit den Christen nur deshalb ab, weil diese sie in ihren unzugänglichen Sümpfen ruhig hinvegetieren ließen. Die 250 Soldaten, aus denen die Garnison von San Agostino bestand, bekamen wenig Gelegenheit, ihren Mut zu beweisen, noch weniger freilich, die kleine Stadt, die einzige größere Niederlassung der Kolonie, zu verlassen. Zu Füßen eines bewaldeten Hügels, schachbrettförmig erbaut, schützte sie ein mit Bastionen versehenes Fort, das noch heute besteht und an dem Tausende von Wintergästen vorbei müssen, die auf der Bundesstraße Nr. 1 nach Miami fahren.

Gut zehn Generationen schleppten sich so in der schweren Langeweile der Verbannung durch zweieinhalb Jahrhunderte hin. Die Moskitos blieben stets eine schreckliche Plage — und doch, als wäre der Jungbrunnen mehr als eine bloße Legende, durfte sich San Agostino der Zahl seiner Hundertjährigen rühmen. In weiten Abständen lieferte irgendein Ereignis im eintönigen Gespinst der Monate und Jahre einen Bezugspunkt. Nach Dominik de Gourgues ließ der berüchtigte englische Korsar Drake — *El Draco* — die Stadt erzittern, und 1599 verheerte sie ein Brand. Im folgenden Jahrhundert wurden einige englische und französische Piraten öffentlich gehängt, auch gab es Indianeraufstände, z. B. den von 1647, der einem schüchternen Kolonisierungsversuch ein Ende setzte. Nicht sehr erschütternd, auf so viele Jahre verteilt! Das Leben der Spanier in Florida — das sich in San Agostino zusammendrängte, spielte sich hauptsächlich in Prozessionen ab, die mit steifer Pracht vor sich gingen und nach Möglichkeit denen des fernen Vaterlandes nachgeahmt wurden.

Im großen und ganzen hinterließ die spanische Herrschaft auffallend wenig Spuren. In anderen Gegenden, deren physische Natur der iberischen Halbinsel ähnlicher war, sollte Spanien mehr in die Tiefe wirken und noch das Amerika von heute prägen.

Jenseits des Ozeans war Philipp II. schon verschieden, als am 30. April 1598 Don Juan de Onate in seinem Namen ein neues Reich in Besitz nahm. Auf dem Strand des eroberten Landes knieten mit ihm 400 Spanier nieder, mehr als die Hälfte mit Frau und Kind. Daß es keine Konquistadoren, sondern Einwanderer waren, bewiesen die 7000 Rinder, die sie mitbrachen. Nach dem *Tedeum* verlieh Don Juan den neuen, der Krone angeschlossenen Ländereien feierlich den Namen Neu-Mexiko. Die Ausbreitung Spaniens nahm seine Ausdehnung nach Norden hin wieder auf.

Die Mißerfolge Coronados und de Sotos hatten die Vorwärtsbewegung hier wie in Florida, bloß längere Zeit als in Florida, gebremst. Die Kavalkaden nach nicht vorhandenen Schätzen hatten die Gemüter abgekühlt und die Einbildungskraft verbraucht. Für die in Mexikos zivilisierten und fruchtbaren oder an Gold und Silber reichen Gebieten lebenden Spanier verloren die kahlen Berge Cibolas und die Bisonebenen Quiviras jede Anziehungskraft. Ihre Grenze näherte sich sprungweise dem Rio Grande del Norte (Zacatecas 1548, Durango 1563, der Rio Conchos 1580), aber die noch weiter nördlich liegenden Landstriche schienen ihnen durch die erlittenen Enttäuschungen verwehrt. Ohne Schätze, von primitiven und feindlichen Stämmen bevölkert und völlig unfruchtbar, konnte man da offenbar den Acker nicht bebauen, es sei denn die kleinen, von der Dürre oft heimgesuchten Felder der Pueblo-Indianer.

Als erste zogen die Mönche wieder aus, die Eroberer der Seelen. Statt der funkelnden Reiter sehen wir Männer in Amerikas Weiten eindringen, die fast allein sind und das Kreuz als Schild tragen. Pater Agostin Rodriguez verließ Mexiko 1581 mit zwei Geistlichen und in Begleitung von neun Soldaten, die er bald heimschickte, und ließ sich bei den Pueblo-Indianern nieder. Pater Beltram begann ein Jahr später auf die Suche nach ihm zu gehen. Es begleitete ihn ein Laie, ein geborener Forscher, Alfonso de Espajo. Die kleine, aus 15 oder 16 Mann bestehende Expedition gewann die Gewißheit, daß die Missionare von 1581 umgebracht worden waren. Ihre langen Fahrten aber und einige ermutigende Mineralproben erweckten von neuem das Interesse an den Gebieten jenseits des Rio Grande. Andere Vorstöße wurden gegen Norden unternommen. Einige fanden ein tragisches Ende. Allmählich nahm der Gedanke Gestalt an, Neu-Spanien eine Grenzmark vorzulagern. Schließlich wurde Onate aufgetragen, Neu-Mexiko zu gründen. Er gehörte zur Blüte des hispano-amerikanischen Adels, und seine Frau, Tochter des Fernando Cortez, war sogar die Enkelin des vorletzten Aztekenherrschers Montezuma.

Onate hatte von Neu-Mexiko in einigen Meilen Entfernung von der heutigen Stadt El Paso Besitz ergriffen. Etwas weiter gründete er die Stadt San Juan, baute eine Kirche und teilte die Pueblo-Indianer unter die acht Franziskaner auf, die seinen geistlichen Generalstab bildeten.

Hart und tüchtig, schlug er einen Aufstand von 45 Soldaten nieder, die sich empört haben sollen, weil sie das Land nicht mit Silberplatten gepflastert vorfanden. Sein Lagermeister, Juan de Zavildar, wurde von Apachen überfallen und mit 15 Mann niedergemacht. Onate jedoch schaffte durch ein Schreckensregiment wieder Ordnung. Ab 1604 unternahm er einige Vorstöße in fernere Gebiete, da er Neu-Mexiko für befriedet hielt. Eine seiner Fahrten führte ihn bis nach Kansas, wo ihm in der wie ein Meer unendlichen Grasebene alle Erfahrungen Coronados blühten. Ein anderes Mal kam er bis zum Rio Colorado, dem er diesen Namen seines roten Wassers wegen gab, und bis zum Golf von Kalifornien. In Madrid nahm man ihm übel, weder eine Meerenge noch einen goldführenden Fluß entdeckt zu haben, und so mußte er Anfang 1608 seinen Posten als Gouverneur von Neu-Mexiko in Ungnade abgeben.

Die Eroberung Neu-Mexikos schritt nach seinem Abgang langsam fort. Sein Nachfolger, Pedro de Perelta, gründete zu Füßen des romantischen Gebirgsstocks Sangre del Cristo die neue Hauptstadt Santa Fé, weil er sie näher zum Zentrum des Pueblo-Landes haben wollte. Pater Alonso de Benavides, der 1650 eine Art von Baedeker Neu-Mexikos verfaßte, beschreibt die Ortschaft und rühmt sich, zu ihrer Schönheit durch die Errichtung einer Steinkirche beigetragen zu haben. Die Bevölkerung bestand aus 250 Spaniern und 500 Mestizen, deren Sicherheit und Herrschaft sich auf etwa 50 Feuerrohre stützten. In den Tälern des Rio Grande und seiner Nebenflüsse versorgten 25 Missionen 90 Dörfer und brüsteten sich mit 90 000 Bekehrungen. In diesen *Presidios* lagen kleine Garnisonen, und einige wenige *Haziendas* vertraten die Kolonisation. Spanien hatte die Besitznahme Neu-Mexikos vollzogen. Sein dürrer Boden reichte aus, die Eroberer zu ernähren. Was aber noch immer fehlte, war der landwirtschaftliche Pionier des späteren angelsächsischen Amerika, dem dieses seine Konsolidierung verdankt. Manuelle Arbeit blieb den Eingeborenen vorbehalten, Sklaven oder Bediensteten. Bis zum 19. Jahrhundert gehörte Neu-Mexiko zu Spanien; es ist aber kaum anzunehmen, daß ein Spanier je den Boden berührte, es sei denn, wenn er vom Pferde fiel.

Dieses ganze Neu-Mexiko stellte eine der Zivilisation unendlich weit entrückte Grenzmark dar. Zur Zeit seiner Eingliederung war Spaniens Menschenpotential durch die vielen Eroberungen stark geschwächt, und da es die Möglichkeit einer leichten Bereicherung nicht mehr gab, zog es auch niemanden hin. Zu der Entfernung gesellte sich die Unsicherheit, die aus jeder Reise von den befriedeten Gebieten Mexikos nach den Ortschaften des Rio Grande ein langwieriges Abenteuer machte. Einmal im Jahr versammelte sich in Mexiko der »Königliche Zug«, der aus einigen Packwagen und langen Reihen von Maultieren bestand. Er brachte Beamte, Mönche, Einwanderer, die offizielle Korrespondenz und einiges an Waren nach Santa Fé. Zurück kam er mit Heimkehrern und Rinderhäuten, die den einzigen bedeutenden Exportartikel der Kolonie darstellten. Hin und zurück nahm die Reise über straßenlose Hochebenen und wilde Gebirgszüge ein volles Jahr in Anspruch.

Infolgedessen lebten die fernen Kinder Neu-Mexikos in völliger Abgeschiedenheit. Nach der Dauer der Reise lag Santa Fé weiter weg von Mexiko als Mexiko von Madrid. Zwangsläufig genoß der Gouverneur Neu-Mexikos große Selbständigkeit, und der politische Horizont der Einwohner seines Gebiets reichte über die Kleinstadt nicht hinaus, die sich allmählich nach dem Muster spanischer Marktflecken entwickelte. Aus ihrem heutigen Bild läßt sich leicht erkennen, wie sie vor drei Jahrhunderten aussah: ein schattiger

Hauptplatz, eine Kathedrale, einige Klöster, der Palast des Gouverneurs aus *adobe* (Luftziegeln) gebaut, die *casas del Rey*, öffentliche Gebäude, die als Verkaufsläden dienten, und etwa hundert Häuser mit Jalousien. Trotz des Mangels an Bequemlichkeiten, der Knappheit der Geldmittel und der Rationierung der Lebensmittel behielten die nach Neu-Mexiko Verbannten den ganzen spanischen Formelkram bei, die Alkalden, Notare, Algualzils, ebenso die Trachten, Sitten und Gebräuche, die Möbel, die Religiosität und die Lässigkeit des Spaniers. Die wenigen schlechten Bilder, die auf uns gekommen sind, zeigen uns nervige Spanier mit Kopfband oder schwarzem Hut; sie tragen den Mantel mit großem Kragen über dem enganliegenden Gewand; neben ihnen stehen indianische Ehefrauen und dunkelhäutige Kinder, denn Rassenkreuzung war die Regel. Als man aus Spanien weiße Frauen schicken wollte, erhob der dortige Klerus dagegen sogar Einspruch: sie könnten auf dem Heiratsmarkt als Konkurrenz »der neuen Christinnen«, das heißt der bekehrten Indianerinnen, auftreten.

In der kleinen Gemeinschaft tobte ständig ein erbitterter, zuweilen grotesker Kampf zwischen der kirchlichen und der weltlichen Macht, zwischen Mönchen und Beamten, zwischen dem *custodio* und dem Gouverneur. Das Ideal der Missionare bestand darin, in voller Selbständigkeit ein soziales Experiment anzustellen, ähnlich dem der Jesuiten in Paraguay. Sie forderten für sich zumindest die Zensur der Sitten, ferner die Vormundschaft über die Indianer und volle Gerichtsbarkeit. Alle aufeinanderfolgenden Gouverneure verteidigten, was sie die Rechte der Krone nannten, teils mit Gewalt, teils mit Diplomatie gegen die Eingriffe der Kirche. Aus den Aufzeichnungen in den Archiven der Inquisition über die Einzelheiten dieser Konflikte ergibt sich ein recht erstaunliches Bild des spanischen Koloniallebens.

Für die Vertreter des Königs barg dieser Kampf manche Gefahr. Perelta, zweiter Gouverneur Neu-Mexikos, kam auf

Verlangen der Mönche ins Gefängnis. Fernando de Arguello, einen seiner Nachfolger, erschoß ein Kolonist, und einen anderen, Luis de Rosas, erdolchte ein Mestize. Als 1659 Lopez de Mendizabal, ein Glücksritter, Gouverneur wurde, beschloß er, die Mönche »an den Ohren zu ziehen«, um sie sich gefügig zu machen. Statt dessen schleppte man ihn selbst vor das Gericht der Heiligen Inquisition in Mexiko, wo man ihn »jüdischer Praktiken« beschuldigte, wie etwa freitags die Wäsche zu wechseln und sich die Füße zu waschen. Er starb im Gefängnis, und sein Nachfolger, Diego de Penaloza, wurde in die Verbannung geschickt; er kehrte den Spieß um und trat in englische Dienste.

In diesem brutalen Kampf zwischen weltlicher und geistlicher Macht ging es um die indianische Bevölkerung. Für die Eroberer stellte sie einen großen wirtschaftlichen Wert dar, da sie nicht gewillt waren, mit eigenen Händen den Boden zu bestellen oder in den Bergwerken zu arbeiten. Die Indianer mußten im Gouvernement von Santa Fé ihre Bezwinger nähren und kleiden und hatten jährlich einen Tribut von 33 Zoll Gewebe und einem Scheffel Mais abzuliefern. Obwohl theoretisch freie Vasallen, glich ihre Lage sehr der Sklaverei. Die Mönche trachteten, sie um ihre Missionen zu sammeln, wo sie von ihnen unbezahlte Dienste als Entgelt für die erteilte geistliche Betreuung forderten. Die »encomenderos«, Nutznießer der von der Krone verliehenen Lehnsgüter, kämpften mit den Missionen um diese für sie unentbehrlichen Arbeitskräfte. Die Mönche meldeten nach Mexiko und Madrid sowohl die Grausamkeiten der weltlichen Autoritäten gegenüber den Indianern als auch deren Duldung alter indianischer Praktiken, wie der Zauberei, der kultischen Tänze und der Vielweiberei. Den Dokumenten ist kaum zu entnehmen, ob die Eingeborenen eine wirtschaftlich mildere Tyrannei einem weltlichen Joch vorzogen, das sich ihrer von den Vorfahren überkommenen Immoralität gegenüber nachsichtiger zeigte. Jedenfalls gehorchten sie Mendizabal, als dieser am Höhepunkt seines

Streites mit dem *custodio* den Indianern die Hausarbeit in den Missionen verbot. Seine Ankläger jammern in ihren Memoiren etwa darüber, sie seien gezwungen, mit eigenen Händen gewisse Arbeiten zu verrichten, so Pater Ramirez, der ein Reisigbündel höchstpersönlich aufheben, oder Pater Perraga, der eine Mahlzeit kochen mußte.

Die indianische Bevölkerung Neu-Mexikos fügte sich durch lange Jahre widerstandslos in ihr Schicksal. Anfangs findet man weder bei den seßhaften Pueblos noch bei den nomadischen Apachen den unerschrockenen Widerstand der Seminolen oder Irokesen. Das Benützen von Pferden und Feuerwaffen war den Eingeborenen von den Spaniern bei schwersten Strafen verboten, und diese Maßnahme sicherte diesen durch Jahrzehnte eine entscheidende militärische Übermacht. Auf die Dauer aber war die Verbreitung der Reitkunst unter Männern, die ihre Lebensbedingungen damit beachtlich verbessern konnten, gar nicht aufzuhalten. Schwache Gegner zu Fuß, entwickelten sich die Apachen zu gefährlichen Feinden, als ihnen das Pferd größere taktische Beweglichkeit und infolge größerer Ergiebigkeit der Jagd bessere Nahrung verschaffte. Allmählich wurden ihre Jagdgründe für die Spanier zu unsicheren Gebieten, und der Gouverneur Mendizabal förderte noch den Ausbruch der Unruhen, als er ihre jungen Leute für seine Bergwerke von Parral »wie Fohlen« einfangen ließ. Angriffe aus dem Hinterhalt gegen Haziendas und Missionen wurden ab 1660 immer häufiger. 1672 standen die Apachen in offenem Aufruhr, und es fehlte gänzlich an Kräften, sie wieder zu unterwerfen.

Der Aufstand der Seßhaften glomm länger unter der Asche. Die Pueblos kämpften nur, wenn sie in die Enge getrieben wurden. Im finsteren Schweigen der besiegten Völker trauerten sie aber der verlassenen Freiheit nach. Ihre Dörfer bestanden aus Gassen und Terrassen; den Mittelpunkt bildete die *estoufa* oder unterirdische Ratsstube, geheimnisumwitterte Orte, wo das freie Indianerdasein hinter der Fassade des

René de Laudonnière (oben)
Die Franzosen erreichen Florida (unten)

GENEROSISSIMVS RENATVS LAVDONNIERVS FRANCICAE IN AMERICAM CLASSIS DVX · M D XCVIII
NIHIL OMNI EX PARTE BEATVM ·

F. Delfinum

F. Maij
9

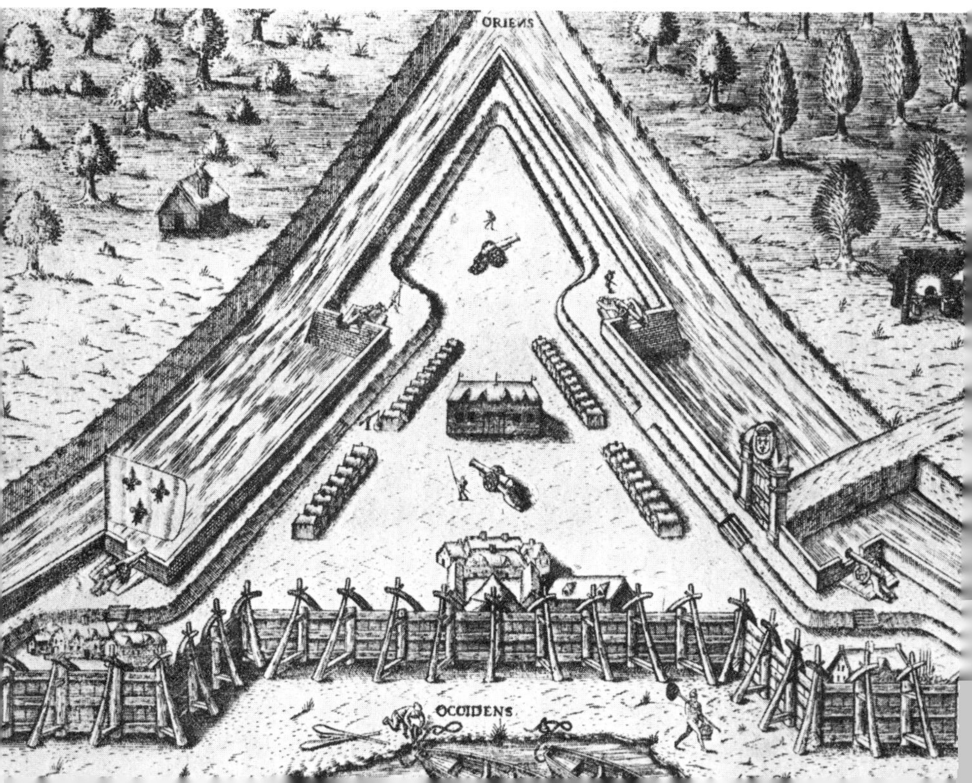
ORIENS
OCCIDENS

Christentums erhalten blieb. Katastrophen vermehrten die Unzufriedenheit: 1670 eine große Hungersnot und 1671 eine schwere Seuche. Der Aufstand der Apachen im Jahre 1672 weckte Hoffnungen. Die ersten Unruhen brachen bei den Pueblos 1675 aus. Der Gouverneur Trevino ließ 47 Honoratioren ergreifen und drei davon aufhängen.

Francisco de Ayeta, Custodio und Generalprokurator, vertrat damals die kirchliche Macht in Neu-Mexiko. Er begab sich nach Mexiko, um Hilfe zu erbitten, da er die Lage der Provinz für verzweifelt hielt. Was er an Verstärkung forderte, waren bloß 50 Soldaten. Wie diese Angelegenheit aber verschleppt wurde, ist typisch für die Lähmung, die das Spanische Weltreich befallen hatte. Pater Ayeta, der Anfang 1676 angekommen war, konnte seinen Verstärkungsplan erst im September 1677 bei der Junta Neu-Spaniens durchsetzen; auf die königliche Bestätigung mußte er noch bis zum nächsten Sommer warten. Ein weiteres Jahr verging über der Anwerbung der Männer und dem Zusammenstellen des Materials, so daß der »Königliche Zug« Mexiko erst am 29. oder 30. September 1679 verließ; er bestand aus Pater Ayeta, 28 Packwagen, 50 Reitern und acht Marketenderinnen. Die Reise ging mit vielen Hindernissen so langsam vonstatten, daß er den Rio Grande nicht vor dem 24. August 1680 erreichte. Was er von den spanischen Einrichtungen Neu-Mexikos vorfand, war nur mehr ein hungernder und verschreckter Haufen Menschen auf der Flucht vor der furchtbaren Rache der Indianer, vor der wilden Empörung der Unterdrückten.

Die ersten beunruhigenden Nachrichten waren am 14. August zur Mittagszeit nach Santa Fé gelangt. Der Soldat Pedro Hidalgo, von Tesuque herbeigeeilt, hatte den bewaffneten Aufstand der Indianer und die Ermordung mehrerer Christen gemeldet, darunter eines Franziskaners. Zwei andere Männer kamen einige Stunden später von Taos angelaufen und berichteten, sie wären die einzigen Überlebenden der siebzig in dieser Gegend wohnhaften Spanier. Um die übrigen Dörfer zu

Die Franzosen errichten ein Fort (oben)
Fort Caroline (unten)

alarmieren, sandte der Gouverneur Otermin Boten aus. Sie kehrten alle um, außer denen, die überfallen und hingemetzelt worden waren. Das ganze Land stand in Flammen. Das Unmögliche war geschehen: Die verschiedenen Stämme, Tewas, Queres, Picuris und Tanos, überwanden die sprachlichen und traditionellen Unterschiede, auf die die Spanier gebaut hatten, verabredeten und verbündeten sich. Sogar die Todfeinde der Pueblos, die Apachen, machten mit. Unter dem Druck der christlichen Herrschaft war es zu einem Burgfrieden gekommen, wie er in der Geschichte der Indianer selten ist.

Vom Anstifter dieses Aufruhrs, dem Organisator des Aufstandes, dem Vercingetorix Neu-Mexikos, ist heute bloß der Name bekannt. Übrigens ist auch dieser »Popé« nur ein beigefügter Christenname, der über die indianische Persönlichkeit des Helden nichts aussagt. Er war einer der 47 Pueblos, die 1675 vom Gouverneur Trevino gefangengenommen wurden, und hatte sich, der Todesstrafe entronnen, nach Taos zurückgezogen. Er behauptete, übernatürliche Kräfte zu besitzen und in ständigem Verkehr mit den drei Geistern der indianischen Mythologie zu stehen. Diese, Caudi, Tilini und Tleume, hätten ihm in einer geheimnisvollen *estoufa* den Befehl zum Aufstand gegeben und dessen Planung vorgeschrieben. Popé fürchtete, während der Vorbereitungen von seinem Schwiegersohn Nicola Bua verraten zu werden, und tötete ihn eigenhändig. Als alles bereit war, sandte er an die verschiedenen Dörfer Stricke mit soviel Knoten, als bis zum Aufstand Tage blieben. Da zwei der Verschwörer verhaftet wurden, mußte Popé früher losschlagen und kam damit den Gegenmaßnahmen Otermins zuvor. Die Spanier wurden in der drückenden Sommerhitze überrumpelt und überwältigt. Schon am Abend des 12. August verblieben nur mehr Santa Fé und Isleta in ihrem Besitz, wohin die Kolonisten vom Rio Abago geflüchtet waren.

Drei Tage später begann die Belagerung von Santa Fé. Um einen Verzweiflungskampf zu vermeiden, ließ sich Otermin in Unterhandlungen ein und überredete einen indianischen Überläufer namens Juan, in die Stadt zu kommen, wo er ihm dann seinen Abfall vorwarf. Stolz legte der Indianer dem Gouverneur zwei Kreuze vor, das eine weiß, das andere rot. Die Wahl des ersten würde, so meinte er, den freiwilligen Abzug der Spanier aus dem Land der Pueblos bedeuten, die des zweiten, daß sie bis zum letzten Mann niedergemacht würden. Otermin lehnte die Wahl ab, schickte Juan fort und fiel nach dem Grundsatz, daß Kühnheit die beste Taktik ist, mit allen Männern, die eine Waffe tragen konnten, über die Indianer her. Er hatte sie beinahe besiegt, und die Sonne ging über seinen Opfern nieder, als die Kontingente der Nordstämme, der Picuris, Tewas und Tanos, auf der anderen Seite der Stadt erschienen. In der einfallenden Dunkelheit entbrannte der Kampf von neuem. Den Belagerern gelang es, den Friedhof zu besetzen sowie die Kirche und die meisten Häuser in Brand zu stecken, jedoch nicht, die Umwallung zu bezwingen. Nach einer schreckerfüllten Nacht stellte man am Morgen fest, daß sich der Feind auf einem Hügel verschanzt hatte, von wo er harmlose Schüsse abfeuerte. Indes bemerkte man aber auch, daß er den Bach abgelenkt hatte, der Santa Fé mit Wasser versorgte.

Die Not der Belagerten machte sich schon an diesem Tag bemerkbar. Es waren ihrer etwa tausend, davon an die hundert Bewaffnete, eingerechnet die Einwohner von La Canada und Los Cerillos, die in der Hauptstadt Zuflucht genommen hatten. Die unerbittliche Sommerhitze brannte auf die Stadt nieder, das jämmerliche Gebrüll des verdurstenden Viehs klang erschütternd und ließ das Schicksal ahnen, das die Menschen erwartete. Otermin rief die Honoratioren zu sich. Sie waren alle der Meinung, man solle lieber auf Tod und Leben kämpfen, solange man noch die Kraft dazu hatte. Im Morgengrauen des 20. August stürzten sich die Spanier unter Anrufung der Heiligen Jungfrau auf die Indianer. In einigen Augenblicken brach unter diesen Panik aus, und bald bedeckten ihre Toten die Ebene. 300 Gefallene waren liegengeblieben, und die Sieger machten 47 Gefangene. Während der fünftägigen Belagerung hatten die Spanier nur den Lagermeister Andres Gomez und vier Soldaten verloren.

Die Lage blieb nichtsdestoweniger düster. Die vor der Hinrichtung befragten Gefangenen bestätigten den allgemeinen Charakter des Aufstandes, die Vernichtung aller spanischen Niederlassungen und das Zusammengehen der Apachen mit den Pueblos. In stetem Einvernehmen mit den Honoratioren beschloß nun Otermin, die Hauptstadt zu räumen und sich nach Isleta abzusetzen, das, wie man glaubte, vom Vizegouverneur Alonso Garcia gehalten wurde. Eine lange Karawane zog schwerfällig mit all den Frauen und Kindern, dauernd von Indianern belästigt, im Tal des Rio Grande nach Süden. Nach einigen Reisetagen erreichte sie, an verbrannten Haziendas vorbei, Isleta und erlebte die Enttäuschung, die Stadt verlassen vorzufinden. Der Vizegouverneur hatte den Ort mit mehr als 1500 Mann überstürzt aufgegeben, und es war seine Kolonne, die der aus Mexiko zurückkehrende Custodio Ayeta angetroffen und betreut hatte. Otermin, dessen Tod die Flüchtlinge von Isleta etwas verfrüht gemeldet hatten, erschien bald selbst und überhäufte seinen Stellvertreter mit Vorwürfen. Neu-Mexiko war verloren, und die Spanier zählten über vierhundert von den Indianern Erschlagene, darunter 27 Missionare. Den Befehlen und Drohungen Otermins zum Trotz flohen einige Hundert weitere kopflos nach dem Süden.

Die folgenden Monate brachten Jammer und Elend. Ayeta und Otermin, beides energische Männer, beschlossen, den Rückzug aufzuhalten, die Flüchtigen in einer günstigen Auffangstellung zu sammeln und die Stunde der Wiedereroberung abzuwarten. Unweit der heutigen Ciudad Juarez, wo der Saumpfad nach Mexiko den Rio Grande erreicht, wurde El Paso, eines der unzähligen, Unserer Lieben Frau von Guadalupe geweihten Klöster, zum Kern einer neuen Kolonie bestimmt. Otermin befahl eine allgemeine Volkszählung und eine Aufnahme aller Vorräte, deren Einzelheiten fünf Foliobände füllen. Man zählte 1946 Menschen beiderlei Geschlechts, die Indianer mitgerechnet, die Überreste einer Bevölkerung, die am Morgen des 11. August 3000 Spanier ausgemacht hatte. Ohne Lebensmittel, von den Apachen bedrängt und von Seuchen bedroht, schien El Paso dazu verurteilt, eines der Hungerlager zu werden, von denen es in den Anfängen der Geschichte Amerikas wimmelte. Die Tatkraft der beiden Anführer ersparte ihm dieses Los. Die Leute von El Paso litten, gingen jedoch nicht zugrunde. Und kaum ein Jahr später setzten die Versuche der Wiedereroberung Neu-Mexikos erneut ein.

Indessen war die Frucht noch nicht reif. Auf die Versicherung hin, die Indianer bereuten und seien bereit, zu Kreuze zu kriechen, zog Otermin mitten im Winter los. Er eroberte Isleta, mußte aber, durchfroren und von der Ausweichtaktik der Eingeborenen enttäuscht, auf seine Basis El Paso zurückgehen. Seine Nachfolger, die Gouverneure Posado und Cruzato, unternahmen ebenfalls Expeditionen, die auf Feindseligkeit und Widerstand stießen. Unter dem Eindruck dieser Niederlagen merkte man kaum, daß der Indianerbund zerfiel. Die traditionellen Kämpfe zwischen den Apachen und Pueblos kamen wieder in vollen Gang, und unter den Pueblos selbst standen die Queres und Taos mit den Tewas und Tanos in erbittertem Streit. Der Staatsmann Popé, der zum Präsidenten einer Art von Bund gewählt worden war, wurde abgesetzt und erst zwei Jahre später wiedergewählt, starb aber bald darauf. Die Indianer hatten ihren Sieg dem Rausch der Einigkeit verdankt; die wiedererlangte Freiheit ließ den alten Hader aufflammen, und so gerieten sie unter ein neues Joch.

Das Wiederaufleben einer alten Legende beschleunigte die Lösung. Plötzlich, man wußte nicht wieso, versetzte der Name des Sierra Azul, des Blauen Berges, Mexiko in einen Fieberzustand. Es war dies ein einziger Block von Silber am Ufer des Colorado, 200 Meilen lang, der vom Lande der Apachen in das der Utahs reichte. Das Interesse an den enttäuschenden nördlichen Gegenden wachte wieder auf, und der neue Gouverneur von El Paso, Don Diego de Vargas, erhielt endlich die zur Wiedereroberung erforderlichen Mittel. Das war in der Hauptsache eine Verstärkung von 50 Mann, also gerade die Zahl der Krieger, die der Custodio Francisco de Ayeta 15 Jahre vorher verlangt hatte, um eine Niederlage abzuwenden, die das Spanische Weltreich 300 Meilen zurückwarf.

Die Expedition wurde bis nach Santa Fé ein militärischer Spaziergang. Die 200 Mann Vargas erreichten den Hügelkranz um die Stadt am 12. September 1692 und erschienen am nächsten Morgen in Kampfordnung vor ihren Mauern. Krieger der Stämme Tewas und Tanos schleuderten den Spaniern ihre Herausforderungen entgegen, und überall in den Bergen stiegen Rauchsignale empor, Alarmzeichen für die benachbarten Dörfer. Der tapfere und weise Vargas parlamentierte den ganzen Tag, schmeichelte den Indianern, stellte aber seine zwei Kanonen schußbereit vor das einzige Tor der Stadt und lenkte den Bach ab. Am Abend stellte er sein Ultimatum: Als Zeichen der Buße sollten die Indianer ein großes Kreuz auf der Plaza aufrichten und sich am nächsten Morgen ergeben. Als der Tag anbrach, wußten die Spanier noch nicht, ob sie würden kämpfen müssen. Vargas verlangte aber mit kühner Ruhe Zugang in die Stadt für sich und sechs unbewaffnete Männer. Sie schritten durch eine rätselhaft schweigende Menge zur Plaza hin. An der Stelle selbst, wo der beherzte Juan die Regierung Otermins am 14. August 1680 herausgefordert hatte, stand ein sieben Fuß hohes Kreuz. Die Indianer hatten sich unterworfen. Santa Fé war wiedergewonnen, und Neu-Mexiko, an einem Tag verloren, war ohne einen einzigen Toten wiedererobert worden.

Und die Spanier richteten ihr Leben so ein, als wären zwölf Jahre Verbannung bloß ein Alptraum gewesen.

Die Franzosen

Die Entdecker

Cartier sucht nach der Großen Passage und entdeckt den Sankt Lorenz-Strom; Champlain baut seinen Glauben darauf

Anläßlich der ersten Reise Jacques Cartiers im Jahr zuvor wurden die zwei Indianer Taignoaguy und Domegaia gefangengenommen. »Sie versicherten uns«, sagt der anonyme Chronist der Expedition, »wir befänden uns an der Mündung des großen Hochelaga-Stromes, der bequemsten Straße Kanadas, und hätten nun das Süßwasser so weit vor uns, daß ihres Wissens kein Mensch zu seiner Quelle vorgedrungen sei.«

Für Cartier war das keine gute Nachricht. Was er suchte, war die Nordwest-Passage, die Cabot — Vater und Sohn — vor vierzig Jahren vergeblich zu entdecken versucht hatten. Süßwasser bedeutete, die prachtvolle Wasserstraße, die sich seinen drei Schiffen erschloß, könne nicht die erhoffte Meerenge sein. Zunächst weigerte er sich, den Aussagen der beiden Indianer Glauben zu schenken, und erforschte durch einige Tage die Bucht (der er schon den Namen Sankt Lorenz gegeben hatte) in der Hoffnung, einen zweiten Ausgang zu finden. Dann fuhr er den großen Strom nur in der von vielen Entdekkern geteilten Meinung hinauf, es sei vielleicht möglich, den Pazifik auf einem Flußweg zu erreichen. Am 1. September 1534 langte er am Zusammenfluß des Saguenay mit dem St. Lorenz-Strom an, einem mächtigen Gewässer zwischen Steilufern, und ging am 9. am Fuße eines Hügels vor Anker, an welcher Stelle nachmals Quebec liegen sollte. Kanada war entdeckt.

Damit hatte er Pech gehabt. Mit mehr Glück wäre Jacques Cartier statt in den Sankt Lorenz-Strom in den Hudson geraten, den Giovanni de Verrazzano, ein im Dienste Franz I. von Frankreich stehender Venetianer, schon im Jahre 1523 gesichtet hatte und Henry Hudson endgültig entdeckte. Statt eines durch sechs Monate des Jahres vereisten Stromes hätte den Franzosen ein zumeist eisfreier zur Verfügung gestanden und damit ein leichterer und direkterer Weg ins Innere des Kontinents. So waren sie im 16. und 17. Jahrhundert – damals war es erheblich kälter als heutzutage, es gibt dafür unzählige Beweise – zu den furchtbaren Wintern und viel zu kurzen Sommern Kanadas verurteilt, inmitten einer unfruchtbaren Natur und in abseitiger Lage. Dies war einer der Gründe, weshalb das königliche Frankreich so wenig Interesse für das große Nord-Amerika zeigte. Voltaire sprach verächtlich von den »Morgen Schnee«, was das unwissende Gerede eines Mannes war, dessen Geist der Einsicht keine Stätte mehr gelassen hatte – das den Tatsachen aber gleichwohl irgendwie entsprach.

Die früheren Entdeckungen Jacques Cartiers waren noch niederdrückender gewesen. Er geriet nach der nördlichen Umfahrung Neufundlands in Eismassen, die seine Schiffe gefährdeten, und landete auf Labrador, wo, so sagt er, »ich nicht eine Fuhre guter Erde gefunden habe, was mich auf den Gedanken brachte, es handle sich hier um das Land, das Gott dem Kain gegeben«. Er sah die merkwürdigsten Wesen, auf der Erde, im Wasser und in der Luft: Pferden ähnliche Walrosse und Narwale mit Windhundköpfen; Bären »so groß wie Ochsen und so weiß wie Schwäne«, die sich von Vögeln nährten; weiter unzählige Arten von Vögeln, von denen einige »wie Hunde beißen«. Die angetroffenen Indianer waren »die ärmsten Geschöpfe auf Gottes Erde«. Sie lebten ausschließlich von Fischen, und das Dach über ihrem Kopf waren die Boote, unter denen sie sich ausstreckten. Diese dem Breitegrad nach nicht einmal hochgelegene nordische Gegend war derart paradox, daß man nach der beißenden Kälte der Eisschollen in einer Bucht kaum atmen konnte, die bis heute Bucht der Hitze heißt. Wahrhaftig, der Portugiese Gomez, der im Auftrag Karls V. reiste, hatte recht, wenn er dem Herrscher abriet, in diesen Gebieten Kolonien zu gründen.

Die Bergfahrt auf dem Sankt Lorenz-Strom frischte die Lebensgeister der Entdecker wieder etwas auf. Der Sommer ging kaum zu Ende, und die schönen Wiesen entlang des Stromes entzückten die Bretonen und Normannen von der *»Grande Hermine«, »Petite Hermine«* und *»Herminette«*. Die zahlreichen kräftigen Bäume sahen den französischen Arten ähnlich; die außerordentlich reichlich wachsenden wilden Beeren erinnerten an Himbeeren und Maulbeeren; weiße und rote Rosen, Blumen von »angenehmem Geruch«, vervollständigten das Bild einer anheimelnden Flora. Vor dem Hügel von Quebec lag eine von wildem Wein überwucherte Insel. Jacques Cartier benannte sie mit einem bei ihm seltenen Schuß Ironie »Insel des Bacchus«. Die späteren Kanadier tauften sie nüchtern in Orleans-Insel um.

Die Beziehungen zu den Indianern gestalteten sich zunächst recht angenehm, dann aber etwas wunderlich. Sie gefielen sich in Schilderungen des Reichs Hochelaga; als aber Cartier um Führer bat, ihn dorthin zu geleiten, widersetzte sich König Dormacona leidenschaftlich. Der Kampf zwischen dem Starrsinn des Franzosen und der Abneigung der Eingeborenen dauerte einige Tage. Eines Tages erschienen drei riesige Kerle, als Teufel verkleidet, in einer Piroge, führten den Franzosen ein wahres Katzenkonzert vor und stöhnten schaurig. Dormacona erklärte, es handle sich um Abgesandte des Gottes Cudrudaiguy, der die Fremden warnte, sich nach Hochelaga zu wagen, wenn sie nicht in Eiszapfen verwandelt werden wollten. »Ich antwortete dem König«, erzählt Jacques Cartier, »sein Gott Cudrudaiguy sei nichts als ein Dummkopf, und wir hätten unter dem Schutz Christi nicht das geringste zu befürchten.« Schließlich ließ Cartier zwei seiner Schiffe zurück und brach ohne Führer mit der Pinasse *»Herminette«* und drei Booten auf.

Weshalb die Indianer soviel Phantasie aufwandten, um die Franzosen an der Weiterfahrt auf dem Sankt Lorenz-Strom zu hindern, ist nie geklärt worden. Die Fahrt bot keine besonderen Schwierigkeiten. Am Fuße eines Hügels, den er Mont

Royal (Montréal) benannte, fand Cartier eine Stadt vor, die nach indianischen Begriffen den Ruf von Größe und Reichtum wirklich verdiente. Drei kreisförmige, aus Bohlen gebaute Wälle bildeten die Ringmauer, die etwa fünfzig große Hütten und Speicher schützte; diese enthielten Mais, den die Frauen in Mörsern zerstampften, um daraus ungesalzene Fladen zu backen. Ein »Wampun« genannter Muschelschmuck war das begehrteste Gut. Trapper späterer Zeiten fanden heraus, daß es das indianische Geld darstellte. Zum Unterschied von den Spaniern war Jacques Cartier nicht auf Edelsteine und -metalle versessen. So konnte ihm das Trugbild von Cibola und Quivira nichts antun. Nichtsdestoweniger brachte er Quarzkristalle und Kupferkies nach Frankreich mit, die er für Diamanten bzw. für Gold gehalten hatte. Er überzeugte sich jedoch davon, daß die Eingeborenen zum Katholizismus bekehrt werden konnten. Außerdem vermerkte er die Unmöglichkeit, den Sankt Lorenz-Strom von Hochelaga aufwärts zu befahren, und die Aussichtslosigkeit, den Pazifik auf diesem Wege zu erreichen.

Nach einem ehrerbietigen und begeisterten Empfang kehrte Cartier nach Quebec zurück. Hochelaga verschwand damit aus der Geschichte. 69 Jahre später suchte Champlain vergebens nach der von seinem Vorgänger beschriebenen größeren Siedlung. Es blieb keine Spur von den Häusern, Speichern, Wällen und Schanzen, auf denen Haufen von Steinen bereitlagen, Wurfgeschosse gegen mögliche Angreifer. Erst vor kurzem brachten im Zentrum Montréals durchgeführte Ausgrabungen Gebeine, Herdasche und sonstige Überbleibsel Hochelagas ans Licht, womit der französische Seefahrer vom Verdacht gereinigt war, ein Aufschneider gewesen zu sein. Die indianische Welt war brutal und launisch. Im Laufe der unaufhörlichen Kriege versanken nicht nur Ortschaften, sondern ganze Stämme im Massengrab einer Zivilisation, die noch nicht gelernt hatte, auch nur die geringste schriftliche Spur ihrer Vergangenheit zu hinterlassen.

Als die Kundschafter Ende Oktober wieder in Quebec ankamen, überflammte der kanadische Herbst Ahorne und Buchen mit den herrlichen Farben einer Feuersbrunst, die nirgendwo ihresgleichen haben. Die letzte Milde des »Indianischen Sommers« täuschte die Franzosen über ihre wahre Lage hinweg. Dann aber brach mit furchtbarer Gewalt die Kälte ein, und der Bericht über den ersten Winter der Europäer in Kanada ähnelt dem einer Überwinterung auf einer Eisbank. 25 Mann raffte der Skorbut dahin, unter ihnen den Edelmann Claudius de Pontbriant, den Cartier sezieren ließ, in der Hoffnung, die Ursache der Seuche zu finden. Die Indianer, durch den Hunger gefährlich geworden, umschlichen das kleine Fort. Cartier befahl seinen halbtoten Männern, auf die Schanzpfähle zu trommeln, um den Eindruck tatkräftiger, mit schweren Arbeiten beschäftigter Leute zu erwecken. Und dann brachten gerade die Indianer die Rettung, indem sie Cartier auf eine Baumrinde hinwiesen, die vor dem Übel bewahrte. »In ein paar Tagen«, erzählt der Entdecker, »verschlangen wir einen großen Baum, und die Seuche war erloschen.« Es ist nie festgestellt worden, um was es sich bei diesem Anti-Skorbut-Mittel gehandelt haben mag, und die nächsten Expeditionen forschten vergeblich danach.

Jacques Cartier kehrte nach Frankreich zurück, sobald der Sankt Lorenz-Strom eisfrei war, denn er hatte nicht Auftrag, in den entdeckten Gebieten eine ständige Niederlassung zu gründen. Sechs Jahre später ging er wieder nach Amerika, als der schwergekränkte Stellvertreter des Barons de Roberval, eines pikardischen Edelmannes und königlichen Statthalters in Neu-Frankreich. Diesmal bestand die Absicht, eine Kolonie zu gründen und die Indianer zu bekehren, um die Verluste wettzumachen, die dem Katholizismus durch Martin Luther zugefügt worden waren. Doch war der Bekehrungseifer so gering, daß sich Cartier und Roberval in den Gefängnissen nach Helfern für dieses fromme Unternehmen umsehen mußten.

Es wurde ein völliger Mißerfolg. Die beiden Führer der Expedition, von Anfang an zerstritten, kehrten, ohne ihren Auftrag zu erfüllen, einzeln heim. Neu-Frankreich blieb unbesiedelt. Fischerflottillen, die die gefährliche Überquerung des Ozeans wagten, um an den eiskalten, aber fischreichen amerikanischen Küsten auf Beute auszugehen, waren deren einzige, saisonbedingte Besucher. Die französischen Schiffe erreichten schon 1545 die Zahl von 150, dazu kamen 50 portugiesische, 50 englische, 100 spanische usw.... Aber das von Jacques Cartier entdeckte rauhe und kalte Land lockte niemanden an. Spanien baute sein Reich in Süd- und Mittelamerika sowie in Florida auf, während seine künftigen Rivalen, die Franzosen und Engländer, noch nicht einmal zum Start angetreten waren.

Versuche wurden immerhin unternommen. Seiner tragischen Folgen wegen lohnt es sich, wenigstens einen von ihnen zu erwähnen. Ein Marquis de la Roche erhielt durch Patent den hochtrabenden Titel eines Generalstatthalters von Kanada, Hochelaga, Neufundland, Labrador und anderen Gebieten. Er konnte aber nur ein ganz kleines Schiff, kaum größer als eine Schaluppe, befrachten; als Kolonisten bekam er nur vierzig Zuchthäusler mit. Diese setzte er einstweilen auf der Sand-Insel, noch auf hoher See, ab, in der Absicht, sie nach Feststellung eines günstigen Niederlassungsplatzes von dort abzuholen. Seine Nußschale wurde jedoch vom Sturm geradewegs nach Europa abgetrieben, und die unglückseligen Sträflinge mußten fünf Jahre lang auf der flachen, eisigen, vom Ozean gepeitschten Insel ausharren. Als sie endlich im Jahre 1603 heimgebracht wurden, waren es nur mehr elf. Ihre Geschichte rührte sogar in einer so rauhen Zeit die Herzen, und Heinrich IV. begnadigte sie mit Rücksicht auf die ausgestandenen Qualen.

75 Jahre nach seiner Entdeckung blieb Kanada noch immer unberührt, trostlos unberührt wie nur ein Land, das jeder Wärme, Schönheit oder Anziehung bar ist.

Die Suche nach Gewürzen hatte Portugiesen und Holländer bewogen, zur Eroberung der Welt auszuziehen. Die Spanier jagten dem Golde nach. Später lockte die Engländer ihre Armut an Boden, Fischgründen und hohen Bäumen für die Maste ihrer Schiffe in die Neue Welt. Den Franzosen gaben die Pelze den kaufmännischen Anreiz, dessen sie bedurften, um erneut den Weg ins eiskalte Kanada anzutreten.

Am 15. Mai 1603 verließen zwei Schiffe – vielmehr Barken von 15 und 20 Tonnen – Honfleur. Sie bewältigten die Hin- und Rückfahrt vielleicht am schnellsten in der Geschichte der Transatlantikfahrten vor der Erfindung des Dampfschiffs. Ihre beiden Kapitäne, der Kaufmann Pont Gravé und der Seemann Champlain, waren schon am 15. September wieder in Frankreich zurück. Inzwischen hatten sie Zeit gehabt, den Sankt Lorenz-Strom bis nach Montréal hinaufzufahren, das Verschwinden Hochelagas festzustellen und die Halbinsel Gaspé zu erkunden. Am Ende dieser Glanzleistung erwartete sie jedoch eine böse Nachricht: Aymond de Chastes, Gouverneur von Dieppe, Begleiter Heinrichs IV. in schlimmen Tagen, war gestorben, er, der Urheber des Unternehmens und Inhaber der Konzession des Pelzmonopols.

Die Sache wurde wieder aufgenommen. Pierre du Guast, Graf de Monts und Hugenotte, auch er Gefährte Heinrichs IV., übernahm das freigewordene Monopol und gab bekannt, er wolle sich persönlich in Neu-Frankreich ansiedeln. Samuel de Champlain, 37 Jahre alt, zögerte mit seinem Beitritt. De Monts war kein de Chastes, auch fehlte dem Unternehmen, gegen das Sully gewettert hatte, dessen nachdrückliche und mächtige Förderung. Champlain selbst stand in Gunst, hatte er doch eine Fahrt nach Westindien unternommen und dort in drei Jahren den Schleier des Geheimnisses gelüftet, den die Spanier über ihr von Gold strotzendes Amerika gebreitet hatten. In seiner kurzen »Rede über die bemerkenswertesten Dinge« hatte Champlain vorgeschlagen, einen Kanal durch den Isthmus von Panama zu bauen »weil das den Weg (nach

Westindien) um mehr als 1500 Meilen verkürzen würde«. Er war ein Mann von erfinderischem Geist, zugleich aber um seine Zukunft mit Recht besorgt. Erst mit ausdrücklicher Zustimmung Heinrichs IV. ging er an Bord, als regelrecht bestallter Kartograph der Expedition.

Diese zweite Fühlungnahme der Franzosen mit der Neuen Welt verleiht der Geschichte der Fahrten eine besondere Note, die jenen anderer Nationen fehlt. Es war eine Zweiparteien-Expedition, halb katholisch, halb protestantisch; man nahm also einen Pfarrer und einen Pastor mit, die sich seit dem ersten Tag der Fahrt dauernd in den Haaren lagen. In Amerika angekommen, verlief sich der Pfarrer im Wald, und sogleich wurde der Pastor verdächtigt, ihn umgebracht zu haben. Doch fand sich der Pfarrer wieder, und das Gezänk nahm seinen Fortgang. Schließlich starben Pfarrer und Pastor fast gleichzeitig, und ihre beiderseitigen Schäfchen fanden es drollig, sie zusammen ins selbe Grab zu legen, damit sie ihren Streit dort weiterführen könnten. Diesem wenig respektvollen Verhalten der Religion gegenüber gesellte sich die Tradition eines Volkes von Phantasten und Feinschmeckern. Zu den Abenteurern stieß mit einer Verstärkung noch der wunderlichste Mann, Marc Lescarbot, Parlamentssprecher, unermüdlicher Dichter und Schriftsteller. Er war es, der an der Fundy-Bucht das Neptuntheater gründete, das sich in dieser Umgebung erstaunlich genug ausnahm. Hier ging das erste Schauspiel über die Bretter der ersten amerikanischen Bühne. Zur Verbesserung der Kost und wirksamen Bekämpfung des Feindes gründete er auch »den Orden der Kurzweil«. Dessen Sinnbild war eine Serviette, und ein jeglicher der Reihe nach sein Großmeister, wenn auch nur für einen Tag. »Unsere Pariser Schlemmer haben keine Ahnung«, schrieb er, »daß wir die gleichen Tafelfreuden genießen wie sie.« Überdies war dieser Lescarbot ein geschickter und nützlicher Mann, der ein Sägewerk baute, Wege bahnte, verschiedene Getreidearten heimisch machte und noch Zeit fand, seine »Musen Neu-Frankreichs« zu schrei-

Jacques Cartier (1491—1557) führte 1541 die ersten französischen Kolonisten nach Kanada

F. Maij
2

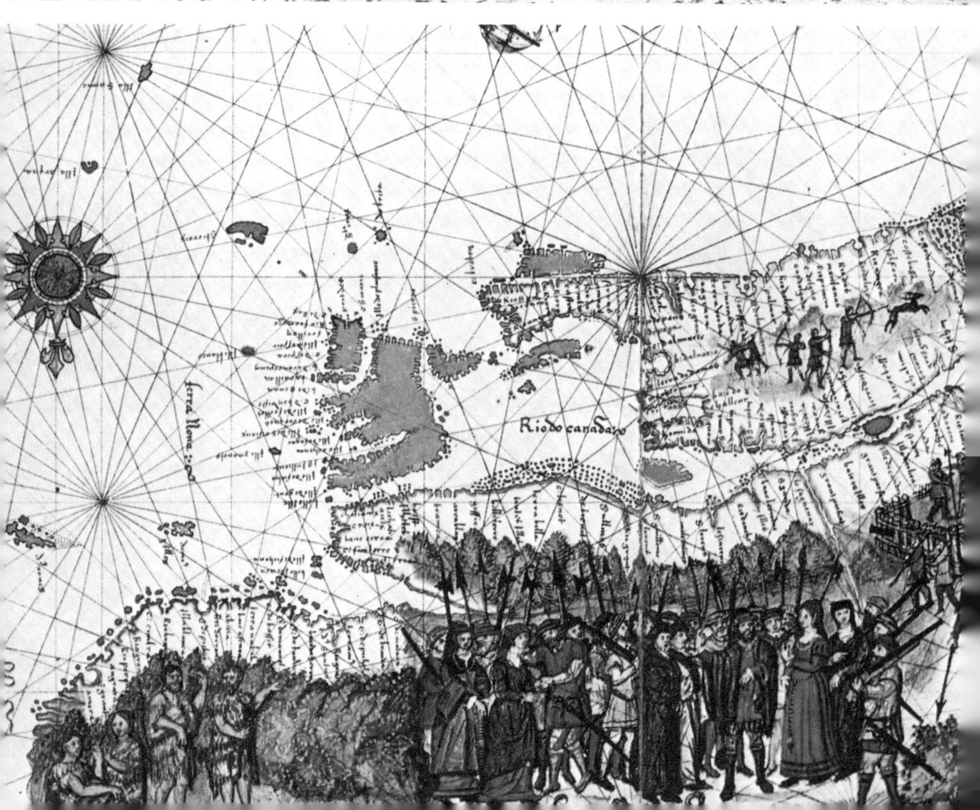
Rio do canada

ben sowie Material für die erste dreibändige Geschichte Kanadas zu sammeln.

Bei alledem litt die Expedition bittere Not. Abgeschreckt durch die Berichte Jacques Cartiers über die Strenge des Winters am Sankt Lorenz-Strom, suchte de Monts nach einer südlicheren Niederlassung. Er wählte das Eiland Sainte Croix nahe der Mündung des heutigen Saint John-River, der Kanada von den Vereinigten Staaten trennt. Gleichwohl war die Überwinterung des Jahres 1604 grauenhaft. »Alle unsere Getränke«, schreibt Champlain, »froren ein, mit Ausnahme des spanischen Weines. Den Apfelmost mußte man mit dem Beil zerhacken. Alles ist im Sommer angenehm, doch kann sich von diesen Gebieten keine Vorstellung machen, wer hier nicht den Winter erlebt hat; er ist entsetzlich und dauert sechs Monate.« Der Skorbut forderte den gewohnten Tribut: 35 Leichen auf 79 Mann. »Ich glaube«, schrieb der kluge Champlain, »daß diese Krankheit vom unmäßigen Verbrauch von in Salz eingelegtem Fleisch und Gemüse herrührt. Sie wäre wohl bei Genuß von frischem Fleisch und Brot zu vermeiden.«

Von Sainte Croix aus führte Champlain drei große kartographische Erkundungsfahrten aus. Es galt, eine gefahrenvolle Küste – mit ihren wechselnden Fels- und Landzungen, veränderlichen Gezeiten, unberechenbaren Strömungen und Strudeln von heißem und kaltem Wasser, aus denen dichte Nebel aufstiegen – zu erforschen. Champlains Pinassen drangen in die Fjorde von Maine ein, fuhren um die bewaldete Bastion des Kap Ann und entlang der Küste von Massachusetts; sie entdeckten da eine kleine Bucht, der sie den Namen Port Louis gaben. 16 Jahre später sollten dort die Auswanderer der *Mayflower* an Land gehen. Die lange Sichel der fahlen Dünen von Cape Cod wurde Cap Blanc getauft, und man fuhr an ihnen entlang bis zu ihrem Südstrand, dem von Hyannis und Chatham. Große Häfen liegen heute an dieser Küste: Portland, Portsmouth, Boston. Graf de Monts aber raubte der mühevollen Fahrt Champlains jede Bedeutung, indem er entschied, da

»Die Franzosen segeln zum Fluß Mai« (oben)
Jacques Cartier landet 1534 in Kanada (unten)

sei kein wirtlicher Fleck gefunden worden. Vor seiner Heimkehr nach Frankreich verpflanzte er die Kolonie nach Port Royal am anderen Ufer der französischen Bucht, der heutigen Fundy-Bucht. Aber alle Möglichkeiten einer dauerhaften Ansiedlung in der so günstigen Gegend von Massachusetts waren mißachtet worden.

Die Franzosen verbrachten in Port Royal nach der gräßlichen Strenge des ersten Winters einen wundervoll milden zweiten Winter. Schon im Februar konnten sie im bloßen Wams in den Bächen Akadiens Fischfang treiben. Die Behausungen waren ordentlich, die Lebensmittel reichlich, und Wein hatten sie so viel, daß man pro Mann und Tag mehrere Pinten davon ausschenkte. Im Frühling gingen die von Lescarbot heimisch gemachten Saaten verheißungsvoll auf und, was im Augenblick noch wichtiger war, ergaben die ausgezeichneten Beziehungen zu den Indianern eine reiche Ausbeute an Pelzen. Ein ungeduldig erwartetes Schiff kreuzte endlich vor Port Royal auf, aber weder de Monts noch Pont Gravé befanden sich an Bord. Ein unsympathischer subalterner Beamter namens Metayer überbrachte eine Botschaft, leider eine Unglücksbotschaft. Der Bauernschädel Sully, den Kontinenten jenseits der Meere spinnefeind, hatte den Widerruf des Pelzhandelsmonopols durchgesetzt. Damit war dem ganzen Unternehmen die finanzielle Grundlage entzogen; es blieb nichts übrig, als Port Royal zu räumen, und Neu-Frankreich verödete abermals.

Diesmal dauerte das Intermezzo freilich nicht mehr 75 Jahre. Schon im nächsten Jahr, 1608, kamen die Abenteurer wieder. Sie hatten sich ein allerdings höchst fragwürdiges Monopol gesichert. Was sie herübertrieb, war die Entdeckerfreude. Sie verzichteten auf den Plan, gegen Süden zu fahren, und begrüßten den vertrauten Sankt Lorenz-Strom mit seinen bewaldeten Inseln und Wasserwirbeln, auch den aus dem weiten, geheimnisvollen Norden herabfließenden schwarzen Saguenay. An

Der französische Vorstoß in Kanada

der Stelle, wo der Mündungstrichter sich zum Strom verengt, gründeten sie Quebec.

Dann brach der unerbittlichste, verhängnisvollste Winter über sie herein.

Häuser und Lagerräume, drei zweistöckige Bauten mit einem Graben rundum, waren geräumig und gut abgedichtet; richtige Zimmerleute hatten sie gebaut. Die Männer, zum Großteil Veteranen von Port Royal und Sainte Croix, waren kräftig und ans Klima gewöhnt. Dieser Winter aber übertraf alles Gewohnte – ein grauenhafter Winter, wie ihn unsere heutige Zeit wohl nicht mehr kennt. Ergreifend schildert Champlain die Leiden der Indianer: Ein ganzer Stamm, zu Skeletten abgemagert, besäte seinen Weg mit Leichen, überquerte den von spitzen Eiszacken starrenden, gletschergleich gefährlichen Sankt Lorenz-Strom und bettelte die Weißen um ein wenig Nahrung an. Diese litten zwar nicht Hunger, aber der Skorbut fiel im Februar wie ein reißendes Tier über sie her. 18 Mann erkrankten, zehn davon starben im Verlauf einiger Tage. Dann starb auch Bonnerme, der Arzt, und andere folgten, Opfer des Skorbuts oder der Ruhr. Als im Frühjahr mit der Verstärkung Pont Gravé nach Quebec kam, fand er vier noch gesunde und vier sterbende Männer vor.

Zu den Gesunden zählte Champlain. Die Schrecknisse des Winters hatten seine Tatkraft nicht gebrochen. Als die schöne Jahreszeit kam, steckte er schon wieder voller Pläne. Große Umwälzungen standen bevor. Das Häufchen Weißer mit ihren Feuerwaffen brachte Unruhe in die Stämme der Algonkins um den Sankt Lorenz-Strom. An einem Junitag des Jahres 1609 stieß Champlain unweit von Quebec auf einen Trupp von 200 bis 300 Indianern, die von zwei Sachems, Yroquet und Oschateguin, angeführt wurden. Sie verlangten den französischen Häuptling zu sprechen, hockten sich nieder und rauchten eine Weile schweigend. Dann eröffneten sie ihm, sie seien gekommen, um den Weißen vorzuschlagen, sie ins Land der Irokesen zu führen. Der Zweck dieser Einladung war klar: Durch ein

Bündnis mit den Fremden hatten die Algonkins Aussicht, dem Druck ihrer tapferen Feinde Widerpart zu bieten, der sie unwiderstehlich immer weiter nach Norden drängte. Ein kühner, kluger Zug, würdig einer Rasse, deren politischer Sinn ihrer technischen Entwicklung um 1000 Jahre voraus war. Allerdings sollten die Weißen das Wagnis des Unternehmens tragen.

Gleichwohl zauderte Champlain nicht. Schon längst hatten die Irokesen seine Neugier erweckt. Als er 1604 die Massachusetts-Bucht erforschte, hatte er den Charles-River entdeckt, an dem heute Harvard und Boston liegen, und dabei erfahren, sie öffne den Zugang zum Territorium der furchteinflößenden verbündeten Stämme. Vor allem war er Forscher, und die Beschreibung des großen Sees, zu dem ihn die Algonkins führen wollten, beflügelte seine Phantasie. Er gab den beiden Häuptlingen sein Wort, und diese baten die Franzosen, ihre Feuerstöcke sprechen zu lassen, um den Bund zu besiegeln und auf ihre Krieger Eindruck zu machen. Die Feuerrohre knallten – und das war nur recht so, denn schließlich lag es ja an ihnen und ihrer Schlagkraft, wenn das Bündnis zwischen den Indianern und dem Franzosen zustande kam.

Dieser stieß bei seinen Kameraden auf lebhaften Widerstand. Sie seien nach Amerika gekommen, um Pelze einzusammeln, meinten sie, nicht aber, um Forschungsreisen zu unternehmen und Kriege zu führen. Schließlich ließen sie sich von Champlain mitreißen, doch als die Stromschnellen des Irokesenflusses den Weg versperrten, nahmen das die Franzosen – mit zwei Ausnahmen – zum Vorwand, nicht weiterzumarschieren. Furchtlos und starrsinnig wiederholte Champlain seine Versprechungen den Wilden gegenüber, setzte an der Spitze ihrer 24 Kanus über die Stromschnellen und fand tatsächlich den schönen See mit seinen zahllosen Inseln, von Wiesen gesäumt, von Wäldern gekrönt, den ihm seine Verbündeten geschildert hatten. Er wurde nach ihm benannt. Der See erstreckte sich über mehr als zwanzig Meilen nach Süden.

Bei Ticonderoga, an seinem äußersten Ende, spielte sich in einigen Minuten das Scharmützel ab, das einen so schwerwiegenden Einfluß auf das Schicksal Nordamerikas haben sollte.

Das Treffen fand im Morgengrauen des 30. Juli statt. Die Irokesen hatten am Tag vorher den Einfall der Algonkins entdeckt und schickten ihnen nun einen mit Schimpfworten gespickten Fehdebrief. Die Algonkins nahmen die Herausforderung an, wohlweislich ohne die Anwesenheit der drei Weißen in ihren Reihen zu erwähnen. Nach einer mit Gesang und Tanz verbrachten Nacht marschierten die zwei Heere gegeneinander, die Algonkins in Unordnung, die Irokesen, die Preußen der Indianerwelt, in geschlossenen Reihen. An ihrer Spitze drei Häuptlinge mit wallendem Federschmuck, gelassen, verächtlich, sieggewohnt und nicht weiter neugierig darauf, woher ihre schwachen Gegner den Mut nahmen, gegen sie anzugehen. Die Algonkins bedeuteten Champlain, gerade auf sie zu schießen. Die beiden anderen Franzosen schlichen inzwischen vor, durch einen Wald gedeckt. Champlain ging seinen Indianern zwanzig Schritt voraus, blieb stehen, legte an und sah sich die drei Könige einen Augenblick lang an, ehe er den Feuerschwamm in Brand setzte – die drei Häuptlinge ihrerseits sahen unerschrocken dem ungewöhnlichen Wesen mit dem unerklärlichen Gerät entgegen. Da quoll auch schon das Rauchwölkchen aus dem Feuerrohr, aufzuckte der verhängnisvolle Blitz. Und wir übertreiben wohl kaum, wenn wir sagen, daß dieses Geschehen den Franzosen die Neue Welt kostete.

Da Champlain sein Feuerrohr mit vier Kugeln geladen hatte, fielen zwei der Häuptlinge. Ein aus dem Walde kommender Schuß versetzte die verdutzten Irokesen in volle Panik. »Ich verfolgte sie«, erzählt Champlain, »und tötete noch einige.« Die Algonkins, die das seltene Glück erlebten, ihre Erbfeinde flüchten zu sehen, hetzten ihnen nach und machten etwa ein Dutzend Gefangene. So groß war ihre Freude, daß sie dem Wunsch nicht widerstehen konnten, einen von ihnen auf der

Stelle zu foltern, statt ihn für die triumphale Rückkehr in ihre Dörfer aufzusparen. »Sie befahlen ihm«, sagt Champlain, »zu singen, wenn er den Mut dazu habe: Er tat es auch, doch wurde es ein trauriges Lied.« Dann rissen sie ihm die Fingernägel aus, auch die Muskeln der Arme und legten Glut an sein Glied. Champlain bat um Erlaubnis, dem Unglücklichen den Gnadenschuß geben zu dürfen; die Algonkins lehnten jedoch ab, sie wollten sich an seinen Qualen noch weiden.

Nichts war sinnloser als dieser ganze Indianerkrieg, in den sich Champlain verrannt hatte. Die Algonkins kehrten in ihre Dörfer heim, aber das Reich der Irokesen war nicht einmal ins Wanken gebracht. Diese bewahrten jedoch der europäischen Nation, die ihnen die Wirkung der Feuerwaffen mit dem Blut ihrer Könige vor Augen geführt hatte, den folgenschwersten Groll. In der indianischen Politik sehr erfahren, konnten die Franzosen Bündnisse mit allen anderen Stämmen schließen, mit den Fünf Völkern aber gab es immer gnadenlosen Krieg. Diese stellten die stärkste indianische Macht dar und hatten überdies eine strategisch höchst wichtige Stellung inne. Als zwischen den Engländern am Hudson und den Franzosen am Sankt Lorenz-Strom der Kampf entbrannte, wurden die Irokesen zur Schutzwehr der ersteren und zum schweren Hindernis für die letzteren. Wäre die Lage umgekehrt gewesen und die Irokesen im Bund mit den Franzosen, hätten die Engländer nie den Durchbruch zum Meer verhindern können, der stets der Hauptgedanke der Kanadier war. All diese unabsehbaren Folgen bedachte Samuel de Champlain nicht, als er in den Wäldern von Ticonderoga sein Feuerrohr auf drei hochgemute Indianerhäuptlinge anlegte, die sich durch ihre Holzschilde gegen jedes Geschoß gefeit glaubten.

Der erste Franzose, der in Neu-Frankreich Wurzeln faßte, war ein Apotheker namens Louis Hébert. Er hatte alle Enttäuschungen Port Royals mitgemacht und war im Jahre 1607 mit Champlain und Lescarbot ins Vaterland zurückgekehrt.

1617 kam er mit Frau und drei Kindern wieder nach Kanada, wo er einige Morgen Land mit der Harke urbar machte. Vier Jahre später wurde ein gewisser Couillard sein Schwiegersohn, dann vergingen abermals weitere fünf Jahre, bis eine dritte Bauernfamilie, die von Abraham Martin, die Bodenbestellung in Angriff nahm. Erst 1627 trat der erste Pflug, 1629 das erste Zugtier in Erscheinung. Dies vermittelt einen Begriff davon, wie schleppend die kanadische Kolonisation in Gang kam.

Samuel de Champlain ist der Held dieser heroischen Zeiten. Er entfaltete eine erstaunliche und vielfältige Tätigkeit. 1609 kämpfte er gegen die Irokesen, am See, der seinen Namen trägt. 1610 bekämpfte und besiegte er sie wieder an dem Zusammenfluß des später nach Richelieu benannten Stroms und des Sankt Lorenz. Den Forscher, der er vor allem war, erfüllte 1613 eine mächtige Hoffnung: Auf Grund der Prahlereien eines gewissen Nicolas de Vignau hielt er es für möglich, die große Passage zum Stillen Ozean aufzufinden. Er fuhr den Ottawafluß hinauf, bis der Betrüger zusammenbrach und unter Tränen gestand, er hätte den Pazifik, zu dem Champlain sich unterwegs wähnte, glatt erfunden. Doch 1615 brach dieser in dieselbe Richtung auf, diesmal von den Huronen verlockt, die um sein Bündnis baten. Geführt von Etienne Brûlé, einem Waldläufer, erreichte er eine unendliche Wasserfläche, netzte seine Lippen mit ein paar Tropfen und sagte: »Dies ist das Süße Meer«; so taufte er Amerikas Große Seen mit einem Namen, der ihnen leider nicht geblieben ist. Die Weiterfahrt endete beinahe tragisch. Champlain, der die Huronen gegen seine alten Gegner, die Irokesen, führte, wurde schmerzhaft am Knie verletzt; seine unzuverlässigen Verbündeten ließen ihn fast im Stich, und er mußte inmitten der indianischen Barbarei und Menschenfresserei überwintern. Von diesem Abenteuer zurückgekehrt, verfaßte er den besten je geschriebenen Bericht über die ersten Einwohner Nordamerikas in ihrer ursprünglichen Heimat.

Dabei stellten diese schrecklichen Fahrten und schweren

Kämpfe nur den einfachsten Teil von Champlains Leben dar. Der Entdecker mußte auch als Verwalter, Kaufmann, Unterhändler, Propagandist und Höfling seinen Mann stellen.

Jeden Herbst, bevor das Eis die Sankt Lorenz-Bucht sperrte, schiffte sich Samuel de Champlain nach Frankreich ein. Während der langen und unsicheren Seereise mußte der Kartograph der Wälder die rauhen Sitten der Neuen Welt ablegen. Von Honfleur oder Dieppe eilte er nach Paris. Nun hatte er sich auf dem glatten Parkett der Vorzimmer bei Hof oder auf den Bretterböden der Kontorstuben zu bewegen. Es galt, Kanada dem unwissenden und gleichgültigen Frankreich anzubieten, gegen alle die Ränke und Machenschaften während der Minderjährigkeit Ludwigs XIII. Champlain versuchte, die Phantasie seiner Mitbürger zu entflammen, ihre Habgier zu erregen, indem er die Größe, Schönheit, Fruchtbarkeit und Zukunft des Landes breit ausmalte. In diesem verzweifelten Unternehmen stand er nicht ganz allein. Ein anderer Starrkopf, der Edelmann de Poutrincourt, trachtete seinerseits, Akadien, das nach dem Abenteuer von Port Royal fallengelassen worden war, wieder zum Leben zu erwecken. Ihre getrennten, aber gleichlaufenden Bemühungen wurden von bescheidenem Erfolg gekrönt und brachten Frankreich schließlich doch die Vorstellung eines Amerikanischen Reichs ein.

Champlain sah sich gezwungen, von 1616 bis 1620 in Frankreich zu bleiben. Er suchte Missionare, die in seinem Kanada das Evangelium predigen sollten, Kaufleute zur Finanzierung der Kolonisation und einen Vizekönig als Nachfolger des verstorbenen Charles de Bourbon, Grafen von Soissons, nachdem es ihm vor ein paar Jahren gelungen war, ihn für Neu-Frankreich zu interessieren. Der Herzog von Montmorency nahm den freien Posten an. Zwei Hugenotten aus Dieppe, Onkel und Neffe, Guillaume und Emery de Caën erhielten das Pelzmonopol mit der Auflage, sie, die Kalvinisten, sollten sechs Franziskaner der strengsten Observanz erhalten sowie für die Dauer ihres elfjährigen Vertrages sechs Familien mit mindestens drei

Kindern in Kanada ansiedeln. Sechs Familien für eine Welt! Ein weiterer Beweis für die Beschränktheit der Ansichten und Mittel, mit denen die Kolonisation Neu-Frankreichs begann.

Champlain fuhr diesmal nicht mehr allein. Frau de Champlain, die ihn im Alter von zwölf Jahren geheiratet hatte und um 28 Jahre jünger war als er, begleitete ihn zum erstenmal. Sie stammte aus einer zum Protestantismus neigenden Familie, aber Samuel hatte sie so gründlich zum Katholizismus wiederbekehrt, daß sie sich nur mehr nach einem Zustand der Heiligkeit sehnte und unter dem Ehejoch litt. Blond und mollig, kränkelte sie in Kanada dauernd und spielte in den Anfängen der Kolonie bei weitem nicht die Rolle wie die tapfere Bäuerin, die Ehefrau Héberts. Champlain grämte sich sehr darüber, das ihm teuerste Wesen für seinen Traum nicht gewinnen zu können, schickte sich aber in das Unabänderliche und ließ seine Frau nach vier Jahren wieder in die Heimat ziehen, wo sie auf den Witwenstand wartete, der ihr schließlich doch das Tor des Klosters öffnete.

Als Champlain nach langer Abwesenheit Quebec wiedersah, ging dort alles drunter und drüber. Das prachtvolle Ehepaar Hébert hatte viel Land erschlossen und sich ein Steinhaus gebaut; die Siedlung aber, Herz und Mittelpunkt der Kolonie, war erbärmlich verfallen. Eigentlich fühlte sich kein Mensch in Kanada wohl, es sei denn für einen kurzen, einträglichen Aufenthalt. Im Frühjahr strömten die Pelzhändler herüber. Ohne sich um das königliche Monopol oder den guten Ruf der Europäer zu kümmern, gaben sie den Indianern zu saufen und betrogen sie schändlich, wenn sie ihnen ihre Waren nicht mit Waffengewalt abnahmen. Die etlichen Handvoll Menschen, die sich zwangsweise in Quebec aufhielten, lebten faul, gleichgültig und verlottert dahin; dann büßten sie ihre Unsauberkeit und Liederlichkeit tatenlos mit vermehrten Leiden während der Winterzeit. Champlain, der überzeugt war, das Heil läge einzig im Ackerbau, wies vergebens auf die Zeichen der Fruchtbarkeit hin, die mit dem plötzlichen Einbruch des Frühlings überall aus der Erde sprossen. Niemand wollte etwas wissen von diesem kalten und zu harten Boden.

Erstaunlich ist bei alldem bloß, daß sich die kanadische Niederlassung behaupten konnte. Im Jahre 1620 betrug die gesamte französische Bevölkerung etwa 50 Personen, die Waldläufer mitgerechnet. 1627 hatte sie sich nicht einmal verdoppelt. »Wir sind im ganzen 65 Seelen in Quebec«, schrieb Champlain, »davon 18 Erwachsene und bloß drei oder vier Landwirte.« Seltsam, daß die Indianerstämme, die allmählich Grund zu vielfältigen Beschwerden gegen die Weißen hatten, dieses Häuflein Menschen nicht einfach davonjagten. Die Irokesen waren wieder am Sankt Lorenz-Strom erschienen, lagerten auf der Orleans-Insel und schlichen um das kleine Fort herum, das man an Stelle der vermoderten Niederlassung auf dem steilen Gestade gebaut hatte. Sie fielen den Prior der Franziskaner an, wurden aber zurückgeschlagen und verstanden es nicht, eine günstige Gelegenheit herbeizuführen, um die Eindringlinge ein für allemal zu vernichten.

Die Jesuiten waren es, die Kanada retteten, vielleicht bloß als ein unheilvoller Ersatz. Mit einer anderen französischen Monarchie hätte nämlich Kanada zum Asyl und Anziehungspunkt für die Protestanten werden können, die in so hohem Maße an den ersten Kolonisationsversuchen teilgenommen hatten. Kaum aber war Heinrich IV. gestorben, fing man schon an, sie auszuschalten, bis diese Ausschaltung dann zum Grundsatz der öffentlichen Ordnung wurde. Die Jesuiten nahmen — mit einigen Vor- und vielen Nachteilen — den Platz ein, den eine bigotte Regierung den Hugenotten versagte.

Sie erschienen zunächst nicht in Quebec, sondern in Akadien. Poutrincourt, den gallikanischen Katholiken, überkam ein Grauen, als seiner Kolonie – zufolge der Intrigen des Paters Cotton, der Maria von Medici und anderer frommer Persönlichkeiten, wie der Marquise von Guarcheville — die Seelsorgerschaft eines Paters Biard oder eines Paters Massé aufgezwungen werden sollte. Um das Komplott zu vereiteln, zog Poutrincourt eine Komödie auf, ließ Pater Biard in Bordeaux vermeintlich auf ein Schiff warten und schiffte sich selbst heimlich in Dieppe ein. Er nahm den ihm ergebenen Pater Fléché mit, einen Gallikaner wie er selber, und vermaß sich, mit seiner Hilfe zu beweisen, daß die Mitwirkung der Gesellschaft Jesu bei der Bekehrung der Wilden überflüssig war. Und in der Tat, so rasch wurde kaum jemals etwas dargetan. Gleich anfangs taufte Fléché den hundertjährigen Membertou, einen alten Freund der Franzosen, mit allen seinen Squaws und Angehörigen. Während des herrlichen akadischen Sommers hatten sich die Kollektivbekehrungen in Gottes freier Natur so gehäuft, daß Poutrincourt seinen Sohn Biencourt, einen vielversprechenden Jüngling, mit den ersten Herbstnebeln nach Paris schicken konnte, dort das Taufregister Neu-Frankreichs vorzuzeigen. Der gegen seinen Vater gerichtete tendenziöse Vorwurf, sich um das Seelenheil seiner Pflegebefohlenen nicht zu kümmern, löste sich in nichts auf, und die Notwendigkeit, so gefährliche Leute wie die Schüler Loyolas heranzuziehen, war widerlegt.

Indessen vermochte die List eines Barons de Poutrincourt die Weltpolitik der Gesellschaft Jesu nur für sehr kurze Zeit in Schach zu halten. Diese Politik bestand darin, in der ganzen Welt eilige Eroberungen zu machen, die dem protestantischen Eifer zuvorkommen und die Verluste des Katholizismus durch die Reform wettmachen sollten. Die Jesuiten hatten schon um 1600 begonnen, sich über die Zahl der Seelen zu unterrichten, die in Amerika zu erobern waren. Der kaum zwanzigjährige Biencourt wurde unter Druck gesetzt, und die zerrütteten Finanzen der Familie trugen dazu bei, ihn nicht widerstehen zu lassen. Diesmal waren die Patres Biard und Massé 1611 in Dieppe zur Stelle, als der junge Mann seine Rückreise antreten sollte. Die Besitzer des Schiffes jedoch, zwei Hugenotten namens du Jardin und du Quesne, widersetzten sich heftig, als sie erfuhren, wer ihnen als Passagier zugemutet werden sollte. »Sie wären bereit«, erzählt Pater Biard, »wie sie gotteslästerlich sagten, jeden beliebigen katholischen Priester an Bord zu nehmen und sogar umsonst zu verpflegen, aber lieber ihr Schiff zu versenken, als einen einzigen unseres Ordens zu dulden.« Selbst einem Befehl der Königinmutter beugten sich die beiden Hugenotten nicht. Schließlich behob die Marquise de Guarcheville die Schwierigkeit, indem sie ihnen das Schiff einfach abkaufte.

Den akadischen Jesuiten war vom Schicksal nach zahllosen Abenteuern ein völliger Mißerfolg beschieden. Sie hatten der kleinen Kolonie von Port Royal bloß Zwist und Hader gebracht. Dann versuchten sie es in Mont Desert mit einer eigenen Gründung, wurden aber vom englischen Korsaren Samuel Argall verschleppt, und mehr als einmal glaubte Pater Biard, den Strick des Henkers um seinen Ketzerhals zu spüren. Für die Jesuiten von Quebec war der Eintritt in die Neue Welt immerhin weniger bewegt. Die zu jedem Martyrium bereiten, tapferen, aber der Armut geweihten Franziskaner sahen bald ein, daß die Bekehrung Kanadas über ihre Kräfte ging. Sie waren damit einverstanden, durch die Gesellschaft Jesu zunächst verstärkt und späterhin abgelöst zu werden. Die Patres de Brébeuf, Lallemand und Massé (letzterer aus Akadien geflüchtet) legten am 24. April 1625 vor Quebec an. In der Abwesenheit Champlains hatte Emery de Caën die Befehlsgewalt. Er versuchte, das Landen der Schwarzkutten zu verbieten, aber die Franziskaner-Graukutten nahmen sie in ihrem Kloster auf, und der Hugenotte wagte nicht, den Widerstand zu weit zu treiben.

Die Jesuiten waren tatkräftig und bemittelt. Im Jahr der Ankunft der Patres schickten sie gleich 25 Siedler, weitaus die größte Gruppe von Kolonisten, die Kanada bis dahin aufgenommen hatte. Der Bau von Notre Dame des Anges wurde in Angriff genommen. Es sollte die Zitadelle des Ordens werden. Der Ackerbau, der noch immer nur Louis Hébert und seinem Schwiegersohn oblag, nahm zehnfachen Umfang an, war er doch nun geheiligt worden. In den guten Jahren konnten die Jesuiten sich selbst ernähren. Diese Arbeiten vermochten jedoch die Gedanken der Patres am Sankt Lorenz-Strom vom Hauptziel nicht abzulenken. Von glühendem Bekehrungseifer erfüllt, kämpfte Jean de Brébeuf gegen zwei Schwierigkeiten an: die Sprachen der Eingeborenen und die Abneigung der Indianer, ihn in ihren Kanus mitzunehmen, denn er war ein Riese und wog schwer. Schließlich starb er doch als Märtyrer, allerdings viele Jahre später, nachdem er noch erlebt hatte, wie segensreich seine Mission gedieh und blühte, die er gegen das Verbot eines Mitglieds der angeblich reformierten Kirche begründet hatte.

Auch in Frankreich bereiteten sich für Kanada große Dinge vor. Richelieu, der seine Macht befestigt hatte, plante eine weltweite Politik. Was Neu-Frankreich immer gefehlt hatte, war eine nachdrückliche und kapitalkräftige Unterstützung seitens des Mutterlandes. Mit den Monopolen von Chastes oder Monts, den Vizekönigtümern unkundiger und verarmter Prinzen von Geblüt, behalf man sich mehr schlecht als recht. Richelieu aber wünschte eine richtige Neu-Französische Kompanie, wie die Engländer und Holländer ähnliche für ihre westindischen Besitzungen geschaffen hatten. Und er gründete sie am 26. April 1627. Sie bestand aus 100 Teilhabern, deren jeder 300 Louisdor einzahlte. Der ganze Kontinent (ohne Rücksicht auf die englischen Ansprüche und Einrichtungen) von Florida bis zum Polarkreis und von Neufundland bis zum Süßmeer wurde ihr als Eigentum zugesprochen, das Pelzmonopol auf ewige Zeiten, das allgemeine Handelsmonopol auf 15 Jahre überantwortet. Für den Adel galt die merkantile Tätigkeit der Kompanie nicht als standeswidrig, und zwölf Adelstitel sollten an jene unter den Hundert verliehen werden, die dem dritten Stand angehörten. Als Gegenleistung übernahm die Kompanie bestimmte Verpflichtungen gegenüber der Bevölkerung Kanadas: Schon im ersten Jahr mußte sie 300 Einwanderer, im Laufe von insgesamt 15 Jahren deren 4000 ansiedeln. Protestanten wurden ausgeschlossen – ein schwerer Fehler, der zurückzuführen war auf die heftigen religiösen Streitigkeiten in Quebec sowie auf die engstirnige, eigennützige Amtsführung der beiden de Caën, Onkel und Neffe. Natürlich verloren diese ihre Privilegien, wurden aber immerhin entschädigt.

Die Sache kam in Schwung. 100 Teilhaber fanden sich mühelos, ebenso 300 Einwanderer fürs erste Jahr, ohne daß man sie in den Gefängnissen suchen mußte. Im Frühjahr 1628 versammelten sich in Honfleur, unter dem Kommando des Kapitäns Claude de Rougemont, 20 Schiffe. Der größte Transport von Menschen, Haustieren, landwirtschaftlichem Gerät, Saatgut und Lebensmitteln in der ganzen jungen Kolonialgeschichte Frankreichs stach in Richtung des Sankt Lorenz-Stroms in See. Diesmal war Französisch-Kanada Wirklichkeit geworden.

Unruhig wartete Champlain in Quebec. Infolge eines Schiffbruchs war seine Vorjahrsversorgung ausgefallen, und die Vorräte des Forts wurden recht knapp. Er wußte nicht viel von der Tätigkeit der Kompanie der 100 Teilhaber, erwartete nur eine außerordentliche Anstrengung des Mutterlandes für dieses Jahr 1628. Nun verging der ganze Frühling, ohne daß ein Segel in der Fahrrinne an der Orleans-Insel gesichtet worden wäre. Champlains bange Erwartung steigerte sich während der ersten Sommerwochen zur Qual. Endlich, am 9. Juli, kamen zwei Männer zu Fuß vom Kap Tourmente, wo ein Ausguck errichtet war. Sie hatten das Mündungsgebiet voll von Schiffen gesehen, eine richtige, schwerbeladene Flotte, die sich langsam ihren Weg gegen die Strömung bahnte. Champlain, dessen Haar nach vielen Enttäuschungen ergraut war, strich sich mit einem Seufzer der Erleichterung über die Stirn. So war er also nicht bloß der Hungersnot entronnen, nein, die Zahl der gemeldeten Schiffe bedeutete die Einlösung der zwar glänzenden, aber doch etwas unbestimmten Versprechungen, die ihm zu Ohren gekommen waren. Frankreich hatte sich endlich entschlossen, für Kanada die entscheidende Anstrengung zu machen!

Der Franziskaner Joseph Le Caron erbot sich, mit einem anderen Bruder dem Konvoi entgegenzufahren. Sie setzten sich in ein Kanu; im Gegenlicht des Nachmittags zeichneten sich vor ihnen zwei andere Kanus ab, und Wilde bedeuteten ihnen durch Zeichen, zu halten. Im Näherkommen sahen sie am Boden eines der Indianerboote einen verwundeten Franzosen liegen. Sie erkannten in ihm Foucher, den Anführer des Postens von Kap Tourmente, und bemerkten, daß die Hälfte seines dichten Schnurrbarts versengt war. Den Schaden hatte ein aus nächster Nähe abgefeuerter Musketenschuß verursacht, und der war wieder nur ein Teil von äußerst befremdlichen Geschehnissen. 20 Männer hatten in einer Schaluppe vor dem Kap angelegt. Mit freundlichem Winken traten ihnen die fünf Franzosen des Postens entgegen, die Ankömmlinge aber stürzten sich auf sie und entrissen ihnen die Waffen. Foucher allein gelang die Flucht, doch hatte er den Schuß abbekommen, der ihn entstellte. Die treuen Indianer hatten ihn aufgenommen, und nun schlug er Alarm. An diesem sonst unerklärlichen Angriff war bloß eines klar: Die Angreifer mußten Engländer sein.

Und wieder befiel Quebec tödliche Angst. Champlain und seine Leute konnten 24 Stunden lang nur Vermutungen anstellen, was es mit dem Zusammenfallen der beiden Ereignisse auf sich haben mochte, der Ankunft einer vermeintlich freundschaftlichen Flotte und dem Überfall auf Kap Tourmente. Durch eine mit etlichen Matrosen bemannte Barke kam Licht in die Angelegenheit. Jawohl, es war eine französische Flotte, die der Ausguck vom Kap Tourmente gemeldet hatte; sie brachte Kanada in der Tat eine unerhörte Verstärkung an Menschen und Material. Indessen erwartete sie vor der Mündung eine zweite Flotte, eher eine Flottille, bestehend aus drei kleinen, schwerbewaffneten Schiffen. Der Kommandant, ein gewisser Gervaise Kirke, der Patente S. M. Karls I. mit sich führte, die vom Herzog von Buckingham gegengezeichnet waren, forderte den Kapitän de Rougemont auf, ihm seinen Konvoi zu über-

»Die Franzosen erreichen Port Royal« (oben)
Champlains Frau landet am 2. Juli 1620 in Kanada (unten)

Prom. Lupi
Portus Regalis, sitte F.S. Helenæ.
5

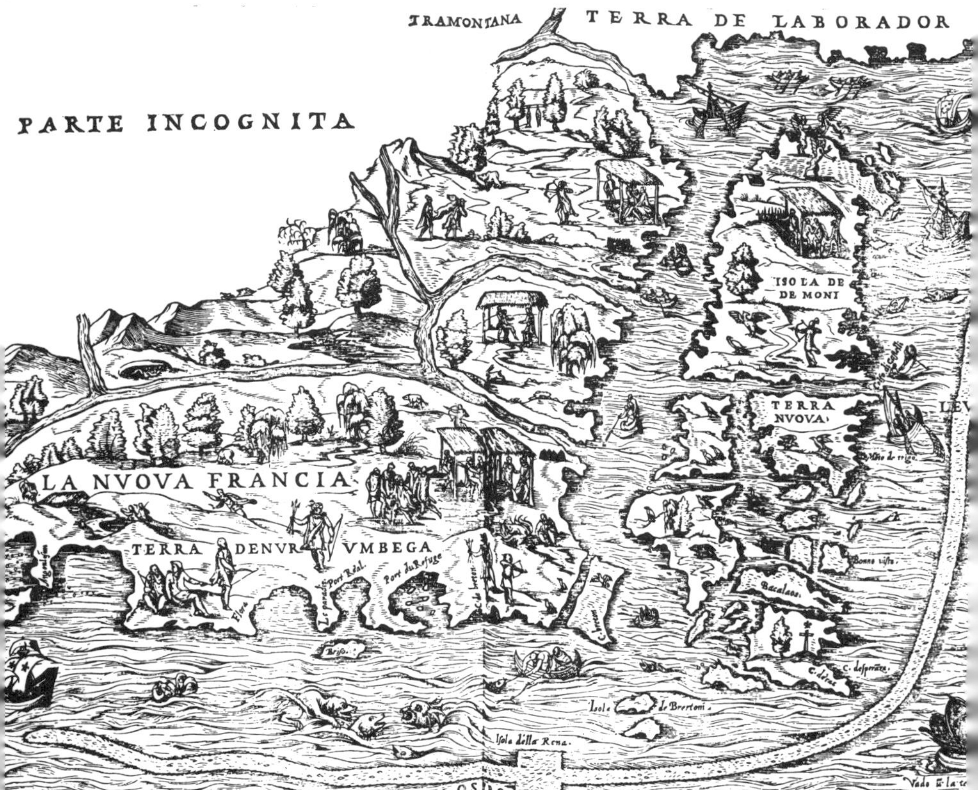
TRAMONTANA
TERRA DE LABORADOR
PARTE INCOGNITA
ISOLA DE DE MONI
TERRA NVOVA
LA NVOVA FRANCIA
TERRA DENVR VMBEGA
Port Réal
Port du Refuge
Bacalaos
Bonne viste
C. desperāza
de Brertoni
Isola della Rena
OSTRO

F. Dulce

geben, da zwischen England und Frankreich der Krieg ausgebrochen sei. Rougement lehnte ab, und im Augenblick, da die zur Warnung Champlains ausgesandte Schaluppe abstoßen konnte, hatte der Kanonendonner eingesetzt.

Diese Seeschlacht wurde für Quebec entscheidend. Zwei Tage zuvor war etwas Unheilkündendes geschehen: Zwei Türme des Forts waren eingestürzt und damit noch vor dem Erscheinen etwaiger Belagerer eine Bresche geschlagen. Übrigens waren kaum 50 Pfund Pulver vorhanden. Der Widerstand konnte bloß symbolisch sein, und das Schicksal Französisch-Kanadas entschied sich hundert Meilen stromabwärts gegenüber jenem Saguenayfluß, der Jacques Cartier so begeistert hatte. Quebec wartete Stunde um Stunde. Aller Augen waren dem Strom zugewandt, hielten nach Segeln Ausschau, von denen man zunächst nicht wissen würde, ob es französische oder feindliche waren, ob sie Sieg oder Gefangenschaft kündeten.

Da, vor dem Feind noch, traf die Meldung von der Katastrophe ein: Nicht eine Flotte erschien, sondern eine einfache Barke mit sechs hageren Männern an den Rudern, sechs jener Basken, waghalsigen Pelzschmugglern und rührigen Gegnern des französischen Regimes. Mit schlecht verhehlter Freude ließen sie die Franzosen wissen, daß die gesamte Flotte Rougemonts aufgebracht worden war. Sie übergaben auch einen Brief, in dem sich Gervaise Kirke Samuel de Champlain als seinen gehorsamsten Diener empfahl und ihn aufforderte, Quebec zu übergeben. Champlain erwies sich als aufrechter Mann und ließ dem Sieger durch die Basken sagen, Quebec werde mit äußerster Kraft verteidigt werden. Das war freilich ein leeres Wort, da es weder Wall noch Pulver gab.

Worauf das Seltsamste geschah – nämlich gar nichts. Der Monat Juli ging zu Ende, dann der August. Die Wälder um den Sankt Lorenz-Strom kleideten sich in ihre flammenden Herbstfarben. Die erste Eisscholle trieb den großen Strom hinunter, ein untrügliches Zeichen dafür, daß nun das Jahr 1628

»La Nuova Francia«. Holzschnitt aus dem Jahre 1556 (oben)
Die Franzosen in Fort Charles beschaffen sich Proviant (unten)

zu Ende gehen würde, ohne irgendein Schiff, ein englisches oder französisches, vor die Klippen von Quebec zu bringen. Und nun bemächtigte sich der Einwohner große Verzweiflung. Was ihnen geschah, war schlimmer als alles, was sie befürchtet hatten, schlimmer als die Gefangenschaft und das Wüten der Gegner. Sogar der Feind hatte sie im Stich gelassen, sie mit leeren Speichern den Schrecknissen des kanadischen Winters überantwortet. Viele schickten sich an, den Tod zu erwarten.

Champlain rettete sie. Er wirkte Wunder. Er verfügte die Rationierung der wenigen Lebensmittel, wobei er noch darauf Bedacht nahm, die Frühjahrssaat sicherzustellen. Den Indianern kaufte er große Mengen von Räucheraal ab, für den man in Quebec sein Letztes hingab. Es gelang ihm sogar, einen Teil der hungrigen Mäuler unter die Indianerstämme zu verteilen, ein deutlicher Beweis seiner Autorität bei diesen, die doch dauernd Not litten und sich den Teufel um die Ernährung der Fremden scherten. Er ließ Baumrinde, Wurzeln und Moos sammeln und verteilte sie mit der gleichen Sorgfalt, als hätte es sich um Fleisch oder Brot gehandelt. Abgemagert, erschöpft und von Entbehrungen zermürbt, überstand die kleine Kolonie auch diesen Winter.

Doch die Qual nahm kein Ende. Das Eis schmolz. Die majestätische Wasserstraße lag wieder offen — eine blanke, grausam leere Fläche. Freiwillige rafften ihre letzte Kraft zusammen und brachen nach Gaspé auf, bereit, die Engländer anzuflehen, die Übergabe der Stadt entgegenzunehmen, und damit ihrer erschreckenden Abschließung ein Ende zu setzen. Doch nirgends gab's Engländer. Und nirgends Franzosen. Kanada war der Welt abhanden gekommen. Da begriff man, daß in Europa ein großer Krieg wüten mußte und daß die Ohnmacht der einen wie die Gleichgültigkeit der anderen Kanada preisgegeben hatte, solange dieser Krieg eben andauerte. Kirke, der Sieger, hatte sich gar nicht die Mühe genommen, die paar Meilen flußaufwärts bis zur Hauptstadt Neu-Frankreichs zu fahren. Er hatte einfach seine Prisen überholen lassen, die Gefangenen eingeschifft und war nach England zurückgekehrt. Champlain aber wußte genau, daß die Kolonisten von Quebec einen zweiten solchen Winter nicht überleben würden.

Mitte Juli bereits wurde es klar, was das Jahr 1629 bringen sollte. Da faßte Champlain einen kühnen Entschluß: er wollte den Herbst abwarten, dann mit allen seinen Schutzbefohlenen ins Land der Irokesen ziehen und dort ein Dorf überfallen. Dort würde man den Vorrat an Mais, getrocknetem Fleisch und Fisch vorfinden, den die Irokesen vor dem Beginn der schlechten Jahreszeit anzulegen pflegten. Man würde sich einrichten, verschanzen und das nächste Jahr abwarten, mit ihm vielleicht den Frieden.

Am 19. Juli befand sich Champlain ganz allein im Fort von Quebec. Alle anderen pflückten in den Wäldern wilde Beeren. Plötzlich kamen einige Indianer gelaufen. Sie winkten schon von weitem. Zwischen der Orleans-Insel und dem Südufer waren auf dem Fluß drei Segel gesichtet worden. Champlain bekam Herzklopfen, hegte aber nicht die leiseste Hoffnung. Intuitiv, auf den ersten Blick, wußte er, es waren englische Schiffe. Er schickte die Indianer fort, seine Leute zusammenzurufen, und ließ die 16 Männer, 16 Skelette, die seine bewaffnete Macht bildeten, auf der verfallenen Brustwehr Posten beziehen. Ein lebhaftes Hin und Her von Booten zwischen den Schiffen und dem Steilufer brachte bald eine Truppe von etwa 50 Mann, Pikenträger und Musketiere, an Land. Ein Trompeter und ein Parlamentär mit weißer Fahne traten vor. Die Hungerleider von Quebec wurden wenigstens regelrecht zur Übergabe ihrer Stadt aufgefordert, wie es sich bei einer Festung und Hauptstadt eines Kontinents ziemt. Lewis Kirke, Sohn des Gervaise Kirke und einer Französin, forderte als ein mit Kaperbrief gehörig versehener Korsar erneut die Kapitulation, wie schon sein Vater vor mehr als einem Jahr. Außer den Engländern stand hinter ihm eine Bande von hugenottischen Überläufern, deren tolle Wut die Jesuiten schwer gefährdete. Mit großem Schmerz erkannte Champlain unter ihnen seinen liebsten Waldläufer: Etienne Brûlé, eben denselben, der ihn auf der denkwürdigen Expedition von 1615 zum Süßmeer geführt hatte.

Edelmütig machte der Franzose einen letzten Versuch. Er verlangte eine zweiwöchige Frist, weil er nicht sicher sei, ob der Kriegszustand zwischen England und Frankreich noch bestehe. Lewis Kirke, der mehr im eigenen Interesse handelte als in dem seines Monarchen, muß wohl angesichts solchen Ahnungsvermögens erschrocken sein. Der Friede war nämlich schon vor drei Monaten unterzeichnet worden – und er wußte es. Was ihn nicht hinderte, um so selbstsicherer zu erwidern, er gedenke, sich noch selbigen Abends in Quebec zu Bett zu legen und daher allsogleich zum Sturm anzutreten.

Eine Stunde darauf bestieg Champlain als Gefangener das Schiff des englischen Korsaren. Französisch-Kanada, das zu gründen er ausgezogen, war in den Staub getreten. Er selbst wurde mit 72 Jahren aus dem Lande gejagt, auf dessen Boden zu sterben er gewünscht hatte.

Die Märtyrer

Jogues, Jean de Brébeuf und die Jesuiten von Huronien am Marterpfahl der Irokesen

Der Jesuitenpater Paul Le Jeune war bis zum Alter von 20 Jahren Protestant gewesen. Der Zufall gab ihm einen seiner Religion treugebliebenen Protestanten, Emery de Caën, zum Begleiter auf seiner ersten Ozeanfahrt. Noch einmal begann Kanada von vorne, mit dem, was nach den früheren Fehlschlägen übriggeblieben war. Ungeachtet der Statuten jener Kompanie der Hundert Teilhaber hatten die Caëns, Hugenotten jüdischer Abstammung, die Konzession des Pelzmonopols als Schadenersatz für alle ihre Verluste für ein weiteres Jahr erlangt.

Dieses Provisorium sollte jedoch nicht mehr verlängert werden. Mit dem protestantischen Kanada war es ein für allemal vorbei. Sieger war der Mann in der schwarzen Kutte, willensstark und klug, der in Dieppe mit einem zweiten, schon älteren Jesuiten, Pater de Nouë, das Schiff des Häretikers bestieg. Die Überfahrt wurde zu einer Aufeinanderfolge von Stürmen und Kältewellen, dergestalt, daß Pater de Nouë, der ein paar Jahre später im Eis des Sankt Lorenz-Stroms sterben sollte, im Monat Juni Erfrierungen an Händen und Füßen davontrug. Aber die beiden Jesuiten überstanden alle Prüfungen mit der Begeisterung von Kreuzfahrern, die zur Eroberung einer Welt ausziehen. Die Gesellschaft Jesu hatte, gestützt auf ihre 15 000 Priester und unermeßliche weltliche Unterstützung, das Monopol der Seelen, nicht der Pelze erlangt. Dem Versuch Richelieus, sie durch seinen Lieblingsorden, den der Kapuziner, zu ersetzen, hatte sie erfolgreichen Widerstand geleistet. Vor allem war es ihr gelungen, die Bettelmönche und armen Franziskaner auszustechen, für die nur ihr Märtyrergeist sprach sowie der Ruhm, das Christentum als erste nach Kanada verpflanzt zu haben.

Frankreich erschien wieder auf dem Plan. Der Raub Kirkes, der sich Quebecs drei Monate nach Friedensschluß bemächtigt hatte, wurde von Richelieu nicht hingenommen. Die noch nicht ausgezahlte Mitgift der Henriette von Frankreich wurde als Pfand für die Rückgabe Kanadas und Akadiens zurückgehalten. Karl I. fand sich nach wiederholtem Aufschub damit ab, und Lewis Kirke beugte sich genauso ungern dem Patent, das ihm Emery de Caën vorwies. Nach dreijähriger Abwesenheit flatterte am 5. Juli 1632 Frankreichs Lilienbanner wieder über Quebec.

Alles lag in Trümmern. Die Niederlassung war abgebrannt, auch ein Teil von Notre Dame des Anges. Das Fort stürzte ein.

Die Héberts hatten die englische Besetzung überstanden, die eigene Scholle und ihren Katholizismus bewahrt, doch der Mann war eben gestorben, und die Witwe stand auf dem Sprung, heimzukehren, als die drei Lilien wieder erschienen. Die von den Engländern mißhandelten und ausgeplünderten Indianer kamen nicht mehr nach Quebec, ihre Pelze zu verkaufen, womit die einzige wirtschaftliche Daseinsberechtigung Kanadas fortgefallen war. Vom geringen zivilisatorischen Einfluß der Franzosen blieb keine Spur. Le Jeune war entsetzt, als er im Hafen von Tadoussac die ersten Algonkins zu Gesicht bekam. Er hatte sich vergeblich bemüht, ihnen 16 gefangene Irokesen zu entreißen, die sie marterten, brieten und »fast roh« verschlangen. Der von den Weißen eingeführte Alkohol peitschte die wilde Grausamkeit der Indianer noch auf. »Seitdem ich hier bin«, schreibt Le Jeune, »sehe ich nur betrunkene Wilde. Bei Tag und Nacht hört man sie toben; sie prügeln sich und verletzen einander; sie töten die Haustiere von Frau Hébert und sagen uns, wenn sie wieder bei Sinnen sind: ‚Ich hab' das nicht getan, nein du, da du mir diesen Trank gabst.'« Der Jesuit entwarf mit scharfem Verstand sogleich ein Programm, wie der allgemeinen Barbarei abzuhelfen wäre: »Das einzige Mittel ist«, so schrieb er, »Seminare zu bauen und die Kinder aufzunehmen, die aufgeweckt und artig sind. Dann werden die Väter von den Söhnen erzogen.«

Wie nicht anders zu erwarten, wurde auch dieser Winter abscheulich. Die unglückselige Kolonie verkroch sich vor der Kälte, die so höllisch war, daß überall die Bäume mit einem Knall wie von Kanonenschüssen platzten. Im Frühjahr kündigte dann eine andere Kanonade vom Sankt Lorenz her ein großes und freudiges Ereignis an: Samuel de Champlain, der Unbeugsame, kehrte in sein geliebtes Kanada zurück, aus dem ihn englischer Verrat verjagt hatte. Schlohweiß, gebückt und gliederlahm kletterte er die Steilküste von Quebec hinauf und trat seine letzte Statthalterschaft mit der Wahl der Baustelle für Notre Dame de la Recouvrance an. In seiner Begleitung befanden sich vier neue Jesuiten, unter ihnen der Riese Jean de Brébeuf, ein anderer Veteran Neu-Frankreichs.

Champlain sollte schon im folgenden Jahr sterben. Doch hatte sein kurzes Wiederauftauchen bedeutsame Folgen. Zwei Monate nach seinem Eintreffen in Quebec wimmelte der seit der englischen Besetzung leer gewordene Sankt Lorenz-Strom von Kanus. Von den Ufern des Süßen Meeres her strömten die Indianer wieder herbei, um ihre Pelze gegen die Beile, Stoffe und Glasperlen der Franzosen einzutauschen. Mit einem Schlag, einem einzigen Namen zuliebe, öffnete sich das Innere des Kontinents wieder der Aufschließung durch das Christentum. Le Jeune und Brébeuf erfaßten sogleich den Vorteil, den sie daraus ziehen konnten, und trafen ihre Vorbereitungen.

Das große Hindernis für die Bekehrung war das Nomadentum der Stämme des Sankt Lorenz-Stroms und Akadiens, z. B. der Montagnais und Mikmaks. Es gab keine angelegten Dörfer, von denen aus die Missionare ihren Einfluß ausbreiten konnten; zudem machten die jämmerlichen materiellen Lebensbedingungen dieser Stämme jeden Versuch, sie in eine höhere geistige Welt einzuführen, so gut wie illusorisch.

Le Jeune eilte schon im ersten Winter zu den Montagnais,

kam aber nach qualvollen Monaten bloß zur Überzeugung, eine der Voraussetzungen für die Christianisierung wäre die Seßhaftmachung der Nomaden. Anders gesagt: man mußte ihnen vor dem Katechismus den Ackerbau beibringen, eine Aufgabe, die für sich allein schon unbegrenzte Anstrengungen erforderte.

Hingegen lebten jenseits der Algonkins schon bodenständige Stämme, die den Ackerbau mit der Jagd verbanden, in ständigen Dörfern seßhaft waren und halbwegs ausgebildete Herrschaftsformen kannten. Die nächsten Nachbarn dieser weniger Wilden waren die Fünf Völker des Irokesenbundes, Frankreichs unversöhnliche Todfeinde. Im Gegensatz zu ihnen berechtigte das zahlreiche Volk der Huronen zu den besten Hoffnungen. Es saß um das Süße Meer, war durch das Tal des Ottawa wie auch über den Ontariosee erreichbar. Schon 1615 hatte Champlain mit ihm Verbindung aufgenommen, und sowohl die Franziskaner wie Jean de Brébeuf hatten dort gepredigt. »Dort befindet sich«, erklärte der Stratege Paul Le Jeune, »die Höhle des Teufels, dort müssen wir ihn besiegen, um die Schlacht Gottes zu gewinnen.« Das Wiedererscheinen der Huronen in Quebec, kaum daß sie den Namen Champlains gehört hatten, machte die Bahn frei.

Dieser Kreuzzug nach dem huronischen Land verlangte den heldenmütigen Einsatz der Männer und verschlang enorme Summen, jedenfalls erheblich mehr Geld, als für die wirtschaftliche Erschließung Neu-Frankreichs ausgegeben worden war. Die Jesuiten harrten bis zum äußersten aus, indem sie ihre findige und eindringliche Propaganda in den Dienst Kanadas stellten. Jede Mission mußte einen Jahresbericht über ihre Tätigkeit im zugewiesenen Gebiet erstatten. Paul Le Jeune geriet auf den Gedanken, an Stelle eines Berichtes eine unmittelbare, farbenreiche, belehrende und doch packende Schilderung zu schreiben, die nicht in den Archiven verstauben, sondern dem Publikum zugänglich gemacht werden sollte. Bis zu seinem Tode bearbeitete er zu diesem Zweck die bei ihm in Quebec eintreffenden Einzelberichte der Missionen bei den Huronen, den Mikmaks und Montagnais sowie der Mission der Drei Flüsse. So erschienen von 1632 bis 1672 im Verlag der Buchhandlung Sébastien Cramoisy 40 *Relationen* aus Neu-Frankreich. Sie muten wie ein Ehrenbuch des Heldenruhms an. Diese *Bestseller* waren mehr oder weniger das einzige, was in Frankreich gewisse Gefühle für die kanadischen Angelegenheiten hervorrief. Dem einen führten sie seine wahre Aufgabe vor Augen, den andern regten sie zu Spenden an, begründeten sie doch die Berechtigung eines Weltreichs, dessen Notwendigkeit sonst niemand begriff, mit der Sorge für das Seelenheil der Indianer.

Die Seuche brach kurz nach der Ankunft der Jesuiten aus. Sie gehörte zur gemeinsamen Geschichte aller Indianerstämme, in deren Land die Weißen die verheerende Geißel der Blattern eingeschleppt hatten. Möglicherweise verbreiteten die drei Patres Brébeuf, Daniel und Davost mit ihren drei Helfern Pierre, Martin und Baron die Krankheitskeime im Gebiet der Huronen oder wurden die Jäger beim Handel mit den Franzosen angesteckt. Wie dem auch sei, die Jesuiten waren da, in einer Hütte des Dorfes Ihonatiria, und auf dem Dach hatten sie ein bedenkliches Zeichen angebracht. Der Verdacht und die Wut der Huronen richteten sich gegen sie.

Nichts konnte befremdlicher wirken, als daß sich eine kleine Gruppe Europäer im Herzen des unbekannten Amerika festsetzte. Champlain, Etienne Brûlé, einige Geistliche noch hatten sich zwar bei den Huronen aufgehalten, aber alle bloß vorübergehend. Die Jesuiten kamen in der unverhohlenen Absicht, zu bleiben. »Die Hölle«, schrieben sie in ihrem seltsamen, überschwenglichen Stil, »rast und gebärdet sich wie toll, denn wir haben sie in ihren Schlupfwinkeln aufgestöbert.« Ganz augenscheinlich war der Indianergott Manitou der Leibhaftige; die Zauberer aber galten als die Priester der Finsternis, im besonderen ein unheimlicher Buckliger, der die Huronen landab, landauf gegen die Christen aufhetzte. So nahm das Ringen persönliche Züge an, und die Jesuiten führten den Kampf verbissen, Mann gegen Mann.

Schon die Fahrt allein war eine von Gott gesandte Prüfung. Die Wilden lehnten es ein Jahr lang ab, die Patres mitzunehmen. Dann trachteten sie, ihnen Schreck einzujagen, vielleicht auch, sie umkommen zu lassen. Der arme, besonders schwer mißhandelte Davost wurde auf der Allumette-Insel ausgesetzt, sein ganzes Gepäck gestohlen, und es bedurfte wirklich des Eingriffs der Vorsehung, sonst hätte er seine Gefährten nie mehr wiedergesehen. Mit vereinten Kräften errichteten die Jesuiten und ihre Helfer einen 70 Fuß langen Bau, der zugleich als Kirche und Behausung diente. Dem rot angestrichenen Kreuz aber, das sie auf dem Dach angebracht hatten, wurde die Schuld an der Dürre zugeschoben, die das Land der Huronen heimsuchte. »Ich hielt ihnen vor«, erzählt Brébeuf, »der Donner sei nicht ein Vogel, wie es ihre Zauberer wahrhaben wollten, folglich könnte er auch nicht von dem heiligen Kreuz abgeschreckt werden. Auf meinen Vorschlag, es mit einer anderen Farbe zu bemalen, gingen sie nicht ein und bestanden darauf, ich solle es überhaupt entfernen, womit ich mich nicht einverstanden erklären konnte. Ich sagte ihnen, ich würde den wahren Gott bitten, ihnen Regen zu schicken. Und tatsächlich konnten wir am 13. Juli, nach der neuntägigen Andacht, die Prozession nicht zu Ende führen, es gingen starke Regengüsse nieder, und dies mit Unterbrechungen einen Monat lang.«

Die Seuche war nun freilich eine viel ernstere Angelegenheit. Sie wütete in den 22 Dörfern, 700 Häusern und 4000 Familien des unglückseligen Volkes. Der unvorstellbare Schmutz und die Enge der Behausungen mit ihrem Durcheinander förderten ihre Ausbreitung und vermehrten die Zahl der Opfer. Champlain hat als erster die merkwürdigen Behausungen der Huronen beschrieben: 150, 250 und sogar 500 Fuß lange, laubenartige Bauten, das Gerüst aus gebogenen Stämmen, die

Wände aus Rinde. Die Wilden hausten zusammengepfercht in diesen langgestreckten Hütten; manche beherbergten bis zu 20 Familien; sie schliefen im Sommer auf Gestellen, um sich vor dem Ungeziefer des Bodens zu schützen, im Winter aber auf Pelzen. In der Achse des Hauses standen die Feuerherde – einer für zwei Familien. Den Jesuiten verschlug es den Atem, wenn sie diese dunklen, verrauchten, stinkenden, von Schmutz starrenden und oft von Sterbenden überfüllten Löcher betraten. Doch sehr bald setzten sie ihren Ehrgeiz darein, eingelassen zu werden, denn die Huronen wandten alle erdenklichen Mittel an, die an ihren Leiden vermeintlich Schuldigen fernzuhalten.

Die merkwürdigsten Geschichten wurden verbreitet. So ging das Gerücht um, die Männer in Schwarz hätten eine Leiche – die Eucharistie! – bei sich, deren Emanationen die Seuche verursachten. Am Abend umstanden die Indianer in respektvoller Entfernung die Mission und lauschten ganz benommen und verängstigt dem Gemurmel der Litaneien. Die Patres hatten mit größter Mühe eine Darstellung des Jüngsten Gerichts mitgebracht in der Hoffnung, die Huronen mit Hilfe dieses furchterregenden Bildwerks auf dem Wege über die Angst zu bekehren. Das war aber falsch gehandelt, denn die Wilden bildeten sich ein, die Pest käme aus den Nüstern des Drachens. Es kann kein Zweifel bestehen, daß die Jesuiten kurzerhand hingemordet worden wären, hätten sie den Indianern nicht ebensoviel abergläubische Angst eingeflößt wie Feindseligkeit. Durch Neuankömmlinge (Jogues, Garnier, Jérôme, Lallemand) verstärkt, geschützt durch eben die Fremdartigkeit, die sie so verhaßt machte, schwebten sie dauernd in Lebensgefahr.

Die Seuche erschwerte die Bekehrungsaufgabe ungemein. Anderseits rechtfertigte sie ihre Anwesenheit und wurde ihnen sogar zum Freudenquell. Bei aller ihrer Geschmeidigkeit peinlich gewissenhaft, widerstrebten den Jesuiten übereilte Konversionen. Nun war es ein fast unmögliches Unterfangen, den Huronen das Christentum beizubringen, da sie sich im besonderen dem Begriff der Sünde unzugänglich zeigten. Bestenfalls konnte man ihnen Furcht vor der Hölle einjagen, keineswegs aber die Sehnsucht nach einem Paradies einpflanzen, das die gestrengen Jesuiten als einen Tummelplatz für Jäger, Krieger und Liebende auszumalen sich versagten. Das Christentum verlangte unter anderen schmerzlichen Verzichten auch den auf eine liebe alte Gewohnheit, nämlich die des Aufessens der Gefangenen nach deren Marterung, und in der Tat erwiesen sich viele der Konvertiten als unfähig, ihr zu widerstehen. Die Patres hatten es sich also zur Regel gemacht, Gesunde – ob Kinder oder Erwachsene – nur ausnahmsweise zu taufen. Die Blattern eröffneten nun dem Himmel reiche Erntemöglichkeiten.

Die so spannenden *Relationen* können stellenweise auch langweilig werden, so etwa, wenn sie sämtliche Taufen *in extenso* aufzählen. Die Huronen haßten und fürchteten wie ein Werk der schwarzen Magie das Benetzen der Stirn und das geflüsterte Begleitgebet, was die Patres zwang, eine Technik der heimlichen Taufe zu entwickeln. »Unser Zucker (der französische Schnee, sagten die Indianer) wirkt hier Wunder«, erzählt die *Relation* von 1637. Dies die Erfindung von Pater Pierre Pijart, um ein zwei Monate altes Kind in offenbarer Todesgefahr zu taufen: Er tat, als wollte er ihm etwas gezuckertes Wasser reichen, und tauchte den Finger ins Glas. Da ihm aber der Vater einschärfte, das Kind bloß nicht zu taufen, reichte er den Löffel einer eben anwesenden Frau und sagte: »Gib es ihm selbst ein.« Sie fand das Kind schlafend vor, der Pater aber, unter dem Vorwand, feststellen zu wollen, ob es auch wirklich schlafe, näherte sich dem Kind und taufte es. »Ach, lieber Bruder«, schreibt Jean de Brébeuf, »ich kann Ihnen gar nicht sagen, welchen Trost es mir bedeutete, einen armen Getauften binnen zwei Stunden sterben zu sehen, besonders wenn es kleine Kinder waren.« Für die Erwachsenen erfanden die Jesuiten die bedingte Taufe; sie wurde unwirksam, falls der improvisierte Christ dem Tod ein Schnippchen schlug.

Im August 1637 erreichte die Gefahr für die Apostel von Huronien ihren Höhepunkt. Die Häuptlinge des ganzen Volkes versammelten sich in Ihonatiria, um über ihr Verhalten gegenüber den unheilvollen Fremdlingen zu beraten. Für ein gewisses »fair play« der Indianer ist es bezeichnend, daß sie den um den massigen Jean de Brébeuf gescharten Patres erlaubten, an dieser Sitzung teilzunehmen. Es war ein eindrucksvolles, düsteres Bild: dunkle Nacht, eine langgestreckte Hütte, die ohnehin glühende Luft von brennenden Feuern überhitzt und die finsteren Gesichter der Indianer von den flackernden Flammen beleuchtet und verschattet. »Alle sahen sich«, sagt Pater Joseph Le Mercier, »wie Leichen an, seufzten mehr als sie redeten, und schließlich zählte ein jeder die Toten und Kranken seiner Familie auf.« Der alte blinde Häuptling Ontitarak griff die Jesuiten an und meinte, er hätte schon viele Seuchen erlebt, sie wären allesamt nach ein paar Monden erloschen; die im Gefolge der Schwarzkutten aufgetretene Geißel dagegen rotte das ganze Volk aus. Jean de Brébeuf erwiderte darauf nicht mit einer Verteidigungsrede, sondern mit einer Predigt über den wahren Gott. Wenn es ihm auch nicht gelang, die Huronen zu überzeugen, so schläferte er sie doch jedenfalls ein: die Nacht schleppte sich dahin, die Wakkeren verfielen in Schlaf, und als die Sonne aufging, war die verhängnisvolle Entscheidung nicht gefallen.

Gleichwohl gaben sich die Jesuiten verloren. Brébeuf, der seinerzeit das Gelöbnis mit seinem Blut unterschrieben hatte, dem Martyrium nie auszuweichen, verfaßte einen Abschiedsbrief an Le Jeune, dem sich die übrigen anschlossen. Ihre einzige weltliche Bitte war, das huronische Wörterbuch zu retten, einen ungeheuren Schatz, den die Patres an langen Winterabenden im trüben Schein ihrer armseligen Funzel zusammengestellt hatten. Nachdem sie sich so als Christen und Gelehrte betragen hatten, verschönten sie die Vorbereitung auf den

Tod nach heidnischer Sitte durch ein großes Abschiedsfest. Die Huronen strömten in Scharen herbei, waren aber uneinig und übel gelaunt. Gewiß schien es leicht und verlockend, die Missionare – sieben an der Zahl, dazu einige Diener – niederzumetzeln, vielleicht auch zur Bewahrung der Nation notwendig. Das bedeutete aber anderseits den Bruch mit den Franzosen in Quebec und das Ende der schon längst unentbehrlich gewordenen Handelsbeziehungen. Die Konservativen unter den Huronen versuchten wohl einen Boykott, indem sie dem Gerücht Glauben verschafften, die Seuche werde durch Kessel und andere Geräte europäischer Herkunft verbreitet, doch hatte der leidige Geschmack am Wohlleben unter ihren Stammesbrüdern schon allzusehr um sich gegriffen. Die *Relationen* schreiben die Rettung der Jesuiten gottesfürchtig der heiligen Jungfrau und dem heiligen Michael zu, in Wahrheit verdankten sie ihr Leben aber dem Eisenhandel. Jedenfalls wich die Gefahr erst nach der Rückkehr von Tauschfahrern, die Quebec begeistert hatte, und die Jesuiten durften ihre Tätigkeit wieder aufnehmen.

Schwarze Tage standen ihnen bevor. Eine indianische Tragödie näherte sich ihrem Ende. Der noch vor Champlains Ankunft begonnene Kampf zwischen Irokesen und Huronen war unter den Augen der Franzosen weitergegangen. Da diese die ersteren zu Feinden hatten, waren sie von selbst, aber nicht kräftig genug an die Seite der letzteren getrieben worden. Die Feindseligkeiten beschränkten sich lange Zeit hindurch auf Überfälle, deren Hauptziel und -zweck die Feste und Tafelfreuden nach dem Einbringen von Gefangenen darstellten: als da waren die langsame Marterung, das Ausreißen von Nägeln und Muskeln, das Ausstechen der Augen, Abschneiden der Zunge und des Glieds; dann wurde das Herz genießerisch in kleinen Bissen ausgekostet, der Körper unter den Kriegern verteilt und der Kopf dem Häuptling zugedacht, der ihn gleich einem Kalbskopf in seinem Feldkessel »made in Europe« kochen ließ. Dieser genüßlerische Krieg führte naturgemäß zu keiner Entscheidung, doch vermerken Pater Vimont und andere Redakteure der *Relationen* ab 1639 eine geänderte Taktik der Irokesen. Ihre Überfälle waren nun besser durchgeführt, die Operationen kundiger geleitet, ihre Banden aggressiver und schlagkräftiger. Als Verbündete der Holländer im Hudsontal erhielten die Irokesen von ihnen Musketen, bald an die tausend für die Fünf Völker. Zwar tadelten die Jesuiten die Batavier mit großer Beredsamkeit, weil sie kurzsichtig und unanständig genug waren, den Wilden die Werkzeuge der europäischen Übermacht in die Hände zu spielen; sie hätten besser daran getan, in Quebec und Paris die Versorgung ihrer Huronen mit Feuerwaffen zu beantragen.

Die neue Taktik der Irokesen hatte sogleich eine wachsende Gefährdung der Verbindungsstraße zwischen Quebec und Huronien zur Folge. Dieser 600 Kilometer lange Land- und Wasserweg folgte dem Sankt Lorenz-Strom, sodann dem Ottawafluß, weiterhin Nebenflüssen des Huronensees und war nie ganz sicher gewesen. Jetzt wurde er außerordentlich gefährlich. Im Jahre 1642 beschloß der Gouverneur Montmagny, der Nachfolger Champlains, ihn durch ein Fort zu sichern, wo der Richelieufluß in den Sankt Lorenz mündet. Drei Wochen vor dem für den Beginn der Arbeiten bestimmten Termin wurden die Christen an eben dieser Stelle aus dem Hinterhalt überfallen. Nun endlich wurde Märtyrerblut vergossen, was, wie Pater Jerôme Lallemand sagte, »notwendig war, um die Früchte unserer Arbeit gegen Satans Reich ernten zu können«.

Isaak Jogues S. J. war mit dem für die Überwinterung 1642–1643 notwendigen Proviant von Quebec unterwegs. Seine Flottille bestand aus zwölf Kanus mit etwa 30 Huronen an Bord, darunter dem getauften Häuptling Eustache und drei Franzosen: René Goupil, Guillaume Couture und einem Unbekannten, der schon zu Beginn der Tragödie von der Bildfläche verschwindet. Mitten im Inselgewirr, das an dieser Stelle den Saint Pierre-See unübersichtlich macht, erscholl das

»Whoop« der Irokesen. Augenblicklich brach Panik aus. Man ließ die Kanus mit Absicht stranden und suchte sein Heil in der Flucht, aber es gab keine Rettung. Goupil wurde ergriffen. Jogues, der das sah, ergab sich. Couture tötete zwar einen Indianer, wurde aber niedergeschlagen und gefangen. Die Huronen, die nicht erschlagen worden waren, fielen in die Hände der Irokesen. Die Freude der letzteren trübte eine gewisse Beklemmung, ja Angst: Zum erstenmal hatten sie eine der Schwarzkutten gefangen, die bei allen Indianern ungeheures Ansehen genossen und im Verdacht standen, über erschreckende Kräfte zu verfügen.

Und wirklich brachten die Irokesen diesmal Isaak Jogues nicht um. Nach den Martern aber, denen sie ihn unterzogen, und die von ihm selbst mit großer Schlichtheit geschildert, späterhin freilich gemäß den Regeln der Legendenbildung ausgesponnen wurden, muß er monatelang Todesqualen ausgestanden haben. Er wurde in allen Dörfern der Mohawks zur Schau gestellt, hielt zwischen zwei Reihen von Männern und Frauen seinen Einzug und wurde krumm und lahm geschlagen. An den empfindlichsten Körperstellen wurde er mit glühenden Kohlen gebrannt. Nach Indianersitte war man mit besonderer Wut auf seine armen Finger erpicht. Sie kommen in seinem Bericht immer wieder vor: »Sie verbrannten einen meiner Finger und zermalmten einen anderen mit den Zähnen . . . Sie befahlen einer alten Vettel, mir einen Daumen abzuschneiden, den ich in die andere Hand nahm und dir, o mein Erlöser, darbot . . . Mir blieben noch zwei Nägel; diese rissen sie mit den Zähnen aus, und mit ihren eigenen, äußerst spitzen Nägeln zerfetzten sie mir das Fleisch darunter bis zum Knochen . . . Vielleicht erkennen Sie, Hochwürden, diese Ihnen doch so gewohnte Schrift nur mit Mühe; verübeln Sie mir's nicht, aber mir bleibt nur ein einziger Finger.«

Jogues mußte während des Jahres seiner Gefangenschaft mit ansehen, wie der Laienbruder René Goupil, der erste Märtyrer Neu-Frankreichs, vom Leben zum Tode gebracht und

Champlain führte die Französen nach Amerika (oben)
Französische Pelzhändler
in Indianerkanus auf dem Mississippi (unten)

Cedrorum
F. Liburni
6

der hochgemute Guillaume Couture einer indianischen Familie als Sklave geschenkt wurde. Er mußte selbst schweren Frondienst leisten, übte aber seine Tätigkeit als Priester und Missionar ohne Unterbrechung aus. Goupil war umgebracht worden, weil er auf die Stirn eines Kindes das Zeichen des Kreuzes gemacht hatte, und doch taufte Isaak Jogues unbeirrt weiter, sobald er eine Seele vor dem Abscheiden wähnte. In eine Hütte mit Gefangenen eingeschlossen, die ihre Marterung erwarteten, taufte er sie mit den paar Tropfen Wasser von den Maiskolben, die ihnen die Irokesen zugeworfen hatten. Dank dem Eingreifen der Holländer von Albany fast schon befreit, erbat er eine Frist, das Angebot seiner Heimschaffung zu überdenken, und erwog, seine Mission, ob auch in Ketten, fortzusetzen: »Seit meiner Gefangennahme«, schrieb er dem Provinzial, »habe ich siebzig Menschen getauft: Kinder, Alte und Junge von fünf verschiedenen Völkern und Sprachen.« Mit der Flucht fand er sich erst ab, als man ihm klarmachte, die Mohawks seien entschlossen, ihn umzubringen, sobald er nicht mehr unter dem Schutz der Holländer stehe.

Jogues kehrte kurz vor Weihnachten 1643 nach Frankreich heim, blieb aber nur sechs Monate. Als Held gefeiert, von der Königin empfangen, vom Papst ermächtigt, die Messe mit seinen verstümmelten Händen zu zelebrieren, fuhr er schon im Frühjahr 1644 wieder nach Kanada. Im nächsten Jahr baten die mit Frankreich im Krieg befindlichen Irokesen um Frieden. Sogleich machte Jogues seinen Anspruch geltend, in ein Gebiet zurückzukehren, dessen Bekehrung er begonnen hatte. Eine erste Reise, unter dem schwachen Schutz einer Gesandtschaft zu den Sachems unternommen, verlief ohne Katastrophe. Das zweitemal zog Jogues mit Jean de La Lande aus.

»Mit Recht«, sagt Pater Jerôme Lallemand, »gaben wir dieser Mission zu den Irokesen den Namen Mission der Märtyrer.« Als sie in Auriesville eintrafen, wo Goupil gemordet worden war, luden die Irokesen die beiden Jesuiten zu einem

Die Franzosen entdecken zwei weitere Inseln (oben)
Französische Jesuiten werden von Indianern gefoltert (unten)

Gelage ein. Am Ende des Mahls streckte sie ein selten sanfter Tod, ein schmerzloser Tod durch Tomahawks zu Boden. Da lagen sie nun, auf der gleichen Erde, die sie der Hölle hatten streitig machen wollen.

Unterdessen erfüllte sich das Schicksal der Huronen. Ihr Krieg gegen die Irokesen, ihre nächsten Verwandten, war mehr als eine gewöhnliche Fehde, er war ein Kampf auf Tod und Leben, dessen Gründe nie geklärt worden sind. Seit Jahren kehrte sich das Waffenglück gegen sie, und die ständigen Seuchen im Verein mit den alljährlichen Niederlagen hatten die Reihen ihrer jungen Krieger bedenklich gelichtet. Ihr Bündnis mit Frankreich war wertlos, da es ihnen die Feuerwaffen nicht verschaffte, die der rücksichtslose Handelsgeist der Holländer ihren Widersachern lieferte. Auch die Christianisierung schwächte sie beträchtlich. Sie entzweite sie und sänftigte ihre Wildheit, eine Vorbedingung des Überlebens in der Welt der Indianer. Erbitterte Todfeinde, ein ungünstiges Bündnis, eine zur Unzeit aufgedrungene Religion, dazu die Krankheitskeime aus Europa—wie sollten die armen Huronen dieser Koalition nicht erliegen!

Mit Hilfe der Blattern, die das moralische Rückgrat des Volkes gebrochen hatten, gelang es den Jesuiten, sich allmählich durchzusetzen. So wurde Huronien immer mehr ein nördliches Gegenstück zu Paraguay. Sein Gebiet, der Bretagne in Gestalt und Oberfläche vergleichbar, lag zwischen dem Huron-, dem Erie- und dem Ontario-See. Über diesen letzteren, von den Franzosen Saint Louis-See genannt, hätte man Quebec in wenigen Tagen bequem erreichen können, doch machten die Irokesen diesen Reiseweg unbenutzbar. Notgedrungen mußte man den alten, doppelt so langen und durch »über 60 Fälle« erschwerten Umweg über den Ottawa-River wählen. Ein energisches militärisches Vorgehen im Sankt Lorenz-Tal hätte die strategische Lage Huroniens gebessert, die Position Frankreichs an den Großen Seen gestärkt und vielleicht die ganze

Geschichte Amerikas anders gestaltet. Die Regierung des Mutterlandes war jedoch von solch allgemeinen Erwägungen noch sehr weit entfernt, und anscheinend ließen die Jesuiten ihre weitverzweigten Beziehungen niemals in diesem Sinne spielen. Ihre *Relationen* fordern für Kanada immer wieder Missionare an, nie auch nur einen einzigen Soldaten.

Noch vor ihren Einwohnern getauft, hießen nun die huronischen Dörfer Saint Joseph, Saint Michel, Saint Louis, La Conception, Saint Ignace usw. ...

Saint Joseph war infolge seiner Nähe zum Land der Irokesen das am meisten gefährdete Dorf. Die indianische Leichtfertigkeit wie auch die Sorglosigkeit der in ihrem Bekehrungstraum versponnenen Jesuiten werden durch die Tatsache beleuchtet, daß die Garnison dieses vorgeschobenen Postens im Frühjahr 1648 abgezogen wurde. 250 Krieger, mit Pelzen schwer bepackt, brachen frohgemut nach Quebec auf — und am 4. Juli ertönte überraschend das Kriegsgeschrei der Irokesen auf dem Wall. An der Spitze der Mission stand Pater Antoine Daniel, ein Jesuit in mittlerem Alter, der seit 20 Jahren sein Leben aufs Spiel setzte, ohne viel Wesens daraus zu machen. Mit dem natürlichen Heldenmut seines Ordens vollzog er an den versammelten, angstverstörten Huronen die Generaltaufe, indem er sein in Wasser getauchtes Taschentuch über sie schwang. Dann schritt er furchtlos den Angreifern entgegen. Ein Schuß streckte ihn nieder, und sein Leichnam wurde in die schon brennende Kirche geworfen. »Er hätte«, sagen die *Relationen* von 1648, »keinen schöneren Scheiterhaufen haben können.«

Die blitzartige Erstürmung eines der bedeutendsten huronischen Dörfer mußte als schlimmes Vorzeichen gewertet werden. Der Kampfgeist des Volkes war völlig gebrochen. Jene Huronen, die beim Erscheinen der Irokesen nicht einfach jämmerlich davonliefen, setzten ihnen bloß einen christlichen Stoizismus entgegen und waren als allzu gute Schüler der Patres zu jeder Marter bereit, statt sich ihrer Haut zu wehren.

In Sainte Marie ging der Sommer in Erwartung eines Angriffes hin, verschlimmert durch das Angstgefühl infolge gänzlicher Unterbrechung jeder Verbindung. »Wir erhielten«, sagt Paul Ragueneau, »dieses ganze Jahr hindurch keinen einzigen Brief.« Der folgende Winter war rauh wie gewöhnlich und Mitte März noch lange nicht zu Ende. Die Irokesen hatten jedoch schon vor Wochen ihre fernen Dörfer verlassen und marschierten durch tiefen Schnee, um dem Feinde den Gnadenstoß zu geben.

Der 16. März 1649 brach in Sainte Marie wie jeder andere Tag an. Gegen neun Uhr erhob sich in südwestlicher Richtung eine Rauchwolke. Den wenigen Franzosen klopfte das Herz. Die schwache Hoffnung, es könnte sich um eine zufällige Feuersbrunst handeln, zerstörte eine Menge von Flüchtlingen, die im Laufschritt nahten. Was dort, kaum noch eine Meile entfernt, brannte, war Saint Louis, ein großes huronisches Dorf, Hauptort des Volkes, den die Irokesen eben angegriffen hatten. Die schrecklichen Krieger mußten sehr früh angetreten sein, denn sie hatten bereits im ersten Morgengrauen die Ortschaft Saint Ignace überrumpelt – »so plötzlich und in aller Stille«, schreiben die *Relationen* von 1649, »daß sie sich des von der Natur geschützten und gut befestigten Platzes bemächtigt hatten, noch ehe die Einwohner aus ihrem tiefen Schlaf erwachten«. Von Saint Ignace bis Saint Louis waren es vier Meilen; sie wurden von den Irokesen so schnell zurückgelegt, daß sie vor ihrem neuen Ziel schon bei Sonnenaufgang erschienen.

Ein letztes Aufflackern der alten huronischen Tapferkeit verhinderte es, daß dieser Unglückstag ein Tag der Schmach wurde. Etwa 80 Wackere leisteten hinter der Palisade von Saint Louis heftigen Widerstand und wurden erst beim dritten Sturm niedergemacht. Ein irokesischer Vortrupp, schon gegen Sainte Marie unterwegs, wurde von einer anderen Huronentruppe aufgehalten und in Stücke gehauen. Dank dieser Einzeltat blieb Sainte Marie ein Angriff erspart, den das kleine Fort mit seinen vier Bastionen ohne Artillerie im Trubel des ersten Augenblicks wohl nicht hätte abwehren können. Wieder wartete man, obgleich der Feind in Schußweite stand und die armen Huronen überall flohen. Die Jesuiten verrichteten Gebete, denn Hilfe konnte nur der Himmel bringen. Inzwischen spielte sich eine große religiöse und menschliche Tragödie ab. Die Irokesen hatten in Saint Louis Jean de Brébeuf und Gabriel Lallemand gefangengenommen. Sie brachten sie nach Saint Ignace, wo die Marterung des Apostels von Huronien und eines vor Jahresfrist aus Frankreich gekommenen Novizen stattfand.

Jean de Brébeuf, so berichten die *Relationen,* »ertrug seine Leiden wie ein Fels«. An den Marterpfahl gebunden, »umarmte er ihn freudig und küßte ihn voll Inbrunst als den Gegenstand seiner Liebe und Sehnsucht«. Man unterzog ihn der Marter des Halsbandes aus glühenden Hackbeilen, dann wurde er von abtrünnigen Huronen, die mit einer Taufparodie ihr Leben zu retten hofften, mit brennendem Pech bestrichen und mit siedendem Wasser besprengt. Dem Hünen war nicht ein einziges Stöhnen zu entlocken, er predigte sogar wie versessen mit seiner Stentorstimme weiter; seine Schinder, dadurch in maßlose Wut versetzt, rissen ihm die Lippen aus und schnitten seine Nase ab. Damit unterlief ihnen aber wohl einer der gröbsten Fehler, den Indianer begehen können, denn die Marter des reckenhaft gebauten Jesuiten dauerte bloß drei Stunden. Um vier Uhr nachmittags, zwölf Stunden nach dem Überfall auf Saint Louis, war Jean de Brébeuf tot.

Die Leiden des schmächtigen, zarten Lallemand währten länger. Man begann mit der Marter etwa um sechs Uhr abends, und die Zeremonie, zugleich Ritus und Volksbelustigung, dauerte die ganze Nacht. Lallemand sah noch das erste Licht des neuen Tages heraufdämmern, bald darauf stachen ihm die Irokesen die Augen aus und »legten glühende Kohlen in deren Höhlen«. Er verschied nach einem Todeskampf von 15 Stunden am Morgen des 17. März. Etwas wie fromme Eifersucht läßt Pater Ragueneau durchblicken, da er vermerkt:

»Eine der ersten Märtyrerkronen nahm ein Mann an sich, der erst seit sechs Monaten in Huronien geweilt hatte.«

Zwei andere Jesuiten, Pater Chabanel und Pater Garnier, sollten im irokesischen Blitzkrieg des Jahres 1649 fallen. Die übrigen warteten in der geweihten Stätte von Sainte Marie und wußten nicht recht, ob sie Gewalt gegen Gewalt setzen oder den Purpur des Blutzeugen aus freien Stücken auf sich nehmen sollten. Ein unverhofftes Ereignis enthob sie der Wahl. Unter den Siegern war nämlich eine Panik ausgebrochen. Die Irokesen, fern ihrer Heimat und wahrscheinlich durch einen Traum erschreckt, gewannen plötzlich den Eindruck, der von ihnen eben eroberte Boden brenne ihnen unter den Füßen. Sie bepackten die stämmigsten Gefangenen »wie Zugtiere«, banden die anderen in den Häusern von Saint Ignace fest und zündeten diese an. Dann verschwanden sie gen Südwesten; die gräßlichen Schreie ihrer Opfer mögen ihnen angenehm in den Ohren geklungen haben.

Das große Volk der Huronen aber war tot. Von 22 Dörfern wurden 15 zerstört, 10 000 von 18 000 Menschen getötet. Den Überlebenden blieb nicht einmal der Mut der Verzweiflung; sie flohen nach allen Richtungen auseinander. Einige von ihnen nahmen die Algonkins auf, andere streckten sie nieder. Manche verschlug es nach Michigan, ja sogar bis in die unendlich fernen Wälder Wisconsins. Eine größere Anzahl sammelte sich um die Baulichkeiten und die Kruzifixe von Sainte Marie. Nichts in der ganzen tragischen Geschichte der Indianer ist herzzerreißender als das Erscheinen von zwölf Häuptlingen mit zehn Halsbändern aus Wampun – dem einzigen Gut, das ihnen geblieben war. Sie überreichten diese den Patres mit der flehentlichen Bitte, sie zu lenken und zu erretten. Den einst so mißtrauischen, durch die Gewalt der Katastrophe aber völlig betäubten Wilden kam es einfach nicht in den Sinn, daß die Schwarzkutten, in die sie jetzt ihre letzte Hoffnung setzten, unfreiwillig eine der Ursachen ihres Unglücks geworden waren.

Die Jesuiten konnten wenig für sie tun. Sainte Marie lag nicht mehr im Herzen eines befreundeten Landes hinter einem Schutzgürtel von Dörfern, sondern am Rande grenzenloser Trostlosigkeit und unter ständiger Bedrohung. Man faßte den Beschluß, Sainte Marie zu räumen, denn, erklärt Pater Ragueneau, »wir müssen unserer Herde folgen und mit den Flüchtenden fliehen, weil wir nicht um unseretwillen hier sind, sondern um des Heils der Seelen willen«. Als Zufluchtsort wurde eine der Inseln der Georgia-Bucht, Saint Joseph, gewählt. Ein Schiff und ein Floß brachten die ganze bewegliche Habe der Mission hinüber. Dann legten die Jesuiten eigenhändig Feuer an die anspruchslosen Behausungen, die so große Hoffnungen umschlossen hatten.

Der Aufenthalt auf Saint Joseph glich einem seltsam bösen Traum. Die Franzosen waren am 14. Juni gelandet und hatten sich angesichts der Gefahr beeilt, einige Blockhäuser zu bauen. Die Masse der Huronen von Sainte Marie flutete ihnen aber nach. Bald standen an die 100 Hütten mit je einem Dutzend Familien in einem Wald, den noch nie der Fuß eines Menschen betreten hatte. Die Jesuiten sahen die Tragödie voraus, kauften den Algonkins den ganzen verfügbaren Vorrat an Räucheraalen ab und sammelten 500 bis 600 Scheffel Eicheln als Reserve für die schlechte Jahreszeit. Diese unzureichenden Vorsichtsmaßnahmen konnten freilich die entsetzliche Hungersnot nicht von den Überbleibseln des besiegten Volkes abwenden.

»Wir mußten mit ansehen«, erzählt Pater Ragueneau, »wie die Sterbenden, ohnehin nur noch Haut und Knochen, jeden Unrat und Abfall der Natur aßen, bloß um ihr jämmerliches Leben zu verlängern. Die Eichel mußte hier Frankreichs erlesenste Gerichte ersetzen. Leichen wurden ausgegraben und hinuntergeschlungen, aber im geheimen – denn die Huronen, die das Verspeisen ihrer Feinde keineswegs für eine Sünde halten, empfinden nicht geringeren Ekel davor, ihre Landsleute aufzuessen, als die Franzosen vor Menschenfleisch.« Den ganzen Winter hindurch erhielt dieser von der Not diktierte Kannibalismus die elenden Bewohner von Saint Joseph am Leben. »Mütter aßen sich an ihren Kindern satt, Brüder an ihren Brüdern, und Söhne erkannten in der Leiche nicht mehr ihn, den sie im Leben Vater nannten.« Die Jesuiten ließen sie um so mehr gewähren, als ihr Fanatismus im Unglück der Huronen eine Gunst des Himmels erblickte. »Ihre Herzen wurden dem Glauben so fügsam, daß wir mit einem einzigen Wort mehr ausrichten konnten als ehemals im Laufe vieler Jahre. Wir tauften ihrer 3000! Was konnten wir uns Besseres wünschen?« Und die Huronen starben, wenn man einer *Relation* voll erbaulicher Taten Glauben schenken darf, mit dem Wort »Danke« auf den Lippen. »Da konnte man eine Mutter sehen, die hatte für vier weinende kleine Kinder nur ihre zwei ausgetrockneten milchlosen Brüste. Sie sah sie zugrunde gehen, brach unter dieser seelischen Belastung selbst zusammen und murmelte im Vergehen: ,Wie gut, o mein Gott, daß wir als Christen sterben. Ich wäre der Verdammnis überliefert worden, und meine Kinder mit mir, hätten wir nicht einen so elenden Tod gehabt.'« Pater Ragueneau erzählt von einer anderen Mutter: »Sie starb so friedlich wie in einen sanften Traum hinüber, auf ihrer Brust zwei kleine Waisen, die nach ihrem Tod weitersaugten und auf ihr ebenso friedvoll starben, wie sie entschlummerten, als sie von ihr noch Milch erhielten.« Gottesfürchtig oder nicht, vor Entkräftung oder an der Pestilenz, jedenfalls erloschen im Laufe dieses Winters zwei Drittel der Huronen von Saint Joseph, selbst nur Überlebende einer Schlächterei, in der zwei Drittel ihres Volkes zugrunde gegangen waren.

Schon im März versuchten die weniger Gleichmütigen, dieser Hölle zu entrinnen. In kleinen Gruppen zogen sie über das unsichere Eis. Sie hofften, günstige Fischereiplätze zu finden. Ein paar Tage später traf ein Überlebender wieder in Saint Joseph ein und berichtete die Vernichtung seiner Gefährten. Die Irokesen waren schon da, am Seeufer. »Sie hatten 200

Meilen hinter sich gebracht, in Schnee und Eis, über Berge und durch Wälder voller Schrecken.« Pater Ragueneau erweist ihnen eine etwas gotteslästerliche Ehrenbezeigung: »Man könnte glauben, der Himmel habe ihr Unternehmen gesegnet und ein Engel sie geleitet.«

Selten ward eine so tragische Situation erlebt. Wer die Insel Saint Joseph verließ, dem war der Martertod gewiß, wer auf ihr verweilte, mußte sich auf den kaum weniger grausigen Tod durch Entkräftung gefaßt machen. Zwei weitere Gruppen wagten sich hinaus und wurden wie die erste niedergemetzelt. Ringsum nichts als Blutvergießen und Verwüstung. Die Irokesen verfolgten nun in ihrem Mordrausch die Algonkins vom Ottawafluß und warteten offensichtlich bloß die völlige Erschöpfung der Verteidiger ab, um Saint Joseph anzugreifen. In Lumpen gehüllt, vom Fieber verzehrt, selbst halb verhungert, zermürbt von der Plage, die Toten so rasch wie möglich zu verscharren, um sie vor den Zähnen der Hinterbliebenen zu bewahren, zu ständigem Wachdienst gezwungen und von einem gesteigerten religiösen Eifer erschöpft, sahen es Jesuiten, Soldaten und Helfer schließlich als Gottes Willen an, sie auf diesem Eiland im Huronsee sterben zu lassen, und bereiteten sich gleichmütig auf den Tod vor.

Da erschienen bei Pater Ragueneau zwei Indianerhäuptlinge und ergingen sich wie zu besseren Zeiten in langen Reden. Allmählich wurde ihr kurzer Sinn klarer: Sie hatten beschlossen, von Saint Joseph mit allen ihren Leuten abzuziehen, koste es, was es wolle. Die Drohung, die Jesuiten ihrem Schicksal zu überlassen, schwang mit. Im Fortgang der Besprechungen ergab sich jedoch ein unerwarteter Vorschlag. Warum sollten die Patres die Reste des Huronenvolkes nicht nach Quebec führen, wo sie unter französischem Schutz leben könnten? Bei Annahme dieses Vorschlags würde man trachten, sich gemeinsam in Sicherheit zu bringen. Wenn nicht, wollten die Huronen versuchen, ihren Feinden durch Untertauchen in den Wäldern zu entkommen und die Mission preisgeben.

Gramgebeugt berieten sich die Jesuiten. Ein Zurückweichen war für die Soldaten Gottes hart und demütigend. Sie waren von so weit hergekommen, hatten ihr Ziel beinahe erreicht und eines der wichtigsten Indianervölker aus tiefster heidnischer Finsternis ins Licht des Glaubens geführt. Von der Katastrophe des Vorjahrs nicht völlig niedergeschlagen, gedachten sie, die ihnen verbleibenden Indianer in eine entlegenere Gegend zu bringen, wo der Traum der Christianisierung in Erfüllung gehen könnte, der sich urplötzlich zum Albdruck gewandelt hatte. Die Wahl von Saint Joseph als Zufluchtsstätte hatte sich als ein Fehler erwiesen. Die Insel war zu klein, zu arm und zu nahe am früheren Huronien. 40 Meilen gegen Westen lag jedoch die große Inselgruppe Manitoulin, wo zwei im Herbst entsandte Patres die Möglichkeit einer Niederlassung erkundet hatten. Manitoulin oder Quebec – ein kühner Sprung nach Westen oder die Rückkehr zum Ausgangspunkt – darüber berieten sich die Patres nach vierzigstündigem Gebet, während draußen der schwere Schritt der Wachen an die Gefahr gemahnte. Man entschied sich schließlich für Quebec, weil die Huronen hoffnungslos zersprengt waren, und wohl auch, weil bei der Beratung der kühnste, flammendste Geist der Huronenmission fehlte – nämlich Jean, der heilige Jean de Brébeuf.

Die Wahl Quebecs stellte übrigens eher eine verzweifelte, keine sonderlich kluge Lösung dar. Statt sich von den Irokesen zu entfernen, rückte man ihnen näher. Der Zug sollte über eine Strecke von 300 Meilen führen, durch öde Gegenden und Täler; sie wurden, das war bekannt, vom mutigsten, wachsamsten und unerbittlichsten der Feinde besetzt gehalten oder durchstreift. Einige Huronen, unter ihnen der stärkste und tapferste Häuptling Annatauha, lehnten das Abenteuer ab und blieben in Saint Joseph, das sie auch erfolgreich verteidigen sollten. Mit den Jesuiten brachen etwa 300 Seelen auf, »traurige Überreste einer einst so zahlreichen Nation«. Diese kleine Truppe, dazu etliche Dickköpfe von Saint Joseph und ein paar hundert Menschen, die Letzten des Huronenvolkes, flohen in Unordnung westlich der Großen Seen und wurden zum größten Teil von den Sioux niedergemacht.

Der gestrenge Himmel der Gesellschaft Jesu ließ sich endlich rühren und gab den Huronen ein anderes Zeichen seines Wohlwollens als einen gottesfürchtigen Tod. Von den 40 Franzosen und 300 Indianern, die sich nach Quebec aufmachten, hätte eigentlich keiner dorthin gelangen können. Und doch kamen sie alle durch, mit Ausnahme einiger weniger, die erschöpft liegenblieben oder in den Stromschnellen ertranken. Auf halbem Wege begegnete man einer Truppe, die man ohne viel Hoffnung auf Erfolg zu bekämpfen gedachte, als man erkannte, daß sie sich aus Franzosen und Indianern zusammensetzte und von Pater Bressang angeführt wurde. So stieß die vernichtete Mission — es war wie ein Scherz — auf die stärkste weltliche Hilfe, die sie je gehabt, auf vierzig schwerbewaffnete Soldaten.

Gegen Mitte Juli erreichte man die Insel Montréal. Dort war, wie später berichtet werden soll, acht Jahre zuvor ein französischer Marktflecken gegründet worden. Pater Ragueneau schlug seinen Huronen vor, sich da unter seinem Schutz niederzulassen. Die armen Indianer schreckten aber vor der Nähe der Irokesen zurück, deren Gebiet einige Meilen weiter begann. Der Zug nach Quebec wurde fortgesetzt.

Mühsam bahnte sich der Sankt Lorenz-Strom seinen Weg durch die zahllosen Inseln. Zitternd kam man an der Mündung des Richelieu-Flusses vorbei, denn da brachen gewöhnlich die irokesischen Banden hervor, die das Tal des großen Stroms durchstreiften. Dann begann der Saint Pierre-See, neblig und fahl, auf dem nördlichen Ufer dürftig beschützt vom Fort der drei Flüsse, das Champlain errichtet hatte. Die Irokesen belästigten es ohne Unterlaß. Auch die folgenden 30 Meilen, zwischen bewaldeten Steilhängen, wiesen keine Spuren menschlicher Anwesenheit auf. Plötzlich erschien das hölzerne Glockentürmchen des Dorfes Sillery, das ein Philanthrop dieses Namens für seßhaft gewordene Algonkins gebaut hatte. Eine Meile stromaufwärts ragten endlich Klippe und Stadt Quebec auf, nach den Schlachtfeldern Huroniens ein fast spukhafter Anblick. Die besiegte Mission hatte ihre Zufluchtsstätte gefunden, die verschont gebliebenen Huronen ihr Exil.

Mochte Kanadas Entwicklung auch langsam vonstatten gegangen sein, Quebec hatte sich seit den Tagen des Jahres 1632, als Paul Le Jeune voll Ergriffenheit die verkohlten Reste der Niederlassung entdeckte, doch beträchtlich verändert. Der Ort begann Gestalt anzunehmen, in seiner Zweiteilung von Unter- und Oberstadt, die sein Merkmal bleiben sollte. Ein steiler Pfad verband beide Teile und leitete vom Viertel der Handwerker und Kaufleute hinauf zu dem der Verwaltung und Geistlichkeit. Das Schloß Saint Louis, Sitz des Gouverneurs, war zwar noch immer bloß eine lange Hütte an der einen Seite der Festung; die religiösen Anstalten sahen indes schon besser aus, als wollten sie den Vorrang des Geistes vor Augen führen. Vor der steinernen Kirche erhob sich ein Pranger in Form eines Holzpferdes; er war für jene bestimmt, die der hl. Messe fernblieben, und gab jedem zu verstehen, daß der Katholizismus in diesem so schwer knospenden Setzling Frankreichs mit fester Hand gelenkt werde. Abgesehen vom Haus und der Kapelle hatten die Jesuiten auch ein Gymnasium für die französischen und ein Seminar für die indianischen Kinder errichtet. Aus letzterem brannten die Schüler hemmungslos durch — außer den zweien, die sich nach Entdeckung der Vorratskammern zu Tode gegessen hatten. Schließlich befand sich in Quebec auch ein Kloster der Ursulinen, die vor zwölf Jahren unter der Führung einer schwärmerischen, gottseligen Witwe, Madame de La Peltrie, hergekommen waren. Eine Eigentümlichkeit Kanadas: eben diese Klosterfrauen, lange ehe es Ackerbau, Industrie oder sonst eine Daseinsgrundlage gab.

Alles in allem zählte das Quebec von 1650 kaum 250 Seelen. Ganz Kanada hatte nicht einmal 500 französische Einwohner, das noch mehr vernachlässigte Akadien, um welches zwei Herrscher mit Waffengewalt kämpften, nicht die Hälfte davon. Alle Versprechungen der Kompanie der Hundert Teilhaber waren auf dem Papier geblieben, vor allem die, in 15 Jahren 4000 Kolonisten anzusiedeln. Übrigens stand die Kompanie selbst am Rande des Bankrotts, die hundert Mitglieder schmolzen auf etwa 30 zusammen, und diese trugen stöhnend die Last Neu-Frankreichs. Die Gesellschaft sah sich außerstande, Landarbeiter anzuwerben, sie hinüberzuschaffen und einzuwurzeln; so begann sie, »Herrschaften« am Ufer des Sankt Lorenz-Stromes zu vergeben. Robert Giffard und Léon de La Regnardière, der eine früher Advokat, der andre Arzt gewesen, nahmen auf diese Weise Besitz von den großen Gütern Beauport und Beaupré oberhalb Quebecs. Andere Kolonisten gründeten Familien auf der Orléans-Insel, wo auch die Huronen des Paters Ragueneau angesiedelt wurden. In Tadoussac, dem Umschlagplatz für Pelze aus den nördlichen Gebieten, gab es einige Saisonarbeiter, ein Häufchen Fischer und Bauern auf der Halbinsel Gaspé. Kanada vermochte sich nicht einmal selbst zu ernähren, und was Frankreich hinüberschickte, war so wenig, daß oft Armut, ja, Not und Elend herrschten.

Zur gleichen Zeit überquerten jährlich 5000 englische Auswanderer den Atlantik und ließen sich in Neu-England oder Virginia nieder. 100 000 Europäer bevölkerten die Küstenebene zwischen dem Kennebecfluß und der Bucht von Chesapeake. Das kleine Massachusetts zählte dreißigmal soviel Bewohner als das ungeheure Kanada. Die Rivalität sollte erst Jahre später ausbrechen, ihr Ausgang über ein Jahrhundert auf sich warten lassen. Aber die Mühlen der Geschichte mahlen langsam.

Die Vergessenen

Kanadas schmerzliche Kindheit; die Ankunft des Mgr. de Montmorency-Laval

Etwa 40 Häuser entlang des Sankt Lorenz-Stromes bildeten die Straße, die hochtrabend Saint Pierre-Straße genannt wurde. Zwei dieser Häuser, Sainte Marie und Saint Gabriel, versah man mit Zinnen und Schießscharten. Im Fort, wo der Gouverneur regierte, befanden sich auch die Lagerräume. Die auf einem Hügel erbaute Mühle entwickelte sich durch zusätzliche Befestigungen zu einem Stützpunkt. Stets aber fehlte Montreal eine geschlossene Umwallung, und wäre es auch nur eine Palisade gewesen, die Wilden abzuhalten. Infolgedessen gingen die Indianer ein und und aus und lagen sogar in den Gärten des Krankenhauses auf der Lauer, wo eine heroische alte Jungfer, Jeanne Manse, alle möglichen Krankheiten und die schrecklichsten Wunden ohne Medikamente oder medizinische Kenntnisse behandelte. Auf diesem vorgeschobenen Posten Frankreichs im Herzen des amerikanischen Kontinents wurde das einfache Überleben wirklich zum Problem.

Die Umstände der Gründung Montreals verdienen es wahrlich, als außerordentlich bezeichnet zu werden. Die Stadt trat im Anjou ins Leben, als sich die Phantasie des Provinzsteuereinnehmers Roger de La Danversière an der Lektüre von Champlains Beschreibung der Insel entflammte, die am Zusammenfluß des Sankt Lorenz-Stromes und des Ottawaflusses, etwas oberhalb der China-Stromschnellen, den Schlüssel zur Neuen Welt darstellte. Und der Steuereinnehmer von Anjou kam auf den Gedanken, diesen strategischen Punkt der Heiligen Jungfrau anzubieten. Er gewann den Abbé Olier, den späteren Gründer von Saint Sulpice, gründete eine Gesellschaft, sammelte Kapitalien und warb Freiwillige an, um so Maria Immaculata zur Gutsbesitzerin in Amerika zu machen. Eines schönen Tages im Jahre 1641 schneiten 45 Auswanderer, darunter fünf Frauen, nach Quebec herein und erklärten, sie wären unterwegs, Villemarie von Montreal zu gründen.

Beinahe hätte man sie nicht weiterziehen lassen. Der Gouverneur Montagny eröffnete diesen Einfaltspinseln, die Insel läge vor der Nase der Irokesen, und von denen hätten sie nichts als einen Vernichtungskrieg zu erwarten. Im übrigen waren seine Argumente gegen eine Streusiedlung beredt genug: der unsicherste aller Flußläufe erstreckte sich von der Quebec-Klippe bis zu den Lachine-Stromschnellen über 300 Meilen, und in ganz Kanada gab es kaum 300 Franzosen. Die 45 wurden also eingeladen, sich in der Nähe der Orleans-Insel niederzulassen, aber ihr Kapitän, Chomedy de Maisonneuve, war ein Dickschädel, für den es nur seine Weisungen gab. »Mein Befehl«, erwiderte er auf die verständigen Vorhaltungen des Gouverneurs, »schreibt mir die Gründung von Villemarie in Montreal vor, und ich bin es meiner Ehre schuldig, ihn auszuführen, und wenn sämtliche Bäume der Insel Irokesen wären.« Montagny und seine Jesuiten, um ihr geistliches Monopol sehr besorgt, mußten den Starrsinnigen ziehen lassen, und so entstand Montreal am 18. Mai 1642 an der Stelle der verschwundenen Indianerstadt Hochelaga.

30 Jahre früher, zu Champlains schönen Zeiten, war die Insel der Schauplatz eines großen jährlichen Pelzmarktes gewesen; nun hatten die irokesischen Siege aus dem Handelsplatz einen Ort des Schreckens gemacht. Villemaries wirtschaftliche Bedeutung war infolgedessen geringfügig; man hätte die Niederlassung bald aufgegeben, wenn sie hätte Gewinn abwerfen sollen. Sie überlebte einzig als Vorposten des Christentums, mehr oder weniger von einem mystischen Traum des Mutterlandes am Leben erhalten, dem Kampf mehr als der Kolonisation oder dem Handel geweiht. »Da die Insel», ordnete der Gouverneur Maisonneuve an, »der Heiligen Jungfrau gehört und wir von der Absicht der Irokesen unterrichtet sind, sich ihrer zu bemächtigen, befehlen wir männiglich, sich

in Rotten zu sieben Mann zusammenzutun, je einen Korporal zu wählen und sich vor uns einzufinden, um in unsere Garnison aufgenommen zu werden.« Aufgenommen oder nicht, jeder war Kombattant in einem Krieg, der weder Gnade noch Waffenstillstand kannte.

Gleichzeitig mit diesem unerbittlichen Krieg spielte sich ein anderer Kampf ab, ein Abklatsch der religiösen Zwiste, die das Mutterland zerrissen. Das gallikanische Montreal erschien Quebec fast als ein Ketzernest. Die weltlichen Mächte machten sich die kirchlichen Leidenschaften ihrer Zwergmetropolen zu eigen und verschlimmerten sie noch durch Vorrangstreitigkeiten. Quebec forderte Gehorsam, Montreal Unabhängigkeit. Die Gendarmerie mußte wiederholt gegen die unbotmäßige Stadt ausrücken, Strafexpeditionen wurden ins Auge gefaßt, und der unersetzliche Chomedy de Maisonneuve sogar für kurze Zeit seines Amtes als Gouverneur von Montreal enthoben. Selbst in der unermeßlichen Wildnis der Neuen Welt gab der bürokratisch-spitzfindige Geist des Mutterlandes seine Ansprüche nie auf.

Das Jahr 1653, das elfte seit der Gründung Montreals, begann in ganz Kanada tragisch. Der Jesuit Poncet und der Landarbeiter Mathurin Franchetot wurden aus Quebec entführt. Bei den Drei Flüssen fiel im Kampf gegen die Indianer der Hauptmann Plessis-Brochart. In Montreal glaubte man nach mehreren Überfällen an einen neuen Angriff, als am 26. Juli 60 Irokesen erschienen, die man an ihrer Kriegsbemalung als Angehörige des Onondaga-Stammes erkannte. Die Wilden ließen aber die Bogen fallen und gaben durch Zeichen zu verstehen, sie seien als Freunde gekommen. Sie betraten das Fort nackt und unbewaffnet, sangen und tanzten, sprachen von der Brüderschaft aller Menschen und von ihrem Wunsch, Frieden zu schließen. Aber man war argwöhnisch, erinnerte sich der früheren Schurkenstreiche und der durch List hingemordeten Freunde. So behielten die Christen ihre Musketen und Feuerrohre fest in der Hand, umstellten die ungebetene Abordnung

Plan der Indianerstadt Hochelaga aus dem Jahre 1556 (oben)
Aufbruch zur Reise in die Neue Welt (unten)

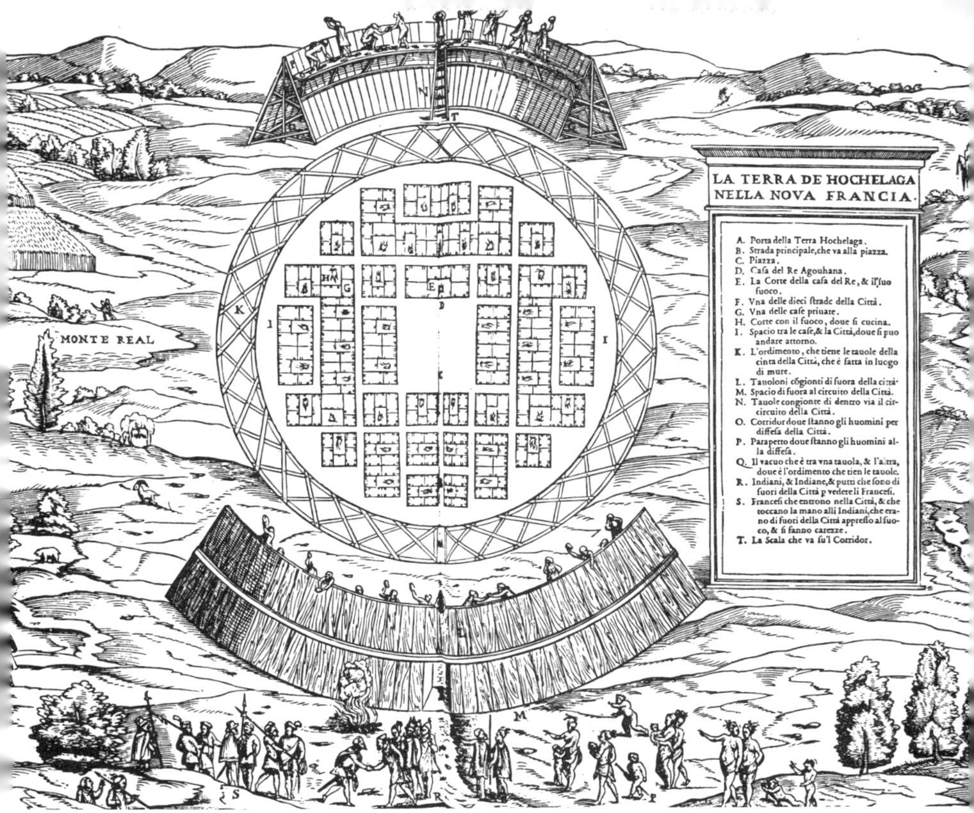
LA TERRA DE HOCHELAGA NELLA NOVA FRANCIA.
A. Porta della Terra Hochelaga.
B. Strada principale, che va alla piazza.
C. Piazza.
D. Casa del Re Agouhana.
E. La Corte della casa del Re, & il suo fuoco.
F. Vna delle dieci strade della Città.
G. Vna delle case priuate.
H. Corte con il fuoco, doue si cucina.
I. Spacio tra le case, & la Città, doue si puo andare attorno.
K. L'ordimento, che tiene le tauole della cinta della Città, che è fatta in luogo di mure.
L. Tauoloni cōgionti di fuora della città.
M. Spacio di fuora al circuito della Città.
N. Tauole congionte di dentro via il circircuito della Città.
O. Corridor doue stanno gli huomini per diffesa della Città.
P. Parapetto doue stanno gli huomini alla diffesa.
Q. Il vacuo che è tra vna tauola, & l'altra, doue è l'ordimento che tien le tauole.
R. Indiani, & Indiane, & putti che sono di fuori della Città p vedere li Francesi.
S. Francesi che entrono nella Città, & che toccano la mano alli Indiani, che erano di fuori della Città appresso al fuoco, & si fanno carezze.
T. La Scala che va su'l Corridor.
MONTE REAL

33

R. Holata Outina.

und widerstanden nur schwer der Versuchung, so wunderbar unverhofft Rache zu üben. Indessen sprachen die Onondagas von Geschäften. Sie gehörten zum westlichen Zweig des Irokesenbundes, führten einen Vernichtungskrieg gegen die Eries und hielten es für politisch klug, ihre zweite Front abzuschirmen.

Von Montreal wurden die Unterhandlungen nach Quebec verlegt. Die Ruhepause, die sie den hart bedrängten Niederlassungen am Sankt Lorenz verschafften, grenzte an ein Wunder. »Gestern noch«, erzählen die *Relationen* der Jesuiten, »waren alle voll von Trauer und düsteren Vorahnungen; heute sieht man überall lächelnde und fröhliche Gesichter. Am Mittwoch Feuersbrunst und Plünderung; am Donnerstag Geschenke und freundliche Besuche.« Doch blieb die Lage auch weiterhin bedroht und verwickelt. Eines der fünf irokesischen Völker, das Kanada benachbarte und unruhigste von allen, die Mohawks, führte nicht Krieg gegen die Eries und wünschte keinesfalls Frieden mit Frankreich. Während die Abgesandten der Onondagas den Gouverneur von Quebec, de Sauzon, mit ihrer verblüffenden indianischen Rhetorik ergötzten, umkreisten Trupps der Mohawks die Drei Flüsse und Montreal. Gerade rechtzeitig traf sie jedoch ein großes Unglück: Die Huronen erwischten ihren Häuptling Aontariosati, die Franzosen aber tauften ihn; doch kaum war das Taufwasser auf seiner Stirn getrocknet, verbrannten ihn die munteren Huronen. Die Mohawks, von so viel Flinkheit tief beeindruckt, schlossen einen Waffenstillstand. Nun herrschte in Kanada wieder ein recht fragwürdiger, aber hochwillkommener Friede.

Zu Quebec wurden die Verhandlungen in langwierigen Gesprächen fortgesetzt. Es ging jetzt um die auf der Orleans-Insel unter französischem Schutz angesiedelten Huronen. Die Onondagas forderten die Herausgabe der Besiegten; das sei ihr gutes Recht. Der Schwächling de Sauzon, nur auf Frieden erpicht, wagte nicht, diese schmähliche Bedingung abzulehnen. Noch hatte er weder ja noch nein gesagt, da rückten die Onon-

Wie die Indianer Krieg erklären (oben)
Trophäen und Feiern nach dem Sieg (unten)

dagas mit einer neuen, noch erstaunlicheren Forderung heraus: Sie wollten die Gründung einer Jesuitenmission auf ihrem Gebiet, behaupteten, die Patres zu lieben und Sehnsucht nach dem Genuß ihrer Wohltaten zu haben.

Die Franzosen gerieten in die ärgste Verlegenheit. Die einzige, je in irokesische Lande vorgedrungene Mission war die von Isaak Jogues gewesen, und dem hatte ein Tomahawk den Schädel gespalten. Jogues freilich hatte sich geradezu ins Martyrium gestürzt, die Patres von 1653 dagegen überlegten sich die Sache sehr. Sie entsandten den geschickten Diplomaten Pater Le Moyne und den Meister indianischer Beredsamkeit Pater Chaumonot zu den Onondagas, und gewannen so zwei Jahre, in der Hoffnung, die wankelmütigen Indianer würden ihre Laune vergessen. Der erste kehrte zurück, ohne eine Erklärung dafür gefunden zu haben, warum die furchtbaren Vernichter der Kirche und des Huronenvolkes nach katholischen Priestern Verlangen trugen. Man zog die Verhandlungen weiter in die Länge, doch wiederholten die Onondagas im Frühjahr 1656 ihre Forderung, diesmal mit ultimativem Nachdruck. Eine erregte Beratung fand im hölzernen Schloß von Quebec statt. Offensichtlich wollten die Irokesen Geiseln, der Gouverneur de Sauzon setzte aber auseinander, man hätte nur die Wahl zwischen der Annahme ihrer Forderung und dem Wiederaufflammen des zermürbenden Krieges. Die Jesuiten, die alle Gefahren und Kosten der Expedition auf sich zu nehmen hatten, erklärten sich schließlich bereit, zögen sie doch die Scheiterhaufen der Irokesen den Siedekesseln der Hölle vor. Dennoch fehlte dem Unternehmen der erhabene Antrieb, der Jean de Brébeuf und Isaak Jogues bewegt hatte. In wenigen Jahren war der religiöse Eifer verflogen, und der Name der Irokesen hatte einen so schrecklichen Klang bekommen, daß er auch das beste Christenherz erstarren ließ.

Die Organisation selbst übertraf dagegen alles, was für die Huronenmission getan worden war. Ein alter Soldat, Zacharie du Puys, Platzkommandant von Quebec, stellte sich an die

Spitze der weltlichen Kräfte von zehn Soldaten, vierzig Milizmännern und fünf Falknern. Die Jesuitengruppe bestand aus vier Patres und zwei Laienbrüdern. Etliche Huronen schlossen sich an, von den Versprechungen der Onondagas angelockt und durch die Anwesenheit der Christen in Sicherheit gewiegt. Man machte sich in zwei Schaluppen und zwölf Kanus auf die lange Reise. Sie führte über den Sankt Lorenz, den Ontario-See, den Onondaga-Fluß bis ins Herz des heutigen Staates New York. Vom Fort Saint Louis aus sahen die Franzosen Quebecs den armen Opfern lange nach.

Kaum waren sie außer Sicht, brach das Unglück über die in Quebec gebliebenen Huronen herein. Die Mohawks traten den Waffenstillstand mit Füßen, stürmten die Orleans-Insel und veranstalteten Razzien auf Frankreichs Schützlinge. Sauzon beging die unglaubliche Gemeinheit, sie unter den Kanonen des Forts Saint Louis paradieren zu lassen, wobei sie die in ihre Hände gefallenen schönen Huronenmädchen in ihren Kanus vorführten. Sodann erschienen die über die reiche Sklavenernte ihrer Bundesgenossen wütenden Onondagas ihrerseits vor Quebec. Sie seien Verbündete, hätten 60 Franzosen in ihrer Gewalt! So überließ man ihnen denn die wenigen den Mohawks entkommenen Huronen. Kaum einer von diesen erreichte den Onondaga-Fluß. Der junge Pierre-Esprit Radisson, später Erforscher der Hudson-Bucht, unterwegs zur Irokesenmission, erzählt, wie drei Onondagas einen knieenden Huronen im Kanu erwürgten. Mit diesem Augenblick verschwand das Huronenvolk endgültig. Da und dort blieben vereinzelt Sklaven übrig.

Auf dem Ontario-See wären die Jesuiten beinahe Hungers gestorben. Im Onondagaland wurde ihnen dann ein triumphaler Empfang bereitet. Pater Chaumonot hatte als Sitz der Mission das Ufer eines kleinen Sees gewählt, wo jetzt die Stadt Syracuse liegt. Die Christen nahmen den Platz unter einem weißen, mit Jesu Namen bestickten Seidenbanner in Besitz, und die fünf kleinen Kanonen gaben eine Ehrensalve ab, die Tausende weißer Ringeltauben über die Seefläche scheuchte. Einige Tage später nahmen sie an einem indianischen Fest teil, das Abordnungen der Senekas, Oneidas, Kayugas und Mohawks vereinigte. Die letzteren machten den Versuch einer feindseligen Kundgebung, da aber Pater Chaumonot die irokesische Sprache besser als jeder Indianer beherrschte, hatte er die Lacher auf seiner Seite. Dann ließ er seine Zuhörer eine Predigt hören, deren kühner, ja drohender Ton kaum in Einklang stand mit der mißlichen Lage der 50 Franzosen, die inmitten des reizbarsten aller Indianervölker in der Falle saßen. Die Onondagas, Senekas, Oneidas und Kayugas zeigten sich aber begeistert. »Du bist nicht«, sagte einer von ihnen dem Prediger, »wie die Holländer, die weder Zunge noch Hirn haben und uns nichts von der Hölle erzählen können.« Ein Häuptling umarmte den Jesuiten und meinte, er »werde seine Religion lieben wie ihn selbst«. Im rauhen Wald Amerikas, den der Frühling verjüngte, schien plötzlich alles möglich — selbst daß aus den irokesischen Teufeln Anhänger und Verbreiter des Glaubens wurden. »Vielleicht haben sie Hintergedanken«, schrieb Pater Le Mercier, »aber die hat Gott auch.«

Doch alle die glänzenden Vorzeichen trogen. Die kostspielige Irokesenmission blieb ohne Ergebnis. Aus den nachgelassenen Dokumenten läßt sich kein zureichender Grund ihres Scheiterns feststellen; doch gewinnt man den Eindruck, es habe ihr der für ein so gefahrvolles Apostelamt notwendige Schwung gefehlt. Es wurde ein festes Fort errichtet, das den Namen Sainte Marie erhielt; die erhebenden Zeiten des huronischen Sainte Marie kehrten indes nicht wieder. Man belästigte keinen der Jesuiten, doch die von Pater Chaumonot geweckte Begeisterung für den christlichen Glauben hatte das Festessen von damals nicht überdauert. Weshalb eigentlich die Onondagas die Mission haben wollten, bleibt unergründlich; jedenfalls bekundeten sie späterhin nur ein schwaches Interesse für sie. Die Missionare ihrerseits trugen nicht die Unerschrockenheit zur Schau, die das Flammenschwert der

Jesuiten in Amerika gewesen war. Sie wohnten der Marterung der gefangenen Eries und sogar der getauften Huronen bei, ohne ein Dazwischentreten zu wagen. Sie klagten ohne Unterlaß über den Hochmut und den Stolz der Irokesen, die selbst vereinzelte Bekehrungen schwierig machten; sie ins Joch zu spannen, vermochten sie aber nie.

Das Abenteuer endete mit einer Panik. Gegen Ende des Jahres 1657 überkam die Franzosen ein Gefühl der Gefahr. In Kanada hatte sich die Lage verschärft, ein Jesuit war bei Montreal ermordet worden, und der Gouverneur d'Ailleboust, energischer als seine Vorgänger, hatte zwölf irokesische Geiseln festnehmen lassen. Bei den Onondagas rührte sich jedoch nichts, und die sonst so genauen *Relationen* geben keinen Aufschluß darüber, welche Angaben Pater Ragueneau veranlaßten, die Mission zurückzuziehen. »Wir wären imstande gewesen«, schreibt Pierre-Esprit Radisson, »den Platz gegen die gesamten Irokesen zu halten, da das Fort außerordentlich stark gebaut und für vier Jahre versorgt war.« Ragueneau, der schon den Rückzug der Huronenmission geleitet hatte, entschloß sich dennoch zur Räumung. Doch offen konnte man sie unmöglich durchführen, ohne sich einem Massaker auszusetzen, und so handelte es sich eigentlich um ein Entweichen.

Im Laufe des Winters bauten die 53 Franzosen zwei Schiffe »von neuer und vortrefflicher Bauart, um über die Stromschnellen zu kommen, mit geringem Tiefgang und einer Tragkraft von 15 bis 16 Mann und 1500 Pfund Fracht«. Die Indianer bekamen aber Wind von der Sache, deuteten die aus der Bibel aufgeschnappten Brocken auf ihre Art und sagten, die Patres seien im Begriff, eine Arche zu bauen, in weiser Voraussicht der von ihnen zu veranstaltenden Sintflut. Die Franzosen zerstreuten diesen gefährlichen Verdacht, indem sie ihre nautischen Arbeiten mit Brettern zudeckten, und luden die Wilden ein, das Fort zu besichtigen. Die Beziehungen blieben dem Anschein nach herzlich. Immerhin war in nächster Nähe von Sainte Marie ein Indianerlager entstanden, und es galt daher, den Argwohn dieser Krieger, möglicherweise eines Wachtrupps, zu beschwichtigen.

Ende März, als das Eis auf den Seen und Wasserläufen zu schmelzen begann, luden die Franzosen die Indianer zu einem »Iß alles auf«-Fest ein. Während sich diese den Bauch vollschlugen, übertönten Violinen und Klarinetten das Geräusch vom Stapellauf der beiden flachen Schiffe sowie vom Befrachten der acht Kanus. Schrien die Irokesen: »Skeunon! Genug!«, erwiderten die Franzosen: »Anway! Weiter!«, und das unerbittliche Protokoll der Indianer zwang sie, weiterzuessen. Als sie am Ersticken waren, purzelten sie durcheinander. Ihre Gastgeber spielten noch ein Wiegenlied und versprachen, sie zum Morgengebet zu wecken.

Die Schiffe waren klar. Da kamen die Franzosen in Versuchung. »Wir waren«, erzählt Radisson, »53 Franzosen, auf der anderen Seite 100 Stück Vieh, keiner Bewegung fähig, die wir mühelos umbringen konnten. Dann hätten wir ihr Dorf überfallen, wo nicht mehr als 20 Mann jeden Alters verblieben waren, ferner 500 bis 600 Frauen und etwa 1000 Kinder. Sie alle hätten wir mit Leichtigkeit vernichtet und damit dieser verruchten, barbarischen Nation ordentlich zur Ader gelassen, uns selber aber bessere Fluchtchancen verschafft.« Die Jesuiten wollten jedoch von so viel Realpolitik nichts hören und meinten, »sie seien gekommen, zu lehren, nicht zu zerstören, denn das Kreuz sei ihr einziges Schwert«. Mit einem schier unglaublichen Glück entkamen sie sodann der Verfolgung der von ihnen Verschonten, während sie sich die nächsten Tage durch das noch hochragende Eis des Ontario-Sees mühsam einen Weg bahnten.

Die 53 trafen am 23. April wohlbehalten in Quebec ein. »Mit Gegenwärtigem«, schrieb Pater Ragueneau an den Provinzial, »melde ich Ihnen unsere Rückkehr von der Irokesenmission; wir haben den Klauen des Satans etwa 500 Kinder und unzählige Erwachsene entrissen; sie starben meist gleich nach der Taufe.« Diese Siegesmeldung tarnte aber einen Rückzug. »Sie beschlossen, zu fliehen«, sagen die *Relationen* von 1658 viel nüchterner, »da sie meinten, ihr Tod oder ihre Gefangenschaft brächte der französichen Kolonie mehr Schaden als Nutzen.« Später tadelte der Gouverneur d'Argenson als Berufssoldat die Aufgabe der Irokesenmission und bestätigte damit die Ansicht Radissons. Vielleicht wäre die Geschichte Nordamerikas anders verlaufen, wenn sich eine ständige französische Niederlassung schon Mitte des 17. Jahrhunderts im Gebiet der Großen Seen, in der Nähe des Hudson, gefestigt hätte.

Im Jahre 1663 bebte in ganz Kanada die Erde. »Man hörte«, erzählt Pater Jerôme Lallemand, »ein starkes Sausen, so daß die Leute glaubten, in ihren Häusern sei Feuer ausgebrochen. Statt Feuer und Flammen aber sah man höchlichst überrascht die Mauern wanken und die Steine sich regen, als wären sie lose. Die Dächer bogen sich zunächst ganz nach der einen, dann nach der anderen Seite. Glocken läuteten von alleine; die Erde hob sich und ließ die Pfähle der Palisaden tanzen. Das Schaukeln des Bodens glich dem eines Schiffes, und manche verspürten die gleiche Übelkeit wie auf hoher See. Die Bäume stürzten aufeinander, und unsere Wilden sagten, der Wald sei betrunken. Flüsse verschwanden; Wasserfälle versiegten; Gewässer färbten sich gelb oder rot, und unser großer Sankt Lorenz-Strom schien bis Tadoussac ganz bleich ...« Das Erdbeben forderte keine Opfer unter den Franzosen. Doch gingen ihm Erscheinungen voraus, wie geschaffen, wundergläubige Geister zu beeindrucken. »Wir sahen«, melden die *Relationen*, »gespenstische Feuergeister, die Fackeln trugen, und ineinanderverflochtene glühende Schlangen in Form von Heroldsstäben, die auf Flammenflügeln durch die Lüfte flatterten. Über Quebec stand ein großer Feuerball, der mitten in der Nacht Tageshelle verbreitete, wenn auch die Funken, die er nach allen Seiten versprühte, Furcht in die Freude an diesem Anblick mischten. Der Meteor schien vom Mond herabzustürzen, mit einem Getöse wie von Kanonen und Donner zugleich.« So viele Wunder, dazu verworrenes Geschrei und grausiges Stöhnen im Äther, deuteten die Kanadier als Vorzeichen furchtbarer Geschehnisse. Selbst sehr beherzte Männer harrten in Angst und tiefem Bangen der Dinge, die der Donnergroll des Himmels ankündigte.

Aber auch ohne Erdbeben und fliegende Untertassen hätte man allen Grund zur Verzweiflung gehabt. 130 Jahre nach Jacques Cartier, 60 nach Champlain, hatte sich Französisch-Kanada noch immer nicht gefestigt. Die Aufgabe der Irokesenmission zog ein allgemeines Aufflackern des Krieges mit einer Reihe von Niederlagen nach sich, welche die Kolonie an den Rand des Abgrundes brachten. 1660 erfuhr man, daß die Indianer einen Generalangriff auf die drei französischen Städte planten, um der Sache ein Ende zu machen. Wochenlang erwarteten die im Fort Saint-Louis eingeschlossenen Einwohner von Quebec den Feind. Daß er sich nicht einstellte, verdankte man ohne Zweifel dem Heldenmut eines jungen Offiziers der Garnison von Montreal, Daulac des Ormeaux, der den Irokesen mit 16 Mann den Anmarschweg sperrte. Fünf Tage lang, bis der letzte Mann in seinem Blute lag, hielt die kleine Truppe 700 Krieger auf und fügte ihnen so schwere Verluste zu, daß die Indianer gemäß ihrer Schlachtenbilanz den Feldzug für kostspielig genug erachteten und in diesem Jahr nicht weitermarschierten.

Das Jahr 1661 wurde noch unheilvoller. Die Irokesen schleppten gegen Ende des Winters vor Montreal 23 Franzosen fort und schwächten damit die Garnison entscheidend. Zwei weitere Schlappen wurden den Franzosen nahe den Drei Flüssen beigebracht: Erst verschleppten die Indianer 14 Kolonisten, dann metzelten sie einen Trupp der mit Frankreich verbündeten Algonkins nieder, der zuvor 48 Stunden Widerstand geleistet hatte. Das Gebiet von Quebec war kaum sicherer, wurde doch ein Herr de Sauzon, Seneschall von Neu-Frankreich und Sohn des früheren Gouverneurs, am hellichten Tag auf der Orleans-Insel ermordet. Die Verluste des Jahres betrugen 140 Mann, eine ungeheure Zahl im Verhältnis zu der winzigen Bevölkerung Kanadas. Aus dem Irokesenland, wohin ein Christ nur mehr als Gefangener kam, berichteten die seltenen Flüchtlinge von Marterungen, die jedem das Schicksal vor Augen führten, das ihm drohte: Pierre Rencontre »als Heiliger gestorben«; Louis Guimont, dessen Eifer im Gebet »die Irokesen in solche Wut versetzte, daß sie ihm die Lippen abschnitten und, da er noch immer nicht schweigen wollte, das Herz herausrissen und ihm ins Gesicht schleuderten«; François Hertel, der mit 17 Jahren schrieb: »Ich habe fast keinen Finger mehr, verzeiht, wenn ich schlecht schreibe, aber sagt es meiner Mutter nicht.« Selten wird man einem so herrlichen und verborgenen Heldentum begegnen wie dem jenes Häufleins Bauern, die sich, solchen Gefahren zum Trotz, in den Boden Kanadas festkrallten. An Kolonisation war allerdings so lange nicht zu denken, als Indianerkommandos, schnell wie der Blitz und zerrinnend wie das Wasser, das Land ungestraft bis unter die Kanonen Quebecs unsicher machten. Das ermattete Kanada träumte jetzt von einer regulären Militärmacht, die den Feind zerstreute, verfolgte und züchtigte, indes die lokalen Milizen auf den Angriff warten mußten und ihn bestenfalls zurückzuschlagen vermochten.

Die geistliche Hilfe war als erste zur Stelle. Die *Relationen* von 1659 vermerken ganz beiläufig: »Das erste in diesem Jahr aus Frankreich kommende Schiff brachte uns einen Bischof, den eine Prozession am Ufer empfing.« Für die Kolonie bedeutete die Erhebung zur Diözese einen Sieg, und es war ein Glücksfall, daß zum ersten kanadischen Prälaten ein Mann vom Schlage François Xavier de Laval-Montmorencys ernannt wurde, Abt von Montigny und Bischof *in partibus* von Peträa. Mit ihm trat ein Herr von gebieterischem, kühnem und lauterem Wesen in die Geschichte Kanadas ein, der es in mancher Hinsicht verdiente, als Heiliger angesprochen zu werden, aber auch vielvermögend war dank seiner hohen Abstammung und seinem Einfluß innerhalb der französischen Kirche. Er trug mächtig dazu bei, die Lage Kanadas zum Guten zu wenden. Gleichzeitig stärkte er den Klerikalismus und Ultramontanismus, die das Gesicht des Landes seit dem Erscheinen der Jesuiten und der Vertreibung der Protestanten geprägt hatten. Laval hatte in Caen einer mystischen Gesellschaft angehört, der den Jansenisten verhaßten Hermitage, und war Anna von Österreich vom Pater Le Jeune empfohlen worden, der, nach Frankreich zurückgekehrt, Kanada stets im Auge behielt. Tiefe Überzeugung und heiliger Eifer bewogen ihn, in den bekehrten Gebieten Neu-Frankreichs nun die Obergewalt der Kirche zu fordern. »Man hört von ihm«, klagt ein Gouverneur, »nichts als Drohungen mit Exkommunikation.« Allerdings gab er auch sein gesamtes Einkommen für Almosen dahin, reiste nur zu Fuß, schlief auf einer von Ungeziefer wimmelnden Bettstatt und aß verdorbenes Fleisch, das er bloß mit heißem Wasser abwusch, um die Würmer zu entfernen.

Die erste Schlacht lieferte Laval dem gallikanischen Einfluß, der den Jesuiten zum Trotz seit der Gründung Montreals in Kanada Fuß gefaßt hatte. Die Gallikaner besaßen im Erzbischof von Rouen einen Verbündeten, der alle gen Abend liegenden Länder als Verlängerung seiner Erzdiözese betrachtete und einen Abbé de Queylus mit dem Titel eines Großvikars von Neu-Frankreich dahin entsandt hatte. Als Laval ankam, beabsichtigte gerade Queylus, in Montreal fest verschanzt, die Patres von Quebec seiner sozusagen bischöflichen Autorität zu unterwerfen. »Er bekriegt sie«, schreibt eine Anhängerin der Jesuiten, »unbarmherziger als die Irokesen und wird beim Anblick eines Jesuiten so wütend wie ein toller Hund, der Wasser sieht.« Kaum gelandet, wandte Laval die Politik der starken Hand an. Er verlangte die Hilfe des weltlichen Arms und ließ Queylus in seiner Festung Montreal von einer Abteilung Soldaten ergreifen und *manu militari* nach Frankreich schaffen. Der Vikar des Erzbischofs von Rouen protestierte in Paris, eilte nach Rom, setzte Himmel und Erde in Bewegung und kehrte schließlich, obwohl er wenig Unterstützung gefunden hatte, heimlich nach Kanada zurück. Unverzüglich ließ ihn der Bischof von Quebec durch Gendarmen abermals heimschaffen. Sieben Jahre später kam er wieder, unterwarf sich und beschloß sein Leben als Missionar bei den Algonkins.

Die Zerwürfnisse zwischen Laval und der weltlichen Macht wogen ebenso schwer. Zur Zeit der Ankunft des Bischofs von Peträa nahm der Vicomte d'Argenson die Stelle des Gouverneurs ein, dessen erste Mahlzeit in Quebec zwei Jahre zuvor von einem Irokesenangriff gestört worden war. D'Argenson, ein Pariser Kind und Bruder des künftigen Polizeipräsidenten, seufzte schon seit langem über die Trübsal dieses Landes, die ungehobelten Einwohner und sein karges Gehalt, das ihn auf dem sterbenslangweiligen Posten zugrunde richtete. Nun war auch noch Laval als eine neue Plage über ihn gekommen. Eine Reihe von Vorrangstreitigkeiten gipfelte schließlich in einem scharfen Wortwechsel zwischen Bischof und Gouverneur zu Fronleichnam 1661 vor dem Ruhealtar der Zitadelle, weil der eine verlangte, die Soldaten sollten den Helm abnehmen, was der andere nicht zuließ. Laval zog sich mit dem Sakrament zurück, und d'Argenson erbat vom Direktor der Kompanie, theoretisch immer noch der Oberlehensherr Neu-Frankreichs, erneut seine schleunigste Abberufung. Er erlangte sie schließlich, was er höchstwahrscheinlich den gegen ihn gerichteten Intrigen seines Widersachers bei dessen hohen Gönnern in Paris verdankte.

Zwei indirekte Verbündete der Franzosen, die am Delaware angesiedelten Schweden sowie eine Blatternepidemie, hatten den Druck der Irokesen etwas gemindert. Der Kampf um den Vorrang wurde deshalb um nichts weniger lächerlich, in einer Kolonie, der ständig völlige Vernichtung drohte, und unter Würdenträgern, die trotz ihrer hohen Titel nicht viel besser als Trapper lebten. Immerhin barg der Zwist einen tiefreichenden Gegensatz, der an die Grundlagen der kanadischen Niederlassung rührte. War sie eine Provinz des französischen

Königreichs, durfte niemand vor dem Vertreter des Königs den Vortritt haben. Doch gab es eine andere Auffassung, und die vertraten stillschweigend Bischof Laval und die Jesuiten: Kanada als Kirchenprovinz, der Kirche durch das Blut der Märtyrer unmittelbar verbunden. »Ihre Patres«, schrieb Laval dem Ordensgeneral, »stehen hier im Geruch der Heiligkeit.« Die Gouverneure mochten wechseln: ihr Gezänk mit dem Bischof aber griff um sich und wurde immer schlimmer, weil die ihm zugrunde liegende wesentliche Frage weit über das Persönliche hinausging.

Ein alter Soldat, Baron Dubois d'Avaugour, löste d'Argenson ab. Vom ersten Tag an lag er im Streit mit Laval, da er es ablehnte, sich zur Kathedrale zu begeben, wo der Bischof ihn erwartete, der es seinerseits abgelehnt hatte, ihn am Landungsplatz zu empfangen. Der so entbrannte Krieg wickelte sich in protokollarischen und administrativen Winkelzügen ab und füllt die Dokumente dieser Zeit.

Im Herbst 1662 reiste Laval mit dem Bemerken nach Frankreich, er werde den Kopf des Barons d'Avaugour fordern. Tatsächlich kehrte er mit einem neuen Gouverneur zurück: Saffray de Mézy, ehemals Platzkommandant von Caen und Ordensbruder der Hermitage. Mézy war gewiß sein Mann, von ihm ausgewählt, von ihm eingesetzt, unter den gleichen Einflüssen herangebildet und gleich ihm Ultramontaner. Indessen konnte Mézy nicht anders, er war eben der Vertreter der französischen Monarchie, so zwar, daß der Konflikt, verschärft durch die Enttäuschung des Bischofs, noch viel heftiger entbrannte als unter den zwei früheren Gouverneuren. Die frommen, fügsamen Einwohner Quebecs erlebten betrübliche Dinge. So wurde zwischen Trommelwirbeln ein Brief des Gouverneurs verlesen, der die Ränke des Bischofs anprangerte. Darauf verweigerte der Bischof dem Gouverneur zunächst die Sakramente, sodann den Zutritt zur Kirche. Als erster gab der zarter besaitete Mézy nach. Ganz außer sich über seine Fernhaltung von den gottesdienstlichen Handlungen, erkrankte er und unterwarf sich dem Bischof, der ihm gnädig verzieh und bald darauf starb.

Doch war sein Nachfolger schon da, vielmehr ein neues Blatt der Geschichte Kanadas aufgeschlagen. Das starke, stolze Frankreich des jungen Ludwig XIV. wandte seine Aufmerksamkeit endlich Amerika zu. Trompeten schmetterten, Waffen klirrten, Pferde wieherten, und im Winde des Sankt Lorenz-Stroms flatterten Lilienbanner. Das Mutterland wollte ganz anders vertreten sein als bloß durch das Mittel einer wackeligen, ewig vor dem Ruin stehenden Handelskompanie. Die Zeit von Kanadas Kinderkrankheiten war vorbei.

Die Soldaten

Das Regiment Carignan-Salières und Oberpräsident J. B. Talon errichten in Amerika eine Provinz Frankreichs

Le Bessé, das Schiff, das den Marquis Prouville de Tracy, den Generalstatthalter Neu-Frankreichs, von den Antillen herüberbrachte, war ein Riese von 800 Tonnen. Man wagte sich mit einem so wertvollen Schiff nicht in den Sankt Lorenz-Strom. So mußte der Marquis auf der Reede von Tadoussac auf den *Teron* umsteigen, ein Teil seines Gefolges aber in Schaluppen Platz nehmen. Gleichwohl zog man mit großem Pomp in Quebec ein, mit Glockengeläute und Kanonendonner. Am Gestade hatte sich die ganze Bevölkerung eingefunden, um ihren Bischof geschart, der diesmal geruhte, den Stellvertreter Seiner Allerchristlichsten Majestät hier persönlich zu empfangen. Er reichte Tracy das Weihwasser und betrachtete dabei, wohl mit leiser Unruhe im Herzen, aber nicht ohne Neugier, die hohe Obrigkeit, die da mit solcher Prachtentfaltung ankam. Der Marquis war über sechs Fuß groß, »einer der größten Männer, die ich je gesehen«, schreibt die Superiorin der Ursulinen. Trotz seiner 66 Jahre begann sein Haar erst zu ergrauen. Seine gelbe Gesichtsfarbe ließ jedoch erkennen, daß ihn das westindische Fieber sowie die lange, unbequeme Überfahrt sehr mitgenommen haben mußten.

Man schrieb den 30. Juni 1665, und das Wetter war herrlich. Der feierliche Zug setzte sich zur Oberstadt hinauf in Bewegung. Er stand in keinem Verhältnis zur Enge des steilen Pfades. Begleitet vom Ritter de Chaumont, mit 24 Garden voraus, vier Pagen und sechs Dienern hintennach, kam der Marquis de Tracy ganz außer Atem bei der Kathedrale an, lehnte aber den für ihn bereitgestellten samtenen Betstuhl ab und kniete andächtig auf dem nackten Boden nieder. Anschließend unterrichtete er die Spitzen der Bürgerschaft über die Absichten des Königs in bezug auf Neu-Frankreich, staunte aber, daß nur ein einziges Schiff dem seinen auf dem Sankt Lorenz-Strom vorangefahren war. Nun seien bedeutende, entscheidende Verstärkungen unterwegs. Man solle zu Gott beten, es möge ihnen auf hoher See kein Unheil widerfahren.

Die Fürsprachen zugunsten Kanadas hatten beim jungen, ruhmbegierigen Ludwig XIV. endlich ein williges Ohr gefunden. Ein einfacher Einwohner der Siedlung von den Drei-Flüssen, Pierre Boucher, war 1661 nach Europa gefahren, hatte sich dem Herrscher zu Füßen geworfen, ihn um Hilfe für Kanada angefleht und die Größe, Schönheit sowie die Reichtümer des Landes gepriesen. Seine »Wahrhafte, unverfälschte Beschreibung der Sitten und Erzeugnisse Neu-Frankreichs« machte die Öffentlichkeit mit dem Bericht bekannt, den er dem König vorgetragen hatte. Besonders ließ er es sich angelegen sein, den schlechten Ruf des Klimas zu zerstören. Er war sicherlich der erste, der auf das Erdölvorkommen im Gebiet der Großen Seen hinwies. »Im Lande der Irokesen«, schrieb er, »gibt es einen Springbrunnen, der Wasser emporschießt, dick wie Öl, und das man auch als solches benutzt.«

Auch Colbert trat dafür ein, daß Kanada einem neuen Frühling entgegengehe. Sein imperialer Merkantilismus sah ein großes Kolonialreich, dessen auf der Erdkarte schon vorhandene Bestandteile entwickelt und miteinander verbunden werden mußten. Er entzog Kanada der ewig kränkelnden Kompanie der Hundert Teilhaber und veranlaßte im Mai 1664 die Gründung der viel mächtigeren Westindischen Gesellschaft. Zu ihrem Gebiet gehörten Westafrika zwischen dem Kap Verde und dem der Guten Hoffnung, Südamerika zwischen dem Amazonas und dem Orinoko sowie Nordamerika von den Antillen bis zur Hudson-Bucht. Der König zahlte zwar nur zehn Prozent des Kapitals ein, doch waren die Vorrechte der Krone so bedeutend, daß sie aus der Kompanie ein Werkzeug der Weltpolitik in den Händen der Monarchie machten. Colbert selbst bestimmte Kanadas oberste Beamten: den Gouverneur Rémy de Courcelles und den Oberpräsidenten Jean-Baptiste Talon.

Der Marquis de Tracy stand auf einer höheren Stufe und führte den Titel eines Generalstatthalters von Neu-Frankreich; sein Machtgebiet erstreckte sich über die gesamte westliche Hemisphäre.

Doch wäre eine neue Kompanie mit noch so hohen Beamten, ja sogar neuen Kolonisten zu nichts gut gewesen, hätte die französische Monarchie das Unternehmen nicht mit der Militärmacht ausgestattet, nach der Kanada so schmerzlich verlangt hatte. Le Jeune brach mit der Jesuitentradition waffenloser Christianisierung und forderte in der *Relation* von 1661 Militär an. Ludwig XIV. verfügte das Nötige und entsprach mit königlicher Geste dem Wunsch Le Jeunes nach »Vernichtung der Barbarenvölker, die so hartnäckig auf unsere Vernichtung aus sind«. Eine der Fremdenlegionen des damaligen Frankreich, das Regiment Carignan-Salières, wurde nach Kanada beordert. Zwei Kompanien waren am 30. Juni 1665 schon in Quebec eingetroffen, als de Tracy an Land ging. Mit Ungeduld erwartete man weitere zehn Kompanien sowie den Gouverneur de Courcelles und den Oberpräsidenten J. B. Talon.

Der Sommer verging in dieser Erwartung. Am 12. Juli kam ein Schiff an mit zwölf Pferden an Bord, den ersten in Kanada, wenn man von einem armen Gaul absieht, der für den Gouverneur Montmagny nach Quebec geschickt worden und sogleich verendet war. Es dauerte noch über einen Monat, bis der Oberst des Regiments, de Salières, mit acht weiteren Kompanien in Erscheinung trat. Der Reisebericht gab Anlaß zur Befürchtung, der Rest des Konvois könnte Schiffbruch gelitten haben. Doch wurden am 12. September zwei weitere Schiffe, *Saint Sébastien* und *Jardin de Hollande*, vor Tadoussac gesichtet, die La Rochelle am 22. April verlassen hatten, also vor 117 Tagen. In den nächsten Tagen trafen noch *Aigle d'Or* und *Paix* ein sowie ein schwimmender Sarg, die *Justice*, mit 100 Sterbenden an Bord, die das Krankenhaus überfüllten, wobei unterwegs schon eine große Zahl der Passagiere den Fluten hatte übergeben werden müssen. Am 1. Oktober schließ-

Befestigtes Dorf der Saturiwa-Indianer in Florida (oben)
Indianer transportieren Früchte auf einem Einbaum (unten)

.20.

lich tauchte während eines Sturms, ein Wrack fast, das letzte Fahrzeug der Kanadischen Armada auf, die *Normandie*, mit 130 Landarbeitern, dazu 82 Frauen und Mädchen, von denen 50 aus einem Arbeitshaus kamen. Damit trug Colbert Sorge für die Fortpflanzung in Kanada, dessen Bevölkerung sich plötzlich um 1300 Soldaten und 500 Kolonisten vermehrt hatte. Ein einziges Regierungsjahr eines großen Königs und eines großen Ministers hatte Neu-Frankreich weiter gebracht als die vorhergehenden 150 Jahre.

Trotz der beschwerlichen Überfahrt waren die Neuangekommenen voll Begeisterung und Tatendrang. In Quebec gab es nicht genügend Gebäude für die Unterbringung der Truppen. So schlugen sie ihre Zelte am Strom auf. Die amerikanische Luft widerhallte von Fanfarengeschmetter und Trommelwirbel, was das Herz der so lange verschreckten eingesessenen Kanadier höher schlagen ließ. Die Soldaten Carignans, die unter Habsburgs Fahnen gegen die Türken gekämpft hatten, nahmen zu Hunderten das Skapulier und zeigten einen religiösen Eifer, der Mutter Marie entzückte. Sie brannten vor Kampfbegierde und die Offiziere vor Sehnsucht, sie gegen den Feind zu führen. Noch im Juli, als man sich noch fragen mußte, ob drei Viertel des glänzenden Regiments nicht im Atlantik zugrunde gegangen waren, führte Hauptmann de Chambly eine Kompanie an den Irokesenfluß, um den Wasserweg der Wilden ins Sankt Lorenz-Tal durch ein Fort zu sperren. Etwas später errichteten Hauptmann de Sorel und Oberst de Salières zwei weitere Forts an der Einfallstraße der Irokesen. Die Zahl der französischen Soldaten, ihre Waffen, Uniformen und Pferde gaben unter den Indianerstämmen zu übertriebenen Gerüchten Anlaß, was ihren Mut herabminderte. Onondagas, Senekas und Kayugas, die nicht allzuviel auf dem Kerbholz hatten, entsandten schleunigst Abordnungen nach Quebec, die unter der Last der Freundschaftsbeteuerungen zusammenbrachen. Die Mohawks und ihre Verbündeten, die Oneidas, wußten genau, wieviel Blutschuld sie auf sich gela-

Wie die Indianer ihre Kranken behandeln (oben)
Häuptling Saturiba mit Frau und Gefolge (unten)

den hatten. So verhielten sie sich abwartend, aber drohend. Der kampflüsterne Rémy de Courcelles beschloß, kaum erholt von seinem monatelangen Leiden auf See, sie bis in ihre Schlupfwinkel zu verfolgen und ihnen eine furchtbare Lehre zu erteilen.

Die vom jungen Gouverneur gewählte Jahreszeit überraschte die Veteranen der kanadischen Feldzüge. Er setzte sich mit 500 Mann, davon 200 kanadischen Milizleuten, Anfang März bei außerordentlicher Kälte in Marsch. Die 30 Meilen von Quebec nach den Drei Flüssen genügten, seine Truppen völlig zu erschöpfen, doch wurde er durch 70 Freiwillige aus Montreal verstärkt, lauter bärenstarke Männer, die ihre glühende Rache auch von der schlimmsten Kälte nicht kühlen ließen. Über die vereisten und schneebedeckten Champlain- und Saint Sacrement-Seen stapften Soldaten und Milizleute auf schweren Schneeschuhen ins Land der Mohawks, über jede Menschenkraft bepackt mit dem Nötigsten, das ihnen in dieser Jahreszeit die Natur nicht lieferte. Aussichten auf Erfolg hatten sie nur, wenn es ihnen gelang, die Indianer in ihrem Winterquartier zu überraschen, doch versagten die Algonkins als Führer, und so überraschten sie bloß die Holländer von Fort Oranje, vor dem sie hungrig und zerlumpt auftauchten. Da erfuhren sie, die Mohawks hätten sich verlaufen und – ganz nebenbei – die Engländer Neu-Amsterdam (New York) besetzt. De Courcelles blieb nichts übrig, als den Bataviern alle Lebensmittel abzukaufen, die sie willens waren, ihm zu überlassen, und kehrtzumachen. Mit viel Glück führte er seine Expedition nach Quebec zurück; normalerweise hätte sie verhungern und erfrieren müssen.

Der Mißerfolg de Courcelles' ermutigte gar manche Irokesen, andere wieder schüchterte die Kühnheit seines Zuges ein. Unser geringes Wissen um die Politik der Fünf Völker läßt immerhin einander widersprechende Tendenzen erkennen. In Quebec erschien der Bastard Flamand, Häuptling eines Mohawkstammes, ein drolliger, schlauer Kauz, dem seine

Suada und seine Hanswurstiaden immer wieder aus den verzwicktesten Situationen heraushalfen. Während er den Franzosen mit schnurrigen Friedensbeteuerungen die Zeit verkürzte, brachten andere Mohawks den Kornett de Chasy und mehrere Soldaten Carignan-Salières nahe dem Champlain-See um. Schon am nächsten Tag eilten Abordnungen herbei und ergingen sich in gewundenen Entschuldigungen. Dabei wies einer von ihnen während des Gastmahls seine Hand mit dem Bemerken vor, sie hätte den Tod des unglückseligen de Chasy herbeigeführt – worauf de Tracy ihn sofort ergreifen und aufhängen ließ. Immerhin hatte de Tracy damit Einblick gewonnen in den doppelzüngigen Charakter der Indianer, und der Vorfall machte seinem Schwanken zwischen Krieg und Frieden ein Ende. Eine großangelegte Strafexpedition gegen die Mohawks wurde beschlossen. Der Bastard Flamand, in Quebec gefangen, sah sie ausziehen und weinte diesmal echte Tränen. »Ich sehe wohl ein«, meinte er zu de Tracy, »daß wir verloren sind, aber dir wird das teuer zu stehen kommen. Mein Volk wird nicht mehr bestehen, aber ich warne dich: wir werden uns bis zum letzten Mann wehren, und gar viele deiner blühenden Jungen werden ihr Leben lassen müssen.«

Das Zusammenkommen fand am 26. September 1666 auf einer Insel im Champlain-See statt. 600 Soldaten des Königlichen Carignan-Regiments in rotem Rock mit weißem Aufschlag vereinigten sich da mit 600 kanadischen Milizleuten, deren Elite aus 110 blaugekleideten Freiwilligen von Montreal unter Charles Le Moyne bestand. Mit ihnen war ein hünenhafter Priester, der als Offizier unter Turenne gedient hatte, Dollier de Casson. Noch nie hatte sich das alte soldatische Frankreich zu einem so eindrucksvollen Marsch in die Einöden der Neuen Welt gerüstet. Der See, den Courcelles düster und vereist erlebt hatte, lag nun bloß dunkel inmitten der vom Herbst schon rot gefärbten Wälder. Man bestieg 110 Rindenkanus, die vom Champlain- zum Saint Sacrement-See (George-See) mühselig getragen werden mußten. Der alte, gichtbrüchige Tracy wurde beim Überqueren eines Flusses beinah fortgerissen, und der Riese Dollier de Casson, der auf ausgestreckten Armen zwei Soldaten tragen konnte, mußte sich wiederholt als Neufundländer betätigen, um mehrere Soldaten vor dem Ertrinken zu retten. Das Land schien so wüst, als hätte es noch nie ein Menschenfuß betreten. Die 110 Freiwilligen aus Montreal und etwa 100 Algonkinaufklärer suchten die Ufer ab, sahen aber keinen einzigen Irokesen. Die Hoffnung, die Indianer zu überrumpeln, erwies sich als trügerisch. Ihre Patrouillen verfolgten von den Berghöhen aus die Bewegungen der Marinestreitmacht auf den Seen und gaben den Dörfern Alarm.

Nach Überquerung des George-Sees war noch eine Strecke von 35 Meilen durch Berge und Wälder zurückzulegen. Am 16. Oktober erreichte man die Mohawkebene, in der verstreut die fünf befestigten Dörfer dieses Volkes lagen. Das erste nahmen die Franzosen im Sturm, doch war es ein Stoß ins Leere gewesen, denn die Einwohner hatten die Ortschaft geräumt. Beim zweiten, dritten und vierten Dorf spielte sich das gleiche ab: Widerstand leisteten bloß einzelne Indianer, die sich auf die Berge geflüchtet hatten und von dort herunterschimpften und einige harmlose Schüsse abfeuerten. Bei Sonnenuntergang führte eine alte Squaw, eine der drei Gefangenen des Tages, die Franzosen zum fünften Dorf, Andaraque, das als größtes und am stärksten befestigtes die Hauptstadt der Mohawks darstellte. Hinter dem Viereck hoher Palisaden mit vier sicheren Bastionen hatten sich die Krieger in der festen Absicht verschanzt, die Prophezeiung des Bastarden Flamand wahrzumachen und ihr Leben teuer zu verkaufen. Sie hatten freilich nicht mit den Trommeln gerechnet. Als die Franzosen vorrückten, hinter zwanzig Trommeln, deren Dröhnen durch die sinkende Nacht schallte, glaubten die Mohawks, die Stimmen der Dämonen zu hören. Im Nu verließen sie die Umwallung, und in regelloser Flucht verschwanden die Tapfersten der Irokesen aus dem Gesichtskreis.

Am nächsten Tag nahmen die Franzosen den Bestand dieser

Eroberung auf, die sie bloß etwas Lärm gekostet hatte. Dabei erlebten sie Überraschungen. Der Verkehr mit den Holländern hatte merklich auf diese indianische Auslese, den Bund der Irokesen, eingewirkt; die Dörfer der Mohawks entsprachen keineswegs mehr der doch nur wenige Jahre zurückliegenden Beschreibung durch Isaak Jogues. Viele Häuser waren nun aus Holz erbaut; zahlreiches europäisches Werkzeug, wie Beile und Sägen, gehörte jetzt zum Reichtum des Volkes. Die Menge des aufgespeicherten Maises war so beträchtlich, daß man in den eroberten Dörfern das ganze Expeditionskorps hätte überwintern lassen können. De Tracy pflanzte ein Kreuz auf, nahm das Land im Namen des Königs von Frankreich in Besitz, dachte aber nicht daran, da eine Garnison zu belassen. Als Palisaden, Häuser und Vorräte niedergebrannt waren, zog die Kolonne nach Kanada ab, wo sie noch vor Einbruch des Winters eintraf.

Somit hatte sich der große Irokesenkrieg auf zwei militärische Spaziergänge beschränkt, einen beschwerlichen und einen mühelosen. Sie reichten aber hin, ein Indianervolk einzuschüchtern, dessen Ruhm und Ausdehnung nur seine weitgehende Erschlaffung verdeckten. Noch 1650 zählten die Mohawks 5000 Köpfe, als aber Tracy ihnen seinen bewaffneten Besuch abstattete, blieb kaum mehr die Hälfte davon. Den nächsten Winter mußten sie ohne Dach überm Kopf und ohne Lebensmittelvorräte über sich ergehen lassen; ihre Verluste waren schwerer, als ihnen die erbittertste Verteidigung von Andaraque hätte zufügen können. Der Beweis war erbracht, daß die Weißen in ungeheurer Zahl bis zu den entlegensten Stätten der Indianer vordringen konnten. Der Schrei, der in den künftigen Kämpfen so oft ertönen sollte, der Schrei der von der Flut der Eroberer überwältigten Indianer, wurde hier zum erstenmal gehört, als Kundschafter die vielen rot und blau gekleideten Männer auf ihrem Marsch gegen das Land der Mohawks gemeldet hatten: »Die ganze Welt bricht über uns herein.« Im Frühjahr 1667, als die Franzosen ihres Erfolges noch nicht sehr sicher waren und an einen neuen Feldzug dachten, erschienen in Quebec irokesische Abgesandte; sie mußten sich einen Frieden diktieren lassen, der die Fünf Völker aus dem Sankt Lorenz-Tal verwies. 20 Jahre später sollten französische Schwächen und Irrtümer sowie englische Subventionen und Verhetzungen sie wieder bis vor die Tore Montreals führen. Dabei handelte es sich freilich bloß um einen Überfall, und wenn nunmehr Franzosen und Irokesen einander gegenüberstanden, so letztere nicht mehr als Eroberer, die um ein Reich kämpften, sondern bloß als eingeborene Hilfstruppen in englischem Sold.

Die Unterwerfung der Irokesen bedeutete für Kanada wahrhaftig so etwas wie den Frühlingsbeginn. »Schön ist es«, schreibt Pater Le Mercier, »zu sehen, wie nun fast das ganze Ufer unseres großen Stromes bewohnt ist und neue Siedlungen sich über 80 Meilen erstrecken. Die Furcht vor dem Feind hält niemanden mehr davon ab, das Land zu bebauen, die Wälder zu roden und Korn aller Art der Erde zu vertrauen, die es genauso trägt wie die gute Erde Frankreichs.« Kaum vier Jahre zuvor hatte Pierre Boucher von den Drei Flüssen ein ganz verschiedenes Bild zeichnen müssen: »Die Irokesen bedrängen uns derart, daß wir die Vorzüge des Landes nicht zu genießen vermögen. Nur unter ständiger Gefahr kann man die Äcker bestellen oder gar das Heu mähen, denn sie liegen überall im Hinterhalt.« Die indianische Gefahr war nicht mehr der lähmende Alpdruck, der die Entwicklung Kanadas durch drei Generationen erschwert hatte.

Das Jahr 1665 hatte Neu-Frankreich mehr eingebracht als bloß einen Truppenkörper, der die Wilden zu Paaren trieb. Zum ersten Male faßte die französische Monarchie mit ihrer administrativen Tradition und ihrem Paternalismus in Amerika Fuß. Hinter dem zeitweilig aufgerichteten dünnen Schirm der Westindischen Kompanie nahm nun eine echte französische Provinz Gestalt an.

Genau wie in einer der Provinzen des Mutterlandes war auch hier der Oberpräsident die Hauptperson und treibende Kraft. Der von Colbert auserkorene Jean Baptiste Talon, ein Verwaltungsmann von Beruf, hatte als Kriegskommissar bei der Armee von Turenne und als Oberpräsident des Hennegaus genügend Erfahrungen gesammelt. Mit seinen 40 Jahren stand er im schönsten Mannesalter. Sein Wirken in Kanada zeugt von vielseitiger Tüchtigkeit und unermüdlicher Willensstärke. Mit einem aus eigenen Mitteln erbauten Schiff suchte er die Fischerei zu fördern und einen dreiseitigen Fischhandel zwischen den Antillen, Frankreich und Kanada in Schwung zu bringen. Er ließ nach Erz schürfen und schickte seine »Abenteurer« in der Hoffnung aus, neue Handelsstraßen und Erdschätze zu finden. Als erstes Industrieunternehmen Kanadas gründete er eine Bierbrauerei und plante die Hut- und Schuherzeugung, um den großen Überfluß an Fellen und Häuten an Ort und Stelle zu verwerten. Dies schlug der kolonialen Wirtschaftspolitik seiner Zeit allerdings ins Gesicht; somit mußte er seinen Projekten Grenzen setzen.

Wie d'Avaugour vor ihm, befürwortete er die Besetzung des Hudson-Tales, das in englischer Hand den Pelzhandel vom Tal des Sankt Lorenz-Stromes abzog und den König des erforderlichen »zweiten Zugangs« nach Kanada beraubte. Der Imperialismus des Oberpräsidenten ging noch viel weiter. »Nichts hindert uns daran«, schrieb er am 4. Oktober 1665, »den Namen und die Waffen Seiner Majestät bis nach Florida, Neu-Schweden, Neu-Holland und Neu-England zu tragen und über Florida nach Mexiko vorzudringen.«

So weitreichenden Plänen stand jedoch der Hof fern. Das plötzliche Interesse für Kanada war zwar mehr als ein Strohfeuer gewesen, aber noch lange nicht wirkliche Weltpolitik. Die europäischen Zwistigkeiten der Monarchie ließen die Ausdehnung jenseits der Meere belanglos erscheinen. Kanada war für Ludwig XIV. eine begrenzte Niederlassung, welche die Kraft der Monarchie keinesfalls nach Übersee ablenken durfte.

Volkszählungen

Im Jahr nach seiner Ankunft ließ Talon in Kanada die erste Volkszählung durchführen. Mit Ausnahme der Truppen ergab sie 2034 Männer, davon 1019 verheiratet, und 1181 Frauen, d. h. 3215 Köpfe auf 528 Heime verteilt. Quebec zählte 547 Einwohner, die bevölkerten Gebiete in seiner Umgebung, wie die Orleans-Insel, der Küstenstrich um Beaufort, Sillery usw. mehr als das Dreifache. Die Gegenden um die Drei Flüsse und um Montreal hatten bloß 455 bzw. 625 Seelen zu verzeichnen. Die Liste der Berufe ließ bereits die Umrisse einer regelrechten Gesellschaft hervortreten mit ihren 3 Notaren, 5 Wundärzten, 3 Lehrern, 36 Zimmerleuten, 20 Schustern, 3 Schlossern, 5 Bäckern, 18 Kaufleuten und 16 Bürgern. Es wurden 54 Geistliche gezählt (1 Bischof, 18 Priester, 35 Jesuiten); dazu kamen 19 Ursulinerinnen, 23 Hospitaliter und 4 fromme Töchter der Kongregation.

Von der Volkszählung des Jahres 1665 bis zu der von 1668 stieg die kanadische Bevölkerungszahl auf 6282 Einwohner. Wäre dieses Tempo eingehalten worden und jährlich ein Zuwachs von bloß 150 Familien erfolgt, dann hätte Neu-Frankreich noch vor der Mitte des 18. Jahrhunderts eine halbe Million Einwohner gezählt und der französisch-englische Krieg um Nordamerika einen anderen Ausgang genommen. Vauban, der seine Zeit so weit überragende Kopf, rechnete aus, Kanada werde im Jahre 1970 eine Bevölkerung von 25 Millionen haben. Doch gab es hier, im Gegensatz zu den englischen Kolonien in Amerika, nie eine freiwillige Einwanderung. Die französischen Bauern mußten von ihrer Scholle losgerissen werden, wollte man sie in die unbebauten Gebiete Amerikas verpflanzen, und als sich die Krone darum nicht mehr bemühte, versiegte der Menschenstrom. Bei der letzten Volkszählung im 17. Jahrhundert, der von 1698, belief sich die Einwohnerzahl Kanadas noch auf nur 15 000 Seelen. Seit etwa 20 Jahren ergab sich die Vermehrung lediglich aus dem Geburtenüberschuß. Dem monarchischen Frankreich von damals fehlten jene äußerste Armut sowie die religiösen Fehden, aus denen die großen Völkerwanderungen entspringen. Zudem schloß Lavals Fanatismus das Tor vor jedem, dessen römischer Katholizismus nicht über jeden Zweifel erhaben war. Anfangs kamen viele Einwanderer aus La Rochelle, doch ließ der Bischof, obwohl sie alle katholisch waren, in Frankreich wissen, er wolle keine Leute haben, die aus einem alten Hochsitz der Ketzerei stammten. So kamen die Kolonisten immer nur aus rein katholischen Gegenden Frankreichs, und der Klerus bestand darauf, daß man sich nach Möglichkeit an diese Auswahl hielt, verbürgte sie ihm doch die wahre Frömmigkeit.

Wie in allen neuen Ländern ergab sich auch hier das Frauenproblem. Die Rassenmischung war lange nicht so verbreitet wie in den spanischen Kolonien, und wenn die Franzosen auch grundsätzlich nichts gegen den geschlechtlichen Verkehr mit Indianerweibern hatten, zogen sie doch Ehefrauen des eigenen Blutes vor. Colbert und Talon sorgten dafür, sie ihnen zu beschaffen. Talon erbat jährlich 150 bis 300 Mädchen, die nicht unbedingt »unförmig oder von abstoßendem Äußeren« sein sollten, und empfahl, dem Trupp noch »drei oder vier Mädchen von Stand« beizugesellen als Frauen für die Offiziere Carignans. Die letztere Kategorie fand sich am schnellsten ein; Talon beklagte sich, 15 »Fräulein« erhalten zu haben, statt der vier von ihm verlangten. So ergab sich ein Überschuß an Edelfräulein, die mit den dortigen Bürgertöchtern um die Betten der Offiziere und Edelleute in Wettbewerb traten. Die Mädchen aus dem Volk verheirateten sich dagegen sehr rasch, meist im Laufe von 14 Tagen, und die Briefe des Oberpräsidenten sind dauernd voller Klagen über die geringe Zahl der Transporte. Die von den Pfarrern in den Sprengeln Westfrankreichs ausgesuchten oder Hospitälern und Arbeitshäusern entstammenden künftigen kanadischen Mütter wurden, wie der Baron de La Hontan erzählt, in mehreren Sälen ausgestellt, wo die jungen Leute ihre Bräute wählten, »wie der Metzger ein Schaf aus der Herde wählt«. Die molligsten gingen als erste ab, weil sie als bessere Hausfrauen galten und als besser gepolstert gegen die Unbilden des Winters. Hatte der Brautwerber seine Unterhaltsmittel aufgezählt und war er von den Nonnen gutgeheißen, wurde auf der Stelle Hochzeit gefeiert. Das neuvermählte Paar erhielt im Namen des Königs einen Ochsen, eine Kuh, zwei Schweine, Geflügel, ein Faß Pökelfleisch und elf Taler.

Tausend Ehefrauen wurden unter solchen Umständen während der Amtszeit Talons versandt. Colbert legte ihm nahe, sich als Heiratsvermittler zu betätigen und tat ihm kund: »Nichts steht dem im Wege, die Burschen mit 18 oder 19, die Mädchen mit 14 oder 15 Jahren zu verheiraten.« Talon veranlaßte das Erforderliche, zahlte sehr jungen Paaren Sondervergütungen aus und belegte Eltern, die ihre Kinder ohne triftigen Grund nicht heiraten ließen, mit Geldbußen. Auch gegen freiwillige oder unfreiwillige Junggesellen ging er vor und verbot ihnen die Jagd, Fischerei und den Handel mit den Indianern. Dann setzte er auf Veranlassung des Ministers Prämien für kinderreiche Familien aus: 300 Taler Pension für Eltern von zehn Kindern, 400 Taler für solche von zwölf Kindern.

Klima und Beschaffenheit Kanadas bremsten allerdings auch weiterhin seine Entwicklung. Abgesehen von Pelzen, stellte nichts in diesem Gebiet die schnelle Erlangung eines gewissen Wohlstands in Aussicht. Im günstigsten Falle mußte man sich auf eine genauso schwere Arbeit wie in Frankreich gefaßt machen, und dies unter viel härteren Bedingungen. Die äußerst strengen Winter machten die Herbstsaat unmöglich, der Ertrag war durchschnittlich um die Hälfte kleiner als in Frankreich; das Roden des Waldes bedeutete Schwerarbeit, und die Äcker hätten einen Dünger benötigt, den das kaum vorhandene Vieh nicht zu liefern vermochte. Hungersnöte traten zwar selten auf, aber im Grunde ergab doch das Allgemeinbild unüberwindliche Armut.

Das soziale und landwirtschaftliche System beruhte auf einem vereinfachten Feudalismus. Von 1663 bis 1780 wurden 300 Lehnsgüter vergeben, davon 60 mit insgesamt einer Million

Morgen von J. B. Talon. Wer die Erde brachliegen ließ, dem drohte Verlust des Rechtes. Kapitalmangel führte zur Gepflogenheit, Untervasallen zu belehnen. Dem vom König für Dienst und Treue verliehenen Lehen entsprach das vom Lehnsherrn gegen Grundzins übereignete. Dieser empfing außer einem Zins von 2–3 Sou je Morgen die Huldigung; sie wurde kniend, barhaupt, ohne Waffen und Sporen dargebracht und vom Lehnsherrn dem König in der Person des Gouverneurs geleistet. Die Herrenrechte umfaßten den Pachtzins, die Gülte, die Verkaufsgebühren und das Zwangsrecht, von denen nur eines ins Gewicht fiel, das der Mühle, denn es brachte einen Vierzehntelzins ein. Der Frondienst bestand mehr in der Theorie als in der Praxis, und das in Frankreich streng gehandhabte Jagdrecht trat in Kanada angesichts der unendlichen Urwälder rings um die Landwirtschaftsbetriebe nie in Kraft.

Die Armut verhinderte aber nicht, daß man sich ungemein artig und wohlerzogen gab, was ein gewisses Streben nach gesellschaftlicher Demokratie erkennen ließ. Für die bescheidensten Kanadier war es Ehrensache, einen Sonntagsstaat zu besitzen; sie legten größten Wert darauf, mit »Herr« oder »Frau« angesprochen zu werden, mochten sie auch nur Taglöhner sein. Der Ausdruck »Bauer« war in Neu-Frankreich verpönt, und die Benennung »Pflanzer«, die das gleiche bedeutete, ist noch im heutigen Kanada für gutsherrliche Familien gang und gäbe, die in ferner Vergangenheit wurzeln.

Colbert beabsichtigte, die Macht der Kirche in Kanada zurückzudrängen. Die Weisungen, die er Talon auf den Weg gab, taten verschiedener Dinge Erwähnung, so der Übergriffe der Jesuiten wie auch ihrer zu engen Bindung an den »Herrn Bischof von Peträa«, und schrieben dem Oberpräsidenten vor, zwischen weltlicher und geistlicher Gewalt »neutral zu bleiben«, wobei er aber stets bemüht sein solle, die letztere »der ersteren unterzuordnen«. Gallikaner wie alle Juristen seiner Zeit, war Talon genau der Mann, diese Politik durchzuführen. Der bedeutende Gouverneur Graf de Frontenac, der Nachfolger de Courcelles', haßte die Jesuiten und machte kein Hehl daraus. Weder gegen den Standesherrn noch gegen den kleinen, aber von Colbert gestützten Advokaten nahm sich Bischof de Laval die öffentlichen Anklagen und Exkommunikationen heraus, mit denen er die schwächlichen Gouverneure d'Avaugour und Mézy auf die Knie gezwungen hatte. Und dennoch behaupteten nicht die Vertreter des Königs das Feld. Die kanadische Theokratie ließ sich nicht unterkriegen und überlebte die weltliche Gewalt, die sie hatte brechen sollen.

Die Kirche Kanadas ruhte auf einem für das arme Land ansehnlichen Vermögen. Auf den zwei Privatbesitzungen des Bischofs de Laval, Beaupré und Orleans, saß mehr als ein Viertel aller Kanadier. Mochte er auch als Asket leben, sein Privateinkommen belief sich doch auf 40 000 Taler, was eine für ein solches Land riesige Summe darstellte und einen ungeheuren Einfluß sicherte. Die Jesuiten besaßen ihrerseits 14 Lehnsgüter, trieben Pelzhandel und waren einem redlichen Verdienst bei Lieferung der lebenswichtigsten Güter an Kolonisten und Indianer nicht abhold. »Pater Albanel«, steht in einer Denkschrift, »verkauft Brot, Wein und Korn wie auch Bruder Joseph, der bei allen Schichten 500 Prozent verdient.« Zwar führte die Kirche einen lärmenden Kampf für das Verbot des Alkohols als Tauschmittel mit den Indianern, doch standen die Jesuiten immer im Verdacht, sich das Monopol sichern zu wollen. Der Gouverneur de Frontenac beschuldigte die Schwarzröcke gewisser kaufmännischer Machenschaften, die an Verrat grenzten. »Sie stehen«, schrieb er an Colbert, »im Einvernehmen mit den Engländern, empfehlen französischen Privatpersonen, mit diesen Handel zu treiben, und haben wiederholt Reisen nach Oranje und Manatte unternommen.« Die sieben Missionen der Jesuiten bei den Irokesen sollten, dem Gouverneur zufolge, bloß ihre verbrecherischen Geschäfte tarnen.

Gegen Laval und die Jesuiten behaupteten sich jedoch die Gallikaner in Montreal. Auch den Rekollekten war es gelungen, ihre franziskanische Armut in Kanada wieder heimisch zu machen. Dieser Wettbewerb ärgerte den Bischof und den führenden Orden maßlos. In der Siedlung »Drei Flüsse« donnerte Pater Albanel von der Kanzel, in Kanada befänden sich Priester des Antichrist, die weltlichen aber seien Trunkenbolde und Frauenverführer. Den beherrschenden Einfluß übte nach wie vor Laval, dessen Priesterseminar in Quebec die Hochburg eines katholischen Puritanismus war, ähnlich dem protestantischen Puritanismus von Massachusetts. Die Zensur der Sitten, Kleider und Bälle wuchs sich beim Bischof zu einer Zwangsvorstellung aus. In apokalyptischen Ausdrücken wütete er gegen die Landplage der Spitzenhauben und sonstigen Kopfputzes, die den armen Mädchen von Quebec Paris vorzauberten. Fast war ihm die Glaubensarbeit unter den Franzosen wichtiger als die unter den Wilden. So lehnte er das System der festbesoldeten Pfarrer ab und ersetzte diese durch reisende Vikare, was ihm die Möglichkeit gab, alle Zehnte Kanadas einzuheben. Gerade das gereichte ihm freilich zum Verderben, lieferte er doch damit Ludwig XIV. den Vorwand, einen Prälaten abzusetzen, der sein Amt seit so langer Zeit mißbrauchte. Zunächst wurden ihm die Gepflogenheiten der französischen Kirche in Erinnerung gerufen, dann (1684) reiste er nach Paris, um sich zu beschweren. Er beging die Unvorsichtigkeit, einen Nachfolger zu erbitten und erlebte die Überraschung, daß ihm auf der Stelle willfahren wurde. Dieser, der Bischof de Saint Vallier, stieß übrigens auf heftigsten Widerstand, hauptsächlich seitens der in Neu-Frankreich geborenen Priester. Als Laval nach vierjährigen Bemühungen die Erlaubnis erhielt, nach Quebec zurückzukehren, erlangte er sofort seinen früheren Einfluß und versah durch weitere 16 Jahre ein geistliches Amt, dessen Titel allein er verloren hatte. Die starke und dauerhafte katholische Prägung Französisch-Kanadas ist zum größten Teil ihm zu verdanken.

Die Last, die eine so mächtige Kirche dem Kanada des 17. Jahrhunderts aufbürdete, war erdrückend. Sie mischte sich in gesellschaftliche und familiäre Angelegenheiten ein, beherrschte Erziehung und Moral, beeinflußte die Wirtschaft, kontrollierte unerbittlich die Gewissen, die Bücher und Unterhaltungen. Junge Leute wurden exkommuniziert, weil sie im Karneval eine Maske vorgenommen; junge Frauen holte man mitten in der Nacht aus dem Ehebett und versohlte ihnen ohne Aufschub den Hintern, weil sie getanzt hatten. Eine fromme weibliche Freimauerei, bekannt unter dem Namen der Heiligen Familie, versammelte sich jeden Donnerstag hinter den verschlossenen Türen der Kathedrale: ihre Mitglieder hatten einen Eid auf die Bibel abgelegt, »alles zu berichten, was sie Gutes oder Übles über Personen ihres Umgangs wußten«. Selbst den Ernten war der Klerikalismus feind: »Es wäre zu wünschen«, meldet Gédéon de Catalogne, »daß die Kirche die unerläßlichen Arbeiten zulasse, die an den Kirchenfesten eingestellt werden müssen. Zwischen Mai und Ende September gibt es keine 90 Arbeitstage.« Der Gouverneur Frontenac schrieb an Colbert, alle Unordnung in Kanada habe ihre Wurzeln im »Ehrgeiz des Klerus«. Die Kirche hatte die Kolonie zur Zeit der verzweifelten Kämpfe gehalten und gerettet; nun gedachte sie, die tatsächliche Regierungsgewalt in Händen zu behalten.

Von ferne betrachtet, mochte das Leben in Neu-Frankreich wie ein holder Morgen erschienen sein. In Wirklichkeit war es eintönig und bedrückend. »Kein Mensch«, schrieb La Mothe Cadillac, »kann hier leben, er sei denn ein Schafskopf oder ein Pfaffenknecht.« Die unabhängigen Geister, zu denen auch La Mothe Cadillac gehörte, flohen aus der Stickluft Kanadas und suchten die Freiheit in der Gefahr. Sie stellten eine besondere Abart der amerikanischen Franzosen dar, die der Waldläufer; von den »Pflanzern« der Provinz Quebec unterschieden sie sich wie die Flamme vom Feuerstein, dem sie entspringt.

Gegen die Waldläufer wurden alle Hebel in Bewegung gesetzt. Sie lieferten der Kirche und den Vertretern des Königs die seltene Gelegenheit, einer Meinung zu sein, und die Berichte der Oberpräsidenten wettern gegen sie genauso gewaltig wie die *Relationen* der Jesuiten. Sie entzogen sich in gleichem Maße dem monarchistischen Paternalismus wie der kirchlichen Vormundschaft, verminderten die Zahl der Landarbeiter, der Pfarrkinder und Kinderzeuger und hielten abseits der kleinen absolutistischen und bigotten Kolonie den schamlosen Geist der Freiheit und des Individualismus wach. Manche waren einfach Pelzhändler und suchten bloß zum Herkunftsort ihrer Ware zu gelangen, andere lebten als richtige *outlaws,* wieder andere hatten sich dem Indianerleben derart angepaßt, daß sie sich bei den Uatuaks oder Utagamis wohler fühlten als bei den Basken oder Bretonen. Sie alle aber glichen einander, was beherztes, draufgängerisches Wesen und Nackensteife anlangte. Auch geizten sie nicht in Liebesdingen und bevölkerten gar bald die Wälder der Neuen Welt mit einer kräftigen Mestizenrasse von Franko-Indianern. Vielleicht übertrieben Jesuiten wie Oberpräsidenten ihre Zahl mit der Behauptung, ein Drittel aller gesunden Männer Kanadas sei ihnen durchgegangen, doch irrte Denonville sicherlich nicht, wenn er Colbert schrieb, es handle sich um die tüchtigsten und tapfersten.

Um den Waldläufern zu schaden, unterstützte man die Pelzmärkte von Montreal und den »Drei Flüssen«, doch blieb stets der Käufer im Vorteil, der die Indianer aufsuchte, ihre Sprache beherrschte und ihre Biber mit Feuerwasser bezahlte. Also verfiel man auf den Waldläufer mit Gewerbeschein; es gab deren 25, die jährlich ihren Schein und die Erlaubnis erhielten, zwei Kanus voll mit Handelsware mitzuführen. Die Selbständigen fühlten sich jedoch weder von dieser Konkurrenz gestört noch vom Edikt eingeschüchtert, das ihnen bei der ersten Übertretung Prügel, bei der zweiten aber lebenslängliche Zwangsarbeit androhte. Da es in den Wäldern keine Polizei gab, konnten diese Strafen erst auferlegt werden, wenn die Waldläufer nach Montreal kamen. Überdies hätte ihre Vollstreckung zur Folge gehabt, die Männer in die englischen und holländischen Niederlassungen am Hudson zu treiben.

Auch waren diese verlorenen Söhne zahlreich und unternehmungslustig genug, um in den unendlichen Weiten des Kontinents gefährliche Freibeuterscharen zu bilden. Das Gesetz untersagte die Errichtung von Niederlassungen flußaufwärts von Montreal; die Waldläuferbanden aber bauten Lagerhäuser und Posten bis nach Wisconsin hinein. Für kurze Zeit gab es sogar unter einem Anführer namens Daniel du Luth so etwas wie eine Republik der Waldvaganten. Seit die schwarzen Ufer des Sankt Lorenz-Stromes dem Zwang der strengen Regel unterlagen, lockte der grenzenlose bunte Westen alles an sich, was Mut und Leben in sich fühlte.

Mit hohen Pfählen befestigtes Indianerdorf (oben)
Indianerfamilie bei einer Flußüberquerung (unten)

C

The manner of their fishing

Die Eroberer

Der Graf de Frontenac und die tragische Geschichte von La Salle

Die Bergfahrt über die Stromschnellen war lang und mühsam gewesen. Regengüsse peitschten die Wasserwirbel, störten die Männer, die sich gegen den Sturm stemmten und schwerbeladene Kanus zogen. Der Tatkraft des Grafen de Frontenac aber konnten die entfesselten Elemente nichts anhaben. Wie alle anderen watete er im Wasser, griff wie sie überall zu, hielt sich gerade, auch wenn ihm das Wasser in den Kragen rann, und munterte alle mit seiner wohlklingenden Stimme auf. Mit 53 Jahren wäre sein richtiger Platz bei Hof gewesen oder an der Spitze einer gut ausgerüsteten Armee in der Alten Welt. Dennoch hatte er freiwillig sein Landschloß in Quebec verlassen, um sich mit dem kalten, brausenden Sankt Lorenz-Strom herumzuschlagen, an der Spitze einer Truppe, in der die Lederwämse der Trapper und Leinenkittel der Bauern die Uniformen der Soldaten und Offiziere überwogen. Was indes mehr ist: Frontenac wußte recht gut, daß der gestrenge Colbert seine Expedition kaum billigen würde, hatte er ihm doch vor seiner Abreise eine Strafpredigt über Abenteurer gehalten. Als Gouverneur und Generalstatthalter Neu-Frankreichs konnte er jedoch der Versuchung nicht widerstehen, eigenhändig die Pflanzstätte anzulegen, in der er weniger einen Grenzstein als einen Ausgangspunkt sah.

Saint-Simon erwähnt Frontenac und erzählt seine Geschichte in ein paar Worten: »Frontenac«, sagt er, »ein Mann ausgezeichneter Abkunft, der sich großer Beliebtheit erfreute, war völlig verarmt. Weil ihm der zänkische Charakter seiner Frau auf die Nerven ging, übertrug man ihm das Generalgouvernement Kanadas; damit war er sie los und seine Existenz war auch gesichert.« Die Gräfin, die in früheren Jahren Mitglied der Fronde und mit der Grande Mademoiselle, der Schwester

Ludwigs XIV., befreundet gewesen war, ließ ihren Mann gern ziehen. Sie hatte ihn in kurz aufflammender Leidenschaft geheiratet und verspürte nun nicht den Wunsch, ihm zu folgen.

Frontenac ging als Nachfolger Rémi de Courcelles' nach Kanada und verhehlte keineswegs, daß er da ein neues Vermögen zu erwerben gedachte. Wie so viele andere verfiel er dem gewaltigen Zauber des Sankt Lorenz-Stromes. Beim Anblick Quebecs meinte er begeistert, es werde einmal die Hauptstadt eines Weltreichs sein. Im Augenblick, da Frontenac die Luft der Neuen Welt atmete, war der Zyniker in ihm gestorben und der Franzose des 17. Jahrhunderts geboren, der am ehesten mit Lyautey zu vergleichen ist. Allerdings erhielt Frontenac von der absoluten Monarchie bei weitem weniger Unterstützung, als dem Marokkomarschall die Republik gewährte, die er doch gar nicht mochte. Herrisch und hitzig wie er war, ließ sich Frontenac in einen gefährlichen Kampf mit den Jesuiten ein, wobei er die Unvorsichtigkeit beging, sich nicht einmal das Wohlwollen der königlichen Regierung zu sichern. Kaum in Quebec angekommen, berief er Generalstände im kleinen ein und ließ die Bevölkerung einen Bürgermeister und zwei Schöffen wählen. Postwendend – immerhin sechs Monate später – erteilte ihm Colbert eigenhändig eine Lektion in monarchistischer Politik und untersagte ihm, in Amerika die Versammlung der drei Stände wiederzubeleben, »die unsere Könige seit vielen Jahren nicht mehr einberufen haben, weil sie sich mit der Absicht tragen, sie unmerklich abzuschaffen«. Seitdem wurde der Unfügsame mißtrauisch beobachtet, und es gehörte wahrlich eine starke Persönlichkeit dazu, sich unter solchen Umständen zehn Jahre lang zu halten, bis man ihn dann in einem äußerst gefährlichen Augenblick abberief.

Die Expedition zu den Stromschnellen des Sankt Lorenz-Stroms zu Beginn des Sommers 1673 stellte für Frontenac ein wohlüberlegtes Wagnis dar. Er hatte es auf sich genommen, am Ontario-See das Fort zu errichten, das Talon einige Jahre zuvor bei Colbert beantragt, dessen Bau zurückzustellen der Minister aber mit dürren Worten befohlen hatte. Als Begründung führte er hauptsächlich an, wie wichtig es wäre, den Pelzhandel nach dem Neuen York abzufangen, doch lag der Hintergedanke Frontenacs klar zutage. Kanada, dessen Vorposten noch immer Montreal war, sollte einen Achtzigmeilenschritt tun und am Ufer der Großen Seen Fuß fassen, die man schon längst als Schlüsselstellung einer ganzen Welt erkannt hatte. Champlains Süßes Meer wäre damit französischer Besitz geworden, nicht bloß Durchzugsgebiet etlicher Waldläufer oder Missionsbereich der Jesuiten, die von der Größe ihres Ordens schwärmten. Seine Wasser würden Frankreichs Lilienbanner spiegeln und es in weite Fernen tragen.

Frontenacs Adjutant auf diesem Marsch zum Ontario war ein Mann um die Dreißig, Robert Cavelier, nach altem Familienbrauch La Salle genannt. In Rouen 1643 geboren, war er 1666 im Gefolge eines älteren Bruders, des Abbé Jean aus Montreal, nach Kanada gekommen. Ohne jede Schwierigkeit erhielt er vom alten Abt Queylus die Abtretung von 1000 Morgen nächst dem Lachine genannten Flecken, vier Meilen flußaufwärts der Stadt an den letzten Schnellen des Sankt Lorenz-Stroms. Der junge Cavelier, der als Sohn reicher Bürger über bedeutende Mittel verfügte, wurde damit der westlichste Kolonist Kanadas. Am Ende seiner Felder erstreckte sich ein durch königliches Dekret gesperrtes, riesiges Gebiet, das kein Laie besiedeln oder auch nur ohne eigens ausgestellte Bewilligung betreten durfte. Was Cavelier nicht hinderte, am Fuß seiner Palisade auf den Stromschnellen, die zu den ruhigen Gewässern des Saint François-Sees hinabführten, Waldläufer zu beobachten, die — meist ohne Gewerbeschein — westwärts zogen. Bald nahm bei ihm der Plan feste Form an, es ihnen nachzutun, und nicht etwa bloß aus gewinnsüchtigen Erwägungen. Cavelier war wohl ein praktischer Mensch, doch brannte in ihm auch die Flamme lauterer Neugier des großen Entdeckers. In dieser vorletzten Generation des 17. Jahrhunderts war der Traum von der Großen Passage, der Seen- oder Flußstraße nach dem Purpurmeer, noch immer nicht ausgeträumt.

Im Jahre 1669 überließ La Salle seinen Besitz gegen Zahlung von 2800 Talern dem Jean Milot, Grobschmied seines Zeichens. Vom Oberpräsidenten Talon ermuntert, aber nicht mit Geld unterstützt, machte er sich auf die abenteuerliche Fahrt. Ein Befehl des Gouverneurs de Courcelles schrieb ihm vor, sich einem Aufklärungstrupp anzuschließen, der von zwei Gallikanern, den Abbés Dollier de Casson und Gallinée, angeführt wurde; doch erwies sich diese von oberster Stelle verfügte Zusammenarbeit als unglücklich. La Salle wollte den Ohio erreichen, von dem er aus irokesischen Berichten wußte, weil er gegen Abend floß und somit als Weg zum Purpurmeer in Betracht kam. Die Geistlichen hatten weniger deutliche Pläne, ihnen schwebte bloß ein gefährlicher Ausflug in die amerikanischen Einöden vor. Im übrigen beargwöhnten sie La Salle, hatten ihn im Verdacht der Leichtfertigkeit und Prahlerei, und der von Gallinée verfaßte Reisebericht strotzt von Böswilligkeiten über ihn. Schon während des Aufenthaltes bei den Onondagas ging die Gesellschaft auseinander. Während Dollier und Gallinée über den Michigan-See nach Sault Sainte Marie zogen, tauchte Cavelier de La Salle in der weiten Gottesnatur unter und kehrte erst viele Monate später nach Montreal zurück. Man hat nie erfahren, ob er den Ohio erreicht oder einfach in dieser Zeit bei den Indianern gelebt hatte.

Auch die näheren Umstände der Begegnung Cavelier de La Salles mit dem Grafen de Frontenac sind nicht bekanntgeworden. Nach Geburt, Alter und gesellschaftlichem Rang durch viele Stufen voneinander geschieden, empfanden sie doch sogleich gegenseitiges Zutrauen. Späterhin stützte sich La Salle stets auf Frontenac, und dieser gewährte ihm jederzeit Schutz und Sicherheit. Die beiden Männer hatten die gleichen Feinde, in erster Linie die Jesuiten, darüber hinaus alle, die in Kanada oder Frankreich in deren Kielwasser segelten. Sie waren übrigens beide verwundbar, der Gascogner seines schrecklichen Freimuts wegen, der Normanne im Hinblick auf seine Liebesgeschichten und Geldschwierigkeiten.

Nach Überwindung der Stromschnellen schwärmte die Flottille aus. Das Wetter hatte sich aufgeklärt, die Sonne strahlte vom Himmel herab, und der französische Sinn für wirkungsvolle Aufmachung zeigte, wessen er unter dem Antrieb eines ruhmbegierigen Anführers fähig war. Vier lange Reihen von Kanus eröffneten den Zug; ihnen folgten im gleichen Takt, links und rechts gestaffelt, die Fahrzeuge der Freiwilligen von den »Drei Flüssen« und der indianischen Verbündeten. Sie nahmen zwei flache Barken in ihre Mitte, auf denen unter einem weißen Baldachin Frontenac und seine Offiziere Platz genommen hatten. Den 60 irokesischen Häuptlingen gingen die Augen über, als sie dieses Geschwader aus Birkenrinde herannahen sahen. Noch mehr beeindruckten sie die hohe Perücke, der gestickte Frack und das herrscherliche Gehabe des Grafen. Früher einmal pflegten die Franzosen in ihren feierlichen Ansprachen an die schrecklichen Krieger diese »Brüder« zu nennen. Frontenac aber leitete seine Rede vor den irokesischen Häuptlingen mit »Liebe Kinder« ein. Und so stark ist die Macht des Wortes bei den Primitiven, daß diese Störenfriede der Indianerwelt sich für immerdar als seine Kinder fühlten, auch wenn er sie strafen mußte.

Nachdem die geblendeten und zufriedengestellten Wilden fortgeschickt waren, machte man sich an die Errichtung des Forts Frontenac. Der hierfür gewählte Platz an der Dreiländerecke des französischen Gebiets, des Algonkin- und Irokesenbereichs lag dort, wo der Sankt Lorenz-Strom durch eine Inselgruppe schäumt und den Ontario-See verläßt. Das Kommando sollte Robert Cavelier de La Salle übernehmen, der schon von den herrlichen Abenteuern träumte, zu denen er von der winzigen Festung aufbrechen würde.

Der Westen war kein ganz unbeschriebenes Blatt mehr.

Champlain selber war bis zum Huron-See gekommen, und einer der von ihm in die Indianerwelt geschickten jungen Leute, Louis Nicolet, stieß bis zu einer Bucht und einem Volk vor, die beide derart übel rochen, daß er sie Puans* benannte. Auf der Spur der zersprengten Überbleibsel von Huronen gelangten einige Jesuiten zum Oberen-See. Später hatten die irokesischen Siege die Handels- und Missionswege verbaut und den Westen in unerreichbare Fernen gerückt. Durch 20 Jahre kamen den Franzosen Kanadas über diesen Westen bloß Sagen und Legenden zu. Sie konnten nur in ihrer Einbildung vorhandene Karten herstellen, auf denen das Süße Meer – ihnen zu Willen – mit dem Purpurmeer zusammenhing, und dieses selbst mit der Großen Südsee.

Schon der Waffenstillstand von 1654 setzte wieder einige Abenteurer nach dem Westen in Bewegung. Zwei von ihnen waren seltsame Schwäger von den »Drei Flüssen«, Médard Chouart des Groseilliers und jener Pierre-Esprit Radisson, der an der Jesuitenmission bei den Onondagas teilgenommen hatte, nachdem er als Gefangener der Irokesen dem Tode entronnen war. Da sie bei den kanadischen Behörden wenig Ermutigung fanden, sahen sie sich genötigt, ihre Dienste den Engländern anzubieten, für die sie die Hudson-Bucht durchforschten. Zunächst aber machten sie 1659–60 eine weite Reise bis ans Ende des Oberen-Sees und darüber hinaus. Dort kamen sie in Berührung mit einem neuen Typ von Rothäuten, den Prärie-Indianern, sehr verschieden von den Indianern der Wälder, welche die Franzosen bis dahin ausschließlich kennengelernt hatten. Sie entdeckten die Sioux, die westlich der Großen Seen die Rolle der Irokesen spielten und die gleiche Berühmtheit erlangen sollten.

Die Unterwerfung der Irokesen nach der Expedition des Marquis de Tracy öffnete den Franzosen den Westen. Die Jesuiten bauten ihre fern gelegenen Missionen wieder auf und gründeten zwei bedeutende Niederlassungen an den Wasser-

* Von *puer* = stinken.

wegen, die den Oberen bzw. den Michigan- mit dem Huron-See verbinden. Diese beiden Gibraltar – Sault Sainte Marie und Missilimackinak –, die der Pelzhandel passieren mußte, wurden immer miterwähnt, wenn die Patres beschuldigt wurden, sie hätten nur mehr »*business*« im Sinn. »Die Biberfelle interessieren sie weit mehr als die Seelen«, meint Frontenac, »und ihre Missionen sind eigentlich Kontore.« Eine erstaunliche Kühnheit, gepaart mit einer immer ausgeprägteren wissenschaftlich-geographischen Wißbegier, war indes den Jesuiten erhalten geblieben und machte aus ihnen ausgezeichnete Wegbahner. Pater Claude Allouez gründete am 91. Längengrad eine vorgeschobene Mission, die von 1665 bis 1667 den westlichsten von Weißen bewohnten Punkt darstellte. Später errichtete er noch nahe der Puans-Bucht die Saint François-Xavier-Mission als Ausgangspunkt für die Erforschung des Westens.

Talon meldete seinerseits dem Hofe – nicht ohne vorsichtige Umschweife –, daß er »Abenteurer ausschicke, Land in Besitz zu nehmen«. Einer von ihnen war de La Salle, den, wie der Oberpräsident sagt, »derlei Unternehmungen in Wallung bringen«. Ein anderer, namens Saint-Simon, segelte eiligst nach der Hudson-Bucht, doch waren ihm die Engländer zuvorgekommen. Ein dritter, Nicolas Perrot, traf mit dem Pater Allouez bei der Puans-Bucht zusammen und leitete mit Einschüchterung und Überredung die Unterwerfung der Wisconsin-Stämme ein. Daumont de Saint Lusson erhielt den Auftrag, »sorgfältig nachzuprüfen, ob es über Seen oder Flüsse irgendeine Verbindung zur Südsee gibt, die diesen Kontinent von China trennt«. Talon berichtete nach der Rückkehr Saint Lussons im Oktober 1671, sein Abgesandter sei »500 Meilen weit vorgestoßen, habe die Fahne des Königs im Angesicht von 17 wilden Stämmen aufgepflanzt – und nun seien es nur mehr 300 Meilen zum Purpurmeer«. Dieser Begeisterung setzte allerdings die Pariser Vorsicht einen Dämpfer auf, die als einzige Antwort stets bloß die Redensart fand: im Stande erhalten, nicht in die Breite wachsen, um die Hauptniederlassung nicht zu schwächen!

Einer der »Abenteurer« des Oberpräsidenten war Louis Joliet. »Herr Talon«, schrieb Frontenac an Colbert, »hat es für ratsam erachtet, einen gewissen Joliet auszuschicken, die Südsee über das Land der Maskuten und den großen Strom zu entdecken, den sie hier Mississippi nennen und von dem man annimmt, er münde ins Kalifornische Meer. Wir werden noch diesen Sommer von ihm hören.« Dieser Joliet (oder Jolliet), in Kanada geboren, in Quebec von den Jesuiten erzogen, hatte drei Jahre zuvor einen jungen Pater namens Jacques Marquette kennengelernt, der schon wiederholt gegen Westen gezogen war, einmal auch gemeinsam mit Pater Allouez zum Oberen See. Joliet erbat sich Marquette als Expeditionsgeistlichen. Damit hatte sich eines der großen Forscherpaare der Geschichte zusammengefunden.

Man hatte vom Lauf des Mississippi unklare Vorstellungen, hauptsächlich nach den Beschreibungen Groseilliers und Radissons, die ihn auf Grund eigener Anschauung oder von Indianererzählungen mit dem Sankt Lorenz-Strom gleichstellten. Am sichersten gelangte man zu ihm, wenn man sich nach Westen wandte. Joliet und Marquette verließen die Puans-Bucht am 13. Mai 1673 mit fünf weiteren Franzosen, fuhren den Renardfluß aufwärts, durchquerten das Land des Windhaferstammes und trafen bei den Maskuten ein, dem äußersten Punkt aller bisherigen französischen Entdeckungen. Die Wilden bestätigten ihnen das Vorhandensein des Mississippi, versuchten aber, sie mit dem Märchen von einem brüllenden Drachen aufzuhalten, der den Fluß versperre und sie gewiß auffressen werde. Die Forscher trugen ihre Boote im ebenen Gelände mit Leichtigkeit 2700 Schritt weit und vertrauten die beiden Kanus dem Flusse Meskonsin (Wisconsin) an, der sie anstandslos bis zum Mississippi trug, in den sie am 17. Juni einfuhren. Vor 132 Jahren hatte Hernando de Soto, Hunderte von Meilen südwärts, den Strom schon erreicht, doch ahnten

Joliet und Marquette nicht, daß es sich um den gleichen Wasserlauf handelte.

Die Enttäuschung, nach dem Süden statt nach Westen zu geraten, schwand bald angesicht der entdeckten Wunder. Jesuit und Trapper, die doch beide den nordamerikanischen Kontinent nach vielen Richtungen durchquert hatten, betraten nunmehr eine gänzlich neue Welt. Der Wald war nicht mehr beklemmend und endlos wie in Kanada, sondern von weiten Wiesenflächen durchsetzt, die alle Anzeichen der Fruchtbarkeit aufwiesen. »Ein Pflanzer«, berichtet Joliet, »braucht hier nicht zehn Jahre Holz zu fällen und zu verbrennen, er könnte den Boden schon am ersten Tag unter dem Pflug haben, und wenn ihm Ochsen aus Frankreich fehlten, stünden ihm die hiesigen zur Verfügung.«

Der Kanadier nahm optimistisch die Zähmung der Bisons vorweg, deren Herden die Abenteurer bis zum Horizont grasen sahen. Auch diese gewaltigen Tiere der großen Ebenen waren etwas seltsam Neues. Cabeza de Vaca hatte sie zwar vor 200 Jahren den Spaniern beschrieben, für die Franzosen aber stellten sie eine zoologische Entdeckung dar. Jacques Marquette suchte nach Worten, sie bei seiner Rückkehr zu schildern: der Höcker, das über die Augen fallende Mähnenhaar, die gekräuselte, rauhe Wolle auf dem übrigen Körper, der Kurzgalopp und das wilde Anstürmen, das sie so gefährlich machte. Diese Herden und die verschiedenartigste Flora vermittelten eine Vorstellung davon, was sich ein Bauernvolk von diesem Land erwarten durfte, das eben erst aus Gottes Hand gefallen war.

Die längste Zeit begegneten die beiden Forscher keiner Menschenseele. Erst am 25. Juni erblickten sie einen Pfad und folgten ihm bis zu einem Dorf, »ein gewagtes Unterfangen für zwei Männer ohne Begleitung«, sagt Marquette, »sich so auf Gnade oder Ungnade einem unbekannten Barbarenvolk auszuliefern.« Nach einer Schrecksekunde erwiesen sich die Barbaren als »rechtschaffen, liebenswürdig und hilfsbereit«. Es waren Illinois, was »Mann« bedeutet, und Marquette verstand zu seiner größten Überraschung ihre Sprache, denn sie war derjenigen der Algonkinstämme an den Großen Seen verwandt. Sie bestätigten einen schon von Radisson vermerkten Brauch, nämlich den, ihren Frauen im Falle des Verdachts der Treulosigkeit die Nase abzuschneiden. Den würdigen Pater versetzte noch eine andere Sitte in tiefes Erstaunen. »Einige junge Illinois«, erzählt er, »legen Frauenkleider an, tragen sie zeitlebens und rühmen sich dessen, niedrige Weiberarbeit zu verrichten.« Viel später noch begegnete man unter den Indianerstämmen offen ausgeübter Homosexualität.

Weiter ging's den Mississippi abwärts. Joliet und Marquette stießen auf den Missouri, und da sie ihn von Nordwest herausströmen sahen, nahmen sie an, er öffne den Weg zum Purpurmeer. Die Urgewalt des ungebändigten Stromes erschreckte sie jedoch, und so ließen sie sich auf dem ruhigeren großen Strom gegen Süden gleiten. Land und Menschen wechselten schnell unter der stärker brennenden Sonne, beiderseits eines Wasserlaufs, der immer breiter wurde und seine Ufer überflutete. Ende Juli kamen sie zu Stämmen, die den Biber nicht kannten, nie Schnee gesehen hatten und deren einzige Frucht die Wassermelone war. Sie beschlossen umzukehren, fuhren den Mississippi wieder aufwärts und gelangten zu den Großen Seen, indem sie ihre Kanus eine Strecke trugen, dort, wo später Chikago erstehen sollte. Marquette kehrte nach Sault Sainte Marie heim, Joliet aber ging nach Quebec, Frontenac Bericht zu erstatten. Knapp vor Montreal kenterte sein Kanu, wobei zwei seiner Männer ertranken und alle Papiere verlorengingen. »Über 42 Stromschnellen bin ich heil hinweggekommen«, stellt er weiterhin fest, »erst die letzte hat mich um alles gebracht.«

Frontenac mochte Joliet nicht, er war ihm zu jesuitisch. Immerhin meldete er nach Frankreich, der Trapper hätte ein herrliches Land sowie gut schiffbare Wasserwege entdeckt und sei bis auf zehn Tagereisen an den Golf von Mexiko herangekommen. Weshalb eigentlich hatte er nicht versucht, den Mississippi bis zur Mündung hinunterzufahren? Er begründete es mit der Schilderung der blutrünstigen Stämme am Unterlauf durch die Akamska- (Arkansas?) Indianer sowie mit der Befürchtung, von den Spaniern gefangengenommen zu werden. Seine Spritzfahrt war nichts weiter als eine schnelle glänzende Erkundung gewesen. Nach ihm kam dann La Salle, mit größeren Mitteln und ehrgeizigeren Absichten.

Ein erbitterter Kampf entbrannte. Die Jesuiten unterstützten Joliet, der um die Erlaubnis bat, sich mit 20 Mann im Lande der Illinois anzusiedeln. Frontenac setzte sich mit seinem herrischen Temperament und seiner scharfen Feder für La Salle ein; er traf dessen Widersacher vernichtend: »Früher einmal behandelten sie ihn als Grillenfänger«, schrieb er an Colbert, »nun aber, da er seine Absichten verwirklicht hat, erregt das ihren Neid um so mehr, als seine Niederlassung ihren Handel mit den Engländern stört.« Der Gouverneur zog sogar die Entdeckungen Joliets in Zweifel, die er doch selbst einige Monate zuvor voll Anerkennung gemeldet hatte. »Sein Bericht stimmt in vielen Dingen nicht«, behauptete er jetzt.

La Salles Erfolg, mit dem Frontenac soviel Staat machte, bestand in der Gründung der Niederlassung am Ontario-See, die ihnen beiden vier Jahre zuvor geglückt war. Zunächst nur Kommandant, war La Salle nach Frankreich gegangen und hatte dort (nebst dem Adelsdiplom) die Belehnung mit Fort Frontenac erlangt. Das Fort ragte jetzt mit vier Bastionen hoch empor und war umgeben von einer 17 Fuß breiten, aus Quadern gefügten Schutzwehr. La Salle, der beweisen wollte, wie sehr das Klima der Großen Seen günstiger wäre als das am Sankt Lorenz-Strom, hatte mit Erfolg 100 Morgen mit Herbstsaat bestellen lassen. Er plante auch den Weinbau. Indes war der Augenblick gekommen, ein anderes, kühneres Unternehmen zu beginnen.

Im Jahre 1677 begab sich La Salle zum zweiten Male nach Frankreich. Von Frontenac wärmstens empfohlen, wurde er von Colbert empfangen und unterbreitete ihm seinen Plan. Fort Frontenac sicherte den Zugang zu gemäßigten, reichen, fruchtbaren Gebieten, in denen der Handel mit den Fellen der Wildochsen allein eine mächtige Kolonie erhalten könnte. Damit wäre den Franzosen Amerikas die Möglichkeit gegeben, aus dem schrecklichen Klima Kanadas herauszukommen, wo es nach sechs Schneemonaten nicht Sommer werden wollte. Der Mississippi, der große Strom, erschloß zwar dieses unendliche Gebiet, doch durfte man nicht daran denken, die mit Fellen schwer beladenen Schiffe gegen die starke Strömung hinaufzufahren. Sie würden aber jedenfalls einen beträchtlichen Handelsverkehr auf dem Fluß ausmachen. Deshalb bitte er, La Salle, ihm den Auftrag zur Entdeckung der Mündung zu erteilen. Er sei bereit, das Unternehmen auf eigene Kosten durchzuführen; als Belohnung erwarte er bloß das Handelsmonopol für das Gebiet, das er dem König zu unterwerfen gedenke.

La Salle muß eine gewaltige Überredungsgabe besessen haben. Nichts lag Colberts politischen Ideen ferner als das Kolossalgemälde, das der Normanne mit dem Kopf eines Gascogners vor ihm entrollte. Vor wenigen Tagen erst hatte er Joliets Ansuchen um die bescheidene Konzession im Land der Illinois abgelehnt und das alte Argument aufgewärmt, man müsse »Kanadas Einwohnerzahl vermehren und erst dann an andere Gebiete denken«. Was La Salle ihm vor Augen führte, war nichts weniger als der größte Teil der heutigen Vereinigten Staaten, fast unerforschte Weiten, die erobert und besetzt werden mußten. Er aber hörte ihn an. Dann unterstützte er den wahnwitzigen Vorschlag. Die am 12. Mai 1678 in Saint-Germain-en-Laye erlassene königliche Verfügung ging sogar über die Pläne La Salles weit hinaus; Ludwig XIV. meinte von ihr, »nichts liege seinem Herzen näher als die Entdeckung neuer Gebiete, die danach aussehen, als könnten sie den Weg nach Mexiko eröffnen«. Der Hof, sonst so vorsichtig und gleichgültig in allem, was die Neue Welt betraf, war von einem Hauch amerikanischen Imperialismus berührt worden. La Salle hatte um die Bewilligung gebeten, am Erie- und am Michigan-See zwei Niederlassungen zu gründen – nun ließ man ihm freie Hand, Forts »an Orten zu errichten, wo Ihr es für notwendig erachtet«. Tatsächlich hatte er die Vollmacht in der Tasche, ein Weltreich zu schaffen.

Dann sah sich La Salle nach Geld um. Sein Konto wies eine Reihe von Anleihen auf, die er in Paris beim Bürgertum aufnahm, dem er zugehörte. Da ihn die Jesuiten angriffen, sorgte er für die Beistellung von Verteidigern aus gallikanischen Kreisen. Dem Abbé Renaudot, einem Hansdampf in allen Gassen, diktierte er ein langes Memorandum, das von findigen Schmähungen seiner Widersacher strotzte. Er verriß Joliet, dessen Entdeckungen angeblich bloß auf dem »Hörensagen« beruhten, und gab manche Einzelheit jesuitischer Herrschaftsmethoden in Kanada zum besten. Er selbst, Cavelier de La Salle, wäre bald in einen Hinterhalt geraten. Er wohnte bei einem gewissen Bazire, königlichem Steuerpächter, der den Jesuiten nahestand, und wollte bemerkt haben, daß die Hausfrau alle Reize spielen ließ, um ihn zu verführen. Da alles nichts fruchtete, packte sie eines Sonntags vor der Messe seine Hand und legte sie auf ihren Busen. Entsetzt lief er davon und rannte den Ehemann über den Haufen, der auf dem Gang den Moment abwartete, Lärm zu schlagen. Worauf Frau Bazire in die Kirche ging und »kommunizierte, ohne gebeichtet zu haben«. La Salle stand übrigens im Ruf eines Schürzenjägers, doch waren die Jesuiten durchaus imstande, ihn erdichtet zu haben.

Im Juli schiffte sich La Salle in La Rochelle ein. Außer einem Lotsen und 30 Mann begleitete ihn ein junger Mensch von 28 Jahren, nervig und dunkel, dessen linker Arm mit einer Eisenhand endigte. Es war Henri de Tonti, italienischer Abstammung, Sohn des Bankiers und Erfinders der Tontinen

(Leibrenten) und damit der Lebensversicherung; er ging mit La Salle nach Amerika, wo er dessen Stellvertreter werden sollte. So waren alle Mitspieler angetreten zu einem der schönsten, größten und tragischsten Abenteuer des Neuen Kontinents.

Champlain, der den Niagara nur vom Hörensagen kannte, vermerkte ihn auf seiner Karte des Jahres 1623 mit folgenden Worten: »Mächtiglich hoher Wassersturz, allwo etlich herabfallendes Fischzeug verdutzet wird.« Lallemand, der ihn wohl 1641 sah, hatte den ihm von den Wilden mitgeteilten Namen »Onguiahra« geschrieben, woraus ein anderer Verfasser der *Relationen* »Ongiara« machte. Zu La Salles Zeiten war schon »Niagara« geläufig. Zwei Meilen oberhalb des Wasserfalls befahl La Salle, seine Werft zu errichten.

Die Jahreszeit war wenig günstig gewählt. Mitten im Winter baute man das erste Segelschiff, das die Seen Erie und Michigan befahren sollte. Obwohl die Temperaturen nicht so streng waren wie in Kanada und dieser Winter sich besonders mild anließ (der Fall fror nicht zu), mußten die Arbeiter den Boden doch mit heißem Wasser auftauen, wollten sie einen Pfahl einrammen. La Salle, der geschäftig kam und ging, hatte das Kommando Tonti überlassen. Ein Mönch, ein bärtiger Riesenkerl, sprang aufgeregt um den kleinen Italiener herum und gab zu verstehen, er habe da genausoviel zu befehlen wie Tonti. »Ich war vor ihm gewarnt worden«, schreibt er, »Tonti sei eifersüchtig auf mich, weil ich ein Tagebuch führte.« Es war Bruder Hennepin, ein Franziskaner wallonischer oder luxemburgischer Abstammung, eine der seltenen Schelmengestalten unter den Pionieren Neu-Frankreichs. Er begann schon damals Material für die Märchen und Hochstapeleien zusammenzutragen, die ihn später berühmt machen sollten.

Über dem Niagara, dessen Tosen der Ostwind herübertrug, arbeiteten La Salles Zimmerleute. Als der Kiel fertig war, wurde Hennepin gebeten, die erste Planke einzufügen, er aber schützte die Demut seines Ordens vor und lehnte ab. Dabei rühmte er sich, dank dem Erfolg seiner Gesandtschaft bei den Irokesen das ganze Unternehmen gerettet zu haben. Man befand sich im Herzen ihres Landes, und sie grollten. Die Jesuiten, die jetzt bei jedem Irokesenstamm eine Mission unterhielten, hetzten sie heimlich auf, und Hennepin mußte außer seiner Beredsamkeit noch Geschenke im Wert von 500 Talern daranwenden, sie zu beruhigen. Sie kamen jedoch immer wieder, schlichen um die Palisaden und drohten, das im Bau befindliche Schiff niederzubrennen. Man ließ es aus Vorsicht vorzeitig vom Stapel laufen, und seine riesigen Ausmaße beeindruckten die Wilden nicht weniger als der *Great Eastern* die Menschen des 19. Jahrhunderts. Es verdrängte 40 Tonnen, maß 15 Meter in der Länge und war mit sieben kleinen Kanonen bestückt. Da das Wappen des Grafen de Frontenac von zwei Greifen gehalten wurde, gab man der Königin der Großen Seen den Namen dieses Fabeltiers.

Das Unternehmen ging über eine bloße Forschungsfahrt hinaus. Hier handelte es sich um Besitzergreifung. Im Vorjahr waren zwei Trupps zu 15 Mann mit Stoffen, Kesseln, Alkohol sowie dem Befehl vorausgeschickt worden, sich bei den Illinois niederzulassen und die ersten Kontore zu eröffnen. Somit glaubte La Salle, sich auf vorbereitetem Boden zu bewegen; doch als er gerade zur Abreise rüsten wollte, wurde der Ast abgesägt, auf dem er saß. Gleich nach seiner Rückkehr zum Niagara erfuhr er nämlich, seine kanadischen Gläubiger hätten in Quebec und Montreal seine gesamten Waren pfänden lassen. An Rückzug zu denken, war zu spät. Nur im Vormarsch konnte die Rettung liegen. So traf La Salle schleunigst seine letzten Vorbereitungen.

Am 7. August 1679 wagte sich der *Greif* auf den Erie-See, mit 30 Mann, darunter drei Mönchen, an Bord. Mit Kurs West-Südwest gelangte er zum Abfluß des Huron-Sees und fuhr ohne Schwierigkeit den gewundenen Fluß hinauf, an dem heute Detroit mit den Ford-Fabriken liegt. Der Huron-See aber wartete den Franzosen mit einem jener Stürme auf, die aus den Großen Seen einen Schiffsfriedhof machen. Am 26. August zwang der heftige Wind La Salle, die Marsstenge einzuziehen und die Rahen auf dem Deck mit Seilen festzubinden. Das einfache Schifflein trotzte dem Unwetter und erreichte am 27. August Missilimackinak, wo seinen Reeder die erste einer langen Reihe von Enttäuschungen erwartete. Die 15 Mann seines zweiten Trupps, die er schon längst bei den Illinois wähnte, waren nie über die Jesuitenmission hinausgekommen. Da hatte man ihnen eingeredet, ihr Herr sei ein Grillenfänger, sie aber rennten in ihr Verderben. Ihrer sechs waren ausgerissen und hatten gleich Waren im Werte von 4000 Talern mitgenommen, um sich schadlos zu halten. Der Kieselstein, über den La Salle immer wieder stolpern sollte, die Untreue und das Mißtrauen seiner Leute, lag zum erstenmal auf seinem Weg. Der Mann, der es verstanden hatte, einen Colbert zu überzeugen, traf niemals den richtigen Ton, seine Soldaten entweder zu begeistern oder ihnen einen solchen Schreck einzujagen, daß sie bei der Stange blieben. Einerseits war er kalt und abweisend; anderseits ging ihm die Grausamkeit völlig ab, die Führer schafft.

La Salle schickte Tonti mit sechs Mann aus, den Fahnenflüchtigen nachzustellen. Mit seinem Adjutant hatte er einen Treffpunkt vereinbart. Dann setzte er die Fahrt längs des westlichen Seeufers fort. In der Bucht von Puans wiederholte sich der Verdruß von Missilimackinak. Auch da gab es eine Jesuitenmission, auch da waren die Männer des ersten Trupps durch hinterhältiges Geschwätz vom Weitermarsch abgehalten worden. La Salle verlor keine Zeit mit Vorwürfen, reihte die Männer wieder ein und trat mit dem Stamm der Puteatami wegen eines Pelzgeschäfts in Verbindung, um seine durch die Gläubiger zerrütteten Finanzen in Ordnung zu bringen. Er verlud die Pelze auf den *Greif* und beließ an Bord fünf ordentliche Matrosen und einen Gehilfen, der den Verkauf der La-

La Salles Expedition erreicht die Mississippi-Mündung (oben)
Henri de Tonti bittet die Irokesen um Frieden (unten)

dung besorgen sollte. Am 18. September stieß der *Greif* vom Ufer ab: das erste kleine Segel auf dem amerikanischen Mittelmeer. Er nahm Kurs auf den Niagara, begleitet vom ehrfürchtigen Staunen der Indianer. Einige von ihnen nahmen ihn noch am Abend aus, da hatte er unterm kurzen, aber ununterbrochenen Anprall der Süßwasserwogen schon Schlagseite. Doch hat niemand je erfahren, wie sich der erste Schiffbruch auf den Großen Seen abspielte.

Ohne jede Sorge um Schiff und Ladung verteilte La Salle die verbliebenen 14 Männer auf vier Kanus. Diese Eroberer trugen in ihren gebrechlichen Booten das vollständige Rüstzeug dörflichen Handwerks mit sich, sogar eine Schmiede und ein Brettschneidegerät. La Salle gedachte nämlich ein zweites Schiff zu bauen, sobald man einen bedeutenden Nebenfluß des Mississippi entdeckt hätte, und auf diesem dann bequem bis zum Meer zu treiben. Zunächst mußte man das Ende des Michigan-Sees erreichen. Da er sehr bewegt war, gestaltete sich dieser Teil der Reise äußerst gefährlich. Zweimal wurden die Seefahrer »von einem Toben der Elemente überfallen wie nur bei schwersten Stürmen auf hoher See«. Sie mußten sich auf Felsen retten, wo sie einige Tage Schnee und Regen ausgesetzt waren, mit nichts im Leib. Endlich hellte sich der Himmel auf, es wurde wieder wärmer. Wild war im Überfluß vorhanden, und auf den Seeufern fand sich sogar eine Menge ausgezeichneter Trauben, aus denen die Franziskaner Meßwein kelterten. Für die Indianer, die man truppweise antraf, hielt man eine Art weißer Fahne in Gestalt einer Friedenspfeife bereit, ein Geschenk der Puteatami: ein roter, schönpolierter Stein mit einem zwei Fuß langen Stiel, den man zum Beweis freundlicher Absichten nur vorzuzeigen brauchte. Die Stämme Kanadas kannten dieses äußerst zweckmäßige Symbol leider nicht.

Längs der Krümmung des Sees kehrte La Salle nach Osten zurück, bis zum Miami-Fluß, wo er mit Tonti verabredet war. Der treue Adjutant traf erst am 20. November ein, mit ihm

Champlain besiegt die Irokesen (oben)
Stapellauf der »Greif« (unten)

die Ausreißer von Sault Sainte Marie. Die nunmehr 30 Mann starke Expedition fuhr in den Fluß ein und stieß 40 Meilen weiter auf riesige Sümpfe voll Schilf und Erlenholz, wo sie jeden Abend ein Stück Erde suchen mußte, darauf zu zelten. Schließlich kam sie an eine Quelle, die schon nach hundert Schritten zu einem Fluß wurde, breit und tief wie die Marne. Der Wasserweg zum Golf von Mexiko war gefunden.

Kaum war man aus den Sümpfen heraus, wurden die Lebensgeister wieder wach. Was Wunder in solch herrlichem Land! Zur Sicherung ihres einfachen Lebensunterhaltes brauchten die Miami-Indianer bloß das Gras der Prärie in Brand zu setzen, und gar bald hatten die Flammen bis zu 200 Bisons eingekreist und getötet. Der Fischfang warf reichen Ertrag ab. Der Boden war erstaunlich fruchtbar. Die Bäume erreichten eine nie gesehene Höhe. Der wilde Wein trug anderthalb Fuß lange Trauben voll guten Saftes. Der Hanf wuchs bis zu sechs oder acht Fuß hoch. Die Luft war auch jetzt im Dezember außerordentlich mild und blieb es bis Anfang Januar, als man das große Dorf der Illinois erreichte. Es lag auf dem rechten Ufer des Flusses, der von da ab breiter war als die Seine in Paris, und zählte 460 Hütten aus langen Bogenlauben, in jeder vier oder fünf Feuerstellen. Der Stamm war eben auf der Jagd, das Dorf leer, und so mußte man noch vier Tage fahren, bis das Lager in Sicht kam. La Salle ließ seine acht Boote in Linie auffahren; jeder Mann hatte die Flinte in der Hand; doch wies er die Friedenspfeife vor, und die alten Indianer hielten die jungen Leute davon ab, Schwärme von Pfeilen auf die Ankömmlinge zu verschießen. Einige Augenblicke später wurden Geschenke ausgetauscht, und bald stieg der Rauch der Bratstellen zum Himmel empor.

Doch bereits am übernächsten Tag änderte sich das Verhalten der Indianer. Über dem vom Champlain-See so weit entfernten Gebiet lastete eine furchtbare Drohung. Im Osten von den Europäern in Schach gehalten, ließen die blutgierigen Irokesen nun ihre Wut an den Stämmen bis zum Mississippi aus. Ein Miami-Häuptling, der die Spur der Weißen verfolgt hatte, erschien bei den Illinois und eröffnete ihnen, die Fremdlinge, die so schöne Worte im Munde führten, seien Verbündete und Vortrupps ihrer östlichen Feinde. Den Illinois wurde nahegelegt, ihre Gäste niederzumachen. La Salles Berichten zufolge aber waren sie viel sanfter als die übrigen Wilden; was die Vielweiberei anging, brachten sie es bis auf ein Dutzend Frauen und ergaben sich zu alledem auch noch der Sünde wider die Natur. So zogen sie die Gewalt des Worts jener der Waffen vor und trachteten die Franzosen mit der Behauptung zur Umkehr zu bewegen, der Große Fluß, den sie hinunterfahren wollten, verschwinde unter der Erde. Auf sechs der Männer machte das solchen Eindruck, daß sie sich im Laufe der Nacht trollten. Worauf La Salle seine Leute einige Meilen stromabwärts führte und zwischen zwei tiefen Schluchten den Plan eines Forts entwarf, das er Crèvecœur (Herzeleid) nannte, »um so«, wie Pater Hennepin erklärt, »seinem Kummer über die Desertionen Ausdruck zu geben«. Die Barke, zu deren Bau La Salle eine Schmiede und eine Brettersäge mitschleppte, wurde unverzüglich auf Kiel gelegt.

Immerhin wurde La Salle ängstlich zumute. Seine Pläne wollten nicht recht gelingen. Er hatte damit gerechnet, bei den Illinois mit mehr Männern und Material anzukommen und den Boden durch die zwei Vortrupps bereitet zu finden, die ihm die Jesuiten abspenstig gemacht hatten. Auch fehlten ihm für den Bau der Barke Segel, Seile und Eisen. Es mußte für Nachschub und Verstärkung gesorgt werden, und keiner außer ihm selbst konnte das in Fort Frontenac veranlassen. Dies bedeutete aber eine Reise von 500 Meilen, die er mehr oder weniger allein unternehmen mußte, wollte er die ohnehin schwache Truppe nicht in gefährlicher Weise schwächen, die er unter Tonti zurückließ. Die Mühsal war ungeheuer, das Risiko nicht unbedeutend; ein Gesamtrückzug wäre einer Katastrophe gleichgekommen, aber auch die Weiterfahrt, denn die Mississippi-Mündung hätte gewiß bloß ein Häuflein erschöpfter Vagabunden erreicht. La Salles Sinn stand nicht nach Entdeckungen; was er wollte, war ein Weltreich. Ein solches Unternehmen erforderte nicht so sehr Mut als Geduld. So entschloß er sich, nach Fort Frontenac zurückzufahren, nur mußte zuvor die Sache mit Bruder Hennepin geregelt werden.

Dieser Bruder war ein lästiger Mensch. Seine Eifersucht auf Tonti machte es unmöglich, ihn in Fort Crèvecœur zu belassen, wo ohnehin überall Zwietracht aufkeimte. Nun hatte Hennepin wiederholt den Wunsch geäußert, persönlich ein Unternehmen zum Ruhme Gottes anzuführen, und La Salle packte die Gelegenheit beim Schopf. Mit zwei Männern sollte der Bruder dem Nebenfluß des Mississippi zustreben, sich dann nordwärts wenden und den Oberlauf des Stromes erkunden, wobei sich zweifellos Gelegenheit ergeben würde, das Licht des Glaubens zu verbreiten. Dieser Auftrag war nun allerdings erschreckend, und Hennepin, der sich immer anheischig gemacht hatte, jedes Martyrium auf sich zu nehmen, versuchte sich nun herauszureden, er müsse wegen einer Entzündung des Zahnfleisches nach Kanada zurück. Da drohte ihm La Salle mit dem Strick. So brach der Franziskaner am 29. Februar auf, begleitet von den Segenswünschen des Paters Gabriel, der mit seinen 65 Jahren oft vor Schwäche umfiel und doch dem jüngeren Kollegen die Märtyrerkrone kaum gönnte, die er für sich beanspruchte. Die Vorsehung richtete es übrigens so ein, daß der Greis in seinen erhabenen Erwartungen nicht getäuscht wurde, während Bruder Hennepin es zu der über alle Maßen ersehnten Berühmtheit bringen sollte.

Hier ist von einer Auseinandersetzung zu berichten, in der wir wohl nie klar sehen werden. Hennepin behauptet, er habe seinen Weg nach Süden fortgesetzt und entgegen den Befehlen La Salles die Mississippi-Mündung entdeckt. Nach diesem Ungehorsam sei er den Fluß gehorsam hinaufgefahren, von den Sioux gefangen und vom Waldläufer Daniel Duluth wunderbarerweise befreit worden. Wir wissen, daß er sich dann nach Europa einschiffte, als Rebell gegen die Anordnungen seiner Oberen beim protestantischen Wilhelm von Oranien Unterschlupf fand und ein erstes Buch schrieb, in dem er die Talfahrt auf dem Mississippi nicht erwähnt. Einige Jahre später erklärte er in einem zweiten Buch, er habe sich entschlossen, die Wahrheit zu sagen, denn nun habe er ja den Zorn des inzwischen verstorbenen Herrn de La Salle nicht mehr zu fürchten. Seine Geschichte ist an sich wohl nicht unmöglich, doch sprechen gegen sie viele Unwahrscheinlichkeiten, so daß sie von den meisten Historikern abgelehnt wird.

Nach dem Abgang Hennepins verließ auch La Salle Fort Herzeleid mit sechs Männern. Bei Tonti blieben zwei Mönche und 15 Soldaten. Der Winter war spät gekommen, wurde aber außerordentlich hart. Nur wenige Fahrrinnen blieben auf dem Illinois eisfrei. Vor den Aufbrechenden dehnten sich fast unüberwindliche Weiten endloser Schneefelder, eisgepanzerte Flüsse und Seen. Hunger, Erschöpfung, schlechte Lagerplätze und die grausamen Listen der Indianer drohten sie zu zermürben. Kaum beneidenswerter war das Los der Zurückgebliebenen. Ein kleines Häuflein Weißer inmitten des unermeßlichen Amerika, mit dem volkreichen Stamm als Nachbarn, die nichts weniger als freundliche Gefühle hegten. Da saßen sie in einem kleinen Werk mit bloß einer Palisade und ein paar Spanischen Reitern; es fehlte ihnen an Lebensmitteln; wohl monatelang würden sie ohne Nachricht und Beistand ausharren müssen. La Salle schärfte ihnen ein, dem neuen Anführer zu gehorchen und ihr Ohr leeren Gerüchten zu verschließen. Dann stieg er in sein Kanu und verschwand in einer eisstarrenden Flußbiegung.

Acht Monate waren vergangen, als La Salle sich wieder nach Fort Herzeleid auf den Weg machte. Noch immer war's ein klägliches Trüppchen, mit dem er seinen Traum von einem Amerikanischen Weltreich zu verwirklichen gedachte. In der Unermeßlichkeit des Landes verursachten Transportschwierigkeiten dauernde Verzögerungen, was wieder eine Verzettelung der Kräfte mit sich brachte. So hatte La Salle Missilimackinak verlassen müssen, ohne die Ankunft der zur Fertigstellung seines Schiffes nötigen Menschen, der Schmiede, Seiler und Seeleute sowie des Materials – Blei, Pulver und Eisen – abwarten zu können. Von Fort Frontenac war er mit 25 Mann aufgebrochen, doch mußte er zur Sicherung des Anmarschweges Posten aufstellen, so daß er mit nur zwölfen am Michigan-See anlangte. Schließlich mußte er Anfang November noch am Miami-Fluß die schwersten Lasten unter der Aufsicht eines Zimmermannes und fünf seiner Leute liegenlassen. Nun hatte er gar bloß sechs Gefährten, die er angstbeflügelt zu Eilmärschen antrieb.

Wie im Vorjahr verzauberte der Herbst die Ebenen. La Salles Leute waren in zuversichtlicher Stimmung, und er hütete sich, sie ihnen zu verderben. Im Wildreichtum, der ihnen unbändige Freude bereitete, sah der Forscher ein schlimmes Vorzeichen. Die Büffelherden grasten, als sei der Mensch noch nicht erfunden, und die Illinois hatten ganz gegen ihre Gepflogenheit das dürre Gras zum Zweck der Jagd auf die Tiere nicht angezündet. Nur infolge eines furchtbaren Ereignisses mochten sie von dem eingewurzelten Brauch abgesehen haben. Welche Rolle war Tonti in der Tragödie zugefallen, die La Salle ahnte; was war sein Los gewesen?

Zuletzt hatte er vom Italiener am 22. Juli Nachricht erhalten. An jenem Tag waren Jacques Messier und Nicolas Laurent in Fort Frontenac als Überbringer eines Briefes angekommen, den Tonti als »Niederschrift« bezeichnete. Während einer Abwesenheit Tontis waren Zimmermann, Schmied, Schreiner und die meisten Soldaten von Fort Herzeleid ausgerissen. Sie hatten den Lagerraum geplündert, Felle, Waren und Munition fortgeschleppt und die Palisadenpfähle umgeworfen. Die Meuterer seien nach Norden geflohen. So lauerte ihnen La Salle auf, überfiel sie, tötete zwei und nahm acht gefangen. Der Rädelsführer, Hillaret, erzählte den Hergang: Ein gewisser Noël Le Blanc hatte behauptet, er wisse, daß La Salle von seinen

Gläubigern dingfest gemacht worden sei und nie wieder nach Herzeleid zurückkehren werde. Nur weil sie sich verlassen glaubten, seien die Leute geflohen. Tonti hätten sie nichts gesagt, da sie ihn als unnachgiebig kannten. Die Waren hätten sie mitgehen lassen, weil man ihnen die Löhnung schuldete. Im übrigen hätten sie unterwegs Pater d'Allouez getroffen, und der habe ihnen recht gegeben. Der Jesuit habe sich ihnen dann für ein Stück Weges angeschlossen, und wenn sich La Salle etwas früher auf die Lauer gelegt hätte, wäre ihm auch der Pater als »Anstandsdame« seiner lieben Deserteure in die Hände gefallen.

Tontis Lage mußte verzweifelt sein. Nach der Abfertigung Messiers und Laurents war er nun allein mit zwei Mönchen und drei jungen Burschen, ohne jede Verteidigungs- und Versorgungsmöglichkeit, den Illinois ausgeliefert. In wilder Hast stürmte nun La Salle über Stock und Stein und bezwang die großen Sümpfe in Gewaltmärschen. Die Angst wollte ihm das Herz abdrücken: Würde er überhaupt noch lebende Menschen antreffen, ja, Spuren menschlichen Lebens? Einmal machte er immerhin halt, schoß »zwölf fette Kühe, acht Rehe, viele Truthennen, Trappen und Schwäne« und ließ sie für den Winter einpökeln. Die besten Stücke ließ er auf ein Kanu verladen, »damit sich Tonti und die übrigen Franzosen daran gütlich tun könnten«. Dann ging die lange Fahrt auf dem nun breiteren Fluß weiter.

Endlich zeichnete sich der große Fels, das Wahrzeichen des Illinoisdorfes, am Himmel ab. Dieser war schwarz von Raben. Ein Blick genügte: das Dorf war niedergebrannt worden. Aus der Stätte des Grauens ragten nur noch ein paar Pfähle, auf sie hatte man Köpfe gespießt. Sie wurden von den Raben zerfetzt. Ganze Haufen verkohlter Gebeine und halbaufgefressener Leichen zeigten mit brutaler Deutlichkeit, daß im Ausrottungskrieg der Indianer eine neue Episode begonnen hatte. Ein befestigtes Lager, etwas abseits vom Dorf, benahm jeden Zweifel, wer die Mordbrenner waren. Die Irokesen, die Vernichter von 30 Stämmen, die Töter einiger 100 000 Menschen, die Geißel des Kontinents vom Sankt Lorenz-Strom bis nach Florida, waren über das friedliche Volk der Illinois hergefallen und durften sich eines neuen Sieges rühmen. La Salles Pech war, seine erste Niederlassung just am Ort dieser Tragödie gegründet zu haben.

Einen ganzen Tag lang suchte der Forscher nach der Leiche seines Stellvertreters. An den Haaren mußte er sie erkennen, denn die der Indianer waren kurz und struppig. Schon schöpfte er Hoffnung, Tonti und seine sechs Männer könnten verschont geblieben oder am Tage des Gemetzels fortgewesen sein, da stieß er auf sechs rotgestrichene Pfähle: auf jedem war ein Mann mit verbundenen Augen aufgezeichnet. Damit schien das Schicksal der Franzosen besiegelt. Entweder hatte man sie auf der Stelle umgebracht oder zur Marterung verschleppt. Da stand La Salle inmitten der leergebrannten Stätte; unheimlich tönte das Krächzen der Raben, das Heulen der Wölfe; er ließ den Mut sinken, setzte sich weinend hin und verbrachte dann, vor Schmerz erstarrt, eine schlaflose Nacht.

In der Frühe hatte er seine alte Tatkraft wiedergewonnen. Tontis Tod war keineswegs gewiß, da seine Leiche fehlte. Zudem wollte La Salle mit eigenen Augen sehen, was von Herzeleid übriggeblieben war. Auf einer Flußinsel ließ er vier seiner Männer mit der Weisung zurück, sich da versteckt zu halten, und setzte mit den übrigen dreien, d'Autray, You und Hunnault, seine Fahrt stromabwärts fort. Auf den Ufern regte sich nichts, doch überall waren die Spuren des Krieges zu erkennen. Zu wiederholten Malen zeigten sich dann auf einer Strecke von etwa 30 Meilen Irokesenlager auf dem rechten Ufer, ihnen gegenüber auf dem linken die gleiche Zahl von Illinoislagern, was darauf hindeutete, daß beide Heere unter gegenseitiger Beobachtung nebeneinander flußabwärts gezogen waren. In einem der aus 113 Hütten bestehenden Irokesenlager entdeckte man auf einer Baumrinde eine Inschrift mit den Namen der Häuptlinge und der Stärke der ihnen unterstellten Truppen. Danach betrug die Zahl der Krieger 582, nachdem neun von ihnen durch Pfeilschüsse, ein zehnter durch einen Flintenschuß getötet worden war. Derart schwache Banden quälten die Indianerwelt! So also stand es um die ihnen zugefügten Verluste!

Endlich erreichte man Herzeleid. Die Deserteure hatten das Fort fast völlig demoliert; die noch nicht fertige Barke aber wies kaum einen Schaden auf; bloß eine Rippe war herausgebrochen worden; auf ihr standen die rätselhaften Worte: »Wir sind alle Wilde am 15. A. 1680.« La Salle glaubte die Schrift eines Burschen zu erkennen, den er den »Pariser« nannte, und schloß daraus, daß Tonti am 15. August mit seinen Leuten Herzeleid verlassen hatte und zu den Illinois gezogen war. Dies legte den Gedanken an einen tödlichen Ausgang nahe. Dennoch entschloß sich La Salle weiterzufahren. Er und seine Männer, jeder mit zwei Flinten und einer Pistole bewaffnet, waren beherzte Kerle. Nur herrschte für die Jahreszeit eine grimmige Kälte, und die Sümpfe waren schon zugefroren.

Am 4. Dezember stieß man auf das zehnte Lager der beiden Indianerheere. Sie mußten erst vor kurzem aufgeschlagen worden sein, denn es hatte auf die Asche noch nicht geregnet. Die Franzosen ruderten die ganze Nacht durch und erblickten am nächsten Tag gegen Mittag Hütten und Menschengestalten. Sie pirschten sich vorsichtig heran, doch ihre Vorsicht war überflüssig, denn was sie für Uferwachen gehalten hatten, waren gepfählte Frauen und Kinder. Ein schauerliches Schlachten, eine kannibalische Schlemmerei und eine Marterorgie sondergleichen mußten sich auf diesem Boden abgespielt haben, den eine Schicht gefrorenen Menschenblutes bedeckte. Über erloschenen Feuern hingen mit Köpfen gefüllte Kessel holländischer Herkunft. Am Spieß gebratene Leiber waren teils von Menschen, teils von Wölfen angefressen. Andere Illinois hatte man für die Lustbarkeit aufbewahrt und sodann mit ausgesuchtesten Grausamkeiten zu Tode gequält. Von neuem trat La Salle den grausigen Rundgang an, um sich zu vergewissern, daß keine der verstümmelten und geschändeten Leichen langes, weiches Haar aufwies. Dann erst erteilte er den Befehl zur Weiterfahrt.

Am nächsten Tag, dem 6. Dezember, erreichten sie den Großen Fluß. La Salles Gefährten schlugen ihm voll ungewohnten Eifers vor, ihn hinunterzufahren, um endlich zum Meer zu gelangen. Er lehnte das mit dem Bemerken dankend ab, er habe jetzt nur einen Gedanken: Tonti aufzufinden. Also fuhr man wieder den Illinois-Fluß hinauf, bis zum Dorf, wo man die drei Männer wohlbehalten auf der Insel antraf: die hatten während der ganzen Zeit keine Menschenseele gesehen. Das Land, von den Besiegten gesäubert und von den Siegern verlassen, war wieder zur Einöde geworden. Indessen mußte man sich irgendwie vor der schrecklichen Kälte schützen, blieb also, wo man war. Der Fluß fror schon am 13. Dezember zu. Am 19. bekam man den Besuch eines Kometen von 30 Grad Länge. Am 26. stieg die Temperatur etwas an, und La Salle brach wieder nordwärts auf. Dann kam Schnee und fiel 19 Tage lang. In ihm versanken die Abenteurer trotz ihrer Schneeschuhe bald bis zum Gürtel. La Salle mußte sich erneut entschließen, Ballast abzuwerfen. D'Autray und der Wundarzt blieben mit den Waren zurück, La Salle setzte mit den fünf übrigen den Weg fort. Dem Forscher kam der glückliche Einfall, statt des Miami-Flusses diesmal den Divine-Strom zu wählen, der zum Punkt führte, wo bei Chikago die Boote über Land getragen wurden. Schon tags darauf erblickten sie am Ufer ein Lager. Bei näherem Zusehen erkannte La Salle Sägemehl. Es konnte einzig von Tonti herrühren.

Der Italiener hatte sich tatsächlich retten können. Zwischen die Illinois und Irokesen geraten, hatte er sich vergeblich bemüht, eine Schlacht zu verhindern, indem er ihnen vorhielt, sie seien beide Untertanen des französischen Königs und würden den Zorn des großen Onionto Frontenac auf sich laden, wenn sie sich gegenseitig mordeten. Diese Vermittlerrolle trug ihm bloß den Messerstich eines Irokesen ein. Die Illinois aber warfen den Franzosen vor, ihre Feinde angelockt zu haben. Sein Leben hing an einem Haar. Dem Blutbad, dessen Spuren La Salle gesehen hatte, waren übrigens längere Unterhandlungen vorausgegangen, in deren Verlauf die Irokesen sich in Palavern und Bruderschaftsbeteuerungen ergingen. Zu diesem Zeitpunkt hatten sie Tonti und seine Leute ziehen lassen, da sie ihn aus Angst vor dem Namen Frontenac nicht zu töten wagten, und im übrigen keinen Wert darauf legten, sie als Zeugen der geplanten Metzelei dazubehalten.

Der freigelassene Trupp hatte dann Furchtbares durchgemacht. Pater Gabriel war plötzlich verschwunden, als er am Ufer die Messe las, dann brachten Kälte und Hunger die Abenteurer fast ins Grab. »Wir aßen bis zum Martinstag nur wilden Knoblauch; da fanden wir die vier Füße und das Fell eines Rehs, das die Wölfe gefressen hatten«, erzählt Tonti: »Wir ließen sie uns im Dorf der Putuatami schmecken, die es aus Angst vor den Irokesen verlassen hatten. Im erwähnten Dorf aßen wir auch die Lederriemen, mit denen sie die Pfähle ihrer Hütten aneinanderbinden, und als wir ein Schild aus Rindsleder fanden, nahmen wir es zum Aufessen mit . . . Renault klagte über Magendrücken, er konnte sein Stück Schild nicht verdauen; da ein starker Wind ging und Schneetreiben herrschte, beschlossen wir, ins Putuatamidorf zurückzukehren, um wenigstens in der Hüttenwärme zu sterben.« Diese Ergebung in ihr Schicksal rettete sie, denn ein Trupp Wilder, der in die Hütten zurückkehrte, stärkte sie und behielt sie für den Rest des Winters bei sich.

Tonti traf mit La Salle am 25. Mai in Missilimackinak zusammen. Gewaltig waren die Passiva des Forschers. Der Verlust von Fort Herzeleid warf ihn auf seine Ausgangsposition zurück. Er gab jedoch nicht nach. Während seines Aufenthaltes bei den Miami hatte er sich in die Indianerpolitik eingeschaltet, Friedensverhandlungen zwischen mehreren Stämmen geführt und einer Flüchtlingsgruppe, die aus Massachusetts ausgewandert war, um der Tyrannei der Engländer zu entgehen, den Weg in das entvölkerte Illinois-Tal gewiesen. Diese Indianer waren seinem Einfluß zugänglich: sie sollten La Salle das Sprungbrett für einen neuen Versuch abgeben. Das Jahr 1681 war schon zu weit vorgerückt, die Schlappen und Verluste von 1680 wettzumachen. So verschob er seine ganzen Hoffnungen auf 1682 und glaubte fester denn je an sein großes Westreich.

Die Expedition von 1682 umfaßte 22 Franzosen, deren Namen alle erhalten geblieben sind. Außer La Salle und Henri de Tonti bestand der Generalstab aus dem Pater Zenoble, zwei Edelleuten, de Boisrondet und d'Autray, dem Wundarzt Jean Michel und dem Notar Jacques La Méttérie. La Salle hatte sich 18 Wilde aus dem Stamm der Wölfe als Jäger gedungen, die sieben oder acht Frauen und einige Kinder mitschleppten. Mochte die Truppe auch tüchtig und leicht beweglich sein, sie spiegelte doch den Bankrott eines großen Vorhabens wider. Es war nun keine Rede mehr davon, Schmiede, Ambosse und Brettersägen mitzuführen. Auch durfte man nicht daran denken, Warenzüge vorauszuschicken oder ein hochbordiges Schiff zu bauen, um so in voller Machtentfaltung an der Mündung des Mississippi zu erscheinen. Für den Augenblick war La Salle vom Plan der Errichtung eines Reiches abgekommen; jetzt schwebte ihm bloß ein Erkundungszug vor. Mehr hätten ihm seine Mittel übrigens gar nicht erlaubt. Er steckte tief in Schulden, wurde von seinen Gläubigern bedrängt und war im Begriff, seinen treuen Gönner zu verlieren, den Grafen de Frontenac, dessen Abberufung unmittelbar bevorstand.

Die Expedition folgte dem üblichen Weg: Michigan-See, Miami- und Irokesen-Fluß. Ohne Aufenthalt ging es an den Ruinen von Fort Herzeleid vorbei. Bereits am 6. Februar erreichte La Salle den Nebenfluß des Mississippi, wartete ein paar Tage, bis das Eis gebrochen war, und fuhr dann mit seinen Booten auf den großen Strom hinaus. Schon am ersten Tag schäumten zur Rechten die trüben, schlammigen Fluten eines reißenden Gewässers heran, Missouri-Strom benannt; bald darauf mündete zur Linken in breitem, ruhigem Schlieren der Schöne Fluß oder Ohio. Der Strom schraubte sich launisch und schlickig in gefährlichen Wirbeln durch sperrige Äste und abtreibende Baumstämme. Zahlreiche Sandbänke ragten kaum über seine Oberfläche. Zunächst bildeten mit zarten Gräsern bewachsene Hügel erhöhte Ufer; diese wurden zunehmend flacher, so daß der Mississippi, der jetzt im Frühjahr Hochwasser führte, Überschwemmungen anrichtete und sich ins Unabsehbare verlor. »Dieses Land«, vermerkt das Tagebuch eines Expeditionsteilnehmers, »ersäuft in der Flut.« Dies erschwerte die Jagd, und da es auch nichts zu fischen gab, war ein vierzehntägiges strenges Fasten die Folge, dem erst die Wolfsindianer ein Ende setzten: sie erlegten glücklicherweise sieben Rehe. Dann geriet ein Mann namens Prud'homme in Verlust; der Esel hatte vor seinen Kumpanen geprahlt, er könne ganz besonderes Wild herbeischaffen. La Salle, der es nicht über sich brachte, selbst einen Prahlhans im Stich zu lassen, wartete zehn Tage, bis der Kerl wie Moses auf einem selbstgezimmerten Floß angeschwommen kam. Knapp nach dieser glücklichen Rückkunft gelangte man in ein von den Irokesen noch nicht entvölkertes Gebiet und machte Bekanntschaft mit den Südstämmen, die der Sonne Tempel bauten. Die Arkansas gaben sich alle erdenkliche Mühe, den Franzosen zu gefallen; die Tansas schenkten ihnen zwanzig Kanus voll Lebensmitteln, und die Natschez tauschten mit vollen Händen Perlen gegen Taschenspiegel und Buchsbaumkämme. Sie alle warnten vor den Stämmen des Mündungsbereichs: diese seien blutrünstig und von den Spaniern mit Feuerwaffen versehen.

Diesen barbarischen Wilden begegnete man erst dann, als die Gegend endgültig eine tropische Wasserlandschaft geworden war. Eines Tages schlugen die Franzosen neun Fischerkanus in die Flucht und fanden in einem Korb Proben ihres Proviants: einen Fisch, einen Menschenfuß und eine Kinderhand, alles nach Art der Wilden geräuchert. Unter kreisenden Raben lagen wohl Hütten: es war ein Pfahldorf gewesen, doch fand man bloß Ruinen und verweste Leichen vor. Doch war schon Alarm geschlagen worden, und Kundschafter huschten durch die hochragenden Pflanzen auf den Uferböschungen. Aber die Franzosen sahen mit ihren Harnischen, Helmen und Musketen wohl zu furchterregend aus; jedenfalls wagten es die nackten Männer des Deltas nicht, sie anzugreifen.

Es war der Mittelpunkt des Deltas; von da liefen drei Arme auseinander. La Salle wählte den mittleren und ließ Tonti längs des linken, d'Autray längs des rechten vorgehen. Die beiden Leutnants meldeten nach ihrer Rückkehr: der eine, daß der ihm zugewiesene Arm in ein Süßwasser münde (den Pontchartrain-See), in dem es von Krokodilen und Kaimanen wimmle; der andere, er habe sich in einem unentwirrbaren Labyrinth von Rinnen verirrt. La Salle allein stieß auf Salzwasser. Der Strom reichte weit ins Meer hinaus und hatte beiderseits Aufschüttungen gleich Dammwegen gebildet. Nun war bloß noch eins zu erledigen: Ein Baum wurde zu einem Pfosten behauen, daran das aus dem Kupfer eines Kessels verfertigte Wappen des Königs von Frankreich befestigt und das Datum des 9. April 1682 angebracht. Im Namen Ludwigs XIV. nahm der in ein so berufsfremdes Abenteuer verstrickte Notar La Méttérie vom ganzen Tal des Mississippi mit allen seinen Nebenflüssen Besitz. Dann sang man ein *Tedeum* und feuerte drei Salven ab. Dazu erzählt ein Soldat: »Es fehlte uns an Lebensmitteln; wir fristeten das nackte Leben mit einer Handvoll Beeren am Tag.«

Die Rückfahrt gestaltete sich schwierig. Besonders bitter aber waren die Tage nach der Heimkehr. Frontenac war Knall und Fall abberufen worden. Unter seinem Nachfolger, dem Marquis de La Barre, herrschte der Oberpräsident Du Chesneau, eine Kreatur der Jesuiten, unumschränkt über Kanada. Da er La Salle seit langem haßte, schob er ihm und seiner Fahrt die Schuld an den neuen Angriffen der Irokesen zu:

»Nun haben wir wieder Krieg«, schrieb er an Colbert, »und das eines Mannes wegen, der im dringenden Verdacht steht, Ränke anzuzetteln, die dem öffentlichen Wohl abträglich sind. Was man so von den Entdeckungen dieses Herrn La Salle hört, scheint mir wenig Nutzen zu stiften; er aber lügt, wenn er den Mund auftut.« Colbert ging noch weiter: Die Entdekkung sei überflüssig, man solle solche Unternehmungen in Zukunft verhindern. Im nächsten Jahr trug Du Chesneau einen neuen Angriff vor: »Die Sache ist ihm zu Kopf gestiegen, hat er sich doch erkühnt, Ihnen eine angebliche Entdeckung zu melden; statt sich nach seiner Rückkehr darum zu kümmern, was ihm der König aufzutragen habe, geht er mir aus dem Weg; es schwebt ihm offenbar vor, sich ein eigenes Königreich aufzubauen; zu diesem Zweck lockt er die Pflanzer in weite Ferne, 500 Meilen von hier weg.« Der Verdacht des Jahres 1682 war jetzt Gewißheit geworden: La Salle suchte sich im Zentrum Amerikas ein eigenes Fürstentum zu schaffen.

In der Tat war La Salle nicht nach Quebec gegangen, die Befehle der Vertreter des Königs entgegenzunehmen. Auf der Rückfahrt hatte ihn das Fieber befallen und gezwungen, in einer Hütte am Ufer des Mississippi Aufenthalt zu nehmen. Nach Missilimackinak kam er erst im September und wies Tonti sogleich an, alle erreichbaren Männer zu sammeln, um eine neue Kolonie am Illinois-Fluß zu gründen. Die gewählte Stelle – die Amerikaner nennen sie Starved Rock, die Franzosen nannten sie damals Le Rocher, den Felsen – ist heute ein beliebtes Ausflugsziel. Der Fels steigt senkrecht aus dem Fluß; die kleine Fläche oben mißt etwa ein Drittel Hektar und ist nur über einen steilen, gewundenen Pfad zu erreichen. Von diesem Adlerhorst aus, den ein paar Männer gegen alle Indianerhorden verteidigen konnten, gedachte La Salle sein gigantisches Projekt eines politisch organisierten Wirtschaftsgebietes am Mississippi voranzutreiben. Im Laufe des Winters kam er zu Tonti herüber, taufte die Niederlassung Fort Saint Louis und trat in enge Beziehung zu den Indianern. Obwohl er bloß

20 Franzosen mithatte, wurde seine Feste bald zum Sammelpunkt der verschreckten indianischen Bevölkerung. Die Illinois, soweit sie der Wut der Irokesen entronnen waren, ließen sich zu ihren Füßen nieder. Ihnen folgten so zahlreiche Stämme, daß La Salle in wenigen Monaten viertausend Krieger unter seinem Befehl stehen hatte. Nichts aber konnte den Männern von Quebec widerwärtiger sein als dieses Bollwerk der Indianer gegen die Hunnen der Neuen Welt, das La Salle da zu errichten suchte. Der Gouverneur La Barre berichtete Seignelay, dem Nachfolger Colberts, er wolle »die Irokesen besänftigen«. Er brachte es in weniger als fünf Jahren auch wirklich zustande, daß die Irokesen vor den Toren Montreals erschienen, doch zuvor mußte er immerhin dem das Rückgrat brechen, der sie mit männlicheren Mitteln im Zaum zu halten trachtete.

Bald merkte La Salle, daß seinem Projekt die Basis fehlte. Der Handel in Fellen und Pelzen, dessen Monopol er innehatte, konnte nur dann gedeihen, wenn Tauschwaren, darunter Alkohol, in ausreichender Menge nach Fort Saint Louis gelangten. Aber trotz aller königlichen Patente wurden seine nach Quebec entsandten Leute eingesperrt und seine Frachten beschlagnahmt. »Alle Leute, die mir Nachricht von ihm bringen«, schrieb La Barre, »lassen ihn im Stich und handeln mit den Pelzwaren, als gehörten sie ihnen. Das hält er nicht mehr lange aus.« Um nun ganz sicherzugehen, beschloß der Gouverneur, La Salle nach Quebec vorzuladen und ihn dann mit Gewalt nach Frankreich abzuschieben. Der Chevalier de Baugy, der die Vorladung nach Fort Saint Louis überbringen sollte, traf unterwegs den genannten La Salle, der ganz aufgebracht nach Kanada reiste, um sich von da nach Frankreich einzuschiffen und seine Sache dem König vorzutragen.

Fort Saint Louis sollte ihm jedenfalls erhalten bleiben. Tonti, der wieder einmal die Stellung halten mußte, nahm nur unter der Bedingung an, die Befehlsgewalt gemeinsam mit dem Chevalier de Baugy auszuüben. Die Angriffe der Irokesen

Cavelier de la Salle auf dem Mississippi (oben)
Cavelier de la Salle (1643—1687) (unten)

MISSOURI
KENTUCKY
ARKANSAS
ALABAMA
TEXAS
LOUISIANE
Mobile
GOLFE DU MEXIQUE

E
C
F
D
G
B
G
G
G
G
G
I
L
L
H
M
M
M
N
N
O
Q
Q
Q
Q

zwangen die beiden Männer, den Vertreter La Salles einerseits, den des Gouverneurs anderseits, gemeinsame Sache zu machen. Inzwischen warb der zähe Abenteurer in Paris und Versailles für weit umfassendere Pläne und begann damit, das letzte und tragischste Blatt seines Lebensdramas zu schreiben.

Anfang Mai 1684 bemächtigten sich die Zimmerleute von Rochefort des mit 36 Kanonen bestückten Schiffes *Le Joly* und setzten es für eine Überseeunternehmung instand. Einige Tage später traf auch La Salle im Kriegshafen ein. Da hatte sich noch kein einziger Stein mit der Patina der Zeit überzogen. Aus Kanada verbannt, hatte der geschmeidige Mann in Versailles wieder die höchste Gunst erlangt. Er fuhr zurück in die Neue Welt, nur ging es nicht mehr darum, auf eigene Kosten kleine, zu den Entfernungen und Schwierigkeiten in schreiendem Mißverhältnis stehende Trupps anzuführen und ohne Geld, ohne Unterstützung kümmerliche Handelsstellen einzurichten. Diesmal stand La Salle an der Spitze einer regelrechten, vom König bezahlten Expedition, die in die Gesamtpolitik der Monarchie eingebaut war. Außerdem hatte er volle Wiedergutmachung für die Behandlung seitens der Beamten von Quebec erlangt. Sein Vertrauensmann La Forêt war bereits auf hoher See; er überbrachte dem Gouverneur La Barre einen strengen königlichen Verweis und den Befehl, ihm, La Salle, alle Güter zurückzugeben, die zu beschlagnahmen man vermessen genug gewesen war.

Der *Mercure Galant* vom Mai 1684 gab Aufschluß über die Hintergründe des durchschlagenden Erfolgs von Herrn Cavelier de La Salle. Nach einer einigermaßen romanhaft ausgeschmückten Schilderung der Fahrten des Entdeckers schloß der Mercure mit folgenden Worten: »Herr de La Salle stellte eine Menge Erzvorkommen fest und stieß bis an die Grenzen Neschichos (Mexikos) vor, woher die Spanier ihr ganzes Silber beziehen.« Klarer war dies in einem an Seignelay, den

Ansicht von Quebec und Umgebung (oben)
Häuser von Quebec (unten)

Sohn und Nachfolger Colberts, gerichteten Memorandum ausgedrückt. Darin erklärte La Salle, das Ziel, das ihm der große Minister gesteckt habe, sei gewesen, »eine Stelle ausfindig zu machen, von wo aus die Franzosen den Spaniern dort unangenehm werden könnten, woher ihr ganzer Reichtum stammt«. Colbert war tot, er konnte das nicht in Abrede stellen. Die Zeit schien günstig, gerade ein paar Monate nach der Kreuzfahrt, die der Graf d'Estrée im Golf von Mexiko unternommen hatte, bloß um festzustellen, ob die Spanier es wagen würden, das Edikt Philipps II. auf ein Geschwader Ludwigs XIV. anzuwenden, wonach jeder Ausländer des Todes sein sollte, der Florida umschiffte. Mit seinem ausgeprägten Sinn für politische Zusammenhänge ließ sich La Salle von der antispanischen Strömung tragen und rückte statt der Bisonfelle Silbervorkommen ins Licht, statt des Mississippi-Reiches die Eroberung Mexikos. Nichts sei leichter, behauptete er. Er machte sich anheischig, mit 200 Franzosen, 500 Flibustiern und 4000 Wilden Neu-Biskaya zu überrennen, wo es ihm zufolge kaum 400 Spanier gab, die »von Mexiko 1500 Meilen weit entfernt und bei den Bravo-Indianern verhaßt sind«. Mit verhältnismäßig geringen Mitteln könne man in Amerika erstaunliche Veränderungen herbeiführen.

La Salle erhielt einfach alles, worum er bat. Außer dem 140 Tonnen-Schiff *Le Joly* wurde ihm noch *L'Aimable* zur Verfügung gestellt, ein Fleutschiff von 180 Tonnen. Dazu schenkte ihm der König persönlich eine kleine Fregatte namens *La Belle*. Seinem Befehl unterstanden vier Kapitäne, vier Leutnante und vier Fähnriche zur See. Aus den königlichen Zeughäusern stammten zwölf Kanonen, 600 Flinten, 20 000 Pfund Pulver sowie ansehnliches Material und Proviant aller Art. Was die Mannschaft betraf, wünschte La Salle keine regulären Truppen, denn »man richtet eine Niederlassung gleich zugrunde, wenn man sie mit Faulenzern aufbaut, wie es doch fast alle Soldaten sind«. Er hätte Freiwillige vorgezogen. Leider trieb man bloß Lumpengesindel auf, das man von den

Kirchentüren weggeholt hatte, wo es um Almosen bettelte. »Sämtliche Unteroffiziere und Seekadetten sind mit dem Ausheben von 400 Mann beschäftigt«, schreibt ein Zeuge, »finden aber nichts als Ausschuß«. Die Mädchen aber, die La Salle zu künftigen Müttern seiner Kolonie ausersehen hatte, wurden in den Armenhäusern und Bordellen angeworben.

Auf einen anderen Widerstand stieß La Salle noch im Hafen von Rochefort. Der zum Admiral seiner Flotte bestimmte Schiffskapitän de Beaujeu musterte den Neugeadelten und platzte vor Wut, als er erfuhr, daß ihm eine untergeordnete Rolle zugedacht war. »Sie haben bloß die Schiffsmanöver zu befehligen«, ließ ihn Seignelay wissen, »da Seine Majestät wünscht, daß Sie hinsichtlich der Route die Entscheidungen Herrn La Salles durchführen.« »Mir fällt es schwer«, gab Beaujeu zurück, »mich den Befehlen des Herrn La Salle unterzuordnen, der bloß gegen Wilde Krieg geführt hat, wo ich doch seit 13 Jahren Schiffskapitän bin.« Seignelay blieb bei seiner Weisung, der Seemann aber protestierte unentwegt in einer Flut bald zorniger, bald heuchlerischer oder ehrenrühriger Briefe. Seignelay hätte weise gehandelt, diese Verbindung zu lösen, denn er konnte nur Schlimmes ahnen. Doch begnügte er sich damit, Beaujeu zu rügen und ihm Gehorsam einzuschärfen.

Endlich, am 1. August 1684, verließen nach einigen Verzögerungen und einem mißglückten Start *Le Joly, L'Aimable* und *La Belle,* verstärkt durch den *Saint François,* La Rochelle, wo sich die Flottille versammelt hatte. Außer seinem Bruder, dem Abbé Jean, nahm La Salle zwei Neffen mit. Der eine, de Moranger, diente als Kapitän; der andere, Cavelier der Jüngere, war noch ein Kind. Die Patres Xenobius Membré, Anastasius Douay und Chefdeville, lauter erfahrene Waldläufer in Kutten, nahmen ihre amerikanischen Abenteuer unter dem altvertrauten Chef wieder auf. Unter den Offizieren war jedoch keiner, der auch nur die geringste Ahnung von fremden Ländern hatte. Es waren meist Bürgerliche, darunter allerdings auch ein Marquis de La Sablonnière von freilich üblem Ruf. Zwischen diesen kleinen Leuten und den Offizieren des *Le Joly* entstanden sogleich Streitigkeiten, die ihren Vorgesetzten Anlaß genug gaben, ihrerseits aneinander zu geraten. Beaujeu konnte sich nicht beruhigen. Aus Mißtrauen hatte ihm La Salle bis zum Schluß den Bestimmungsort verschwiegen. Bei der Ausfahrt hatte Beaujeu geglaubt, es wäre der Sankt Lorenz-Strom. Erst auf hoher See erfuhr er, es handle sich darum, vom Meer her den Weg zu den Mündungen des Mississippi zu finden und dort Truppen wie Material auszuschiffen. Im letzten Augenblick wurde La Salle zugetragen, Frau de Beaujeu stehe den Jesuiten nahe; nun war auch er voll Argwohn.

Man gelangte nach San Domingo, das als französisches Gebiet für die einzige Zwischenlandung vorgesehen war. Um den Piraten der Schildkröten-Insel zu entgehen, nahm Beaujeu Kurs nach Süden und warf Anker bei Petit Goave. Diese Vorsichtsmaßnahme erwies sich aber als verhängnisvoll für den *Saint François,* den ein spanischer Korsar kaperte. Als das bekannt wurde, war La Salle eben an einer Gehirnentzündung erkrankt und schwebte zwischen Leben und Tod. Sieben Tage lang lag der Unglückliche bewußtlos zunächst in einer vom Toben besoffener Matrosen dröhnenden Taverne, dann auf einem Hängeboden und schließlich im Hause eines hilfsbereiten Goldschmieds. Mit dem ersten auslaufenden Schiff hatte Beaujeu Seignelay gemeldet, der Eroberer Mexikos sei nun richtig wahnsinnig geworden. Gerade da kam La Salle wieder zu sich. Das benutzte man, um ihm den Verlust des *Saint François* beizubringen, worauf er einen Rückfall von mehreren Wochen erlitt. Unterdessen waren seine ohnehin nicht kraftstrotzenden und wenig begeisterten Kerle den Einflüssen einer Insel ausgesetzt, von der es hieß: »Luft und Obst sind hier faul, die Frauen aber schlimmer als Luft und Obst.« Einige Soldaten desertierten, und Offiziere meldeten sich krank, um sich vom Einschiffen zu drücken.

Am 25. November stachen die drei übriggebliebenen Schiffe in See. La Salle, noch ganz schwach und bleich, hatte den *Aimable* gewählt. Er wollte ein wachsames Auge auf den Kommandanten haben, einen gewissen d'Aigron, dem er zutraute, sein Schiff zu verderben, um die Expedition scheitern zu lassen. Die Überfahrt war eine beschwerliche Angelegenheit, denn es herrschte Windstille, und man hatte schon die Hoffnung aufgegeben, Kap San Antonio, die Westspitze von Kuba, aus den Augen zu verlieren. Am 28. Dezember wollte ein Matrose Land gesehen haben, und am 1. Januar 1685 entdeckte man drei Meilen voraus die Küste. La Salle ging mit Ingenieur Minet auf Erkundung und stellte hinter dem Dünenstreifen morastiges Tiefland fest. Obwohl kein größerer Fluß in der Nähe des Landungsplatzes mündete, bedeckten den Küstenstrich Baumriesen, wie sie der Mississippi schwemmte. Die Steuermänner traten zu einer Besprechung zusammen, um die geographische Lage des Ortes zu bestimmen.

Mangels astronomischer Längenuhren war es damals äußerst schwierig, die Entfernung vom Nullmeridian festzustellen. Man konnte sie bloß über den Daumen peilen, nach Lage der Kaps, der im Log verzeichneten Geschwindigkeit, unter Berücksichtigung der Abdrift sowie der Strömungen. Diese ließen im Golf den Kurs mit beträchtlicher Stärke nach Osten abweichen, schleusten sie doch mit großer Geschwindigkeit warmes Wasser durch den Bahamas-Kanal, der in den Atlantik abfließt. Die kundigen Steuermänner trugen dem Rechnung und bestimmten einhellig eine Länge von 282° 47′ – wohl östlich von Paris. La Salle folgerte daraus, daß er noch gute 100 Meilen westlich zu segeln habe, um zum Mississippi zu gelangen.

Das war ein kapitaler Irrtum der Steuermänner; sie hatten die Kraft des Golfstromes überschätzt. Die Expedition befand sich nicht 100 Meilen diesseits, sondern genausoweit jenseits des Mississippi. Man überzeugte sich davon erst viel später, nach 20 Tagen einer ungemein beschwerlichen Fahrt längs eines Dünenwalls vor wüstem Land. La Salle ließ wenden. Infolge seiner schlechten Gesundheit, des Zustands seiner Nerven und des Verdrusses mit Beaujeu hatte er jedoch die nötige Geduld verloren, um die Lage von hoher Warte aus zu überblicken. Er entsann sich, am 6. Januar eine Bresche im Dünendamm erspäht zu haben, aus der sich »ein Strom schlammigen Wassers ergoß, gleich dem des Colbert-Flusses«. Nach einiger Überlegung glaubte er sich eine richtige Vorstellung von seiner Position machen zu können. Auf seiner Mississippi-Talfahrt hatte er knapp vor dem eigentlichen Delta einen bedeutenden Arm gesehen, der vom Hauptbett abzweigte und nach Südwesten floß. Der schlammige Wasserlauf vom 6. Januar war sicherlich die Mündung dieses Arms in den Golf. Man hatte also zwar den Hauptzugang verfehlt, aber doch ein ganz beachtliches Tor zum Mississippi entdeckt und brauchte bloß dahin zurückzufahren. Daß es sich um ein ganz anderes Gewässer handeln könne, kam dem Entdecker gar nicht in den Sinn.

Die Seeleute grinsten schadenfroh. Sie hatten recht behalten: La Salle war ja doch ein Träumer. Da hatte er behauptet, sie zum mächtigsten Strom der Welt zu führen, und wartete nun statt des mit Recht erwarteten majestätischen Mündungstrichters mit einer öden, geradlinigen Küste auf. Der Mississippi war wohl nur die Erfindung eines zerrütteten Geistes. Dieser Narr setzte die königlichen Schiffe und ihren Generalstab höchster Gefahr aus. Windböen wühlten das Meer auf, und die heftige Brandung ließ das Schicksal eines hier strandenden Schiffes ahnen. Zudem gingen Lebensmittel und Trinkwasservorräte zur Neige. Die Sicherheit der Schiffe und der Mannschaft zwangen Beaujeu, La Salle zu erklären, man müsse entweder sofort landen oder schleunigst nach San Domingo zurückkehren.

Dazu verhielt sich nun La Salle geradezu grotesk. Er befahl, die Mannschaft an Land zu setzen, von wo sie unter Führung zweier Offiziere, Joutel und Moranger, zum Hauptarm des Mississippi zu marschieren hatten: den vermutete er etwa 40 Meilen entfernt. Inzwischen würde er an Bord des *L'Aimable* die Küste entlang fahren, bis er einen sicheren Landungsplatz für das Ausschiffen des Materials gefunden hätte. Ingenieur Minet machte ihn darauf aufmerksam, daß der anbefohlene Marsch überflüssig sei, und man besser täte, mit Beaujeu zu verhandeln und mit der Flottille die Suche nach der Mündung fortzusetzen. Jedenfalls sei es günstiger, Mannschaft und Material gleichzeitig an Land zu bringen. Schmähungen waren La Salles einzige Antwort. Etwa 120 Mann wurden am Ufer abgesetzt, darunter ein armer Teufel, der auf der Überfahrt erblindet war und nun, mit der Hand auf der Schulter eines Kameraden, zur Eroberung Mexikos auszog.

Dieser erste Marsch der Franzosen um den Golf zeigte so recht, wie wenig sie den kommenden Erprobungen gewachsen waren. Viele litten noch an Krankheiten, die sie sich in San Domingo geholt hatten. Die meisten hatten keine Vorstellung von dem Unternehmen, um dessentwillen sie 160 Tage lang im stinkenden Zwischendeck herumkutschiert worden waren. Sie hatten sich nach Land gesehnt, und nun erwies es sich als genauso fürchterlich wie das verdammte Meer. Ein eisiger Wind fegte über Landwüsten und salzige Lagunen. Süßwasser war nirgends zu finden. Kälte und Durst, zwei sonst getrennte Qualen, paarten sich hier. Die Kolonne zog sich über eine halbe Meile hin, obwohl Joutel vorn anfeuerte und Moranger hinten nachschob. »30 ordentliche Männer«, sagt Joutel, »hätten besser getaugt — außer zum Fressen, da nahmen es unsere Leute mit jedem auf.« Als dem kläglichen Haufen am 8. Februar von einem breiten Meeresarm Halt geboten wurde, ließen die schlecht verpflegten Männer alle Hoffnung sinken und schimpften laut, man habe sie im Stich gelassen. Zum Glück tauchten am Horizont drei Segel auf. Es war La Salle, der am nächsten Tag die Bucht untersuchte und behauptete, sie sei das Becken, in das sich ein Arm des Colbert-Flusses ergieße. Wohl nicht der, den man am 6. Januar erkundet hatte, was aber nur bedeuten konnte, daß der westliche Arm des großen Flusses sich genauso unterteilte wie der Hauptarm. La Salle ließ Beaujeu wissen, er sei »an der richtigen, von Seiner Majestät bestimmten Stelle« und gedenke, mit *La Belle* und *L'Aimable* einzufahren.

Beaujeus Herzenswunsch war es, sich Herrn La Salle vom Hals zu schaffen und den *Joly* von der schrecklichen Küste abzuziehen. Immerhin wahrte er den Anstand, prüfte selbst den Eingang der Bucht und meldete, die Umstände erschienen ihm für ein Fahrzeug mit dem Tiefgang des Fleutschiffes gefährlich. La Salle, der die Großen Seen mit Erfolg befahren hatte, erwiderte, auch ein viel größeres Schiff als der *Aimable* werde leicht durchkommen. Am 19. Februar ließ er *La Belle* einfahren und befahl, der *Aimable* solle anderntags nachfolgen. Am Morgen des 20. ging Beaujeu in Begleitung seines Steuermanns und des Ingenieurs Minet an Bord des *Aimable,* um den Kapitän zu warnen: er renne in sein Verderben, wenn er den Befehl ausführe. D'Aigron, ein Todfeind La Salles, empfing sie mit dem Gleichmut des Untergebenen, der sich hinter einem unsinnigen Befehl verschanzt. Er warte bloß auf ein Rauchsignal, so erklärte er, um die Segel zu hissen und in die Bucht einzufahren. Zu diesem Zeitpunkt ließ *La Belle* wissen, sie sei bereit, ihn ins Schlepptau zu nehmen, doch d'Aigron gab zurück, er werde es auch allein schaffen. »Wir gingen«, erzählt Minet, »und kurz darauf war der *Aimable* verloren.« D'Aigron vermochte sich von der Beschuldigung nie reinzuwaschen, er habe sein Schiff mit Absicht auf Grund geraten lassen. Er beendete seine Laufbahn im Turm von La Rochelle.

Der Verlust des Fleutschiffes und der gesamten Ladung bedeutete für das Unternehmen einen schweren Schlag. Nicht minder bedrohte es die große Sterblichkeit unter den Soldaten. »Alle«, erzählt Minet, »waren an Übelkeit und blutigem Durchfall erkrankt, fünf von sechs starben täglich, weil sie Salzwasser getrunken und verdorbene Speisen genossen hatten.« Mitleidlos führt Joutel das Wüten des Todes in den Reihen der Männer auf ihren Mangel an Disziplin und ihre Liederlichkeit zurück. Vom Salzwasser durstig geworden, aßen sie wilde Früchte, besonders Kaktusfeigen, die ihnen den »Magen verkorksten«. Von Februar bis Juli wurde mehr als die Hälfte dahingerafft.

Nach diesen unheilvollen Anfängen wäre es klüger gewesen, den Rückzug anzutreten oder zumindest die Trümmer der Expedition – denn als solche mußte man sie nun schon bezeichnen – anderswohin zu schaffen. Beaujeu zitterte zwar um die königlichen Fahrzeuge auf der mit dem nahenden Frühling stürmischer bewegten See. Er war im Grunde kein schlechter Mensch und sah La Salle dessen Verzweiflung an. So schlug er ihm vor, entweder alles einzuschiffen oder von San Domingo Hilfe herbeizuholen. Die Widrigkeiten hatten jedoch La Salle verhärtet und verbittert. Zudem hatte der Gedanke an den Mississippi auf ihn die Wirkung einer Fata Morgana. Da erst gab es für ihn Macht und Sicherheit. Tonti sollte ihm ja entgegenkommen, und die Talstämme, denen er Vertrauen eingeflößt hatte, rüsteten sich gewiß schon, ihm auf jedem anbefohlenen Eroberungszug Gefolgschaft zu leisten. Die einzige Schwierigkeit bestand darin, zum Strom zu gelangen. Unmöglich, daß die Bucht, vor der man lag, nicht hinführen sollte. Es starben Männer, aber es waren bloß Schwächlinge, die sich selbst aus dem Weg schafften. Der *Aimable* war verloren – aber *La Belle* stand immer noch zur Verfügung, und war mit ihrem geringen Tiefgang für die Flußfahrt ohnehin geeigneter. Ungeheure Vorräte hatte das Meer verschlungen, aber noch besaß La Salle Schätze wie nie vorher in seinem ganzen Abenteurerleben, insbesondere acht Kanonen, 300 Flinten, 120 Pulverfässer, 50 Eisenbarren und große Mengen Tauschware. Er zählte kaum 40, hatte seine schwere Krankheit überstanden und durfte sich auf einige seiner Männer fest verlassen. Im ganzen gesehen eine Lage, die einem zaghaften Offizier der königlichen Armee als schlimm erscheinen mochte, einen Waldläufer aber blendend dünken mußte.

Mehrere Tage lang lag *Le Joly* in mißlicher Situation vor Anker, während Beaujeu seine Dienste immer häufiger, immer dringender anbot: »Sollte ich einen besseren Hafen finden, erhalten Sie sofort Meldung . . . Ich kehre hierher zurück und segle auf Ihren Wunsch nach Martinique, um Lebensmittel und sonstige Hilfe herbeizuschaffen . . . Nichts, was ich für Sie nicht täte: Sie haben nur zu befehlen.« Was aber tat La Salle nach so viel gütlichem Zureden? Er ordnete an, die im untersten Schiffsraum des *Le Joly* verstauten vier Kanonen und einige tausend Pfund Kugeln auszuladen. Worauf Beaujeu entgegnen mußte, er könne sein Schiff auf so unruhiger See nicht erleichtern, ohne es zu gefährden. Es kam zu einem letzten Streit, am Tage vor Beaujeus Abfahrt. Er führte einen Brief La Salles an Seignelay mit sich, der das folgende Datum trug: »An der westlichen Mündung des Colbert-Flusses, den 4. März 1685 . . .«

Henri Joutel führte ein Tagebuch, doch die Tage glichen einander so sehr, daß er manchmal das Datum verwechselte. In materieller Hinsicht hätte es schlimmer sein können: Wein war zwar nicht mehr da, Schnaps kaum noch, die Kleidung zerfiel in Lumpen, doch fehlte es nicht an Lebensmitteln, hauptsächlich dank einer Herde von 65 Schweinen; sie war aus zwei Ebern und einigen Säuen hervorgegangen, die auf der *La Belle* von Europa herüberkamen. Die festgebaute Niederlassung bestand aus vier von einer Palisade umgebenen Bauten. Acht Kanonen verteidigten das Ganze. Man war aus den übelriechenden Lagunen des Küstenstriches in höher gelegene Gebiete gezogen, die bei äußerst trockener Luft und bald eiskaltem, bald schwülem Wind einer gewissen Schönheit nicht entbehrten. Der Blick nach Südosten erinnerte an die Landschaft um Caux, nur fehlten die Herrenhäuser und verstreuten Dörfer. Gewisse Pflanzen und Tiere muteten seltsam an, so die indischen oder Kaktusfeigen, nach deren Genuß man Blut spuckte, und die Dickhälse oder Pelikane, die im geschwollenen Hautbeutel ihres Schnabels Fische speicherten. Der Höckerochse stellte das tägliche Brot dar, und das war mehr als eine Redensart, denn das aus Frankreich mitgebrachte Saatgut wollte nicht keimen. Die aus San Domingo stammende Baumwolle hingegen gedieh prächtig, ebenso Zichorie, Endivie, Runkelrübe, Sellerie, Kürbis usw. . . . Gelegentlich tötete man eine Klapperschlange, nicht ohne des armen Legros zu gedenken, der voriges Ostern von einem solchen Tier gebissen worden und an einer riesigen Geschwulst erstickt war. Noch viele andere waren gestorben. Von über 200, die La Rochelle im August 1684 verlassen hatten, blieben nur mehr 47. Die Frauen hatten mehr Widerstandskraft gezeigt, von den mitgebrachten 15 waren noch acht am Leben. Joutel, der sehr auf Tugend hielt, hatte mit ihnen seine liebe Not. Bartier hatte nicht gehindert werden können, trotz seines Offiziersrangs eine von ihnen zu heiraten. Als aber der Marquis de La Sablonnière diesem Beispiel folgen wollte, hatte Joutel entschieden Einspruch erhoben. Ein Mann von Stand blieb eben ein Mann von Stand, mochte der Marquis von der Lustseuche noch so sehr zerfressen sein.

Am schwersten waren die Langeweile und das Gefühl der Sinnlosigkeit zu ertragen. Der Traum, die Silber- und Goldbergwerke Neu-Biskayas zu erobern, war längst ausgeträumt. Seit der Abfahrt des *Joly* vor 18 Monaten hatte man genau zwölf Meilen hinter sich gebracht, was der Entfernung zwischen der dem *Aimable* verhängnisvollen engen Einfahrt und der heutigen Niederlassung am Ufer des Ochsenflusses entspricht. Es war natürlich keine Rede mehr davon, daß dieser kleine Wasserlauf zum Colbert-Fluß führen könnte. Die ganze weite Bucht, die man nun bis in den letzten Winkel genauestens erforscht hatte, führte nirgendhin. La Salle hatte die Suche also ausgedehnt, doch vergebens. Eine erste Erkundung hatte den ganzen Frühling des Jahres 1685 in Anspruch genommen und keinerlei Aufschlüsse über die Gegend erbracht, in der man sich befand. Das zweite Mal war La Salle im Oktober mit 50 Mann auf *La Belle* ausgefahren, aber Ende März ohne *La Belle* und mit nur acht Mann zurückgekehrt. Schon im April zog er wieder los, diesmal freilich bereits in derart kläglichem Zustand, daß die Degengehänge in Schuhe umgearbeitet und aus Segeltuch Kleider verfertigt werden mußten. Abermals fahndete Herr La Salle nach seinem Mississippi, und es mutete bei aller Pein schon geradezu lächerlich an, daß man den verzweifelt gesuchten, allgemein als mächtig bekannten Strom nicht fand. Im Fort Saint Louis (so hieß die Niederlassung am Ochsenfluß) begannen die Querköpfe wie ein gewisser Duhaut und der Wundarzt Liotot zu spotten und zu drohen. Den Mississippi gab es offenbar nur in der Einbildung La Salles, der ja stets ein Träumer gewesen war, was so viel helle Köpfe immer schon gesagt hatten.

Eines Abends im Oktober, als es dunkel wurde, vernahm Henri Joutel einen ungewöhnlichen Laut, der an das fast schon vergessene Wiehern eines Pferdes erinnerte. Er stieg auf das Dach des Speichers und rief in die Nacht hinaus. Jenseits des Wassers antwortete eine Stimme »Frankreich«, und La Salle gab sich zu erkennen. Schon seiner Stimme hörte Joutel an, daß er wieder einmal enttäuscht heimkehrte. Er wurde hereingeholt und gelabt. Dann erzählte er sein letztes Abenteuer, das dem vorangegangenen befremdlich glich. Man hatte schöne Gegenden gesehen, auch mehrere große Flüsse, doch bei keinem bestand auch nur die geringste Aussicht, es könne sich um einen Nebenfluß des Mississippi handeln. Wie die letzten Male waren einige der Männer desertiert, andere den Mühsalen zum Opfer gefallen und ein Mann namens Dumesnil beim Durchschwimmen eines Flusses, breit wie die Seine bei Rouen, von einem Alligator aufgefressen worden. Der einzige Unterschied zu den früheren Erkundungen bestand darin, daß man auf ein mächtiges Volk, das der Cenis, gestoßen war; diese hatten spanische Bestände so gründlich geplündert, daß sich unter der Beute sogar eine päpstliche Bulle vorfand, die den Christen Neu-Mexikos erlaubte, bei großer Hitze nicht zu fasten. Auch besaßen sie eine Menge

Pferde, von denen sie fünf den Franzosen überließen. Diese hätten die Cenis ohne weiteres zu einem gemeinsamen Raubüberfall auf die Hidalgos überreden können, wäre La Salle von der Notwendigkeit, den Mississippi zu finden, nicht so vernebelt gewesen, daß ihm alles andere gleichgültig war. So war er weitermarschiert, immer weiter, lange Strecken an Flüssen hinauf. Vergebens.

Dieser langen Erzählung war eine Frage La Salles vorangegangen. Was war mit *La Belle* geschehen? *La Belle* war leider verloren. Fünf Schiffbrüchige, darunter der Marquis de La Sablonnière, hatten sich in Saint Louis wiedereingefunden und erzählt, wie ein Teil der Mannschaft an Land von Indianern überfallen worden war und ein betrunkener Steuermann das Schiff an der Küste hatte scheitern lassen. La Salle, der den Schiffbruch des *Aimable* stoisch aufgenommen hatte, machte seinem Unmut Luft. Er verfiel in tiefe Verzweifung. Bald aber gewann er die frühere Spannkraft wieder und faßte die Lage kaltblütig ins Auge.

Offensichtlich war man jetzt dem Tode nahe. Die Frauen mitgerechnet, blieben nur 47 Menschen übrig, von denen einige nicht mehr gehen konnten. Vom Meer her war einzig ein spanisches Schiff zu erwarten, dessen Rahen einen guten Galgen für die Übertreter des Edikts von Philipp II. abgeben würden. So blieb als letzte Chance, sich nach Neu-Frankreich durchzuschlagen. Diesmal würde man mit dem unerschütterlichen Willen aufbrechen, den Mississippi oder den Tod zu finden. War der Strom erreicht, wollte La Salle seinen Bruder, den Abbé Jean, nach Saint Louis in Illinois, Missilimackinak und Quebec schicken, während er – der Führer – an den Ochsenfluß zurückkehren würde, zu den dort Verbliebenen. Es galt, das nackte Leben so lange zu fristen, bis Tonti Hilfe brachte oder der Gouverneur von Kanada eingriff.

Die Vorbereitungen zu dieser letzten Fahrt gingen in ebenso entschlossener wie resignierter Stimmung vonstatten. La Salle beschloß, Joutel diesmal mitzunehmen und das Kommando des Forts Barbier zu überlassen. Die zwei Trupps waren fast gleich stark: zu den 20 Zurückbleibenden gehörten sieben Frauen und Mädchen, die Franziskaner Xenobius Membré und Maximus Leclerc, der Gallikaner Chefdeville und der schwer geschlechtskranke La Sablonnière; 17 brachen auf, darunter die drei La Salle, Pater Anastasius Douay, Henri Joutel, Pierre Duhaut und der Shawnee-Indianer Nika, der La Salle seit zehn Jahren überallhin begleitete.

Es wurde ein ungemein beschwerlicher Marsch. Lange Strekken mußten im Schilf zurückgelegt werden, das die Kleider zerfetzte; tagelang watete man bis zu den Hüften im Wasser.

Am 14. März überquerte man einen weiteren Strom. Seit einigen Tagen war die Jagd ergebnislos geblieben, doch rechnete La Salle mit einem Maisvorrat, den er bei einer früheren Erkundung in einem hohlen Baum versteckt hatte. Er schickte einige Männer danach aus. Duhaut zog mit dem Wundarzt Liotot, dem Matrosen Tessier, dem Deutschen Hiens, einem gewissen Larchevêque, dem Diener La Salles Saget und dem Shawnee-Indianer los. Saget kehrte am nächsten Tag mit der Nachricht zurück, der Mais sei verdorben, der Shawnee habe jedoch zwei Ochsen erlegt, man könne sie räuchern, wenn Herr La Salle es für gut achte. Dieser entsandte seinen Neffen de Moranger in Begleitung zweier Männer namens de Marle und Monnier, um die Arbeit zu beschleunigen. Im Lager verblieben nur mehr Abbé Jean, Pater Anastasius Douay, Cavelier der Jüngere, Henri Joutel, ein Jüngling namens Barthélemy und ein etwa zwölfjähriger Knabe, Jean Talon, dessen Vater in Saint Louis gestorben war.

Der 17. verging im Warten und Flicken der Schuh- und Kleiderreste. Am 18. wurde man unruhiger. Es wurde dunkel, aber die zehn Männer – der größte Teil des Trupps – waren noch immer nicht gekommen. Am Biwakfeuer sprach La Salle zu Joutel offener als sonst, aber auch trauriger und ahnungsvoller. Ob Joutel nicht etwa gehört habe, daß sich die Männer verabredeten, ob er nicht glaube, daß sie Böses im Schilde führten? Joutel sagte, er habe nichts gehört außer Klagen über zu häufige Verweise. La Salle träumte eine kleine Weile vor sich hin, dann eröffnete er Joutel, er werde morgen nach dem Rechten sehen. Es könne ja dem Trupp etwas widerfahren sein. Offenbar nicht sehr wohlgesinnte Indianer schlichen in der Gegend herum, wenn man auch bisher nicht auf offene Feindseligkeit gestoßen war.

Am nächsten Morgen ging La Salle mit Pater Anastasius fort. Die Gegend war unübersichtlich, darum bat er seinen Stellvertreter, auf einem kleinen Hügel ein Feuer zu unterhalten, damit er sich auf dem Rückweg nach dem Rauch orientieren könne. Gegen Abend, als Joutel das Feuer schürte, sah er einen Mann auf sich zukommen, der wie ein Wahnsinniger mit den Armen herumfuchtelte. Es war Larchevêque, Normanne wie La Salle und Joutel selbst. Von weitem schon rief er ihm zu, La Salle, Moranger, Saget und der Wilde, alle seien tot. »Wollte Ihnen bloß sagen«, fügte er noch hinzu, »daß sie auch Ihnen nach dem Leben trachten.« Und schon war er wieder fort. Joutel war der Schreck in die Beine gefahren. Der Atem stockte ihm, er brachte keine einzige Frage heraus.

Nachdem er die Fassung wiedergefunden hatte, kehrte Joutel zum Lagerplatz zurück. Von dorther dröhnten wütende Stimmen. La Salles Koffer war geöffnet worden, und einige Männer stritten sich um seinen Inhalt. Pater Anastasius, Abbé Jean und der junge Cavelier standen bestürzt abseits. Als er Joutel erblickte, kam Duhaut auf ihn zu und brüllte, von nun ab werde jeder der Reihe nach den Befehl führen. Dieser Duhaut war ein Mann von recht guter Herkunft und ziemlich bemittelt. Er diente im Rang eines Offiziers, führte aber einen ganzen Kramladen billiger Messer und Beile mit sich, die er mit beträchtlichem Gewinn gegen Pelze einzutauschen gehofft hatte. Nun war es ein Leben der Enttäuschungen und Entbehrungen geworden, sein Hab und Gut verloren, sein jüngerer Bruder verschwunden, als er auf Befehl La Salles nach Fort Saint Louis zurückkehren sollte. Jetzt wütete Duhaut wie ein Berserker, schrie, schimpfte und stritt mit den anderen, La Salles gesamte Habe gehöre ihm, weil er durch die Schuld des Verstorbenen soviel Geld verloren habe. Wortlos trat Joutel zur Gruppe der beiden Cavelier und des Franziskaners.

In der Nacht legte sich die Erregung Duhauts und seiner Gefährten einigermaßen. Sie hätten in ihrer Verzweiflung den Kopf verloren, man solle den Vorfall vergessen. Abbé Jean hielt ihnen voll Milde vor, mit La Salle hätten sie sich selbst gemordet, denn er sei der einzige gewesen, sie nach Kanada zu führen. Darauf erwiderten sie nichts, aßen und schliefen ihre Roheit wie einen Rausch aus.

Mit leiser Stimme erzählte Pater Anastasius die furchtbaren Ereignisse des Tages. Von einem Wilden geführt, näherte er sich mit La Salle der Stelle, wo die Ochsen erlegt worden waren. La Salle sah Geier kreisen, dachte, sie zeigten den Platz an, wo die Tiere lagen, und feuerte einen Schuß ab, um sein Kommen anzukündigen. Bald darauf erblickten sie Larchevêque. La Salle fragte ihn von weitem, wo denn Moranger bleibe. Der etwas geistesschwache Mann schrie zurück, Moranger sei vom Weg abgekommen. Aufgebracht machte La Salle ein paar Schritte zu ihm hin, wollte eine Erklärung dieser seltsamen Antwort fordern. Da ertönte ein Schuß. La Salle sackte zusammen. Schreckensstarr sah Pater Anastasius aus dem hohen Gras Duhaut auftauchen, in der Hand die noch rauchende Flinte. Wie Irrsinnige brüllend kamen auch Liotot, Hiens, Tessier gerannt. Sie rissen La Salle, den ein Kopfschuß auf der Stelle getötet hatte, die Kleider vom Leibe und tanzten um die Leiche einen gehässigen Reigen. Der Wundarzt trieb es am ärgsten. Er beschimpfte die nackte Leiche und redete sie höhnisch mit »großer Bassa« an. Dann packte er sie an den Füßen; alle Mörder zusammen warfen die sterbliche Hülle Cavelier de La Salles in ein Dickicht, den Wölfen zum Fraß.

Pater Anastasius erzählte dann auch die Ereignisse des Vortags, in deren Folge es zur Tragödie gekommen war. Moranger hatte den Männern verboten, sich Herz und Leber der von

Der Engländer Henry Hudson landet auf Manhattan (oben)
»Hudsons letzte Fahrt« (unten)

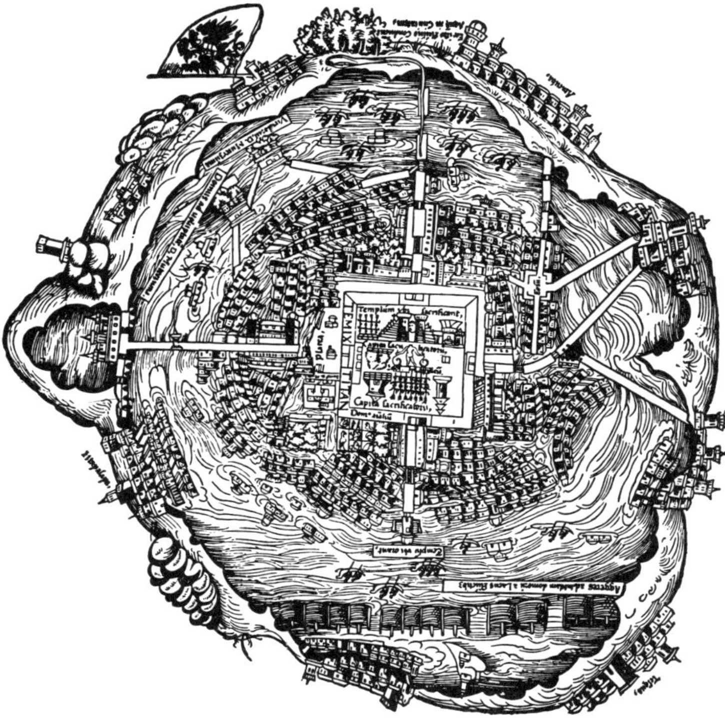
TEMIXTITAN
Plaza,
Capita sacrificatorum,

ihm geräucherten Ochsen anzueignen, Duhaut aber sie aufgewiegelt, für alle erlittene Unbill Rache zu üben. Die Gelegenheit ergab sich, als Moranger, Saget und Nika eingeschlafen waren. Liotot, der ganz von Sinnen war, hatte ein Beil ergriffen und die drei Köpfe mit wohlgezielten Hieben nacheinander gespalten. Nur Moranger richtete sich noch schreiend auf; da gab Liotot das Beil an Marle ab und befahl ihm, den Verwundeten fertigzumachen. Dann wurde die Ermordung La Salles beschlossen; als dieser sich auf die Suche nach dem Trupp machte, lief er seinem Schicksal in die Arme.

Jetzt hatte sich die Lage ins Gegenteil verkehrt. Um das Biwakfeuer schliefen nun alle die Mörder. Joutel flüsterte den anderen zu, man solle sie umbringen, doch Abbé Jean widersetzte sich dem. Es sei genug Blut geflossen, die Gerechtigkeit müsse andere Wege gehen. Getreue wie Verräter müßten zusammenbleiben, Schuldlose und Henker, und gemeinsam einen Ausweg aus der schrecklichen Lage aller suchen. Das Problem blieb auch nach dem Tode La Salles bestehen. Es galt, um jeden Preis den Mississippi zu finden, den einzig möglichen Weg nach Neu-Frankreich, den Mississippi, nach dem man seit schon 28 Monaten fahndete, den Gegenstand von Spott und Verzweiflung, den einzigen Weg des Heils ...

La Salle starb durch eine Kugel und eine falsche Positionsbestimmung. Duhaut hatte ihm am 20. November 1687 den Kopf durchschossen, sein Schicksal aber wurde am 1. Januar 1684 besiegelt, als ihm die Steuermänner seiner Schiffe *Joly*, *Aimable* und *La Belle* versicherten, er befinde sich nahe der Appalachen-Landspitze; der Strom müsse daher im Westen gesucht werden. Die übertriebene Vorstellung von den Strömungen im Golf von Mexiko, Produkte einer Stuben-Ozeanographie, hatten eine Fehlrechnung zur Folge, die auf einer modernen Karte etwa neun Längengrade ausmacht. Wahrscheinlich lag der Landungspunkt in der Nähe der heutigen Grenze zwischen Louisiana und Texas, das heißt 100 Meilen

Mexico City. Holzschnitt aus dem Jahre 1524 (oben)
Indianische Kampfszene auf einer Büffelhaut (unten)

westlich – nicht östlich – der Mississippimündung. An der Krümmung des Golfes weiter entlang fahrend, hatte La Salle am 6. Januar wohl den Eingang der Galveston-Bucht gesehen und war dann bis zur heutigen mexikanischen Grenze gelangt, ehe er sich davon überzeugte, daß er über sein Ziel hinausgekommen war. Nach Norden wendend, hatte er dann die Niederlassung an der Matagorda-Bucht errichtet. Die späteren Erkundungen führten ihn höchstens die Hälfte des Weges zum gesuchten Strom zurück. Getötet wurde er wahrscheinlich unweit des Trinity-Flusses, einige Wochenmärsche vom nächstgelegenen Punkt des Mississippi entfernt.

Nach seinem Tod stießen Mörder und Getreue gemeinsam zu den Cenis. Da trafen sie zwei Bretonen an, Ruter und Groslet, die nach ihrer Fahnenflucht bei den Indianern heimisch geworden waren und in üppiger Vielweiberei lebten. Sie alle leisteten den Cenis Waffenhilfe in einem Krieg, der diesen 48 Skalpe einbrachte. Sodann warf sich der Deutsche Hiens, obwohl er an der Verschwörung teilgenommen hatte, zum Rächer La Salles auf und ermordete Liotot und Duhaut. Die beiden Cavelier, Joutel, Pater Anastasius, de Marle und Barthélemy ließ er mit sechs Pferden ziehen. Ohne besondere Schwierigkeiten erreichten diese in zwei Monaten das Land der Arkansas, wo sie zwei Männern von Tonti begegneten, die ihnen erzählten, der Mann mit der Eisenhand sei den Mississippi bis zur Mündung hinuntergefahren und habe vergebens nach seinem Chef ausgeschaut. Über den Arkansas-Fluß gelangten sie in den großen Strom, den La Salle so verzweifelt gesucht hatte. Mühelos fuhren sie ihn bis zum Fort Saint Louis hinauf, wo sie Tonti selbst antrafen. Indes sorgte sich Abbé Jean um die Erbschaft seines Bruders, die er antreten wollte, ehe die Gläubiger ihre Rechte geltend machen konnten. So teilte er Tonti mit, La Salle sei wohlauf und im Begriff, am Golf zum Feldzug gegen Mexiko zu rüsten. Schon Anfang Oktober, also kaum sieben Monate nach der Schreckenstat vom Trinity-Fluß, traf der Abbé mit seiner Begleitung in Paris ein.

Nach Regelung der Erbschaftsfrage machten sie den Tod La Salles bekannt. Barthélemy trat den guten Namen des Toten gehässig in den Schmutz, beschuldigte ihn, Grausamkeiten und Morde begangen zu haben und zwei Jahre lang dem Tisch des Herrn ferngeblieben zu sein.

Die längste Zeit wußte man nicht, was im Fort Saint Louis nach dem Abgang La Salles vorgefallen war. Die Spanier, die auf See nach der Expedition Ausschau hielten, fanden zwar die Wracks des *Aimable* und der *La Belle*, nicht aber den Zugang zur Matagorda-Bucht. Erst beim fünften Streifzug über Land unter der Führung von Alonso de Leon gelangten sie zur ausgeplünderten und verödeten französischen Niederlassung. Sie fanden die Reste von sechs Häuschen aus Pfählen und Lehm, eines Schweinestalls und eines kleinen Forts, das als Kapelle und Speicher gedient hatte. Zerbrochene Waffen, zerfetzte Bücher, zwei Menschenleichen und zahlreiche tote, verweste Schweine lagen herum. Drei Überlebende wurden bei Nachbarstämmen aufgegriffen, nackt und bemalt wie Indianer; sie berichteten vom Ende des Forts Saint Louis, und wie sich eines Tages fünf Wilde mit Freundschaftsbeteuerungen eingefunden, nach Öffnen der Tore aber andere Wilde sich auf die Franzosen gestürzt und sie vernichtet hätten. Die zwei Gefangenen lebten nur, weil sie schon vor dem Überfall davongelaufen waren. Die Spanier kauften sie den Indianern ab und schickten sie auf ihre Galeeren, die Eroberung Mexikos und seiner Schätze zu Ende zu führen.

Die Mündungen des Mississippi sollte erst im Jahre 1698 der Schiffskapitän Le Moyne d'Iberville, Sohn des bekannten Charles Le Moyne aus Montreal, entdecken. Er fuhr den Strom hinauf bis zu einer Stelle, die er Bâton Rouge (heute die Hauptstadt Louisianas) nannte, weil er da einen Grenzpfahl vorfand, der die Länder zweier Stämme trennte. Hier überbrachte ihm ein Indianerhäuptling einen Brief von Tonti an La Salle, datiert vom 20. April 1685, der also mit 13 Jahren Verspätung einem anderen Empfänger ausgehändigt wurde.

Holländer und Schweden

Die Geschichte des Hudson beginnt wie die des Sankt Lorenz-Stromes. Henry Hudson, englischer Seefahrer im Dienste der Holländisch-Westindischen Kompanie, suchte die Nordwest-Passage. Er fand einen breiten Wasserlauf, fuhr hinein, stellte fest, daß es sich hier um einen Strom und nicht um eine Meerenge handelte, fuhr hinauf bis zur Stelle (Albany), wo er aufhört, schiffbar zu sein, und machte kehrt. Seine Enttäuschung verbarg er hinter einer Aufzählung des Neuen und Seltsamen seiner Entdeckung. Besonderes Gewicht legte er auf die Pracht der Wälder beiderseits des Stromes: verschiedenartigste Bäume, deren Stämme ohne einen einzigen Knoten bisweilen 60 Fuß hoch wurden.

Die Niederlande standen auf dem Höhepunkt ihres Ruhms. Der schwere Kampf gegen den Herzog von Alba war gewonnen und dem erschöpften Spanien ein zwölfjähriger Waffenstillstand abgerungen, der aller Voraussicht nach mit dem Unabhängigkeitsfrieden enden würde. Die Tatkraft der Geusen, die Mannigfaltigkeit ihrer Methoden, die es ihnen ermöglicht hatte, der damals stärksten Militärmacht zu trotzen, wandten sich jetzt den fernen Ländern zu und hätten in zügellosem Ungestüm am liebsten die ganze Welt umschlungen. Die von Pelztieren wimmelnden Wälder des Hudson wurden von den Männern nicht gering geachtet, die ihre Hand schon nach den Hügeln Südafrikas, den Sunda-Kokosinseln und den Savannen Brasiliens ausstreckten. Von 1609 bis 1624 erforschten mehrere Expeditionen das Gebiet zwischen dem Südstrom oder Delaware und dem Nordstrom, dem North-River, welcher Name auch heute noch für den Hudson gebraucht wird. Der erste Schub Siedler kam am 30. März 1624 unter der Führung des Kapitäns Cornelius Jakob May an. Er bestand aus Wallonen, Protestanten französischer Sprache, Flüchtlingen aus ihren unter spanischer Herrschaft verbliebenen Provinzen. An die dreißig Familien, die sich auf dem unendlichen, wilden Kontinent zu sehr verstreuten. Einige ließen sich in Fort Nassau am Delaware nieder. Andere gründeten am oberen Hudson Fort Oranje, das spätere Albany. Der größte Teil blieb im Umkreis der herrlichen Bucht, dem Eingangstor Hollands zur Neuen Welt, in Staten-Island, Long-Island und Manhattan.

Die Lage dieser letzten Insel zeichnete sie sogleich vor den anderen aus. Rechter Hand fing sie den Hudson auf, linker Hand befand sich ein Fluß, der keiner war (der heutige East River), ein Salzwasserarm, den der Seefahrer Adrian Block seiner Steine und Strudel wegen *Hellegat,* das Höllentor, benannte. Ein gewundener Nebenarm des Hudson, der spätere Harlem River, verband die beiden großen Wasserstraßen und trennte Manhattan vom Kontinent. Die Insel selbst war einen schwachen Tagmarsch lang und nicht unergiebig. Der beste Boden, schöne Wiesen lagen gegen Osten am Hellegat. Einige Wigwams recht armer, friedlicher Indianer, etwa 200 bis 300, standen in den Wäldern des Westufers und auf den felsigen Hügeln der Mitte. Für die Holländer hörte sich der Name des Stammes wie Manhatten oder ähnlich an. Nach dieser phonetischen Transkription benannten sie ihre Niederlassung.

Das Unternehmen wurde von der vor einigen Jahren entstandenen Westindischen Kompanie finanziert, der ein Rat von 19 Mitgliedern vorstand. Ihr Ziel war der Handel, nicht die Eroberung oder Kolonisation. Demnach besagten die Weisungen, mit den Eingeborenen die besten Beziehungen zu pflegen und die benötigten Ländereien anzukaufen. Der Leiter der Kolonie, Peter Minuit, von wallonischer oder französischer Abstammung, führte diese Weisungen durch. Die Insel Manhattan wurde von den Manhattan für die Summe von 60 Gulden erworben und in Eisen- und Kurzwaren bezahlt. Daß dieses Geschäft getätigt wurde, unterliegt keinem Zweifel, denn es steht in den Büchern der Kompanie verzeichnet. Dagegen ist kein ausdrücklicher Bericht darüber erhalten, wie hoch der Boden New Yorks geschätzt und gehandelt wurde; davon wissen wir also nichts.

Die erste Beschreibung Manhattans, das Minuit in Neu-Amsterdam umtaufte, stammt aus dem Jahr des Ankaufs selbst (1626). Das Gebäude der Kompanie war aus Stein und mit Stroh gedeckt. Die übrigen Häuser, etwa 30, bestanden aus Baumrinde. Für sechs Farmen oder »bouweries« wurde der Boden entlang des East River urbar gemacht. Auch eine Mühle wurde gebaut. Über ihr gedachte man eine Betstube einzurichten. Für diese erwartete man eine von der Plünderung San Juans de Porto Rico herrührende Silberglocke: die den Katholiken abgenommene Beute sollte über einer protestantischen Andachtsstätte hängen. Die Errichtung eines Forts wurde in Angriff genommen und – der nationalen Tradition entsprechend – der Bau eines Kanals zwischen dem North River und Hellegat ins Auge gefaßt. Insgesamt nahmen diese Projekte und ihre Ausführung einen winzigen Teil des heutigen New York ein, das Gebiet von Battery Park etwa.

Die andere holländische Niederlassung, Fort Oranje, war gewagt. Sie drang in das doppelte Geheimnis von Wald und Indianerwelt ein, bis zum äußersten, von Henry Hudson vor 15 Jahren erreichten Punkt. Acht tüchtige wallonische Familien hatten sich da festgesetzt und sich gleich ans Roden gemacht, um Raum für europäisches Korn und indianischen Mais zu schaffen. An sonstigen Weißen gab es eine Handvoll Soldaten und etliche Pelzhändler, für die der so weit vorgeschobene Posten eigentlich errichtet worden war. Der Zufall hatte die Holländer übrigens an einen Brennpunkt indianischer Fehden geführt, an die Stelle, wo Algonkins und Irokesen, Mohawks und Mohikaner aneinander grenzten. Vom Standpunkt des Handels war das ein Vorteil, der Konkurrenz zwischen den Verkäufern wegen, anderseits stand man zwischen zwei Feuern.

Dieser Nachteil machte sich auf tragische Weise bemerkbar,

als die Feindseligkeiten zwischen Mohawks und Mohikanern wieder aufflackerten. Eine Gruppe der letzteren erschien vor Fort Oranje und lockte den Garnisonskommandanten Krieckbeeck mit sechs seiner Soldaten durch Überredung und Drohung auf den Kriegspfad. Sie kamen nicht weit. Aus dem Dickicht tauchten die Mohawks auf, fielen mit irokesischer Geschwindigkeit über den Feind her und töteten Krieckbeeck sowie drei seiner Soldaten, während die anderen ausrissen und die verdutzten Algonkins stehenließen. Die Sieger aßen den fettesten der Europäer auf, einen gewissen Bouwensz, nachdem sie ihn regelrecht gebraten hatten.

20 Jahre zuvor hatte eine ähnliche Einmischung in Indianerangelegenheiten, die Champlains, den Franzosen die unerbittliche Feindschaft der Irokesen zugezogen und Kanada bittere Jahre beschert. Die Holländer hatten mehr Glück. Sie waren besiegt worden und hatten nicht königliches Blut vergossen, wie der allzu rasch entschlossene Champlain. Ihr Handelsagent, Barentsen, nahm es auf sich, die Irokesen aufzusuchen, hörte sich ihren Verweis zerknirscht an und besänftigte sie mit Geschenken. Von der Menschenfresserei entsetzt, führte Peter Minuit die Familien nach Manhattan zurück, beließ aber in Fort Oranje 16 Mann, Soldaten und Trapper. Der Vorfall hatte keine Folgen, und die Holländer unterhielten im allgemeinen gute Beziehungen zu den Irokesen. Für die Pelzwaren gaben sie ihnen die meistbegehrten Tauschwaren — Flinten und Pulver. Die Kolonisten Kanadas und Neu-Englands protestierten unablässig gegen dieses Verhalten, das in ganz Nordamerika zu einer Häufung der Greueltaten führte. Trotz einiger Verbote aus dem Mutterland ließen jedoch die Holländer nie davon ab.

Monate gingen dahin. Die holländischen Tugenden erwiesen sich als nutzbringend. Der Handel entwickelte sich zufriedenstellend. Die Häuser Manhattans wurden zusehends solider, und erstaunt erlebte der East River das größte Schiff der Zeit, die *Nieuw-Amsterdam* mit 800 Tonnen. Anderseits fiel Peter Minuit bei der Kompanie in Ungnade und mußte, Rachepläne schmiedend, abziehen. Als sein Nachfolger erschien eine seltsame Gestalt, Wouter van Twiller: so hoch wie breit, ungeschlacht und gefräßig, wirkte er mit seinem Dickwanst und seinen Wulstlippen wie eine Karikatur des holländischen Bürgers. »Ein Tölpel, der nur zu saufen verstand«, hieß es von ihm. Immerhin ließ er Manhattan vergrößern, baute drei Windmühlen, die ihm als maßlose Verschrobenheit angekreidet wurden, und machte eine kleine Kolonistengruppe im schönen Tal von Connecticut ansässig. Wir müssen annehmen, daß der Mann einigermaßen angeschwärzt worden ist. *Die Geschichte New Yorks* des Satirikers Washington Irving belastet ihn wohl noch immer zu schwer.

Die Sache ließ sich gut an. Nach dem Handelsplan gewann der Kolonisationsgedanke festere Gestalt. Holland strotzte von Riesenvermögen. Sie waren durch industrielle Tätigkeit, im Seehandel und durch Plünderung spanischer Silberschiffe entstanden. Die Anlage in den unberührten Weiten Amerikas wurde begünstigt. Die großen Lehnsgüter und Feudalrechte, welche die Neureichen im kleinen, demokratischen Holland nicht erwerben oder ausüben konnten, bot man ihnen im unverbrauchten, kaum besiedelten und unermeßlich großen Neu-Holland an. Die Charta vom Jahre 1629 legte die Einzelheiten fest. Jeder, der 50 Kolonisten herüberbrachte und ausrüstete, wurde »Patron«, Schutzherr. Er erhielt eine Domäne in der Ausdehnung von vier holländischen Meilen (30 Kilometern) an einem schiffbaren Fluß. In die Tiefe mochte sie sich erstrecken, so weit es die Natur erlaubte. Zwei Einschränkungen waren strengstens zu beachten: der Pelzhandel blieb das Monopol der Westindischen Kompanie; Spinnen und Weben fielen unter ein Verbot, dessen Übertretung mit nicht näher festgesetzten Strafen geahndet werden sollte. In allem übrigen übte der Schutzherr schier selbstherrliche Feudalrechte aus, gleich den Lehnsherren Kanadas, mit dem Unterschied allerdings, daß die Güter Neu-Hollands nicht Bedürftigen verliehen wurden. Hier handelte es sich um den Versuch einer plutokratischen Kolonisierung.

Der Plan schlug in keiner Weise fehl. Mitglieder der Kompanie griffen ihm sogar voraus: zielbewußt kauften sie den indianischen Sachems Boden ab. Ein gewisser Jansen Krol ließ sich oberhalb der Manhattan-Insel nieder. Michel Pauw kaufte die Staats-Insel (Staten Island) sowie gegenüber, auf dem Kontinent, ein flaches, sumpfiges Gelände, das er Pavonia nannte. Der namhafteste aller Schutzherren aber wurde der Amsterdamer Diamantenhändler Rensselaer, der sein Lehnsgut wagemutig am Oberlauf des Hudson erwarb, um Fort Oranje herum, das, wie Manhattan, Eigentum der Kompanie blieb. Rensselaerwyck entwickelte sich zu einem richtigen amerikanischen Fürstentum mit eigener Verwaltung, Gerichtsbarkeit und Privatarmee. Eines Tages schossen seine Kanonen gar nach der holländischen Flagge: sie hatte das Wappen ihres hohen, mächtigen Herrn zu grüßen!

Im ganzen wurde Neu-Holland ein wirtschaftlicher Erfolg. Abgesehen von kurzen Krisenzeiten erinnert hier nichts an die Leiden Kanadas, an die Unzulänglichkeiten und den Wankelmut dort. Tatkräftig wurde allenthalben rund um Neu-Amsterdam der Boden urbar gemacht. Auf Staten Island wurden zur Gänze elf große »*Bouweries*« bebaut, und jenseits des Meeresarms kam das tiefgelegene New Jersey allmählich unter den Pflug. Im Westen Hellegats bedeckte sich Long Island mit Farmen, während die kühneren Kolonisten über den Harlem-Fluß am Sound vorstießen. Immerhin fehlte hier, was zur gleichen Zeit Neu-England entstehen ließ: der demographische Druck, der Zuzug von Menschen, die vor religiösen Verfolgungen oder vor dem Elend flüchteten. Die Niederlande des 17. Jahrhunderts waren zu liberal und zu wohlhabend; es lag kein Grund vor für eine richtige Bevölkerungsbewegung nach Übersee. Augenblicks formte Holland ein Amerika nach seinem Bilde: mit Windmühlen, hochgestalten Kühen auf den Wiesen, Giebelhäusern, Tonnen Bieres sowie einer Atmosphäre irdischen Wohlbehagens und religiöser Duldung – im genauen Gegensatz zu den wilden Jesuiten Quebecs und den wilden Puritanern Bostons.

Jenseits des Atlantik war Holland inmitten der entfesselten Leidenschaften Europas eine Freistatt. Auch das Holland in Amerika wurde es. Ganze Dörfer kamen aus Massachusetts, auf der Flucht vor der unerträglichen Tyrannei der puritanischen Kirche. Ein mit 35 Familien aus Salem vertriebener Mr. Throgmorton bat um Asyl, ferner der hochwürdige Francis Doughty, den seine Pfarrkinder halbtot prügelten, weil er geäußert hatte, die Söhne Abrahams seien vielleicht getauft gewesen. Auch ein Held der Indianerkriege stellte sich ein, Hauptmann Underhill, sowie die berühmte Anne Hutchinson und eine puritanische Dame von Stand, Lady Deborah Moody, die um ihr Leben bangte, seit ihr Bedenken gegen die Taufe Neugeborener gekommen waren. Alle diese Engländer ließen sich auf Long Island nieder, und die Gegenden von Flushing und Gravesend (Coney Island) entwickelten sich zu britischen Enklaven. Die Briten verpflichteten sich, die holländische Souveränität anzuerkennen und zu achten, hielten sich aber später nicht daran. So war eine fünfte Kolonne im Werden, eine Gefahr in unruhigen Zeiten.

Seinen kosmopolitischen Charakter verdankte Neu-Holland aber nicht nur den verärgerten Puritanern. Manhattan war, was Quebec nie zu werden vermochte: ein Nothafen, ein Stapelplatz des Westens auf den großen holländischen Handels- und Kriegsstraßen. Als die Feindseligkeiten mit Spanien wieder eröffnet wurden, gingen hier Korsare der Westindischen Kompanie vor Anker, die in der Karibischen See Dividenden scheffelten, wie sie die *Bouweries* von Hellegat und der Pelzhandel nicht entfernt abwarfen. Im kleinen Neu-Amsterdam wurden 18 Sprachen gesprochen. Die Stadt war reich und betriebsam, sie zog somit auch Juden an. Auf dem Höhepunkt ihrer Entwicklung, gegen 1660, breitete sie sich bis zur Wall Street-Mauer (vom East River zum Hudson) aus, die sechs Bastionen und zwei Tore hatte; durch das eine führte die Hauptstraße der Insel, der zukünftige Broadway. Ungefähr 300 Häuser standen innerhalb dieser Einfriedung; und die holländischen Lebenskünstler hatten überall Blumen- und Obstgärten angelegt. Tulpen blühten in Neu-Amsterdam wie in Harlem – im Harlem von Manhattan, wo ein Vergnügungsort im Entstehen war. Es gab da auch Tavernen, unzählige Tavernen, übermäßig viel Tavernen, gegen welche die aufeinanderfolgenden Generaldirektoren ankämpften. Vergeblich ankämpften.

Sie ließen sich einfach nicht auf den Pfad der Tugend führen, diese amerikanischen Holländer, wo doch die Tugend auf den eben erschlossenen Gefilden von Massachusetts so glänzende Triumphe feierte. Dabei bekannten sie sich zum gleichen Kalvinismus wie ihre Nachbarn. Auch bei ihnen gab es übereifrige Pastoren, wie etwa jenen, dem Direktor Krieft den Mund stopfte, indem er während seiner Predigt vor der Kirche die Trommel schlagen ließ. Doch die echte Menschlichkeit dieses Volkes verschloß sich dem Fanatismus. Nicht ohne Gefahr für sich selbst retteten die Holländer durch Loskauf verrückte Jesuiten, wie Jogues und Le Moyne, die Glaubensinbrunst zu den Marterpfählen der Irokesen trieb. Sie lehnten es ab, das ohnehin unfreundliche Dasein in der Neuen Welt durch geistliche Quälgeister noch mehr verdüstern zu lassen. Ihr Sabbat wuchs sich nie zum Trauertag der Puritaner aus. Die wunderliche seinerzeitige Verordnung, den Tag des Herrn durch ein Verbot von Fischerei, Jagd, Erdbeerpflücken usw. zu heiligen, trat als »zu streng und den holländischen Freiheiten entgegengesetzt« nie in Kraft. Dagegen finden sich unzählige Verfügungen gegen den Mißbrauch des Alkohols, wobei allerdings der immer gleiche Wortlaut beweist, daß sie nie befolgt wurden – nicht einmal die sehr bescheidene Klausel, die den Verkauf von Bier zur Zeit der Gottesdienste verbot. Die Fleischessünde, in Neu-England ein Greuel, wurde leichter verziehen als Trunkenheit. Einmal warfen die Indianer Long Islands den Holländern eines ihrer Massaker vor; dabei riefen sie diesen in Erinnerung, sie hätten sie nicht bloß in Elendszeiten ernährt, sondern auch mit ihren Mädchen allerlei Kurzweil treiben lassen, der viele Kinder des Stammes entsprungen seien: »Was verfolgt ihr euer eigen Blut?«

Indes wurden die Holländer Amerikas niemals ihres Besitzes froh. Nie wurde er voll anerkannt und nie waren sie stark genug, zum Eigentum auch Recht und Titel zu erwerben. Die drei Spitzen des Dreizacks, der ihnen das Leben schwer machte, waren die Indianer, die Schweden und die Engländer. Die ersten hielten sie in Schach, die zweiten drängten sie ab, dem dritten – unerbittlichsten – aber mußten sie erliegen.

Das Jahr 1643 war eines der düstersten und blutigsten. Schon drohte das dreifache Unheil. Im Osten standen Engländer und Holländer im Tale des Connecticut einander gegenüber. Hier sollten sie einander 20 Jahre lang Nadelstiche versetzen. Im Süden war etwas ganz Tolles geschehen: kam da der frühere Direktor Peter Minuit auf dem Delaware gefahren, an der Spitze von 50 schwedischen Einwanderern, und berief sich auf eine Charta, die ihm namens der kindlichen Königin Christine von Premierminister Axel Oxenstierna eingehändigt worden war. Die Holländer aber saßen auf Fort Oranje, einer elenden, vorübergehend geräumten, dann wiederbesetzten Baracke. Minuit hatte für alle Verwahrungen bloß ein Achselzucken. Er brachte seine Leute einige Meilen flußabwärts in einer anderen Baracke unter, die er Fort Christine taufte. Damit wurde ein großer Gedanke Gustav Adolfs nach dessen Tod in die Tat umgesetzt. Kurz vor dem Unglückstag von Lützen hatte er sich von Amerika berichten lassen und erklärt, Schweden werde dem neuen Kontinent nicht fernbleiben.

Einstweilen aber waren die Indianer die Hauptsorge des Generaldirektors Willem Krieft, der fünf Jahre zuvor den Dickhäuter Wouter van Twiller abgelöst hatte. Krieft war eher der Typ des galligen Mannes. Auf das ihm anvertraute verantwortliche Amt hatte er wenig Ansprüche gehabt. Seine früheren Dienstleistungen beschränkten sich im wesentlichen auf einen Bankrott, für den er, dem symbolfreudigen Geist der Zeit gemäß, in effigie gehängt worden war. Ihn aber dürstete nach Macht. Und so erbosten ihn die Freiheiten der Indianer, die seiner Obrigkeit nicht untertan sein wollten.

Die Indianer setzten ihren größten Stolz darein, Rache zu üben. Manchmal reifte sie langsam heran, durch eine ganze Generation. Sie unterlag dem Gesetz strengster Kollektivverantwortung. Vor etwa 20 Jahren waren drei Soldaten Peter Minuits einem Wilden begegnet, den ein Kind begleitete. Sie hatten ihn ermordet, um ihm ein Biberfell zu stehlen. Das Kind, ein Neffe des Getöteten, war mit dem Gelöbnis zum Mann herangewachsen, eines Tages einen Weißen umzubringen. An einem sturmdurchtobten Tag vernahm er im Rascheln der dürren, vom Winde aufgewirbelten Blätter das Stöhnen seines Oheims. Das war das Zeichen. Der erste Weiße, den er auf seinem Weg nach Manhattan erblickte, war ein alter Stellmacher namens Claes Cornelius Smits, der auf einer Leiter stand und sein Dach in Ordnung brachte. Der Indianer schoß ihn mit einem Pfeil ab – und Direktor Krieft vermochte nie die Logik und Notwendigkeit dieser Tat einzusehen, noch die Beweggründe der Sachems, die eine Auslieferung des Mörders ablehnten.

Oben im Norden tobte der Indianerkrieg um Fort Oranje weiter. Dort war man von dem Wunsch geheilt, sich einzumischen. Nachdem die besiegten Mohikaner nach Osten verjagt waren, verlagerte sich der Druck der Mohawks auf die Algonkin des mittleren Hudson. Als diese von einem Häuflein Krieger angegriffen wurden, die für unbesiegbar galten, stoben sie unter dem Anprall auseinander. Hunderte von Männern, Frauen und Kindern flüchteten nach Manhattan unter den Schutz der Weißen. Der Großfarmer De Vries, dessen Bouwerie unweit der Stadt lag, sah eine schreckerfüllte Menschenmenge in sie einbrechen. Er stürzte zum Fort, vom

Neu Amsterdam auf Manhattan (1651) (oben)
Die Holländer kaufen Manhattan (unten)

Fort nieuw Amsterdam op de Manhatans

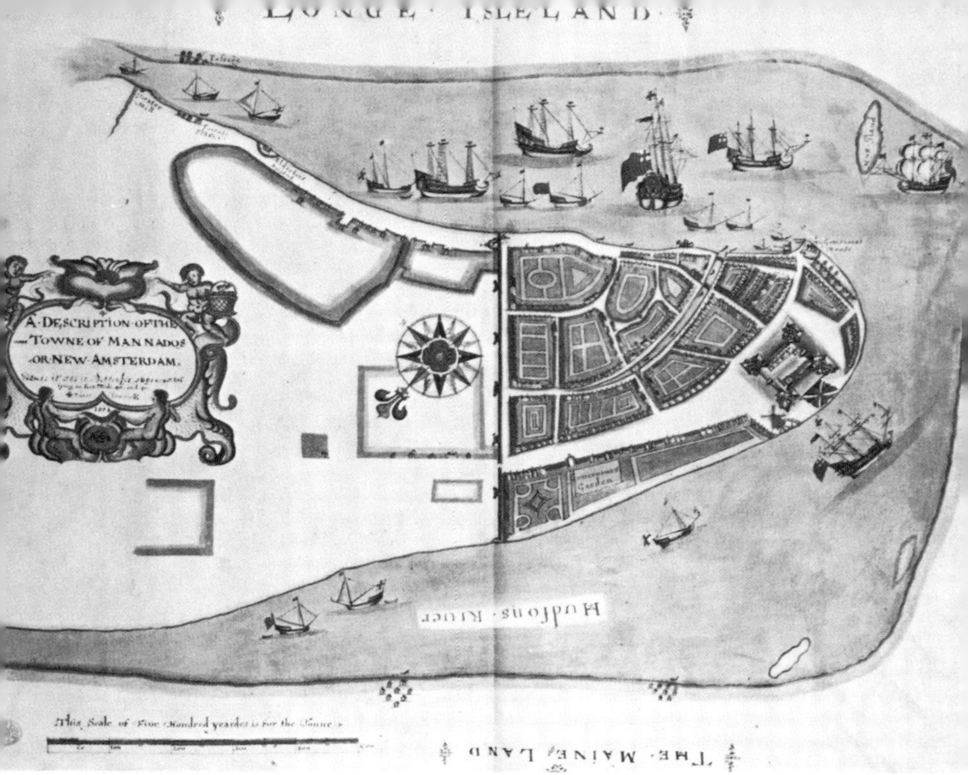
LONGE ISLEAND
A DESCRIPTION OF THE TOWNE OF MANNADOS OR NEW AMSTERDAM
Hudsons River
This Scale of Five Hundred yeardes is for the Towne
THE MAINE LAND

Direktor ein paar Soldaten zu erbitten. Krieft lief aufgeregt auf und ab und murmelte dauernd vor sich hin, er würde den Indianern über ihr ungewaschenes Maul fahren. Immerhin sorgte man für die Ernährung der Flüchtlinge, die sich nach einiger Zeit wieder verliefen. Einige setzten über den Hudson und suchten Zuflucht bei ihren Brüdern in New Jersey. Andere blieben in Manhattan und lagerten da, wo später das Viertel »Teufelsküche«, Hells Kitchen entstand, ein paar Meilen von Neu-Amsterdam.

Willem Krieft erlag der übermächtigen Versuchung. Zwar griff er nicht gern zum Schwert, hatte nicht einmal Mut; aber er träumte von militärischen Operationen durch Mittelsmänner, und wiederholt hatten sich die Honoratioren Neu-Amsterdams seinen Plänen eines totalen Krieges gegen die Indianer widersetzen müssen. Diesmal nun drängten ihn die erbosten Kolonisten zur Tat. Zwischen den Stämmen fanden Palaver statt: man ergriff die günstige Gelegenheit, über die versammelten Wilden herzufallen. De Vries widersetzte sich solcher Hinterlist; der Direktor hieß ihn aber schweigen und schritt zur Bildung zweier Kolonnen: die eine sollte die Manhattan-Gruppe angreifen, die andere die Zusammenziehung feindlicher Kräfte im niedrig gelegenen Pavonia jenseits des Hudson. Es war im Mai, am Abend eines klaren, kühlen Tages.

Die Kolonnen setzten sich in Bewegung, die erste auf Barken, die zweite über den Broadway. De Vries, der beim Gouverneur geblieben war, träumte am Küchenfeuer vor sich hin. Gegen Mitternacht hörte er fernen Lärm. Er stieg auf den Wall, spähte nach Pavonia hinüber, sah nichts, hörte aber unausgesetzt Schüsse und schrille Schreie; sie hallten durch die Nacht über die weite Fläche des Stroms und übertönten sein Rauschen. Als der Mond aufging, wurde es still. Im Morgengrauen kehrten die Barken zurück, überladen mit Männern; die einen schrien und schwangen ihre Waffen, die anderen lagen stumm und gefesselt da. Auch abgehackte Köpfe brachten die Sieger mit. Diese rollte die Schwieger-

Stadtplan von Manhattan (oben)
Indianer tanzen den Einwanderern vor (unten)

mutter ihres Anführers, des Sekretärs der Kolonie van Tienkoven, mit Fußtritten vor sich her. Einige Quellen behaupteten, die Gefangenen, etwa 30, seien entmannt worden, doch ist das nicht erwiesen.

Eine größere Dummheit hätte Krieft gar nicht begehen können als diese Heldentat. Die völlige Ausrottung der Indianer war politisch gewiß zu erwägen, aber die hundert in Pavonia und Manhattan im Schlaf erwürgten Opfer stellten bloß einen winzigen Bruchteil der zahlreichen eingeborenen Bevölkerung dieses Gebiets dar. Noch geringer war die abschreckende Wirkung des tückischen Mordens. Der wilde heldische Mut der Mohawks lähmte zwar die Algonkin vor Schreck: dafür versetzte sie die schwächliche Art, in der es ihnen die Weißen gleichtun wollten, in rachgierige Raserei. Von Staten Island bis Gravesend färbten die brennenden Höfe den sommerlichen Nachthimmel rot. Einzelne Kolonisten, wie das Mannweib Deborah Moody, leisteten hinter ihren Palisaden Widerstand, die meisten Holländer aber, die dem Mord oder der Marter entkamen, flohen nach Neu-Amsterdam. Krieft erkannte, in welches Unheil er sich verrannt hatte. Seine ohnehin verwahrloste Zitadelle war zu einer Mausefalle geworden. Seine Streitkräfte beliefen sich auf bloß 60 nicht allzu kampfbegierige Soldaten und 200 Mann Miliz, die jeder Schlägerei spinnefeind waren. In aller Eile ließ er Wall und Mauer aufrichten, durch den der Name Wall Street verewigt wurde. Was man an Haustieren hatte retten können, graste nun hinter diesem Wall, auf dem Tag und Nacht Wache gehalten wurde. Auf der Manhattan-Insel, die Peter Minuit gekauft hatte und die dicht besiedelt worden war, begannen nun die Indianer, das ihnen angetane Unrecht zu ahnden. Aus der Sturmflut ragten wie Inseln die fünf oder sechs erhalten gebliebenen Höfe heraus, jeder eine kleine Festung. Fort Oranje allein, obgleich mitten im Land der Irokesen gelegen, blieb unbehelligt, wohl weil es sich ihnen gegenüber vorsichtig verhielt.

Schließlich retteten die englischen Flüchtlinge Neu-Holland.

Aus härterem Holz geschnitzt als die Holländer, reichte die zur Bekämpfung der Indianer unerläßliche Grausamkeit in tiefere Wesensschichten hinab als die gemeine, blutrünstige Aufwallung der bewaffneten Bürger von Fort Amsterdam gegen schlafende Männer. Hauptmann Underhill, alter Frontsoldat der Massachusetts-Kriege, warb 50 Freiwillige unter seinen Landsleuten, verschanzte sie nicht hinter Pfählen, sondern führte sie hinaus in die Land- und Wasserwelt des Sound. Er riß die Holländer mit, die sich wieder ein Herz gefaßt hatten, und wandte gegen die Wilden deren eigene Methoden an, lauerte im Hinterhalt und fuhr wie ein heftiges Donnerwetter in sie hinein. Er drang in die Wälder von Westchester vor, versank bis zum Bauch im Schnee und vernichtete einen der sieben gegen die Weißen verbündeten Stämme in seinen Winterquartieren. Etwas später traf übers Meer eine unerwartete, unfreiwillige Verstärkung ein: 130 aus Brasilien heimkehrende Soldaten; dort war nämlich ein Kolonisationsversuch Hollands gescheitert. Krieft fing sie ab, um die Garnison von Manhattan zu verstärken.

Doch hatte der Generaldirektor mit seinen Schutzbefohlenen größere Schwierigkeiten als mit den Indianern. Den Krieg, zu dem sie ihm doch selbst geraten und der sie zugrundegerichtet hatte, warfen sie ihm nun vor. »Die Indianer«, steht in einer Bittschrift der Honoratioren an die Westindische Kompanie zu lesen, »lebten unter uns wie Schafe. Sie taten für uns alles Menschenmögliche und gaben uns zu essen, wenn uns die Vorräte ausgingen; der Direktor aber hat sie durch seine verabscheuungswürdige Handlungsweise derart gegen uns gestimmt, daß unmöglich abzusehen ist, wie der Friede wiederhergestellt werden könnte, sofern uns Gott nicht die Gnade erweist, ihre Herzen zu erweichen.« Unausgesprochen wurde der Vorwurf der Feigheit in einem ironischen Kommentar zu dem bebilderten Handschreiben erhoben, das Krieft seiner Kompanie geschickt hatte, um die Wunder Neu-Hollands ins Licht zu rücken: »Man täte gut daran, nachzuforschen, wieso er mit soviel Sachkenntnis von diesen Dingen sprechen kann, wo er sich doch in den sechs oder sieben Jahren seiner Anwesenheit hier von seinem Bett und seiner Küche kaum weiter entfernt hat als bis zur Mitte der Manhattan-Insel.« Die Bittsteller schlossen mit dem Antrag, das ganze System zu ändern und einen neuen Direktor zu ernennen.

Damit hatte es allerdings noch gute Weile. In der Zwischenzeit war der Indianerkrieg nach zweijähriger Feindseligkeit und beiderseitigem großem Blutverlust zu Ende gegangen. Die Wilden hatten 1600 Krieger verloren, und in Neu-Amsterdam waren keine 100 Zivilisten verblieben. Der für diese Entvölkerung verantwortliche van Krieft schiffte sich an einem schwülen Augusttag des Jahres 1647 mit seiner gesamten persönlichen Habe im Wert von 400 000 Gulden ein. Die hatte er als Bevollmächtigter der Kompanie im Laufe einer für diese äußerst kostspieligen Amtszeit erworben. In Sicht Europas trieb der Sturm ihn und sein Vermögen in den Bristol-Kanal, wo das Schiff an den Klippen der Küste von Wales zerschellte. Er ertrank. Zwei Amsterdamer Bürger, als des Landes Verwiesene mit ihm an Bord, überlebten den Schiffbruch. Einer der beiden, Kuyter, kam auf einer Kanone ans Ufer geritten, zum maßlosen Erstaunen der Strandguträuber, unter die er geraten war.

Peter Stuyvesant war seines Holzbeins wegen berühmt. Es war mit Silber ausgelegt, und er bediente sich des Prachtstücks mit unfaßbarer Geschicklichkeit. Auch sonst vermochte seine Person die Aufmerksamkeit auf sich zu lenken: der hohe Wuchs, die Adlernase, die Befehlsfalte zwischen den Augenbrauen, der schimmernde Küraß, der große Spitzenkragen und die weiße Schärpe. So kam er an, »stolz wie ein Pfau«, ging nahe dem Galgen an Land, der den in die Bucht einfahrenden Schiffen den Weg nach Neu-Amsterdam wies, und behielt, während man ihn barhaupt willkommen hieß, den Hut auf dem

Kopf, »als wäre er der Zar von Moskowien«. Dann versprach er huldvoll, jedermann würde fortan Recht und Gerechtigkeit zuteil. Das war nun allerdings sehr wünschenswert. Denn, so erklärte Peter Stuyvesant, »sollte jemand unter meiner Statthalterschaft berufen wollen, lasse ich ihn um einen Fuß kürzer machen und die Stücke nach Holland schicken – dort mag er dann in solchem Zustand berufen«.

In ihm hatte Neu-Holland seinen letzten Direktor erhalten. Stuyvesant war ein fähiger, hochfahrender Mann, in Worten wohl etwas entschiedener als in Taten, aber zäh, rührig und ein guter Verwalter. Er baute auf, säuberte Neu-Amsterdam, zahlte den Indianern tüchtig heim, förderte die Einwanderung, gründete neue Niederlassungen, so Esopus am Fuß der Catskills, auf halbem Weg nach Fort Oranje, in der gleichen Gegend, von der es später hieß, Rip van Winkle sei da für hundert Jahre eingeschlafen. Gleich Krieft hatte er mit seinen Schutzbefohlenen Zank, der schlecht enden sollte, und mußte gegen das Fürstentum Rensselaerwyck beinahe mit Gewalt vorgehen. Die Ungunst der Zeit zwang ihn, nach allen Seiten zu fechten – und schließlich brach der Sturm los, der ihn wegfegen sollte.

Im Delaware-Tal war an der Spitze der von Minuit eingeschleusten schwedischen Landräuber eine andere farbenprächtige Persönlichkeit aufgetaucht. Der Kavallerieleutnant Johan Björnsson Printz, Gouverneur von Neu-Schweden, wog 400 Pfund und zerbrach ein Hufeisen mit den Fingern. Er war ein Mann von nordischer Zügellosigkeit, der zu schrecklichen Wutausbrüchen neigte, damit freilich wie geschaffen für die Aufgaben eines neuen Kontinents. Er brachte seine hochgewachsenen, blonden Siedler in Dörfern unter und schuf ihnen die Grundlagen für ein einfaches, unabhängiges Leben. Es gelang ihm auch, der kleinen holländischen Niederlassung von Fort Nassau, Nebenbuhlerin der seinen, den Garaus zu machen. Sein Fort Nya Ellsborg lag an der Stromeinfahrt und hielt alle Schiffe an, die den Delaware hinaufzufahren gedachten, zwang sie, die Flagge der Königin Christine zu grüßen und sich allen von ihm ausgedachten Formalitäten zu unterziehen. Die Holländer betrachteten sich nach wie vor als einzige rechtmäßige Eigentümer des South River, doch wurde der kleine Posten, den sie an der Stelle des heutigen Philadelphia zu behaupten versuchten, von den Schweden zweimal niedergebrannt, ohne daß sie wagten, zum Schwert zu greifen.

Stuyvesant nahm die Sache in die Hand. Er begab sich an Ort und Stelle, sprach mit Printz, verlangte seine Eigentumstitel zu sehen und mußte sich sagen lassen, er möge sie in Stockholm anfordern. Hinter seiner Unverschämtheit verbarg Printz tiefe Angst. Er hatte ja bloß 16 Soldaten, und die waren auf drei Garnisonen aufgeteilt. So mußte er zusehen, wie der Gouverneur von Neu-Holland auf der anderen Seite des Mündungstrichters ein Fort errichtete, das dem von ihm zur Kontrolle des Stromes erbauten genau gegenüberlag. Angesichts des in seiner wilden Hoheit fast noch unberührten Delaware belauerten nun zwei Wachhunde einander: das schwedische Nya Ellsborg und das holländische Fort Casimir.

Daraufhin fiel Printz in Ungnade und wurde heimgeschickt. Es kam ein neuer skandinavischer Gouverneur, Johan Classon Rising, mit einer Verstärkung an Soldaten und Kolonisten. Man schrieb das Jahr 1655. Stuyvesant bereiste gerade mit allem Pomp Westindien, und der neue schwedische Machthaber beschloß, einen großen Schlag zu landen. Auf dem Delaware fuhr er nach Fort Casimir und forderte den Kommandanten namens Bikker zur Übergabe auf. Eine Stunde später gingen 30 schwedische Soldaten an Land, und Bikker lief ihnen mit Freundschaftsbezeigungen entgegen. Sie nahmen ihn fest, drangen ins Fort ein, entwaffneten die Holländer, hißten ihre Flagge mit dem gelben Kreuz und tauften das Fort um. Von da ab war der Delaware von den Schweden beiderseits gesperrt.

Ob alt oder neu, diesmal sah ganz Holland rot. Nach seiner Rückkehr von den Antillen fand Stuyvesant einen strengen

Brief der Kompanie vor, der ihm auftrug, Fort Casimir zurückzuerobern. Als Mann der Tat mobilisierte er sofort seine Kolonie, beschlagnahmte die Schiffe, die in Neu-Amsterdam lagen, inbegriffen einen französischen Korsar, und ein paar Tage später fuhren sieben Schiffe mit 700 Mann mit vollen Segeln die Sandzungen New Jerseys entlang. Das ehemalige Fort Casimir sah diese unverhältnismäßig starke Streitmacht seeseits auftauchen und kapitulierte klugerweise, ohne einen Schuß abzugeben. Befehl ausgeführt!

Stuyvesant jedoch besah sich den Mündungstrichter, seine sieben achtunggebietenden Schiffchen und seine Spielzeugarmee in zwei Reihen, durch die eben hinter Trommel und Querpfeife ein Fähnlein Schweden zog. Die Gelegenheit mochte nie wiederkehren. Statt seewärts fuhr er den Strom hinauf. Fort Christine, die Hauptstadt Neu-Schwedens, ein zur Abwehr der Indianer hinter Palisaden erbautes Dorf aus Holzhäusern, war außerstande, eine Belagerung auszuhalten. Allerdings hätte der Kommandant Rising auf amerikanischem Boden die bekannte schwedische Tapferkeit vor Augen führen können, vor der noch 50 Jahre später die Heere Peters des Großen erzittern sollten. Er zog es jedoch vernünftigerweise vor, die Vorschläge Stuyvesants anzuhören, der den Kolonisten anbot, entweder das Land zu verlassen oder unter holländischer Oberhoheit dazubleiben.

Rising und einige seiner Leute fuhren nach Hause. Andere Schweden blieben und bildeten die erste Siedlerschicht des Staates Delaware. Der vorsichtige Stuyvesant errichtete eine starke holländische Kolonie, Neu-Amstel, zur Bewachung des Mündungsgebiets und kehrte nach Neu-Amsterdam zurück, den Dank des Mutterlandes zu erwarten. Neu-Schweden hatte 17 Jahre gedauert. Der erste europäische Anwärter auf Nordamerika war kampflos ausgeschaltet worden.

Vom ersten Tage an waren die Engländer Mitbewerber gewesen. Kaum hatte Twiller das Amt eines Generaldirektors übernommen, da bedeutete ihm schon ein gewisser Jakob Eelkins unter den Geschützen von Fort Amsterdam, für ihn gebe es nur die Charta Seiner Britischen Majestät, er werde also den Hudson hinauffahren und Handel treiben, mit oder ohne das gnädigste Einverständnis sämtlicher Holländer der Welt. Worauf der dicke Twiller ein Schnapsfaß anzapfen ließ und alle, die ihren Direktor liebten, aufrief, dem Grobian heimzuleuchten. Der durfte aber ungestraft wieder an Bord gehen, die Anker lichten und der Hudsonmündung zusteuern, während die Bataver den Schnaps austranken und sich über ihren Chef lustig machten. Fort Oranje hatte Eelkins dann doch angehalten und ihm die den Indianern abgekauften Biberfelle abgenommen.

Bald darauf war das Connecticut-Tal zum Streitgebiet geworden. Zwar erschienen die Holländer da als erste, aber bloß mit wenigen Soldaten, während sich die Puritaner Neu-Englands als Pioniere ansiedelten. Sogleich nahmen sie Gott in Beschlag und wiesen die holländischen Einsprüche mit der Begründung zurück, es sei Sünde, einen so schönen Boden nicht zu bebauen. Die Berichte der Direktoren an die Kompanie bestanden bald nur mehr aus langwierigen Aufzählungen der Räubereien, Tätlichkeiten und Mißhandlungen, welche die Holländer von Connecticut seitens der Eindringlinge auszustehen hatten. Das einzige wirksame Mittel wäre gewesen, Kolonisten gegen Kolonisten, Zahl gegen Zahl zu setzen. Doch gebrach es Neu-Holland an Arbeitskräften. Nach jahrelangen Scharmützeln wurde der holländische Grundbesitz während des Krieges von 1652 beschlagnahmt und nie wieder zurückgegeben.

Dieser Krieg von 1652 war durch ein schlimmes Vorzeichen gekennzeichnet: Underhill hatte auf seiner Plantage Flushing die britische Flagge gehißt. Doch die anderen englischen Kolonisten von Long Island folgten seinem Beispiel nicht, und Underhill mußte als Rebell die Flucht ergreifen. Der Krieg war für die holländische Marine glücklich verlaufen. Der

Friede ratifizierte die Demarkationslinie, mit der sich Stuyvesant vor vier Jahren in Boston einverstanden erklärt hatte. Der Osten Long Islands jenseits der Oyster-Bucht sowie die umstrittene Zone östlich von Greenwich wurden den Engländern überlassen. Mit diesen Konzessionen hoffte man, sich Ruhe verschafft zu haben. Neu-Holland erlebte einen raschen Aufschwung. Neu-Amsterdam war jetzt aus Stein und Ziegeln erbaut und glich nun wirklich einer seeländischen, dicht überm Wasserspiegel gelegenen Stadt.

Was folgt, gleicht einer Episode der neuesten Geschichte: der Befreiung der Sudetendeutschen durch Adolf Hitler. Cromwells Machtergreifung ließ die Britenherzen in aller Welt höher schlagen und löste eine Heim-ins-Reich-Bewegung auch bei Zellen aus, die sich vom Mutterland aus freien Stücken losgesagt hatten. In Long Island griff der Aufruhr der Grundbesitzer um sich. Ein gewisser Grover flüchtete, nachdem er die britische Fahne auf dem Dach seines Hauses aufgepflanzt hatte, und überbrachte dem Protektor einen Brief mit der Bitte um Hilfe gegen »die Raubgier und die Greueltaten« der Holländer. In seiner Antwort empfahl Cromwell den englischen Bewohnern ungescheut, sich nur ja keines Verrats schuldig zu machen und sich etwa einer fremden Regierung zu unterwerfen. Stuyvesant setzte sich in den Besitz des Briefes und legte ihn der holländischen Regierung mit der Bitte vor, ihn dem Absender mit dem gehörigen Protest zurückzuschicken. Die Unruhe vor den Toren Neu-Amsterdams hörte aber nicht auf: britische Fahnen, Versammlungen der Unzufriedenen, Gehorsamsverweigerung. Zwei Männer namens Baster und Hubbard brachen aus dem Gefängnis aus. Hätten die Holländer gehenkt, wäre der Mut weniger groß gewesen. Doch die Holländer henkten nicht; sie begnügten sich damit, ab und zu einen der ärgsten Schreier zu verhaften, für ein paar Monate ins Gefängnis zu stecken und so aus ihm einen kleinen Märtyrer zu machen.

Im Jahre 1658 starb Cromwell. Stuyvesant atmete auf. Der

Tod des Protektors ließ ein Nachlassen des englischen Drukkes erhoffen, der vielleicht seine schwerste Sorge geworden war. Vor einigen Monaten hatten sich die Indianer erneut empört, 28 Farmen vernichtet, Neu-Amsterdam überrannt und binnen weniger Stunden 100 Holländer umgebracht. Auf dem mittleren Hudson ging der Krieg um die junge Pflanzstätte Esopus weiter, und die junge Niederlassung Neu-Amstel am unteren Delaware siechte infolge zweier Mißernten dahin. Die Bürger von Manhattan taten nichts, um dem Generaldirektor zu helfen. Sie waren ja reich – die Kolonie mochte arm bleiben. Und bei jeder Entscheidung Stuyvesants erhoben sie automatisch ein Zetergeschrei.

Die Atempause nach dem Tode Cromwells war von kurzer Dauer. Im Jahre 1662 erhielten die Plantagen Connecticuts von Karl II. eine Charta, die holländisches Gebiet widerrechtlich für England beanspruchte. Ein gewisser Hauptmann Talcott erschien auf Long Island, zog durch Gravesend, Flushing, Hemmestede und Jamaika und verkündete den Bewohnern, sie seien nicht mehr Untertanen Neu-Hollands. Stuyvesant jagte Talcott hinaus, verhaftete einen seiner Agenten und schickte drei Unterhändler nach Hartford, um die Lage zu klären. Sie kehrten mit schlimmer Botschaft zurück: »Wir kennen kein Neu-Holland«, hatte der Generalrat von Connecticut geantwortet, »es sei denn, ihr weist uns eine Charta Seiner Britischen Majestät vor. Wenn nicht, gehört das ganze Gebiet uns.«

Im selben Monat sah sich Stuyvesant gezwungen, ein Darlehen von 4000 Gulden zur Deckung der Verbindlichkeiten der Kolonie aufzunehmen. Als Pfand hatte er nichts als vier bronzene Kanonen vom Wall.

Zu Anfang des Jahres 1664 tauchte John Scott auf, ein neuer englischer Agitator. Er ließ wissen, der König habe Long Island seinem Bruder, dem Herzog von York, geschenkt. Die Bewohner sollten, seiner Befehle gewärtig, alle Beziehungen zu den Holländern abbrechen. Die englischen Ortschaften schlossen einen Bund und hoben eine Miliz aus. Stuyvesant wagte nicht, gegen sie vorzugehen, und verhandelte mit Scott, wie drei Jahrhunderte später Beneš mit Henlein. Er trachtete einen Aufschub zu erwirken, um dem englischen Hof und den Generalstaaten der Niederlande Zeit zur Bereinigung des Konflikts zu lassen. Die Engländer stritten über Kleinigkeiten und erklärten schließlich, sie wünschten weder Kompromisse noch Verzögerungen.

Einige Wochen später platzte in Neu-Amsterdam die Bombe. Scott hatte nicht gelogen. Karl II. hatte seinem Bruder York nicht nur Long Island, sondern ganz Neu-Holland geschenkt. Da der liebwerte Bruder Großadmiral des Königreichs war, brauchte er den Schiffen Seiner Majestät bloß die nötigen Befehle zu erteilen, und eine Flotte segelte nach Amerika, um vom Hudson Besitz zu ergreifen.

Die Geschichte lehrt, daß unter solchen Umständen vollkommene Verwirrung um sich zu greifen pflegt. So auch hier. Es kam amtliche, mit dem Siegel der Kompanie beglaubigte Nachricht: Scott hatte doch gelogen. Es gab gar keine Charta des Herzogs von York, und die angekündigte Flotte solle bloß die Vorschriften und Gebräuche der Hochkirche in den presbyterianischen Gotteshäusern Neu-Englands zur Geltung bringen. Dies wäre für die Kolonie keineswegs beunruhigend, vielmehr von Vorteil gewesen. Stuyvesant, der im Hafen schon die Hand auf Schiffe und für Curaçao bestimmte Ladungen gelegt hatte, gab ihnen die Weiterfahrt frei. Da sich der Druck der Indianer auf Esopus verstärkte, begab er sich dahin. Denn er war unermüdlich, und auf den schlechten Straßen trotz seines Holzbeines stets zu Pferd unterwegs.

Ein Kurier holte ihn ein. Nein, Scott hatte nicht gelogen! Die englische Flotte lag schon vor der Spitze von Long Island, war da vor Anker gegangen, um auf einige Nachzügler zu warten.

In größter Hast kehrte Stuyvesant nach Neu-Amsterdam zurück, wo er ungefähr im gleichen Augenblick eintraf, als die feindlichen Schiffe in die Engen einfuhren: fünf Fregatten mit 36 Kanonen, an ihrer Spitze die *Guinea*. Sie schnitten jede Verbindung mit Staten Island und Long Island ab, die von aufrührerischen englischen Kolonisten und der Miliz von Connecticut besetzt waren.

Die Aggression mitten im tiefsten Frieden entsprach bester englischer Tradition. Stuyvesant stellte sich nichts ahnend und schickte den Bürgermeister von Neu-Amsterdam zum Flottenkommandanten mit der Frage, was er eigentlich wolle. Dieser, ein Oberst namens Richard Nicolls, antwortete erst am nächsten Tag. Er fordere die Übergabe »der unter dem Namen Manhattan bekannten Insel«. Die Bewohner, fügte er hinzu, die sich unterwürfen, kämen unter den Schutz Seiner Britischen Majestät und blieben im friedlichen Besitz ihrer Güter. Als er diese Worte las, mußte Stuyvesant bitter lächeln: genau die gleichen Bedingungen hatte er vor sieben Jahren den Schweden vom South River auferlegt.

Pulver hatte er wenig. Sein Wall war in schlechtem Zustand. Unverbesserliche Schlamperei und ein dummer Optimismus hatten die Befestigung der seit zehn Jahren von der englischen Begehrlichkeit gefährdeten Stadt verhindert. Gleichwohl war ein Widerstand keineswegs aussichtslos. Die Kanonen des Forts konnten die feindliche Flotte in Schach halten, und ein Angriff vom Lande her war gewagt. Zudem waren Nicolls Weisungen unklar und lasch. Der Befehl lautete bloß, sich Long Islands zu bemächtigen. Die Manhattan-Insel war überhaupt nicht, die Brechung eines möglichen Widerstandes nicht ausdrücklich erwähnt. Nicolls wagte Kopf und Kragen und bangte mehrere Tage lang der holländischen Antwort entgegen.

In der Stadt wichen die Bürger Stuyvesant nicht von der Seite. Er sprach sehr entschieden, stampfte mit dem Holzfuß dröhnend auf den Boden, schwor Stein und Bein, er werde auf dem Posten sterben, aber das von allen den Angstmeiern ausgehende Fluidum wirkte zermürbend auf ihn ein, und so wurde auch er allmählich weich. Als der Rat ihn ersuchte, der Bevölkerung den Inhalt des Nicolls-Briefes mitzuteilen, begriff er, das hinterlistige Versprechen ungestörten Besitzes werde der Kapitulationsstimmung unwiderstehliche Kraft verleihen. Von allen Seiten umringt, angefleht und bedroht, zerriß er den Brief. Doch die Räte sammelten die Schnitzel, und so erfuhr Neu-Amsterdam, der Angreifer wolle ja bloß dem Vaterland etwas anhaben, nicht dem Geschäft.

Nun kam noch ein ergreifender Augenblick. Die englische Flotte lichtete die Anker. Drei Schiffe nahmen Kurs auf East River. Zwei andere fuhren in den Hudson ein, dicht an der Spitze von Manhattan. Stuyvesant stand kerzengerade auf einer Bastion des Forts, an seiner Seite ein Kanonier mit brennender Lunte. Die Bugspriete zogen vorüber, dann die schwarzen Wände der Schiffsrümpfe mit der Linie der Stückpfosten. Stuyvesant rührte sich nicht, gab keinen Befehl. Als er das Fort verließ, hatte er das Feuer nicht eröffnet und damit moralisch kapituliert. Im Nu war er von einer Menge Frauen und Kinder umringt, die ihn schreiend baten, sich zu ergeben und sie zu schonen.

Am nächsten Tag, dem 5. September 1664, hielt Generaldirektor Stuyvesant eines der historischen Denkmäler menschlicher Feigheit in Händen. 85 Honoratioren malten ihm den Jammer aus, der über Neu-Amsterdam hereinbrechen werde, wenn er auf seiner Absicht beharre, Widerstand zu leisten: Schändung der Frauen, Tötung der Säuglinge in ihren Wiegen, Zerstörung der Stadt und Hinmordung von 1500 schuldlosen Menschen. All dies Blut würde über den Generaldirektor kommen, die Angreifer aber nicht besudeln. »Wir finden keine Worte«, sagten die Bürger Neu-Amsterdams, »unserem Staunen Ausdruck zu geben über die lange Frist, die uns der Feind gewährt hat, wo er uns doch gleich nach der ersten Aufforderung der Wut seiner Soldaten hätte preisgeben können.« Tatsächlich stand ja die englische Flotte schon seit einer Woche vor Manhattan, doch fiel es keinem dieser angstverwirrten Köpfe ein, daß dieser Verzug seinen Grund eher in Unschlüssigkeit als in übergroßer Milde hatte. Abgesehen vom militärischen Wagnis, hätte der dreiste Angriff unabsehbare Folgen im Gleichgewicht der europäischen Mächte nach sich ziehen können. Vor einer zu allem entschlossenen Stadt hätte Oberst Nicolls höchstwahrscheinlich die Anker gelichtet. Seine mit der weißen Flagge an Land geschickten Unterhändler berichteten ihm aber, Stuyvesant sei der einzige, der durchhalten wolle.

Der Brief der 85 schloß mit der Aufforderung, die Bedingungen eines »so hochherzigen Feindes« anzunehmen. Der zweite Name auf der Liste der Unterzeichner war der von Balthasar Stuyvesant, dem leiblichen Sohn des Direktors!

Drei Tage später zogen die holländischen Truppen unter dem kläglichen Erweis kriegerischer Ehren, die zu erwerben sie abgelehnt hatten, von Neu-Amsterdam ab. Auf dem Fort wurde die englische Flagge gehißt. Die erste Entscheidung Nicolls war, den Namen der Stadt zu Ehren ihres neuen Oberherrn, des Herzogs von York, zu ändern. Die übrigen holländischen Posten kapitulierten alsbald widerstandslos. Am 25. September setzten die irokesischen Häuptlinge ihre Klaue unter den Vertrag, der die Engländer statt der Holländer zu ihren Verbündeten machte. Sie waren auch damit einverstanden, alle bisher von den Holländern gelieferten Waren fortan von den Engländern zu beziehen.

Auch Stuyvesant mußte sich der neuen Ordnung fügen. Er ging nach Holland, sein Verhalten zu rechtfertigen und das der Männer und Frauen anzuprangern, die ihm den Widerstand unmöglich gemacht hatten. Dann kehrte er an den East River zurück, wo er eine schöne Bouwerie besaß. Dort starb er dann im ehrwürdigen Alter von 80 Jahren.

Die Engländer

Die Ankunft der Engländer in Virginia (oben)
Die Engländer überreichen den Indianern Geschenke (unten)

ECOTAN
Dasamonquepeuc
WEAPEMEOC
Trinety harbor
Hatorasck

Die Virginier

Kapitän John Smith gründet ein Weltreich

Der Zufall erwies sich für sie als ein unvergleichlicher Führer. Als sie um vier Uhr früh des 26. April 1607 zum erstenmal Land erblickten, war es der Eingang der Chesapeake-Bucht, die sie viel südlicher vermuteten. Am nächsten Tag umsegelten ihre drei kleinen Schiffe, *Sarah Constant, Discovery* und *Goodspeed* das Kap Henry und warfen in einem weiten Mündungstrichter Anker. Man beschloß, dem Strom den Namen James-River zu geben, zu Ehren des Königs James (Jakob) I. Stuart.

Die erste Begegnung mit den Eingeborenen verlief blutig. Kapitän Archer empfing auf der Brust eine Wunde, an der er einige Wochen später starb. Immerhin zogen sich die Indianer zurück, nachdem sie ihre Pfeile abgeschossen hatten, und ein paar Tage darauf war es möglich, mit ihnen halbwegs freundschaftliche Beziehungen anzuknüpfen. Das Land bezauberte die ausgeschickten Aufklärer. Zwischen dem James-River und einem anderen bedeutenden Wasserlauf erstreckte sich eine Halbinsel, bedeckt von erhabenen Wäldern und Wiesen, die im Blumenschmuck des Frühlings prangten. Es gab viel Wild, die Jagd war leicht, die Wilderdbeeren viermal so groß wie in Europa, und an allen Ufern fanden sich herrlich schmekkende Austern. So sieht dieser Teil Virginias auch heute noch aus. Er wurde – abgesehen von einem früheren mißglückten Versuch – zum ersten Landungsplatz der englischen Nation auf dem amerikanischen Kontinent.

Am 14. Mai wurde befohlen, an Land zu gehen. Unter den 105 gelandeten Männern befanden sich etliche für ein gefährliches Überseeunternehmen gewaltsam angeworbene Halunken; 36 aber hatten Anspruch auf den Rang eines Gentleman, und einer von ihnen, George Percy oder Persie, war gar der

Das englische Fort James (um 1607) (oben)
Indianer beim Bootsbau (unten)

Sohn des Grafen von Northumberland. Alle wollten sie reich werden, ohne recht zu wissen, worin hier Reichtum bestehen könnte. Dabei vertraten sie keineswegs bloß sich selber und die eigenen Hoffnungen. Die London Company of Virginia, die das Unternehmen organisierte und finanzierte, zählte unter ihren 629 Mitgliedern 21 Peers, 96 Baronets und die reichsten Handelsherren der City. Die englische Kolonisation Amerikas stand von Anbeginn unter dem Schutz und Schirm des stärksten Kapitals der Zeit.

Die Engländer kamen spät. Zuan Caboto, auch John Cabot genannt (ein Genueser in ihren Diensten), und sein Sohn Sebastian hatten zwischen 1497 und 1509 Teile der amerikanischen Küste erkundet, doch erlahmte bald darauf das Interesse an Forschungsreisen, und erst mit Sir Humphrey Gilbert und Sir Walter Raleigh begann der Gedanke wieder zu reifen, in der neuentdeckten Welt Kolonien zu errichten. Gilbert war auf hoher See zugrunde gegangen und Raleigh hatte 1585 eine Gruppe Kolonisten auf der sumpfigen Insel Roanoke an der ungesunden Küste Nordkarolinas abgesetzt – zu einer Zeit, da die Spanier schon ein Weltreich gegründet hatten und die Franzosen immerhin bis nach Montreal vorgedrungen waren. Der Versuch hatte lediglich zur geheimnisvollsten Tragödie der amerikanischen Geschichte geführt, zum völligen Verschwinden der Kolonistengruppe von Roanoke zwischen 1587 und 1590 und mit ihr des ersten auf dem neuen Kontinent geborenen Kindes englischer Abstammung, Virginia Dare. Das Schiff, das mit großer, durch die europäischen Kriege verursachter Verspätung zwecks Verproviantierung der Leute eintraf, fand weder Lebende noch Leichen vor, keine Botschaft, keine Spur von Kampf, Plünderung oder Feuersbrunst. Weitere 20 Jahre vergingen bis zu einem neuen Expansionsversuch in Übersee.

Inzwischen war das Interesse für Kolonialfragen bei einem Volk erwacht, das sich, merkwürdig genug, gerade am Beginn der großen Entdeckungszeit von der Außenwelt ganz zurückgezogen hatte. Mochten auch keine Expeditionen ausgerüstet werden, man verfaßte in den letzten Jahren des 16. und den ersten des 17. Jahrhunderts zahlreiche Werke, Flugblätter und Denkschriften, die von den Vorteilen handelten, welche das englische Volk aus Niederlassungen jenseits des Ozeans ziehen könnte. Die Errichtung ferner Stützpunkte würde auch den Kampf gegen Spanien erleichtern. Der englische Staatsschatz könnte durch die in den exotischen Ländern gefundenen oder dem Feind in größeren Mengen abgenommenen Edelmetalle angereichert, für Katholiken, Arme und Abgeurteilte ein Abfluß geschaffen werden. Rohstoffe, die man im Ausland kaufen mußte, wie Holz, Teer, Pottasche oder auch notwendige Lebensmittel, kämen dann aus englischen Besitzungen und höben den Wohlstand der Engländer. Nebenbei würde so das Evangelium heidnischen Völkern verkündet, die bisher ausschließlich der Propaganda Roms ausgesetzt waren. In Portugal, Spanien und Frankreich unterstützten oder veranlaßten sogar die Herrscher Expeditionen in ferne Länder, was der Öffentlichkeit unbekannt oder gleichgültig sei. Nun, in England nahm sich die Privatinitiative der Sache an, und die Propaganda ging der Tat voran.

1606 wurde das Jahr des Aufbruchs. Sir John Popham und Sir Ferdinando Gorges, jeder Vertreter einer Gruppe von Kaufleuten, erbaten und erhielten die Charten zur Gründung der Zwillingskompanien von Virginia. Die Nord- oder Plymouth-Kompanie erwarb die Konzession für einen 100 Meilen breiten Küstenstreifen von der Hudsonmündung bis zur Fundy-Bucht. Die Süd- oder London-Kompanie bekam ein gleich breites Band von Kap Fear bis zur Chesapeake-Bucht. Schon im folgenden Jahr schickte letztere die drei Schiffchen über den Atlantik, die am 26. April 1607 durch eine wunderbare Fügung Land fanden.

Von einer wohlüberlegten Vorbereitung der Expedition konnte nicht im entferntesten die Rede sein. Sie führte Lebensmittel für bloß 16 Wochen mit sich, sehr wenig Saatgut, noch weniger Ackerbaugeräte und kein einziges Haustier. Reich war sie nur an Edelleuten und armen Feldarbeitern. Keine einzige Frau gehörte dazu – ein schwerer Fehler. Ein versiegeltes Kästchen mit den Weisungen der Kompanie wurde geöffnet; es enthielt aber bloß genaueste Vorschriften über die Zusammensetzung und den Wirkungskreis des Regierungsrates sowie den Befehl, alle Flüsse hinaufzufahren und einen Zugang zum Großen Südozean zu finden. Niemand hatte sich darüber Gedanken gemacht, wie eine europäische Niederlassung in einem gänzlich wilden Land auszusehen habe, und wie man ihr die ersten Schritte erleichtern könne. Es fehlten sogar Tauschwaren für den Handel mit den Indianern.

Der Vertrauensmann der Kompanie, so bestimmten es die Dokumente im entsiegelten Kästchen, war ein gewisser Edmund Wingfield. Doch der wirklich starke Mann hieß John Smith. Er trug einen mächtigen Bart und war ein Glücksritter, der schon mit 15 Jahren auf Abenteuer auszog. In Siebenbürgen hatte er gegen die Ungläubigen gekämpft, und im selbsterzeugten Wappen erinnerten drei Türkenköpfe an die gleiche Heldentat des jungen Horatius gegen die Curiatier. Als Gefangener wurde er Sklave eines Pascha und Geliebter einer Odaliske. Er entfloh in ottomanischem Gewand und kehrte auf dem weiten Umweg über die russischen Städte am Don nach England heim. Ein Freund begeisterte ihn für das virginische Abenteuer. Da er sich aber etwas zu früh äußerst anmaßend gebärdete, ließ ihn der argwöhnische Wingfield schon auf der Überfahrt in Ketten legen und beschuldigte ihn, nach der Herrschaft über die zu entdeckenden Gebiete zu trachten. In der Bucht von Chesapeake wurde er freigelassen. Sogleich ging's den James-River hinauf. Nach der Rückkehr erzählte er, bis zu überwältigenden Wasserfällen vorgedrungen zu sein und die Bekanntschaft eines mächtigen Indianermonarchen gemacht zu haben. Fünf oder sechs Königreiche, an die 30 Stämme und etwa 15 000 Untertanen bildeten das Kaiserreich Powhatans. Das majestätische Aussehen dieses

Barbaren, eines etwa 70jährigen Greises, war Smiths Meinung nach nur durch eine besondere Gabe Gottes an gekrönte Häupter zu erklären.

Smith war bis zur Stelle gekommen, wo heute Richmond liegt, die Hauptstadt Virginias, ungefähr 100 Kilometer vom Atlantik entfernt. Doch hatte er auf seiner Erkundung die Überzeugung gewonnen, der Pazifik sei hinter den Höhenrücken zu suchen, die den Gesichtskreis schlossen. 100 Jahre zuvor hatte Verrazzano vom Mast seiner Karavelle aus hinter der Hügelkette, die Pamlico-Sund von der See trennt, das Wasser des Großen Ozeans glitzern sehen. Was zeigt, wie langsam das Trugbild nach Westen zurückwich. Die virginischen Abenteurer sollten ihm weit über ihre Kräfte hinaus nachjagen, die sie doch anderwärts so bitter benötigten.

Schon herrschten unter ihnen Zwist und Hader. Sie hatten ein kleines Fort gebaut, und ihre Niederlassung Jamestown genannt. Wingfield erwartete voll Wut die Rückkehr von John Smith. Er gedachte, ihn gewaltsam nach England abzuschieben mit den Schiffen, die Kapitän Newport heimfahren sollte. Zwischen beiden Männern entbrannte ein heftiger Streit. Smith brachte seine Sache vor den Rat, der die Entscheidung des Präsidenten aufhob und diesen außerdem wegen Amtsmißbrauchs zu einer Geldstrafe von 200 Pfund verurteilte. Ungünstiger konnte sich ein Unternehmen kaum anlassen, das selbst bei größtem Zusammenhalt und einwandfrei geklärter Befehlsbefugnis nicht unbedingt gelingen mußte.

Am 22. Juni segelten die Schiffe ab. Sie hinterließen ein Bild betrüblich zerrütteter Verhältnisse. Niedergeschlagenheit bemächtigte sich der schwachen Kolonie. Die Lebensmittelvorräte waren schon äußerst knapp. Als einziger bemühte sich der rührige John Smith, ein paar Kupferstücke gegen etwas Mais einzutauschen. Das aus England mitgebrachte und unsachgemäß gesäte Getreide wucherte mannshoch und körnte nicht. Die ungemein ergiebige Jagd wiegte die Engländer in Sicherheit. Sie ließen sich's gut gehen. Die Edelleute lehnten die Arbeit ab, die Bauernbengel drückten sich. Aber nicht der Hunger, die Seuche schlug zuerst zu. Beim Bau von Jamestown hatte man auf die Sümpfe nicht geachtet. Im August setzte das große Sterben ein. Von da ab besteht das von George Percy geführte Tagebuch nur mehr aus Nachrufen.

Der Herbst brachte neues Ungemach. Zwar verschwanden die Moskitos, doch nun begann der Hunger sein Morden. An manchen Tagen starben vier oder fünf Kolonisten. Wingfield wurde unter der Beschuldigung abgesetzt, Proviant auf die Seite geschafft zu haben. Sein Nachfolger erwies sich jedoch nicht als tatkräftiger oder tugendhafter. Allmählich löschte die Stumpfheit sogar den Lebenswillen aus. Männer, die verabsäumt hatten, Häuser zu bauen, hockten nun in verfaulten Zelten. Von den 105, die im April gekommen waren, blieben im September nur mehr 70 Fieberkranke übrig; 50 lagen zwei Monate später im Sterben. »Noch nie«, seufzt der nüchterne Percy, »und in keinem Land hatten Engländer derartiges Elend auszustehen.« Sie fühlten sich zum Tod verurteilt.

Warum eigentlich retteten sie die Indianer? Niemand hat das je begriffen. Sie hatten die Ansiedlung der Europäer »übelgenommen«, wie Percy sagt, und die Beziehungen waren eher feindlich als freundlich gewesen. Sie schlichen im Dickicht um das Fort, den Bogen zwischen den Zähnen, und lauerten den Augenblick ab, wo die geschwächten Eindringlinge eine leichte Beute würden. Und dann erschienen sie plötzlich mit Mais, Kürbissen und Trockenfischen, freudig lachend wie Freunde, die Freunden zu Hilfe eilen. Zur Unzeit mochte ihnen ein Traum das für sie verderbenbringende Liebeswerk an den künftigen Henkern ihrer Rasse nahegelegt haben. Oder enthielt der Mythus vom guten Wilden doch ein Körnchen Wahrheit?

Jedenfalls war nichts schwerer vorauszusehen als die wechselnden Launen der Indianer. Nachdem Jamestown für den Augenblick gerettet war, glaubte John Smith seine Suche nach dem Großen Ozean fortsetzen zu können. Mit zwei eingeborenen Führern jagte er eines Tages in den Wäldern, als ein Regen von Pfeilen auf ihn niederging. Sogleich löste er sein Strumpfband und knüpfte damit, wie er selbst erzählt, den einen seiner Indianer als Schild an seinen Arm. Nun waren aber die Angreifer 200 Mann stark. An der Hüfte verwundet, wurde Smith überrannt und in Gewahrsam genommen.

Hier nun tritt Pocahontas in Erscheinung. Sie war die Tochter, die Lieblingstochter Powhatans, und befand sich, als der englische Kapitän eingebracht wurde, in dem aus gebogenen Ästen erbauten kaiserlichen Palast. Smith beschreibt diese Szene ungemein bildhaft und farbig: Powhatan im Staatsgewand aus Fellen der Bisamratte, deren Schwänze ihn umbaumelten; seine Konkubinen mit den rotgefärbten Schultern; die düsteren, stummen Krieger — und die Vorbereitungen zur Marter, die ihn, den gefesselten, zu Boden geschlagenen Smith erwartete. Da begann Pocahontas ihren Vater anzuflehen, dem Weißen kein Leid zu tun. Als ihre Bitten nicht erhört wurden, streckte sie sich auf Smith hin, legte ihr Indianerhaupt auf den bärtigen Kopf des Engländers und bedeutete damit, ihrer beiden Leben sollten auf ewig verbunden sein. Das rührte den Kaiser. Zwei Tage danach wurde Smith tief im Walde in eine Hütte geführt. Da trat der alte Powhatan vor ihn hin, als Teufel verkleidet, was heißen sollte, sie seien hinfort Freunde. Im Tausch gegen zwei Flinten und einen Feuerstein schenkte er ihm die Halbinsel, auf der die Engländer sich niedergelassen hatten, und ließ ihn nach Jamestown zurückgeleiten.

Über die Wahrheit der Geschichte bestehen Zweifel. Smith hat sie in seiner *True Relation of Virginia* vom Jahre 1608 nicht erwähnt und erst in der 16 Jahre später erschienenen, für das breite Publikum bestimmten *General History of Virginia* erzählt. Noch heute streiten die amerikanischen Geschichtsschreiber darüber, wohl ohne je zu einem Ergebnis zu kommen. Unstreitig aber hat Pocahontas gelebt, und daß sie eine geheime Vorliebe für die Engländer hatte, wird die Fortsetzung dieser Geschichte erweisen.

Smith fand Jamestown in einem abscheulichen Zustand vor. Von den 105 Einwanderern des vergangenen Frühjahrs lebten nurmehr 32; ein Nachschub hatte noch übleres Menschenmaterial als das der schlecht vorbereiteten Truppe von 1607 herangeschafft. Die Männer waren vom Goldrausch ergriffen. »Es gab«, sagt Smith, »kein anderes Gespräch, keine andere Hoffnung, keine andere Arbeit, als Gold zu suchen, zu gewinnen, zu reinigen und zu verschicken.« Gelbliche Erde wurde für goldhaltiges Mineral gehalten, und als das Nachschubschiff Jamestown verließ, war es bloß mit diesem Wunschtraum beladen. Die inneren Zerwürfnisse der Kolonie verschlimmerten ihre Not. Ein Zimmermann wurde gehenkt und der Kapitän Kendall erschossen, als man ihre Fluchtvorbereitungen entdeckte. Jamestown war zu einem Bagno geworden, in dem verzweifelte Männer dahinsiechten.

Im September 1608 – Smith war eben zum Präsidenten gewählt worden – begab sich, was jedes Jahr mit Ungeduld erwartet wurde: das Schiff aus England lief ein. Es brachte 70 neue Einwanderer, unter ihnen auch einige junge Leute, die vor der britischen *»austerity«* flüchteten, denn sie hatten gehört, Virginia sei »das Paradies der Wüstlinge«. Zwei Frauen, die ersten, die seit der Mutter von Virginia Dare den englischen Boden in der Neuen Welt betraten, begleiteten ihre Männer oder Geliebten. Kein Frauenlächeln aber war imstande, die grobschlächtigen Rüffel schmackhafter zu machen, deren Überbringer Kapitän Newport war. Ihre Gnaden von der Londoner Kompanie entrüsteten sich über eine Kolonie, die sie so große Opfer gekostet hatte und noch keinerlei Profit abwarf. Die Schuld daran gaben sie der Faulheit und Unredlichkeit der Kolonisten. Dermaßen würde das Schiff des Jahres 1608 das letzte sein – insofern es nicht Gold, Beweise für die Nordwest-Passage oder die Überlebenden der verlorenen Kolonie Walter Raleighs heimbrächte sowie zusätzlich Waren im Werte von 2000 Pfund, welche die Kompanie dringend benötigte. Widrigenfalls dürften die Kolonisten weder

Versorgung noch Heimschaffung erwarten. Sie würden »wie Verbannte« in Virginia belassen.

Als das völlig leere Schiff gen Osten entschwunden war, mochten die Leute von Jamestown glauben, für immer von dem so töricht verlassenen Mutterland abgeschnitten zu sein. Zum Glück polterte John Smith barsch in ihre Schwermut hinein: war Virginia auf sich selbst gestellt, dann würde es eben so lange wie nötig aus Eigenem leben. Arbeit wurde zur eisernen Regel. Edelleute wie Gemeine hatten sechs Stunden im Schweiße ihres Angesichts für die Gemeinschaft zu schuften, erst dann durften sie an Erholung denken. Jamestown wurde an einen gesünderen Ort verlegt, Boden urbar gemacht, Mais gesät und der Tauschhandel mit den Indianern in die Wege geleitet. Somit wurde das Jahr 1608–1609 im ganzen besser als das vorhergegangene. Und als der Sommer seinem Ende zuging, gab das Auftauchen eines Segels Kunde, daß die Drohung, die Kolonie aufzugeben, nicht wahr gemacht worden war.

Dieses Schiff kündigte aber in Wirklichkeit ein ganzes Geschwader an, denn die Kompanie hatte große Anstrengungen gemacht, eine schlecht angelaufene Sache flottzumachen. Neun Schiffe waren mit vollen Segeln nach Amerika unterwegs. Eines von ihnen hatte Lord de la Warr an Bord, den Königlichen Gouverneur von Virginia. Nach schwerer Überfahrt gelangten ihrer sieben hintereinander nach Jamestown. Auf einem der Überfälligen befand sich der Gouverneur; aber sein Stellvertreter, Sir Thomas Gates, übernahm den Befehl. Der verbitterte John Smith stand bereits in der Opposition, als ihm eine Pulverexplosion das Gesicht versengte. Das lieferte ihm den Vorwand, nach England zurückzukehren. Er sollte noch einmal in Amerika dienen, kam aber nie wieder nach Virginia.

Der nächste Winter brachte eine neue, entsetzliche Tragödie. Wieder einmal hatte man die Vorräte falsch berechnet, und in dem durch die Neuankömmlinge des vergangenen Sommers überfüllten Jamestown brach eine Hungersnot aus. Die Bevölkerungszahl, die sich auf 500 erhöht hatte (darunter 20 Frauen), sank auf 60 herunter – ein neues Beispiel für die erschreckende Sterblichkeit in den ersten europäischen Niederlassungen auf amerikanischem Boden. Entmutigt beschloß Gates, die Kolonie zu räumen. Er ließ vier elende Barken bauen und pferchte die Überlebenden hinein, in der irrsinnigen Hoffnung, Neufundland zu erreichen. Man hatte James-River verlassen, und die Barken wurden schon überall leck, da zeichneten sich, es war wie ein Wunder, mehrere Segel am Horizont ab. Lord de la Warr, der den vorjährigen Stürmen nicht zum Opfer gefallen, sondern nur aufgehalten worden war, kam mit einem Nachschub von 300 Mann, mit Proviant und etwas Vieh. Die Flüchtlinge machten kehrt und führten die Ankömmlinge zu den Holzhäusern, die sie ein paar Stunden zuvor verlassen hatten, um in den sicheren Tod zu fahren. Nachdem die noch unbestatteten Toten des großen Sterbens zu Grab getragen waren, machten sie sich erneut an die Kolonisationsarbeit. Diesmal wurde Virginia wirklich gegründet.

Der gleichsam auf dem Sterbebette geretteten Niederlassung von Virginia fehlten allerdings noch Sinn und fromme Legende. Beides lieferte ihr John Rolfe.

Er war eine wunderliche, schwermütige, also fremdartige Figur auf amerikanischem Boden, der sonst nur derbe Unerschrockenheit zu ertragen schien. Mit den Einwanderern des Jahres 1610 im Alter von 25 Jahren gekommen, hatte ihn der frühe Tod seiner Frau in tiefe Trauer versetzt. Er hielt sich in den ersten Monaten seines Aufenthaltes in Jamestown so weit abseits, wie es der Pferch der Kolonie immer gestattete. All seine Sorgfalt wandte er einem Flecken Landes zu, nicht größer als ein Gemüsegarten, auf dem er die großblättrige Tabakpflanze zog. Etwas Überflüssigeres konnte man sich kaum ausdenken. Alle Indianer der Umgebung schenkten gern Tabak her, den sie in großer Fülle und aus Tonpfeifen rauchten. Allerdings war der Indianertabak ein furchtbar beizendes Kraut. Doch glaubten die Kolonisten, die sich an ihn gewöhnen konnten, in ihm ein Vorbeugungsmittel gegen Sumpffieber gefunden zu haben. In reichlicher Menge beschaffte man ihn einfach gegen einige Glasperlen oder Nägel.

Was aber niemand voraussah: der bescheidene John Rolfe schickte schon 1614 einen Ballen Tabak von seiner dritten Ernte nach London. Leider ist jede Spur dieser äußerst folgenreichen Sendung verlorengegangen, und wir wissen nicht, wie sich die wenigen Pfund Virginia-Tabaks gegen so viele Sorten aus den Antillen und Südamerika durchzusetzen vermochten. Bekannt ist bloß, daß sie ein durchschlagender, ans Wunderbare grenzender Erfolg wurden. Ab 1619 war der Tabak in Jamestown anerkanntes Zahlungsmittel und seit 1620 gingen jährlich über 100 000 Pfund seiner entschärften Blätter über den Ozean. Die Londoner Kompanie erhob besorgt Einspruch und warnte die Virginier, auch der Tabakgebrauch werde in Rauch aufgehen, sie sollten sich doch vorzugsweise an Korn, Wein, Öl, Hanf, Flachs, Seife, Pottasche, Glas, Eisen usw. halten. Da aber angesichts des Riesengewinns, den nur der Tabak abwarf, nichts fruchtete, schickte sie sich in ihr Glück und trachtete nurmehr, sich das Monopol des »Narrenkrauts« zu sichern.

Die Indianer waren nach wie vor das heikelste aller Probleme. Der alte Kaiser Powhatan war zur Würde eines Untertanen Jakobs I. erhoben worden, doch hatte er sich geweigert, nach Jamestown zu kommen, um sich da die ihm vom Stuart gesandte Kupferkrone aufsetzen zu lassen: er sei selber König, und zwar auf eigenem Boden; man habe ihm somit einen Besuch abzustatten. Nachdem sie John Smith von der Marter errettet, hatte seine Tochter Pocahontas — »gut gebaut«, sagt ein Augenzeuge, »doch von allzu freien Sitten« — den Weißen ihre Zuneigung bewahrt und sie gewarnt vor hinterhältigen Angriffen ihrer eigenen Leute. Ein Kapitän Samuel Argall lockte sie auf sein Schiff und hielt sie in der Hoffnung gefangen, von Powhatan Lösegeld zu erlangen. Im Laufe der sich ergebenden Verhandlungen sah der tabaktolle John Rolfe die Indianerprinzessin und erklärte mit dem unerwarteten Mut der Schüchternen, er wolle vor Gott und den Menschen kein anderes Weib haben.

Sein Entschluß rief einen Gewissenskonflikt hervor, der Virginia entzweite. Zwar gab es genug Beispiele dafür, daß sich Engländer angesichts des bitteren Mangels an Weiblichkeit mit Indianerinnen eingelassen und sogar festere Bande als zufällige Liebschaften angeknüpft hatten. Der überspannte John Rolfe aber wollte gleich heiraten, woraus sich Schwierigkeiten ergaben, die Pocahontas für ihr Teil beseitigte, indem sie sich auf den biblischen Namen Rebekka taufen ließ. In der Sitzung des Staatsrates, die sich mit dieser Frage befaßte, stritten die Angst vor dem Berufungsfall und das Mißbehagen vor einem so seltsamen Bund gegen den offensichtlichen Vorteil, dem mächtigsten Herrscher des Gebiets einen Schwiegersohn zu stellen. Diese Überlegung gewann die Oberhand. An einem schönen Apriltag des Jahres 1613 schloß der hochwürdige Pastor Whittaker in der girlandengeschmückten Holzkirche von Jamestown den Ehebund von John Rolfe und Lady Rebekka, Prinzessin Pocahontas. Die Braut trug einen Kopfschmuck aus bunten Federn, eine schulterfreie Tunika aus weißem Musselin und einen langen gestickten Rock, ein Geschenk des Generalstatthalters Sir Thomas Gates.

Die Geschichte der kleinen Prinzessin endet im englischen Nebel. Ihr Mann brachte sie nach England, wo sie die Sensation des Winters 1619 bildete und, wie die Chronisten berichten, mit Anmut und Geist den Hof entzückte. Dagegen wurde Rolfe eröffnet, er habe sich bei Jakob I. durch seine Heirat mit einer Frau aus königlichem Geblüt mißliebig gemacht. Der Stuart befragte den Thronrat, ob da nicht Grund zu einem Hochverratsprozeß vorliege, und John Rolfe mußte das Versprechen abgeben, keine Ansprüche auf den Thron von Virginia für den Sohn zu erheben, den ihm Pocahontas geschenkt hatte. Er wurde freigesprochen, beeilte sich aber, zutiefst betroffen, seine Frau nach Amerika zurückzubringen. Das Ehepaar wartete in Gravesend ein abfahrendes Schiff ab. Da fing die arme kleine Pocahontas zu husten an, spuckte Blut und starb binnen weniger Tage. Rolfe mußte ein zweites Mal als unglücklicher Witwer über den Ozean.

Ein Ereignis von weittragender Bedeutung fiel in den August 1619: da legte nämlich ein holländischer Zweimaster vor Jamestown an, verkaufte 20 afrikanische Neger als Sklaven und senkte damit den Keim des schwierigsten Konflikts in die amerikanische Erde. Im selben Monat August 1619 scharten sich in der Kirche von Jamestown um den neuen Gouverneur George Yardley 22 Honoratioren zur ersten Gesetzgebenden Versammlung der Neuen Welt. Virginia war nichts weiter als ein schmaler Gürtel urbaren Bodens am unteren James-River; noch für einige Monate bildete es die einzige englische Niederlassung in Nordamerika — und schon stampfte der politische Geist der Nation die erste repräsentative Institution aus dem unermeßlich weiten, wilden Boden des neuen Kontinents.

Die Dinge änderten sich rasch. Der barsche »Martial- und Moralkodex« des Gouverneurs Thomas Gates wurde abgeschafft. Der Boden durfte Privatbesitz sein. 150 »ehrbare junge Frauenzimmer«, von ihren Verlobten mit Tabak bezahlt, waren gekommen. 1200 Neueinwanderer überquerten jährlich den Atlantik, und die Bevölkerung Virginias erreichte trotz erschreckender Sterblichkeit die Zahl von 4000 Seelen. Pflanzungen und Häuser erstanden an den Ufern des Potomac, des York-Flusses und der Chesapeake-Bucht. Doch beachtete man nicht genug die Tatsache, daß der weiße Druck von der Indianerwelt immer lästiger empfunden wurde. Die Aktivisten der Stämme gewannen an Einfluß gegenüber dem Patriarchenkaiser Powhatan, der bemüht war, das durch die Ehe seiner Tochter mit einem Fremden besiegelte Bündnis dauerhaft zu gestalten. Er wurde wohl vergiftet, und nun nahm das Verhängnis seinen Lauf.

Bei Anbruch der Dunkelheit kam am 21. April 1622 ein schreckensbleicher Mann nach Jamestown gerannt und schrie seine Warnungen in alle Behausungen am Wege. So verbreitete der Kolonist Richard Pace die Nachricht, die ihm sein Patenkind, der getaufte Indianer Chenco, soeben hinterbracht hatte. Das Land war im Aufstand, die Eingeborenen hatten zu den Waffen gegriffen und einen furchtbaren Schwur geleistet. Nun nahten sie heran, die Weißen auszurotten. Einige glaubten Pace und folgten ihm hinter die Palisaden des Forts. Andere zögerten, hatten dann keine Zeit mehr oder die Warnrufe nicht gehört. Im Morgengrauen des nächsten Tages tauchten die Indianer von allen Seiten auf. In einer Stunde erdrosselten sie 347 Männer, Frauen und Kinder. Andere kamen später um, als die Widerstandsnester der Reihe nach von den rasenden Indianern weggefegt wurden. Von den 80 Plantagen, die allmählich überall auf der Halbinsel entstanden waren, konnten sich nur sechs erfolgreich verteidigen. Jamestown, das auf der Hut war, griffen die Indianer nicht an, aber Virginia in seinen ersten, groben Umrissen war nicht mehr zu erkennen. Unter den Opfern befand sich John Rolfe, der nach dem Tode Pocahontas' den Tabakanbau wieder aufgenommen hatte.

Ein langwieriger Guerillakrieg folgte dem großen Gemetzel. Grausamkeit und Hinterlist hielten einander die Waage. Die Engländer ließen verlauten, die Verbrechen des 22. April würden nicht gesühnt, warteten die Rückkehr der Indianer in ihre Dörfer ab, überfielen sie aus dem Hinterhalt und richteten ein Blutbad an. Das Land lag wüst, gelähmt vor Schrecken. Der Wohlstand, den es dem Tabak verdankt hatte, war dahin. Die Bevölkerungszahl ging auf 1253 Weiße und 23 Schwarze zurück. Neben wertvollsten Zusicherungen persönlicher Freiheit enthält das Gesetzbuch des Jahres 1624 fast durchwegs nur Militärvorschriften: Virginia wurde zu einem Kriegslager, der Ackerbau war nur mit dem Gewehr im Arm möglich. Noch eine weitere Folge des Indianeraufstandes war das Verschwinden der London-Kompanie von Virginia. Sie machte Bankrott, hatte sie doch während der Unruhen 200 000 Pfund verausgabt. Jakob I. nutzte diese Gelegenheit, die von ihm erlassene Charta zu widerrufen. Nach bloß siebzehnjähriger Geschichte wird Virginia königliche Kolonie – die erste der 13, aus denen anderthalb Jahrhunderte später die Vereinigten Staaten hervorgehen sollten.

George Calvert, erster Baron Baltimore, Pfalzgraf, Staatssekretär und Mitglied des Geheimen Rates, war ein großer, mächtiger Herr, aber auch ein abenteuerlustiger, origineller Kopf. So kaufte er einen Teil Neufundlands, ließ sich da für den Preis von 25 000 Pfund Sterling ein Schloß bauen, zog mit seiner Familie ein und wäre in der unvermuteten Winterkälte fast erfroren. Statt sofort nach der Eisschmelze nach London zu eilen, verspürte er Lust, sich diesen unwirtlichen Kontinent näher anzusehen. Wegen seines katholischen Glaubens verbot ihm aber Gouverneur Harvey Virginia. Nichtsdestoweniger erforschte er die Chesapeake-Bucht und erlangte sodann in London von Karl I. die Schenkung des ganzen Gebietes zwischen den Konzessionen der beiden Kompanien von Virginia. Auf das heutige Amerika bezogen bedeutet dies das Stück zwischen Washington und New Haven (500 Kilometer) und dessen Fortsetzung bis zum Pazifik. Dafür verpflichtete sich Lord Baltimore, Seiner Britischen Majestät im Schlosse Windsor jedes Jahr zwei Indianerpfeile zukommen zu lassen.

Dieser hochtrabende Vertrag ist eine der Kuriositäten der amerikanischen Geschichte. Noch nie waren einem einzigen Menschen so viele Rechte ohne jede Gegenleistung überantwortet worden: den Boden zu verkaufen oder zu verpachten, Erzvorkommen und Fischgründe auszubeuten, Gesetze zu erlassen und Richter zu ernennen, Steuern ein- und Milizen auszuheben, den Krieg zu erklären und Strafen zu erlassen. Die wenigen Einschränkungen waren eher Empfehlungen: der Lord-Besitzer wurde eingeladen, nichts zu tun, was der englischen Gesetzgebung »zuwider oder ein Abscheu« wäre und von den freien Männern der Kolonie nicht gebilligt würde. Diese unklaren Bestimmungen sollten bedeutsame Folgen nach sich ziehen, verhinderten aber nicht das Entstehen eines absoluten und erblichen – allerdings noch zu bildenden – Königreiches im Amerika des 17. Jahrhunderts durch den liebenswürdigsten der Stuarts. Als der König den Nutznießer fragte, welchen Namen er ihm zu geben gedenke, entgegnete Baltimore, er überlasse die Wahl Seiner Majestät; da aber Karl I. – Gemahl Henrietta-Maries – »Mariana« vorschlug, wandte er ein, das sei der Name eines Spaniers, der sich zur Behauptung verstiegen habe, die Rechte des Volkes stünden höher als die der Könige. Er empfahl den Namen Terra Maria, Mary's Land – Maryland.

Man hatte die Registrierung der Charta noch nicht abgeschlossen, als der erste Baron Baltimore starb. Sein Sohn, der zweite Baron, war 26 Jahre alt. Mit der Führung der von ihm zwecks Übernahme seines amerikanischen Reiches organisierten Expedition betraute er daher seine beiden jüngeren Brüder Leonard und George. Die *Arche* (Ark) und die *Taube* (Dove) erreichten nach furchtbar stürmischer Überfahrt die Chesapeake-Bucht. Hier siedelten die beiden jungen Calvert ihre 300 Edelleute und Landarbeiter am Nordufer der Potomacmündung an. Man schrieb das Jahr 1634. Virginia hatte sich vom großen Massaker erholt und nahm einen neuen Aufschwung. Im Norden wurde das Neue Sion Massachusetts aufgebaut, ein Muster strenger Tugend.

Marylands Besonderheit liegt darin, daß es unter dem Zeichen der Toleranz entstanden ist. Die 17 Gentlemen der *Arche* und der *Taube* waren zum größten Teil katholisch gewesen, die Commoners dagegen Protestanten. Die erste Weisung Lord Baltimores untersagte jede Kränkung der letzteren und

Häuptling Saturiba zieht in den Krieg (oben)
Powhatan empfängt einen englischen Gesandten (unten)

R. Saturiona
II

empfahl den ersteren, den römischen Gottesdienst „*as privately as may be*" abzuhalten. Zwei Jesuiten, bald durch zwei andere verstärkt, befanden sich unter den Einwanderern, und ihre Briefe an den Provinzial geben Kunde von ihrer aktiven Bekehrungsarbeit unter den Engländern wie unter den Indianern. Dessenungeachtet wurde der Friede des jungen Maryland durch keinerlei religiöse Unstimmigkeiten getrübt, bis zum Augenblick, da die Puritaner mit unduldsamem Eifer eingriffen.

Maryland sollten die schweren Entbehrungen und schrecklichen Hungersnöte, sollte die außerordentlich hohe Sterblichkeit der übrigen amerikanischen Niederlassungen erspart bleiben. Das hügelige Land war wirtlich, leicht zu bebauen und fruchtbar. Die *Relation* des Pater White berichtet, die ersten Winter seien so mild gewesen, daß man sich im Herbst geglaubt hätte, wären die Bäume nicht doch etwas kahler dagestanden. Die Yacomino-Indianer, ein Bauernvolk, das die Ankömmlinge zunächst mit Lebensmitteln versorgt hatte, zogen sich gegen Überlassung einiger Beile aus den Gebieten zurück, wo diese sich anzusiedeln gedachten. Die vortrefflichen Anweisungen Lord Baltimores enthielten auch Ratschläge für den Städtebau, die bei der Anlage der Stadt St. Mary befolgt wurden. Unverzüglich pflanzte man Tabak, doch sollten auf Verlangen der Brüder Calvert die lebenswichtigen Kulturen nicht vernachlässigt werden. Die erste Ernte fiel so gut aus, daß die *Taube* eine Ladung Mais ins verhungerte Massachusetts schaffen konnte. Dieses fühlte sich freilich durch die Hilfe der Papisten so verletzt, daß es den Besitzer des Frachters sofort ins Gefängnis steckte. Selbst politische Fehler unterliefen kaum. Baltimore hatte an die Einführung des Feudalsystems gedacht, sah aber ein – und das, ohne je in Amerika gewesen zu sein –, wie wenig sich schloßherrliche Regierungsformen für ein so neues Land eigneten. Schon 1638 willigte er darein, die Erlassung von Gesetzen der Volksvertretung zu überlassen. Diese waren in Maryland viel liberaler als sonstwo in Amerika. In dem durch königliche Huld ins Leben gerufenen Fürstentum ging es bedeutend demokratischer zu als in den glaubenswütigen Republiken des Nordens.

Die ersten Schwierigkeiten verursachte Virginia. Leonard Calvert hatte noch nicht die Anker gelichtet, da protestierte Virginia schon in London und machte geltend, seine eigene Charta übermache ihm Amerika bis zu den Grenzen Neu-Englands; der Eigentumstitel Lord Baltimores sei infolgedessen null und nichtig. Ein Virginier von einer der Inseln der Chesapeake-Bucht, William Clayborne, vertrat das Recht des ersten Besitznehmers für ein über jede Fassungskraft umfangreiches Gebiet. Den Anordnungen seines Bruders gemäß ließ ihn Leonard Calvert in seinem Eigentum bestätigen, wenn er bloß die Oberhoheit des Herrn von Maryland anerkenne. Eine Weile wartete man zu. Clayborne verweigerte auf seiner Insel Kent den Huldigungseid, den ihm Calvert von seiner Plantage St. Mary aus abgefordert hatte. Dann beschlagnahmten die Leute Calverts eine Barke Claybornes, der vorgab, mit den Indianern Handel zu treiben. Clayborne drohte mit Vergeltung, bewaffnete ein Schifflein namens *Cockatrice* und schickte es gen St. Mary, die gekaperte Barke zurückzuholen, wo es auf zwei Schiffchen Calverts stieß. Die Berichte in den Staatsarchiven von Maryland und Virginia stimmen in bezug auf die für die Seeschlacht Verantwortlichen nicht überein. Über den Ausgang bestehen wenigstens keine Zweifel. Die *Cockatrice* wurde gekapert, nachdem ihr Kapitän und zwei der 13 Männer gefallen waren. Die erste Seeschlacht in den amerikanischen Gewässern hatten sich also Engländer geliefert, und englisches Blut war vergossen worden. Ein riesiger, völlig unberührter Kontinent lagerte sich unermeßlich weit um ein Häuflein Männer, sie aber stritten um ein kleines Stück davon, als fehlte es ihnen an Lebensraum.

Die Sache hatte keine ernsten Folgen. Es gab keinen Krieg zwischen den beiden werdenden Kolonien. Der Gouverneur von Virginia, Harvey, stand unter dem Einfluß Lord Baltimores, und als ihn seine Bürger absetzten, war es zu spät, Leonard Calvert mit seinen 30 Musketieren an der Besetzung der Insel Kent zu hindern. Clayborne ging nach England, seine Sache zu verfechten, wurde abgewiesen und kehrte nach Jamestown zurück, wo er auf Rache sann. Jahre hindurch verkauften Maryland und Virginia ihren Tabak, kamen beide zu Wohlstand und tauschten dann und wann böse Blicke. Zu erneuten Zusammenstößen kam es späterhin nicht in den Buchten und Wäldern der Neuen Welt, sondern auf kleinen, in Schlachtfelder verwandelten englischen Wiesen sowie unter den Gewölben Whitehalls.

Im Jahre 1645 siegte Oliver Cromwell bei Naseby. Zu Tode gehetzt, schloß sich Karl I. in Oxford ein. Kapitän Richard Ingle verließ Cowes an Bord des mit zwölf Kanonen bestückten Zweimasters *Reformation of London,* fuhr über den Atlantik, kaperte unterwegs das holländische Schiff *Spiegel* und erschien eines frühen Morgens vor St. Mary. Ingle ging an der Spitze seiner Mannschaft an Land, plünderte und zündete etliche Häuser an, darunter das des Kapitäns Cornwallis mit seinen Teppichen und seinem Silberzeug, eines der schönsten der Kolonie. Einige Bewohner wurden gefangen, andere flüchteten in die Wälder, der Gouverneur Leonard Calvert nach Virginia. Der siebzigjährige Jesuit White wurde gefangengenommen, in Fesseln gelegt, gröblich beschimpft und nach England geschickt, wo er gleich nach der Ankunft starb. Der englische Bürgerkrieg wanderte auf den amerikanischen Kontinent aus.

Im Falle Ingle paarten sich persönliche Rache und Piratentum. Als Handelskapitän hatte er in St. Mary mit der öffentlichen Erklärung viel Staub aufgewirbelt, Prinz Rupert, der Held der Kavaliere, sollte eigentlich der Verräterprinz heißen, und der König dürfe ohne Zustimmung des Parlaments nicht als solcher gelten. Der königstreue Vizegouverneur Brent ließ den Vorlauten verhaften und wegen Hochverrats einsperren.

Der weltliche Arm Marylands, Kapitän Cornwallis, hatte die Schwäche gehabt, Ingle wieder an Bord gehen zu lassen. Dieser war in See gestochen, nicht ohne Cornwallis zu einer Strafe von 1000 Pfund Tabak verdonnert zu haben. Den Beweis seiner Verruchtheit hatte Ingle schon damit geliefert, daß er das Haus des damals in England weilenden Cornwallis anzündete und 14 seiner Diener, darunter drei schwarze Sklaven, verschleppte.

Nicht lange jedoch sollte der Abenteurer Ingle im Namen Cromwells über Maryland Gewalt haben. Die öffentliche Meinung der Kolonie war überwiegend königstreu, und jenseits des Potomac ging das nun 15 000 Köpfe starke Virginia für den Monarchen durchs Feuer. Ein stattlicher Edelmann von 35 Jahren, Gouverneur Sir William Berkeley, hegte und pflegte diese Gefühle seiner Schutzbefohlenen. Als ihn sein Kollege Calvert um Hilfe gegen den Piraten bat, vergaß er alle Klagegründe Virginias und gewährte sie ihm. Ingle stopfte seine Schiffe mit der Beute voll und machte sich davon. Die beiden Schwesterkolonien Lea und Rachel wurden wieder Bollwerke der Rechtgläubigen. Mit bloß wenigen Schönheitsfehlern, so einigen Gruppen von Puritanern, die seit 1619 nach Virginia eingesickert waren. Doch behielt sie Berkeley, der seinen Abscheu vor ihnen nicht verbarg, scharf im Auge.

Etwas Unvorhergesehenes ereignete sich nun. Der katholische Lord-Besitzer Marylands, Baltimore, lud die Eiferer ein, sich in seinen Provinzen anzusiedeln. Dieser Cecil Calvert, zweiter Baron Baltimore, war von geschmeidigem Wesen, ein Liberaler aus Lauheit, großartig befähigt, leidenschaftsdurchtobte Zeiten zu überstehen. Im englischen Bürgerkrieg spielte er ein ungemein schlaues Spiel. Es gelang ihm, sich seinen Papismus von Leuten verzeihen zu lassen, die im Papst den Leibhaftigen sahen. Unter anderem gab er die Einladung an die Puritaner von Virginia zum Pfand, ferner die Ernennung des Protestanten William Stone zum Gouverneur Marylands an Stelle seines verstorbenen Bruders Leonard. Etwa 300 Familien fuhren die Chesapeake-Bucht hinauf, die Männer ohne ein Lächeln, die Frauen bedrückend gesetzt. An einer bezaubernden kleinen Bucht gründeten sie eine Stadt, die uns unter dem anmutigen Namen Annapolis bekannt ist. Ihr Anführer, ein gewisser Durand, hugenottischer Abstammung, taufte sie allerdings Providence (Vorsehung), wie es sich gehörte.

Da traf in Maryland und Virginia eine entsetzliche Nachricht ein. In Jamestown berief Berkeley seinen Rat zusammen und verkündete schluchzend die abscheulichste aller Freveltaten, die Hinrichtung des Märtyrerkönigs Karl I. Schreie zornigen Entsetzens wurden laut. Durch Zuruf beschloß der Rat einhellig, die grausige Untat zu brandmarken und Vergeltung zu üben an allen, die sich ihrer schuldig gemacht hatten. In St. Mary war eine leidenschaftliche Natur von der Art Sir Williams nicht vorhanden, daher nahm die Entrüstung hier nicht so dramatische Formen an. In Abwesenheit des Gouverneurs Stone führte der katholische Vizegouverneur Greene immerhin den Beschluß herbei, Maryland werde der Dynastie treu bleiben und dem Sohn des enthaupteten Märtyrers die Anhänglichkeit bewahren. Bei seiner Rückkehr von einer Handelsreise empfahl aber Stone, die Entscheidung aufzuschieben und die des Lord-Besitzers abzuwarten. Womit er sich als guter Psychologe erwies. Da Cromwell Sieger blieb, ließ Baltimore wissen, er sei dessen glühender Anhänger. Aus Breda, seinem ersten Exil, widerrief Karl II. die Charta von Maryland, als feststand, daß Lord Baltimore zu den Rebellen übergegangen war. Der Dichter Sir William Davenant, den Karl II. entsandt hatte, die Kolonie wieder in Besitz zu nehmen, wurde jedoch auf hoher See gefangen.

Eine Zeitlang blieb das kleine ferne Virginia das einzige Dominion des verbannten Stuart. Berkeley schickte Oberst Lee nach Breda, Karl II. nach Amerika einzuladen. Doch begnügte sich der König damit, seinen Exilgefährten Güter in Virginia zu schenken, so Lord Culpeper, Lord Norton, Lord Jermyn und vielen anderen. Zahlreiche Kavaliere minderen Ranges schifften sich nach diesem überseeischen Koblenz ein. Sie kamen nach großen Mühsalen und Gefahren aller Mittel entblößt an, völlig ungeeignet für das Kolonialleben, dessen Unbilden sie nicht ahnten. Berkeley benahm sich großartig. In seinem Haus „Green Spring", nach den ärmlichen amerikanischen Verhältnissen einem Palast von 18 Metern Front, mit sechs großen Zimmern und 1500 Obstbäumen, fanden die Verbannten Zuflucht. Mochte er auch in der Folge allerhand Mißgeschick erleben, in seiner Treue zum besiegten Herrscher blieb er stets ein Edelmann, dem Ehre gebührt.

Cromwell reagierte langsam. Er wartete das Jahr 1651 ab. Erst da ernannte er vier Kommissare mit dem Auftrag, nicht nur das offen königstreue Virginia, sondern auch Maryland, dem die erste Auflehnung nicht völlig verziehen worden war, zum Gehorsam zu zwingen. Zwei der Kommissare gingen mit ihren Schiffen unter. Die zwei übrigen waren verbannte Virginier, Richard Bennett und der seit 17 Jahren auf eine Wiedergutmachung wartende William Clayborne. Sie fuhren auf der Fregatte *Guinea* in den James-River ein, doch war die Küste in Verteidigungsbereitschaft gesetzt und die Miliz unter die Waffen gerufen worden. Sir William bot dem Lord-Protektor Trotz: er sei entschlossen, jedes Stück Boden seines rechtmäßigen Herrschers bis zum äußersten zu verteidigen.

Bennett und Clayborne waren klug genug, die Dinge nicht zu überstürzen. Sie warteten und nahmen inzwischen mit dem Land in geschickter Weise Fühlung. Schließlich waren ja auch sie Virginier, und es war ihnen wie nur irgendwem darum zu tun, ein Land, in dem sie Güter besaßen, nicht den Schrecknissen eines Bürgerkrieges auszusetzen. Als Ausgangspunkt der angeknüpften Verhandlungen wurde eine absolute Amnestie zugesagt, die den Gouverneur und alle Flüchtlinge des Vereinigten Königreichs umfaßte. Dann erklärten sich die Kommissare mit dem Gebrauch des anglikanischen

Gebetbuches einverstanden, ferner mit den Beeinträchtigungen der Navigationsakte, die ein Monopol der englischen Flagge begründet hatte. Als sie zusätzlich versprachen, vom Mutterland würden keine Steuern eingehoben, war das Spiel um die Unterwerfung Virginias gewonnen. Berkeley, der mit seinem Widerstandswillen schließlich alleinstand, gab seine Demission und zog sich nach „Green Spring" zurück, wo er jeden Abend, ohne deswegen behelligt zu werden, auf den König jenseits des Ozeans einen Toast ausbrachte. An seiner Stelle wurde Richard Bennett Gouverneur.

In Maryland schien die Aufgabe leichter zu sein, gestaltete sich aber langwierig und blutig. Die Kommissare setzten den Gouverneur Stone ab, obwohl er doch Protestant war und sich dem Parlament unterwarf. Als sie ihn nach ein paar Monaten wiedereinsetzten, erklärten die Puritaner von Providence, sie wollten weder die Rechte Lord Baltimores verewigt sehen noch das Toleranzgesetz dulden, also die Grundlage der Kolonie seit ihrem Bestehen. Am Ufer des kleinen Waldflusses Patuxent hielten sie eine „Versammlung in der Wildnis" ab, wählten eine Regierungskommission und faßten ihre eigene „Act of Toleration" ab. Artikel 1 bestimmte, niemand könne den Schutz des Landes genießen, wenn er der unter dem Namen Römischer Katholizismus bekannten papistischen Religion anhänge. Das Verbot wurde auch auf die Anglikaner wie überhaupt auf alle ausgedehnt, die gegen das Parlament gekämpft hatten. Eine kleine, fanatische Republik, im Geiste jenem Neu-Englands ähnlich, war aus der Sekte hervorgegangen, der Cecil Calverts Schaukelpolitik die Grenzen Marylands geöffnet hatte.

Er, Lord Baltimore, dachte natürlich nicht daran, auf sein amerikanisches Reich zu verzichten. Er hatte die furchtbare englische Revolution ohne Verlust seiner Heimat, seiner Freiheit oder seiner Güter überstanden, ja, höhere Gunst erlangt, seit Cromwells Allmacht diesem erlaubte, von den puritanischen Übertreibungen allmählich abzurücken. Aus England traf der *Golden Lion* ein und überbrachte zweierlei: die Widerlegung des Gerüchts, der Lord-Protektor habe Lord Baltimore seiner Rechte für verlustig erklärt; ferner einen strengen Verweis Baltimores an William Stone wegen dessen Nachgiebigkeit gegenüber den Rebellen von Providence. Der rührte sich plötzlich wieder und mobilisierte in St. Mary 120 Mann, ohne sich darum zu kümmern, daß ihre Stimmung nicht die beste war, da keiner wußte, wer morgen zu befehlen haben würde. Zudem hatte jeder andere Sorgen als die Unterdrückung des Puritanismus im Norden, vor allem die Tabakbestellung, denn es war gerade die Jahreszeit.

In etwa einem Dutzend Barken setzte sich das Heer Stones entlang der Küste in Bewegung. Am Abend des 24. März 1655 erlebte es eine unliebsame Überraschung. Der *Golden Lion* kam mit schußbereiten Kanonen auf die Barken zu. Am Tag vorher hatte nämlich der überlistete oder zu den Rebellen übergelaufene Obermaat das Schiff den Puritanern in die Hände gespielt. Somit hatten die Barken die Seeherrschaft verloren. Die Soldaten der Legalität flüchteten an Land, ohne zu ahnen, daß sich die Puritaner ein paar Kilometer weiter hatten ausschiffen lassen und bei Sonnenaufgang zum Angriff anzutreten gedachten. Überrascht riefen sie „Heilige Maria", worauf die Puritaner mit „Gott ist unsere Kraft" antworteten. Leonard Strong berichtet, Seine glorreiche Anwesenheit inmitten Seines armen, unterdrückten Volkes habe dem Angriff tatsächlich unwiderstehliche Kraft verliehen. Als einer der ersten fiel ein Mann namens Nugent, der die schwarz-goldene Fahne des Lord-Besitzers trug. Die Papisten ergaben sich, als sie 15 Mann verloren hatten und in den Fluß gedrängt wurden. Man hatte ihnen das Leben zugesichert — also verurteilte man sofort zehn zum Tode. Vier waren bereits gehängt, da rettete das Flehen „einiger guter Frauen" die übrigen, mit denen man nicht so kurzen Prozeß gemacht hatte, darunter Stone, den unglückseligen Führer der Expedition. Und das harte Gesetz der Puritaner herrschte über Maryland.

Übrigens nur für kurze Zeit. Cromwell war über den Sieg dieser in der Neuen Welt mit Verspätung aufgetauchten Ultrapuritaner nicht erfreut, sondern aufgebracht. Baltimore wurde in seinen Rechten ausdrücklich bestätigt und nach einigen letzten Reibereien sein jüngerer Bruder Philip Calvert als Gouverneur von Maryland eingesetzt. Diesem folgte sein ältester Sohn Charles Calvert. Inzwischen war Cromwell gestorben, und Karl II. hatte den Thron seiner Ahnen bestiegen. Der geschickte Lord-Besitzer aber hatte den Mantel nach dem Wind gedreht und erfreute sich noch 20 Jahre lang königlicher Gunst, ehe er friedevoll und erhaben ins Grab sank. Übrigens hatte er Amerika nie gesehen, von dem nun ein ungeheures Stück unverkürzt in die Hände seiner Erben überging.

Die Virginier

Der erste Aufständische der Neuen Welt, ein Taugenichts namens Nathaniel Bacon

Richard Cromwell erklärte sich im Mai 1659 für unfähig, die Nachfolge seines Vaters anzutreten. Die Nachricht erregte in Neu-England tiefe Besorgnis und weckte in Virginia große Hoffnungen. Die alte Kolonie – nach fünfzigjährigem Bestehen trug sie schon den Beinamen Old Dominion – hatte nie aufgehört, königstreu zu sein, und wertete die Abdankung des zweiten Protektors als Vorzeichen der kommenden Restauration. Aller Blicke wandten sich Sir William Berkeley zu, dem Stützpfeiler der Königstreuen im Wandel der Gesinnungen, und die Versammlung des Jahres 1660 wählte ihn einstimmig zum Gouverneur.

Berkeley lehnte ab. Gouverneur war er vor siebzehn Jahren schon gewesen, aber von Königs Gnaden, und es gefiel ihm nicht, in dieses Amt durch die Gunst des Volkes wiedereingesetzt zu werden, dessen Selbstherrlichkeit er nicht anerkannte. Doch die Bürger Virginias ließen nicht locker. Sollte sich die Republik festigen, bliebe es Sir William unbenommen, zu demissionieren, sollte sich aber England wieder um den Thron scharen, wie zu hoffen stand, würde der König selbstverständlich einen Mann bestätigen, dessen Treue sich im Ungemach so glänzend bewährt hatte. Berkeley gab nach, wenn ihm auch gar nicht wohl zumute war. An Karl II., der einige Wochen später den Thron bestieg, schrieb er einen Brief voller Entschuldigungen, bald aber einen zweiten voll überströmenden Dankes, nachdem der Monarch geruht hatte, ihn in seiner Würde als Gouverneur zu bestätigen. Der Monarchenkult war für den sonst herrschsüchtigen und starrköpfigen Mann sein Ein und alles.

Virginia hatte in der königlosen Zeit nicht zu leiden gehabt. Aus den 15 000 Einwohnern des Jahres 1650 waren 1660 immerhin 40 000 handfeste Kolonisten geworden. Die *Tidewater lands,* die von der Flut überschwemmten Gebiete an den Mündungen der Ströme, waren dicht besiedelt. Die alten Pflanzer, denen sie gehörten, hausten schon längst nicht mehr unter Strohdächern in Bretterbuden, sondern in Ziegelhäusern, die mit dem aus dem Tabakverkauf erzielten Gewinn immer prächtiger ausgeschmückt wurden, mit Möbeln, Silber, Teppichen und Büchern. Grafschaften wie Richmond, Gloucester, York, Neu-Kent waren der Barbarei endgültig entrissen. Die Indianergefahr glich einer fernen Wolke. Die afrikanischen Arbeitskräfte machten das Leben leichter und schöner. Virginia begann seine aristokratische Form anzunehmen. Viele der Familien, die es dereinst auszeichnen sollten, waren schon da: die Byrd, die Ludwell, die Tyler, die Washington ...

Die Ströme aufwärts, zum Ursprung des Potomac, des Rappahamock, des York-River, des James-River, zogen hingegen Trupps rauher, armer Männer, neuer Kolonisten, Knechte, die sich nun, nach Entlassung aus der Leibeigenschaft, an den Ecken der Freiheit stießen. Sie drangen in eine noch wilde Welt ein: da gab es noch Wälder, Sümpfe und Indianer. Ihre Ausrüstung beschränkte sich im allgemeinen auf einiges Werkzeug, ein paar Kleidungsstücke aus Leder oder Zwilch, etliche Schweine, mitunter wohl ein Pferd und vor allem Waffen, die einzige Gewähr des Überlebens. Durch inneren Zwang weniger gehemmt als die Pioniere Neu-Englands, stellten sie einen Menschenschlag dar, der zu Maßlosigkeiten neigte, soweit die Daseinsbedingungen solche erlaubten. Manchmal ergaben sie sich dem Alkohol, häufiger noch begingen sie Gewalt- und Bluttaten. Schon damals zeichnete sich der bis heute bestehende Gegensatz zwischen dem Inneren und der Grenze ab, zwischen dem seßhaften und dem mobilen Amerika, ohne den die erste große Spaltung der englischen Kolonien, die Tragödie Nathaniel Bacons, nicht zu verstehen ist.

Die Restauration lohnte mit Undank. Das gleiche Virginia,

das Cromwell Trotz geboten hatte und königstreu geblieben war, verschenkte Karl II. an zwei Gefährten seiner Exilzeit, die Lords Culpeper und Arlington. Die waren klug genug, auf die ihnen übertragenen Hoheitsrechte zu verzichten. Immerhin mußten die Virginier diese mit einer jährlichen Abgabe von 40 Pfund Tabak je Haushalt ablösen. Weit schwerer wogen die Folgen der Navigationsakte, die der Kolonie vorschrieben, ihren Tabak ausschließlich nach England und nur auf englischen Schiffen auszuführen. Der getreue Berkeley kämpfte verzweifelt um eine Abänderung dieser Bestimmung, die Virginias Außenhandel durch die Bindung an einen einzigen Markt abdrosseln mußte. Seine beschwörenden Briefe belästigten den König; einen übergab er seinem Sekretär mit der Bemerkung: »Ich will von dem alten Narren nicht mehr hören.«

In Virginia und Maryland war der Tabak das gesetzlich anerkannte Zahlungsmittel. Brot und Löhne, Truhen und Geldstrafen, alles zahlte man in Pfund Tabak. Das Geld wuchs auf den Feldern, so zwar, daß die Ausbreitung der Tabakpflanzung eine Inflation zur Folge hatte. Die Kaufkraft des Tabaks fiel von drei Pence pro Pfund auf einen halben Penny. Mit der Schrumpfung der Absatzmärkte und der verringerten Nachfrage lernte Virginia zum erstenmal die Kehrseite der Pflanze kennen, der es seinen glänzenden Aufschwung verdankt hatte. Man empfahl der Kolonie, sich mit Seide, Hanf, Eisen, Holz für Masten, Harz und Pottasche zu befassen – vergeblich. »Es sieht so aus«, schreibt der holländische Reisende Jasper Danckaerts, »als könne man nichts anderes pflanzen als Tabak.« Trotz Schleuderpreisen wurde die stark angeschlagene Währung mit Falschmünzermethoden weiterproduziert. »Wenn ein Diener schwerkrank ist«, erzählt Danckaerts, »läßt ihn der Herr sein eigenes Grab schaufeln, um die anderen von der Arbeit nicht abzuziehen, denn sie haben mit dem Tabakbau alle Hände voll zu tun.« Man faßte die Industrialisierung Virginias ins Auge, aber abgesehen von der grundsätzlichen Abneigung des

Mutterlandes standen ihr der Mangel an erfahrenen Arbeitskräften und städtischen Siedlungen entgegen. Weder in Maryland noch in Virginia gab es eine Ortschaft, welche die Bezeichnung Stadt verdient hätte. Jamestown zählte nach über sechzigjährigem Bestand als Hauptstadt bloß 18 Häuser, davon drei unbewohnte. Die beiden Kolonien am Potomac trugen durchaus ländlichen Charakter und waren unerbittlich an ein einziges Produkt gebunden.

Als letztes, verzweifeltes Mittel faßte Berkeley eine Einschränkung der Tabakpflanzungen ins Auge, ja, sogar ihr Verbot für ein ganzes Jahr. Er setzte sich dafür ungemein rührig ein, fuhr nach England hinüber und unternahm eine gefährliche Winterreise nach Maryland, um sich dessen unentbehrliche Zustimmung zu holen. Als er sie hatte, machte ein Brief des dritten Barons Baltimore, des unumschränkten Herrn und Besitzers, alles zunichte. Seine Gnaden wollten von einer Einschränkung der Pflanzungen als den englischen Freiheiten widersprechend nichts hören und schoben die Schuld an der in Rede stehenden Armut auf die »Faulheit, die falschen Methoden und die übermäßigen Ausgaben der Kolonisten für Brandy«. »Dieser Brief«, schrieb Berkeley nun an den König, »bricht wie ein Sturm über uns herein und zwingt uns wie den Seemann in höchster Not, unser wertvollstes Gut über Bord zu werfen. Die unumschränkte Macht Lord Baltimores vertreibt gleich einem heftigen Wind die milden Regen der Gunst Eurer Majestät; wir welken dahin und verdorren in Not und Armut.« Diese bilderreiche Sprache blieb ohne jede Wirkung: Karl II. griff nicht ein.

Aber ein Unglück kommt selten allein. Fünf bewegliche holländische Schiffchen kaperten die gesamte Tabakflotte des Jahres 1667: 20 vor der James-Mündung ankernde Schiffe; die zur Sicherung eingesetzte englische Fregatte war zuvor überrumpelt worden, ehe sich die Besatzung den Schlaf aus den Augen reiben konnte. 1672 folgte der nächste Streich, leicht abgewandelt und mit geringerem Erfolg. In der Zwischenzeit suchte am 27. August 1667 einer der schrecklichsten Besucher der amerikanischen Küste, ein Tornado von furchtbarer Gewalt, Virginia heim: 10 000 Häuser wurden weggefegt, so berichtet der Sekretär der Kolonie, Thomas Ludwell, die gesamte Ernte vernichtet. Zwei Jahre später zerstörte Ungeziefer wieder eine Ernte, während eine Viehseuche die Hälfte der Haustiere hinwegraffte. Dazu kamen Vorzeichen, weitaus erschreckender als alle Katastrophen: ein Riesenkomet, der eine Woche lang zu sehen war, und ein Taubendurchzug, so dicht, daß er einen Teil des Himmels verfinsterte.

In Neu-England hätten all diese Plagen die Kolonie enger zusammengeschlossen, man wäre in Ehrfurcht vor dem göttlichen Zorn auf die Knie gesunken. Die Virginier aber waren »gottlose Weltkinder«. Sie hatten eben schlechte Minister, die bloß darüber stöhnten, daß die ihnen als Gehalt angewiesenen 13 333 Pfund entwerteter Tabakblätter einen kärglichen Unterhalt darstellten. Zusätzlich machten sie allerhand Geschäfte und besuchten ungünstig gelegene Pflanzungen nur, wenn es unbedingt erforderlich war. Statt den Sabbat zu heiligen, kamen die Pflanzer zu Spiel, Trunk und Kannegießerei zusammen. Es gärte in der Kolonie, man war unzufrieden, und das nicht etwa, weil den großen Menschheitsideen Gewalt angetan worden wäre, sondern bloß, weil der Preis des Tabaks fiel. Diese Gärung lieferte den amerikanischen Geschichtsschreibern den Hintergrund zu einem Grenzerdrama der Revolte des Nathaniel Bacon. Sie machten aus ihr sozusagen die Generalprobe der großen nationalen Ereignisse des folgenden Jahrhunderts.

Das Ganze begann vor einer Holzhütte der Grafschaft Stratford, eines Sonntagmorgens im Juni 1675. Kirchgänger bemerkten Blutlachen. Auf dem Pfad lag eine Indianerleiche, auf der Schwelle seiner Hütte ein Siedler namens Robert Hen. Sie hoben ihn auf. Im Sterben flüsterte er den Namen eines Indianerstammes: »Doegs, Doegs.« Ein beinahe alltägliches

Drama hatte sich abgespielt, die Ermordung eines Pioniers durch eine Indianerbande.

Die Grafschaft Stratford war ein vorgeschobener Posten. Sie lag westlich des Potomac, etwas südlich des heutigen Washington, nicht weit von der künftigen Plantage George Washingtons in Mount Vernon. Jenseits des Stromes erstreckten sich Maryland und die Wälder, in denen die Marylânder die Ansiedlung eines der unzähligen von den Irokesen besiegten und verdrängten Völker, der Susquehanocks, geduldet hatten. Unter dem Kommando des Kapitäns Brent und des Obersten Mason setzten rasch ausgehobene Milizmänner von Stratford über den Potomac, verfolgten die erstbeste Indianerspur, überfielen das Dorf, zu dem sie führte, brachten an die zehn Mann um und kehrten als siegesstolze Rächer heim. Die Regierung Marylands legte gegen diesen bewaffneten Einfall in ihr Gebiet Protest ein, die Virginier von der Grenze aber begrüßten voll Freude die blutige Vergeltung.

Noch war das Amerika der Europäer winzig klein. Trotz der Beschwerlichkeit des Weges benötigte man von den Holzhütten Stratfords zu den Ziegelhäusern Jamestowns oder St. Marys nicht mehr als drei oder vier Tage Marsch. Das genügte aber, um in der Indianerfrage scharfe Gegensätze zu schaffen. Die Gouverneure und die Pflanzer, die ohne Alarm schlafen konnten, vertraten die Meinung, man müsse zwischen den Indianern unterscheiden, so viele wie nur möglich für sich gewinnen, die unverbesserlichen aber allmählich von den christlichen Niederlassungen abdrängen. Für die Pioniere aber war der Indianer, jeder Indianer, ein Tier, das getötet werden mußte. Bei bloßer Erwähnung der »guten Indianer« kam eine Flut gotteslästerlicher Schimpfwörter über ihre Lippen. Sie wußten Bescheid mit diesen Barbaren: lauter Sadisten, Menschenfresser und unwahrscheinliche Schurken, die ihre Unterwerfung, ihr Bündnis, ihre Freundschaft im Nu ins Gegenteil verkehrten und mit der ungebändigten Wildheit ihrer Rasse über die Weißen herfielen. Es könne kein Virginia, kein

Amerika, keinen ruhigen Schlaf geben, solange nicht alle Indianer ohne Unterschied bis zum letzten Mann ausgerottet oder gezwungen würden, sich in die entlegensten Schlupfwinkel des Kontinents zu verkriechen.

Der Protest Marylands gegen das Unternehmen Brents und Masons hinderte die beiden Kolonien nicht, eine gemeinsame militärische Aktion zu beraten. Ihr Ziel war, die Susquehanocks zur Räumung des Potomacufers zu zwingen. Das von Virginia gestellte Kontingent stand unter dem Kommando von Oberst Washington, dem Großvater des Gründers der Vereinigten Staaten. Das Marylands wurde von Major Truman angeführt, der aber nichts zu tun hat mit einem späteren Präsidenten dieses Namens. Die von Maryland traten als erste an und erreichten bald eines ihrer alten, verlassenen Forts, das die Susquehanocks mit Hilfe eines Grabens und eines Verhaues zu einem mächtigen Bollwerk ausgebaut hatten. Gleichwohl schienen sie nicht sehr kampfbegierig. Fünf ihrer Häuptlinge kamen als Parlamentäre aus dem Fort und fragten, warum die Engländer in offenbar feindlicher Absicht bei Freunden erschienen. Major Truman ließ sie greifen und fesseln.

Später wurde dieser Truman wegen »eines Kapitalverbrechens gegen die Nation und einer schimpflichen Sünde gegen Gott den Allmächtigen« vom Rat Marylands zu einer Strafe von 10 000 Pfund Tabak verurteilt. In seiner Verteidigung beschuldigte er die virginischen Offiziere, insbesondere den Obersten John Washington, immer wieder gefragt zu haben, warum man eigentlich noch warte, den Gefangenen »den Schädel zu spalten«. Was schließlich auch geschah: die fünf Häuptlinge wurden hingerichtet. Als der alte Edelmann Sir William Berkeley von der Freveltat erfuhr, war er zutiefst empört: »Und hätten sie selbst meine Mutter und meine Großmutter umgebracht, als Parlamentäre wären sie bei mir mit heiler Haut davongekommen.« Allerdings hatte Sir William in Jamestown leicht reden. Die anderen standen in den Wäldern des Potomac an der Front.

Was folgte, war dem Ansehen der Weißen äußerst abträglich. In dem instand gesetzten Fort leisteten die Susquehanocks sieben Wochen lang erbitterten Widerstand. Bei einem Ausfall nahmen sie den Belagerern die Pferde weg. Nun hatten sie wieder Fleisch und konnten die Verteidigung fortführen. Als die Nahrung ausging, verließen sie nachts das Fort mit Kind und Kegel, ohne daß die tausend Mann des verbündeten Heeres etwas merkten. Dann aber fielen sie mit der Wut gerechter Rache über die Plantagen her. An einem einzigen Tag erdrosselten sie 36 Kolonisten am oberen Rappahanock. Der Sprengel Citternborne verlor in ein paar Wochen 60 seiner 71 Plantagen.

Sir William Berkeley war seinerzeit ein harter Führer in den Indianerkriegen gewesen. Nun ging er aber in sein 66. Lebensjahr, und obwohl das Alter seiner Tatkraft nichts anzuhaben vermocht hatte, muß er offenbar andere Begriffe von den Beziehungen zwischen Eroberern und Besiegten gehabt haben. Er machte mobil und warf eine starke Armee nach Westen, rief sie aber sogleich zurück, als er den Eindruck gewann, daß die Wut der Indianer abgeflaut war und ein Frieden verhandelt werden konnte. In der Ratssitzung vom März 1676 setzte er eine Steuer für den Bau eines Befestigungsgürtels an den wichtigsten Flüssen durch. Dabei leitete ihn der Gedanke, Stützpunkte anzulegen, deren Besatzungen – Soldaten und befreundete Indianer – zugleich warnend und befriedend wirken sollten. Die Grenzkolonisten sahen jedoch bloß die Nutzlosigkeit dieser Werke inmitten von Wäldern und Sümpfen, durch die feindliche Trupps nach Belieben einsickern würden. Sie wünschten eine Strafexpedition; man bot ihnen dagegen die Hoffnung auf Friedensverhandlungen und einige wertlose Palisaden, die bloß Geld kosteten.

Die herkömmliche amerikanische Geschichtsschreibung stellt Berkeley als Tyrannen hin. Am Anfang seiner Regierungszeit war er aber beliebt und zog sich nur allmählich den allgemeinen Haß zu, weil er die Rechte des Volkes beeinträchtigte, die Versammlung von Virginia nicht wieder einberief, die Sippenherrschaft förderte, in neronischem Luxus lebte, 70 Pferde in seinen Ställen hielt und die Indianer schonte, nur des Pelzhandels wegen, der ihm und einigen anderen Plutokraten Gewinn brachte. Demgegenüber zeigen uns die Dokumente einen durch die Ausübung der Macht und das Alter hart gewordenen Mann. Sein beharrliches Bemühen galt dem allgemeinen Wohlergehen, und immer schon seit den schweren Jahren vertrat er die Sache seiner Kolonie vor dem Mutterland mit bewegten Worten. Nur war ihm entgangen, daß sich in Virginia im Laufe von 30 Jahren vieles verändert und eine neue Menschenschicht angesiedelt hatte. Ohne den Indianerkrieg wäre er in den Sielen gestorben, für seine Leute allmählich zur sagenhaften Figur geworden. Der Krieg aber machte ihn zur Zielscheibe des Mißvergnügens.

Plötzlich, wie eben im Volk aus einem Nichts heraus Bewegungen zu entstehen pflegen, war ein Name in aller Munde, überall, in den verängstigten Plantagen an der Grenze, in den benachbarten Grafschaften, die vor der nahenden Indianergefahr bangten, ja, bis ins Proletariat der gesicherten Gebiete, wo die Tabakreichen herrschten. Virginia hatte einen Beschützer gefunden, das Volk einen Freund. Der Schrei der Revolte ward gehört, zwei dreimal wiederholte Silben, die nun einen schwülen Sommer lang mit seltsam tragischen Ereignissen verknüpft sein sollten: »Bacon! Bacon! Bacon!«

Nathaniel Bacon war von seiner betrübten Familie nach Virginia abgeschoben worden. In England hatte er allerhand angerichtet, zuletzt einen gewissen Robert Jason um 4000 Pfund Sterling betrogen. Zuvor war er aus der Schule in Cambridge ausgeschlossen worden, nach einer langen Reise, die ihn über Amsterdam, Koblenz, Zürich, Wien, Venedig, Rom und Paris geführt hatte. Obwohl er aus einer wohlhabenden, mit dem berühmten Kanzler Francis Bacon verwandten Familie stammte, hatte ihm ein wackerer Edelmann namens Sir Edward Duke die Hand seiner Tochter Elisabeth verweigert und diese verstoßen, als sie sich von Bacon ver- und entführen ließ. Das wenige, was wir von seinem Leben vor dem amerikanischen Abenteuer wissen, ist durchweg abscheulich: der entartete Sproß aus gutem Geschlecht, ungemein redebegabt, doch von einer »verpestenden, umwerfenden« Logik, kurz, der Typus des ewigen Demagogen.

Nach Virginia kam er mit prallgefüllten Taschen. 1800 Pfund Sterling, damals ein Vermögen, hatte ihm sein Vater als Abfindung ausgezahlt. Ein schon seit Jahren in der Kolonie ansässiger Vetter gleichen Namens nahm ihn auf, beriet ihn und half ihm beim Ankauf der Plantage des Obersten Bellard in der Grafschaft Henrico. Sie lag nicht etwa an der Grenze, nein, im gesicherten Gebiet, das die Indianergefahr nicht mehr kannte. Der Kaufvertrag war am 28. August 1674 eben unterschrieben worden, die Tinte noch nicht trocken, da widerfuhr dem neuen Einwanderer, einem Mann von knappen 29 Jahren, die unerhörte Gunst, vom Gouverneur in den Staatsrat, Virginias Oberhaus, berufen zu werden. Sehr rührend legen das die amerikanischen Historiker dahin aus, der schlaue Berkeley habe damit den Mann bestechen wollen, in dem er den Beschützer der Armen und Unterdrückten erblickte. Der alte Herr war aber ganz einfach für Leute von Stand eingenommen, und ein Bacon von Friston Hall, Verwandter des großen Francis Bacon, schien ihm der rechte Schmuck für seinen Staatsrat. Übrigens nahm Nathaniel an den Sitzungen fast niemals teil – was die amerikanischen Historiker damit entschuldigen, er hätte die tyrannischen Regierungsmethoden Sir Williams nicht mit ansehen können.

Die Revolte brach im April 1676 blitzartig aus. Am Potomac war es wieder verhältnismäßig ruhig geworden, mochten auch die Wellen der Erregung stellenweise noch recht hoch gehen. In Jordans Point am James River wartete eine bewaffnete Gruppe von Kolonisten auf Nachrichten über einen mächtigen Trupp Indianer, der angeblich im Anmarsch war. Da erschien Bacon, und zum erstenmal ertönte das Feldgeschrei: »Bacon!

Bacon! Bacon!« Vielleicht hatte er diese Ausrufung durch das Volk entsprechend vorbereitet, wenn nämlich wahr ist, daß er eine große Menge Rum vorausgeschickt hatte, wie im Bericht der Untersuchungskommission zu lesen steht. Vielleicht ließ er sich vom plötzlichen Aufbruch der Massen hinreißen. Jedenfalls ergriff er das Wort. Er wetterte gegen die Unfähigkeit und Gewaltherrschaft des Gouverneurs, die drückende Steuerlast und die Weigerung, einen wirksamen Krieg gegen die Indianer zu führen. Damit sei die Kolonie in eine geradezu verzweifelte Lage geraten. Er habe die Absicht, in Jamestown den Auftrag zu einer Strafexpedition zu erwirken. Sollte das abgelehnt werden, wolle er trotzdem an der Spitze aller Kriegswilligen ins Feld ziehen. Alle brüllten, sie wollten mit ihm ziehen, und Gott möge ihre Seele verdammen, wenn sie ihm nicht die Treue hielten. Dann wurde eine Eingabe an den Gouverneur abgefaßt und die Unterschriften kreisförmig angeordnet, damit man die Rädelsführer nicht herausfinden könne.

Bacon brach wie angekündigt auf, ohne die vorausgesehene Absage Berkeleys abzuwarten. Von den 300, die ihm folgten, liefen viele Gefahr, von Gott verdammt zu werden, denn schließlich waren es nur mehr 58 Getreue, die mit ihm in die Wälder des Roanoke River eindrangen. Da vereinigte er sich mit einem befreundeten Stamm, den Occaneechee, und überfiel mit ihnen eine kleine Gruppe von etwa 30 Susquehanocks, von denen einige getötet oder gefangen wurden. Während die Occaneechees ihre Gefangenen »auf ihre Art«, das heißt durch Martern umbrachten, stürzten sich die Engländer auf sie. 150 wurden hingeschlachtet, darunter der unvorsichtige König Persicles, ein Freund der Weißen. Bacon kehrte zurück, mit Beute schwer beladen, mit Beweisen begeisterter Dankbarkeit der Pioniere überschüttet.

Während Bacon Jagd auf Indianer machte, hatte sich Berkeley endlich mit der seit langem hinausgeschobenen Wahl zu einem neuen Unterhaus abgefunden. »Wenn dieses meinen sollte«, schrieb er, »ich sei eine Belastung geworden, schließe ich mich gern seinem Gesuch an Seine Majestät an, einen neuen Gouverneur zu bestimmen.« Immerhin hatte ihn die offene Revolte eines Mannes empört, dem er so oft Beweise seiner Gunst gegeben. So erklärte der alte Herr, er werde Nathaniel Bacon in einer offiziellen Stellung nicht weiter dulden. Aus dem Staatsrat hatte er ihn bereits ausgeschlossen. Nun wollte er Maßnahmen treffen, um die Rückkehr Bacons in die Politik über das Unterhaus zu verhindern. Am Regierungssitz der Grafschaft Henrico begann der Sheriff am Wahltag eine Proklamation zu verlesen, die Bacon zum Rebellen stempelte. Dieser ging auf ihn zu, nahm ihm das Papier ab, steckte es in die Tasche und fragte die Anwesenden, ob sie ihn als einen der zwei Vertreter der Grafschaft haben wollten. Der Ruf: »Bacon! Bacon! Bacon!« war die Antwort.

Die einzige Straße Jamestowns hieß merkwürdigerweise Back Street. Der Sitz der Regierung, State House, hatte zwei Stockwerke und zwei seitwärts angebrachte Schornsteine. Das Hauptgebäude maß 77 mal 22 Fuß, zwei kleine Flügel sprangen vor. Umgeben war es von vier Häusern, die übrigen, etwa ein Dutzend, lagen verstreut zwischen den Sümpfen und dem James River. Das dem Wasser nächstgelegene, unweit des verfallenen kleinen Forts, gehörte Richard Lawrence, einem zuverlässigen Freund Nathaniel Bacons. Dorthin entsandte er den zweiten Abgeordneten der Grafschaft Henrico, Kapitän Crewes, um zu erfahren, ob ihn der Gouverneur unbehelligt an den Sitzungen teilnehmen lassen würde. Während das im Schutz der Nacht besprochen wurde, kreuzte Bacon in einer Schaluppe voll Bewaffneter auf dem Fluß. Im Morgengrauen tauchte die riesige Masse des Kriegsschiffes *Adam and Eve* auf, Kapitän Thomas Garner. Es näherte sich den Meuterern mit geöffneten Kanonenpforten. Sie wurden an Bord geholt und in Ketten gelegt. Als einer der Chronisten der Rebellion, Thomas Mathews, zur Ratssitzung kam, raunte es überall um ihn: »Alles ist aus. Bacon ist gefangen.«

Die nächste Episode spielt in der Langen Stube, rechts von

der kleinen Vorhalle von State House. Etwa 100 Anwesende vertraten außer der Regierung und dem Staatsrat alle Grafschaften Virginias, vom blutgetränkten Stratford bis zum verbürgerlichten Gloucester. Berkeley erschien vor Männern, von denen viele Lederkleidung trugen, mit Perücke und in einem Gewand, das auch in Europa altfränkisch gewirkt hätte. »Wenn sich«, sagte er, »die Engel über einen Sünder freuen, dann freuet Euch auch, denn Ihr sollt einen sehen. Laßt Mr. Bacon eintreten.« Dieser wurde hereingeführt, kniete nieder, überreichte Sir William sein Geständnis und bat demütig Gott, König und Gouverneur um Vergebung. »Gott möge Euch verzeihen«, erwiderte Berkeley, »ich verzeihe, verzeihe Euch.« Dann deutete er auf den leeren Stuhl Bacons auf der Seite des Staatsrates und sagte, er würde ihm den Platz wiedergeben, wenn er sich bis zur nächsten Sitzungsperiode anständig benehmen wolle. Aber nicht einmal diese Frist hielt Berkeley ein: nach wenigen Tagen schon saß Nathaniel Bacon wieder inmitten der Honoratioren Virginias. Die amerikanischen Geschichtsschreiber wollen auch darin eine List Berkeleys sehen – der doch immer dem Zuge seines Herzens folgte und keiner Arglist fähig war –, um den jungen Helden ins Verderben zu stürzen.

Damit nun hätte die Rebellion Bacons ihr Ende finden können. Sie wäre dann auf die unbedeutende Episode eines Indianermassakers ohne behördliche Bewilligung beschränkt geblieben. Doch der Mann war zu ungestüm. Auch hatte ihm kraft der Unverletzlichkeit von Abgöttern des Volks – solange sie vergöttert werden – die Demütigung in der Langen Stube bei seinen Anhängern keinen Abbruch getan. Eines Tages bat er den Gouverneur um die Erlaubnis, wegen einer Erkrankung seiner Frau heimfahren zu dürfen. Berkeley bedauerte sogleich, seine Zustimmung gegeben zu haben, und ließ Nathaniel durch Reiter und Schiffe verfolgen. Bacon kam ihnen jedoch in Henrico zuvor, und auf die Nachricht von seiner Flucht erhob sich die ganze Gegend. Acht Personen, die von Indianern weniger als 80 Kilometer von Jamestown entfernt ermordet worden waren, lieferten dem empörten Volk einen neuen Beweis für die Säumigkeit des Gouverneurs.

Berkeley schätzte die Gefahr richtig ein. Er befahl den Bau einer Palisade, ließ vier Kanonen auf den Isthmus von Jamestown schaffen und bot die Miliz der benachbarten Grafschaft auf. Nur wehrten sich Herz und Verstand dagegen, eine Regierung zu verteidigen, die so außerordentlich unpopulär geworden war. Man schrieb den 24. Juli 1676, der Staatsrat tagte, die schwüle virginische Hitze lag drückend auf dem Land und von den Sümpfen um Jamestown stiegen giftige Ausdünstungen auf. Jemand kam nach State House gelaufen, um zu melden, daß Bacon heranrückte, schon da war, auf dem Isthmus, an der Spitze einer starken Truppe, und daß die Verteidiger zu ihm übergingen, statt ihm in den Weg zu treten. Dann hörte man Waffengeklirr, Pferdegetrappel, Männerreden, das ganze verworrene Getöse der Gewalt, der sich keiner widersetzte.

Was folgte, gehört zum Bilderbogen der amerikanischen Geschichte. Der alte Gouverneur Berkeley erschien auf den drei Holzstufen der Vortreppe seines Ziegelkapitols. Er war weder gleichmütig wie der Philosoph vor widrigem Geschick, noch zitterte er wie der Phantasiebegabte vor der Gefahr – ihn schüttelte bloß der Zorn eines sanguinischen englischen Squire. Er riß den Rock auf, bot die Brust: »Hier! Schießt nur! Schießt gut! So schießt doch!« Der Platz, die einzige Straße war voller Flinten, die in unsicheren Händen zitterten. Vor Berkeley stand Bacon: mittelgroß, schlank, dunkelhaarig – sonst wissen wir nichts von seinem Aussehen. Er sprach, sicherlich barhaupt, um durch übertriebene Höflichkeit die maßlose Kühnheit bewaffneten Aufruhrs gegen den Vertreter des Königs zu mildern: »Nein, Gott behüte, Euer Gnaden! Wir wollen Euch gewiß kein Haar krümmen. Wir kommen bloß, die Erlaubnis zu erbitten, unser Leben vor den Indianern schützen zu dürfen, bloß wegen des Auftrags, den Ihr so oft versprochen habt und den Ihr nun erteilen werdet, ehe wir uns zurückziehen.«

Der Bericht über die folgenden Minuten ist (wie beinah immer nach historischen Höhepunkten) viel weniger ausführlich. Berkeley muß sich wohl beruhigt haben, und Bacon betrat das State House, um mit dem Gouverneur zu verhandeln. Die bewaffnete, lärmende, drohende Menge belagerte weiterhin das Gebäude und richtete ihre Flinten auf die Fenster, hinter denen erschreckte Gesichter erschienen. »Gottverdammich«, rief ein Wüterich, »ich bringe sie alle um, den Gouverneur, die Versammlung, und aus meinem Herzen mach ich eine Scheide für den eigenen Säbel.« Die Hitze und wohl auch der Rum brachten die Geister in Wallung. »Ein Wink Bacons«, berichtet Mathews, »hätte genügt, ein Blutbad anzurichten und den roten Hahn aufs Dach zu setzen.«

Als er den Auftrag und den der von ihm bezeichneten Offiziere sowie ein Dekret in Händen hielt, das ihn ermächtigte, 1000 Mann auszuheben, begab sich Bacon zu den Fällen des James-Flusses, um seine Armee zu organisieren. Der stolze Gouverneur war jedoch nur der Gewalt gewichen. Er ließ nicht einmal die Vorsicht walten, das Abflauen der allgemeinen Erregung abzuwarten, widerrief seinen Auftrag und erklärte Bacon ein zweites Mal zum Rebellen. Dann verließ er Jamestown und versuchte in der Grafschaft Gloucester, dem Mittelpunkt der virginischen Konservativen, Truppen anzuwerben. Die einberufenen Milizmänner empfingen ihn jedoch mit Murren, aus dem alsbald der verwünschte Ruf ertönte: »Bacon! Bacon! Bacon!« Dieser eilte, ohne Rückendeckung gegen die Indianer, an der Spitze seiner rasenden Männer herbei. Berkeley blieb nichts übrig, als über die Chesapeake-Bucht zu setzen, wo die auf einer Landzunge gelegenen Grafschaften Northampton und Accomack von dem Aufstand unberührt geblieben waren. Bacon hatte keine Seeleute, konnte ihn dort also nur über Maryland erreichen: den weiten Umweg über Land zu machen, war aber ganz unmöglich. So entkam ihm zwar der Gouverneur für den Augenblick, dafür herrschte er aber über fünf Sechstel Virginias. Von da ab nahm er den Titel an: »General von Volkes Gnaden.« Die Rebellion, als Druck auf die Obrigkeit begonnen, war zu einer republikanischen Bewegung geworden.

Doch dem Rebellen wurde angst und bange. Er wußte genau, England würde sich seine Auflehnung niemals gefallen lassen. In seinen Alpträumen sah er vor der Küste Virginias ein Geschwader, das Soldaten des Königs an Land setzte. Die einzige Rettung erblickte er in einer so festen Bindung der Virginier an seinen Verrat, daß sie zwangsläufig bis zum bitteren Ende mit ihm kämpfen mußten. Reiter durchstreiften die Halbinseln des Unterlandes, griffen die Besitzer, die es nicht für notwendig gehalten hatten, Sir William nach Accomak zu folgen, und schleppten diese Neutralen ins Haus eines Kapitän Thorpe an einen Ort namens Middle Plantation, dem späteren Williamsburg. Einen glühend heißen Augusttag und eine schwüle Nacht hindurch dauerte die außerordentliche Volksversammlung. Umringt von seinen wichtigsten Parteigängern Lawrence, Crewes, Drummond usw., versicherte Bacon, er sei dem König treu, nur müßten sich die Virginier durch einen feierlichen Eid verpflichten, den Königstruppen so lange Widerstand zu leisten, bis er, Bacon, den Herrscher über die wahren Gründe des Aufstandes aufzuklären in der Lage wäre. Man hielt ihm vor, das Mutterland werde gewiß mit erdrückender Übermacht erscheinen. Er erwiderte, 500 den Indianerkrieg gewohnte Virginier könnten ohne weiteres mit 2000 Mann regulärer Truppen fertig werden. Seine feurigste Anhängerin war eine Frau, Lady W. Drummond, die angeblich ausrief, sie fürchte die Macht des Königs sowenig wie die einer Strohpuppe. Denn die Frauen standen auf seiten des schönen, fremdartigen Empörers. Und riefen ihm zu, auch sie würden für ihn zur Flinte greifen, wenn das sein Wunsch und Wille sei.

Der Eid war geleistet, besser gesagt erpreßt worden. Bacon zog zum zweitenmal gegen die Indianer ins Feld. Doch statt die Unentwegten in ihren Schlupfwinkeln aufzustöbern, blieb er im Zentrum Virginias, entlang dem Pamunkey-Fluß, dessen Name sich von dem England botmäßigsten Stamm herleitete. Das Hin- und Hermarschieren durch die Sümpfe mißfiel den Männern. Viele kehrten zu ihren Plantagen zurück, und das Nordkontingent, 400 Milizmänner unter Kapitän Brent, verließ die Armee geschlossen. General Bacon blieben nur 136 Soldaten. Getötet hatte er bloß eine alte Frau, und nun sah er sich gezwungen, zur Sitzungsperiode der Versammlung zurückzukehren, als er durch einen glücklichen Zufall auf eine Gruppe von Pamunkeys stieß, die dem Kesseltreiben der Weißen entkommen waren und sich auf eine kleine Sumpfinsel zusammengedrängt hatten. Sie flüchteten, doch gelang es, einige umzubringen. Mit diesen Siegeszeichen konnte er immerhin das Gesicht wahren. Dann zog man heim auf die Plantagen.

Während Nathaniel Bacon mit kläglichem Ergebnis auf Menschen Jagd machte, waren in seinem Kopf Pläne gereift. War es ihm auch nicht möglich, Virginia gegen eine englische Strafexpedition zu verteidigen, warum sollte er nicht seine Getreuen sammeln und irgendwo in der Wildnis eine neue Kolonie gründen? Geiseln konnten von Nutzen sein, wenn es galt, durch Verhandlungen der Acht zu entgehen. Eine bessere als Sir William Berkeley konnte es gar nicht geben. Dieser hatte jenseits der Chesapeake-Bucht bei Oberst Curtis Zuflucht gefunden, doch Bacon gedachte, ihn gefesselt zu Jamestown wiederzusehen. Ein gutes Schiff mit 20 Kanonen, durch einen Glücksfall in James River gekapert, hatte sich am gleichen Tag, da Bacon ins Feld gerückt war, mit dem Befehl segelfertig gemacht, den Gouverneur zu entführen und herzubringen. Die Sache war einem findigen Kopf, William Carver, anvertraut worden, konnte also gar nicht fehlschlagen. Der redegewandte Bacon legte sich schon alles zurecht, wie er vor dem abgesetzten Gouverneur stehen und welche Sprache er führen würde.

Völlig entgeistert hörte er dann, was geschehen war. Sir William befand sich tatsächlich in Jamestown, aber weder als Gefangener noch als Geisel. Die Entführung war mißglückt, weil der Schiffskapitän, ganz gegen seinen Willen in die Revolte einbezogen, Curtis gewarnt hatte. Carver, der doch greifen sollte, war gegriffen worden. Nun drohte ihm der Galgen. Der alte Berkeley aber hatte die Plätze gewechselt und war eben an der Spitze von 1000 Mann gelandet. Bacon wurde neuerlich zum Rebellen und, zusammen mit seinen bösen Geistern Lawrence und Drummond, für unwürdig erklärt, je wieder begnadigt zu werden. Zudem schuf Kapitän Brent, der sich schon im Indianerkrieg abgesetzt hatte, eine verzweifelte Lage: nun erklärte er sich offen gegen Bacon und brach auf, ihn zwischen zwei Feuer zu nehmen.

Der General von Volkes Gnaden zeigte sich der Gefahr gewachsen. Nur 136 Getreue hatten bei ihm ausgeharrt, allerdings lauter Desperados. Ungesäumt marschierte er auf Jamestown, was der Bewegung einen so entschlossenen Anstrich gab, daß von allen Seiten Verstärkung herbeieilte und der Rebellenruf »Bacon! Bacon! Bacon!« wieder ertönte. Theoretisch war Jamestown uneinnehmbar: es lag hinter dem engen Isthmus und wurde gedeckt von einer Batterie sowie den Kanonen mehrerer Schiffe. Aber Berkeley standen nur schlechte Rekruten zur Verfügung, der Abschaum virginischen Hausgesindes, das er mit den Gütern der Rebellen geködert hatte. Er ordnete einen Ausfall an: Seine Soldaten, so berichtet ein Augenzeuge, gingen zum Angriff »wie die Schüler zur Schule, schweren Herzens, doch leichtfüßig nach Hause«. Tüchtig und kampflustig war bloß ein Häuflein Besitzer und Edelleute. Sie erlebten eine furchtbare Überraschung, als sie auf der feindlichen Brustwehr ihre Frauen und Töchter aufgereiht sahen, die der blutrünstige Bacon in allen Plantagen zusammengefangen hatte, um aus ihnen einen Wall von Menschenfleisch zu errichten. Im Laufe der nächsten Nacht, der siebenten der Belagerung, schifften sich die Verteidiger mäuschenstill wieder ein. Bacon besetzte anderntags den Ort und war wütend, nur ein paar alte Pferde, zwei oder drei Tonnen Wein und einige Ballen getrockneter Felle vorzufinden.

Weshalb zündete er Jamestown an? Es war ja bloß ein Flecken mit wenigen Ziegelhäusern und einer kleinen Anzahl Bretterbuden, doch lag keinerlei Grund vor, die einzige Häuseransammlung Virginias so schwer büßen zu lassen. Lawrence und Drummond, beides reiche Leute, setzten ihre eigenen Wohnstätten in Brand. Sogar die Kirche zündete man an, die erste der Kolonie. Sie durfte sich eines viereckigen Turmes rühmen, von dem auch heute noch ein Rest zu sehen ist. Es war offenbar ein Wutausbruch verzweifelter Männer, die einfach nicht mehr imstande waren, sich zu beherrschen. Denn selbst seine größten Erfolge führten Bacon nur immer tiefer in eine Sackgasse hinein und rückten die Stunde der Vergeltung näher.

Vom zerstörten Jamestown ging er nach Green Spring, der schönen Plantage Berkeleys, die Bacon von seinen Soldaten plündern ließ. Da Brent noch immer auf dem Marsch gegen ihn war, wandte er sich gegen ihn. Alsbald meldeten seine Kundschafter, die gefährliche Truppe sei auseinandergelaufen und ihr Anführer auf der Flucht. Bacon machte kehrt und rückte gegen die alte, konservative Grafschaft Gloucester vor, die ihn noch immer nicht anerkannt hatte. Als die Honoratioren vorbrachten, die Grafschaft bliebe lieber neutral, brauste Bacon auf und stieß Drohungen aus. Sogleich schwor man ihm Treue, soviel er immer wünschte. Nichts stand ihm mehr im Weg — und doch wußte er genau, daß sich vom großen Galgen, vom fernen England her ein Strick herniedersenkte und langsam um seinen Hals legte.

Man war im Oktober, der prachtvollsten Jahreszeit in Amerika. Vor kaum vier Monaten hatte sich Nathaniel Bacon mit Waffengewalt die Erlaubnis geholt, an der Grenze ein paar Indianer umzubringen. Im kleinen Virginia konnte er nicht höher steigen, nicht gefährlicher leben. Tag für Tag verzehrte ihn das Fieber. Während der kurzen Belagerung Jamestowns hatte er die Nächte in einem Graben verbracht. Seither siechte er an der Malaria dahin, der hitzigen Krankheit Virginias. Am 18. Oktober erlitt er einen heftigen Blutsturz und verschied. Ein klarer, einfacher Abgang zur richtigen Zeit. Ein erstaunlicher Meteor auf der ihm zugewiesenen Bühne des Lebens, brachte es dieser Mann noch zuwege, dem Henker einen Strich durch die Rechnung zu machen.

Seine Mitverschworenen hatten nicht soviel Glück. Ein gewisser Ingram versuchte, den Oberbefehl zu übernehmen, aber seine Truppen entzweiten sich, und er konnte froh sein, durch rasche Unterwerfung wenigstens sein Leben zu retten. Von Bacons Rebellion blieben bald nur vier oder fünf kleine Widerstandsnester übrig, die von Plünderungen lebten. Nach der Rückkehr von Accomak trieb Berkeley die Vergeltung mit Feuereifer voran und hätte, wie Mathews sagt, am liebsten die Hälfte der Landesbewohner aufgehängt. Aber man ließ ihn nicht gewähren. Als man ihm Drummond vorführte, begrüßte er ihn mit einer tiefen Verbeugung: »Seid mir willkommen, Mr. Drummond! Euch wünschte ich mehr als sonstwen in Virginia zu sehen. Mr. Drummond, in einer halben Stunde hängt Ihr!« 23 Offiziere Bacons kamen an den Galgen. Am schlimmsten aber erging es Richard Lawrence und einigen anderen, die vor dem Strafgericht des Königs in die Weiten des Kontinents geflohen waren. Zum letzten Male wurden sie im Januar 1677 gesehen, als sie mit ihren Waffen und ein paar Pferden durch die verschneiten Wälder des oberen Virginia zogen. Was aus ihnen geworden ist, was sie unternahmen, um ihr Leben zu retten, wie sie starben — das alles bleibt für immer eines der Rätsel der amerikanischen Geschichte.

Aus England kamen eine Flotte und ein Regiment. Ihre beiden Kommandanten, Schiffskapitän Berry und Oberst Jeffreys, machten sich nur durch Milderung der Vergeltungsmaßnahmen nützlich. Sie enthoben Berkeley seines Amtes und schickten ihn nach England. Er starb kurz nach der Ankunft, mußte aber zu seinem Schmerz noch erfahren, daß sein geliebter König seine Handlungsweise tadelte und von ihm nur als von »diesem alten Narren« sprach.

Die Puritaner

John Winthrop Esq. im Kielwasser der »Mayflower«

Kaum denkbar, daß der Felsen den Pilgervätern als Landungsplatz gedient haben könnte, höchst unwahrscheinlich aber, daß Mary Winslow mit gerafftem Kleid vor den Männern als erste aus der Schaluppe an Land sprang. Kein einziges Dokument der Zeit spricht vom Landen auf einem Felsen, und kaum ein Schiffseigentümer hätte so etwas gewagt, wo es doch 100 Meter weiter die Mündung eines Flüßchens und einen Strand gab. Der Ruhm des Riesensteines ist einzig durch die Aussage eines gewissen Ephraim Spooner bezeugt, der 136 Jahre nach dem Ereignis erzählte, er habe – damals sechs Jahre alt – einen fünfundneunzigjährigen Greis auf den Felsen deuten sehen und sagen hören, sein Vater hätte behauptet, von einem der Pilgerväter gehört zu haben, die Passagiere des *Mayflower* wären hier an Land gegangen. O Zauberkraft der Geschichte! Heute bedeckt den Fels von Plymouth, nachdem er wiederholt verlagert, abgebrochen, vergraben, zersägt und geflickt worden war, ein Marmordach. Er ist eines der ehrwürdigsten Denkmäler der Vergangenheit, und die mächtigste Nation der Welt treibt mit ihm einen wahren Kult.

In gleicher Weise übertrieben wird die ganze Geschichte der Pilgerväter. Sie kamen 35 Jahre nach den Kolonisten Raleighs, 13 Jahre nach denen John Smiths. Dennoch bezeichnet der in Amerika meistverbreitete Fremdenführer Plymouth als »the first permanent English settlement in America«*. Die *Mayflower* ist berühmter als die *Santa Maria* des Christoph Kolumbus, und kein Mensch weiß mehr etwas von den vielen Schiffen, die vor ihr in Virginia und sogar in Neu-England gelandet waren. Die geschichtliche Bedeutung der Plymouth-Plantage in der Entwicklung der Vereinigten Staaten wird

* »Die erste ständige englische Niederlassung in Amerika.«

maßlos übertrieben. Das Häuflein Pilgerväter stellte die große Menge der Puritaner in den Schatten, die einige Jahre später kamen und eine unvergleichlich wichtigere Rolle spielten. Zahlreiche Amerikaner verwechseln sie miteinander, wie sie sich auch einbilden, der *Mayflower*-Vertrag, den sie in der Schule auswendig lernen, habe von Anfang an den demokratischen Weg ihres Landes erhellt. In Wirklichkeit wurde der *Mayflower*-Vertrag erst 1802 der völligen Vergessenheit entrissen und das Manuskript William Bradfords, das die Gründung Plymouths schildert, überhaupt erst 1855 in einer Londoner Bibliothek entdeckt, in die es irgendwie geraten war. Alles am amerikanischen Kult der Pilgerväter ist neu, alles nachträglich begründet, einschließlich des *Thanksgiving Day*, denn wenn sich eine große Nation alljährlich den Magen verdirbt, so lebt darin die Freude fort, die ihre Vorfahren empfanden, als sie für einen Tag das Fasten brechen durften, zu dem sie ihre Armut nötigte. Nun, jeder Patriotismus beruht auf einem Mythus, und der ist letztlich wohl wesenhafter als die sinnleere Wiederherstellung der Tatsachen.

Der Name Pilgerväter – *Pilgrims* – ist später gebräuchlich geworden. Sie selbst nannten sich schlicht und bescheiden Heilige. Die Außenwelt bezeichnete sie als Separatisten, weil sie sich von der Anglikanischen Kirche getrennt hatten. Sie betrachteten den Episkopat als eine Erfindung des Teufels, das Niederknien zum Empfang der Kommunion als Beleidigung Gottes, das Zeichen des Kreuzes als ruchlose Gebärde und die Weihnachtsfeier als gemeinen heidnischen Aberglauben. Übrigens hatten sie untereinander recht unverständlichen Zwist, bei dem die weibliche Unterwäsche eine wichtige Rolle spielte. Im Augenblick, da ihre große amerikanische Zeit anbrach, befanden sich diejenigen unter ihnen, die berühmt werden sollten – bloß eine Untersekte – in Leyden, wohin sie vor König Jakob Stuart wie die Hebräer vor dem Pharao geflüchtet waren. In Holland, dem Lande der Toleranz, lebten sie kümmerlich, aber in voller Freiheit. Doch paßte

Die Pilgrims feiern den »Thanksgiving Day« (oben)
Siedler und Indianer beim Erntedankfest (unten)

ihnen die ganze Umwelt nicht. Sie mußten die batavische Fröhlichkeit hinnehmen, die Entheiligung des Sabbat durch Lachen und Lieder. Sie spürten, so berichtet Bradford, ihr Glaube würde in der Armut wankend werden, ihre Kinder aber der sündenschwangeren Luft nicht lange widerstehen.

Der Gedanke, nach Amerika auszuwandern, hatte für sie manch Verführerisches, aber auch viel Abschreckendes. Nicht Draufgängertum, nicht Liebe zur Gefahr oder romantischer Hang zum Unbekannten lockte diese Gruppe für die Sicherheit geschaffener Handwerker in eines der härtesten Abenteuer der Geschichte. Ihnen bangte vor dem Klimawechsel und davor, Wasser trinken zu müssen. Sie zitterten bei dem Gedanken, Wilden zu begegnen, »die sich nicht mit Morden begnügen, sondern sich noch an den Martern weiden, deren Beschreibung allein selbst dem Mutigsten an die Nieren geht«. Die Verhandlungen mit der Kompanie von Virginia, späterhin mit einer Gruppe von Glücksrittern, die ein gewisser Thomas Weston vertrat, zerschlugen sich mehrmals um ein Haar. Ihr Scheitern wäre in Leyden gewiß mit feiger Erleichterung aufgenommen worden. Doch fanden schließlich die kapitalistischen Interessen und das Reinheitsstreben der Heiligen zueinander. Die Kompanie suchte Leute für ihr unerschlossenes Neuland, die Heiligen suchten Neuland für ihren Glauben. Ein Abkommen, dessen Einzelheiten unerheblich sind, vereinbarte die berühmte Fahrt der *Mayflower*.

In der Frühe des 10. November 1620 wurde am Horizont ein Landstreifen gesichtet. Die Überfahrt hatte 66 Tage, also nach damaligen Begriffen nicht allzulang gedauert und war glücklich verlaufen. Nur ein Passagier starb. Er wurde sogleich durch den neugeborenen Ozeanus Hopkins ersetzt, was die Zahl der Einwanderer auf 102 ausglich (oder 101 oder 104). Bloß 41 – nach anderen Quellen 36 oder 35 – von ihnen waren Heilige. Die anderen, unter der Bezeichung *Strangers* bekannt, gehörten der Anglikanischen Kirche an, und alle teilten sich in Herren *(masters)* und Gesinde. Frauen gab es etwa 20, die

Mit der »Mayflower« segelten die ersten Siedler 1620 von England nach Amerika

Hälfte von ihnen (mit ihren 14 Kindern) Gefährtinnen der Heiligen. Wahre und echte Pilgerväter, also Separatisten, deren religiöser Radikalismus der ganzen amerikanischen Geschichte einen Anstrich von Nonkonformismus verleihen sollte, waren somit bloß 17. Viele, denen die Schilderungen indianischer Martern zu stark »an die Nieren gegangen« waren, blieben in Leyden, andere mußten in England zurückgelassen werden, da sich die *Speedwell,* das zweite Schiff der Expedition, als nicht seetüchtig genug erwies. Nichtsdestoweniger behielt die kleine Gruppe der Separatisten, deren Führer Carver, Brewster, Bradford und Winslow hießen, politisch und geistig stets die Oberhand in der Kolonie.

Das eigentliche Reiseziel der *Mayflower* hat sich nie mit Sicherheit feststellen lassen. Sie hatte zunächst an der nördlichen Spitze von Kap Cod Land berührt, war aber am nächsten Tag einer Dünensichel entlang südwärts gesegelt, entweder um Virginia zu erreichen oder um nach der Möglichkeit einer Niederlassung in Richtung der Hudsonmündung zu fahnden. Vor der heutigen Stadt Chatham stieß sie auf die Riffe, die Champlain 15 Jahre zuvor überwunden hatte, und machte, ohne jeden Versuch, sie zu umgehen, kehrt. Es war ein gutes Schiff, das unter dem Kommando des erfahrenen Seemannes Jones stand. Da vermag ein so unbedeutendes Hindernis kaum den plötzlichen Verzicht auf den letzten Teil einer Reise zu erklären, deren größte Schwierigkeiten bereits überwunden waren. Aller Wahrscheinlichkeit nach zogen die menschenscheuen Heiligen die Einsamkeit Neu-Englands den Bequemlichkeiten Virginias vor, wo sie eine fest verankerte anglikanische Kirche vorgefunden hätten. Diese Erklärung gilt allerdings nicht für die *Strangers*, die im Gegenteil jeden Grund hatten, sich einer so nachteiligen Änderung zu widersetzen. Selbst die Charta, kraft deren die Expedition zustande gekommen war, trat in den Gebieten außer Kraft, wo nun gesiedelt werden sollte.

Den Beweis, daß die *Strangers* nicht Einspruch erhoben,

liefern die Unterschriften, die am Tage nach der Umkehr jene unter ihnen, die das Recht hatten, sich *»Master«* zu nennen – es waren dies Miles Standish, Stephen Hopkins, William Mullins usw. –, unter den Vertrag oder *»Compact«* setzten. In diesem erklärten die Leute von der *Mayflower, »a civil body politic«* festgelegt zu haben, die sich (vorbehaltlich des dem König geschuldeten Gehorsams) verpflichtete, periodisch die »dem allgemeinen Wohl der Kolonie angemessensten Gesetze und Verordnungen« zu erlassen. In den amerikanischen Schulen wird gelehrt, die feierliche Unterzeichnung habe im »Großen Gemach« der *Mayflower* stattgefunden und der Koffer William Brewsters als Tisch gedient. Weit weniger wissen wir über die näheren Umstände der Abfassung besagten Schriftstückes, und was es im Geist der Unterzeichner damit eigentlich für eine Bewandtnis hatte. Der moderne Historiker der Pilgerväter, George E. Willison, behauptet, es sollte einer drohenden Meuterei vorbeugen, indem es den Unzufriedenen die Solidarität und Entschlossenheit der herrschenden Klassen vor Augen führte. Keinesfalls aber war es die Leuchte der Demokratie durch die Jahrhunderte, wie es der amerikanische Mythos wahrhaben will.

Über dem Kap, einem länglichen, nur spärlich bewachsenen Erdhöcker, ging der Herbst zu Ende. Die *Mayflower* war in einer von der gekrümmten Spitze des Kaps geschützten Bucht vor Anker gegangen, mußte aber die Rückfahrt nach England antreten, ehe der hierfür vorgesehene Proviant angetastet worden war. Kapitän Christopher Jones bat die Pilgerväter, die Wahl ihrer Niederlassung zu beschleunigen. Während die Frauen die während der langen Überfahrt angehäufte Wäsche wuschen – womit sie die neuenglische Tradition des Blauen Montag ins Leben riefen –, ging ein wunderlicher kleiner Mann, Miles Standish, Kapitän Krabbe zubenannt, mit seinem roten Haar, seiner roten Gesichtsfarbe und seinem sanguinischen Temperament kurzerhand in die Geschichte ein, indem er den Befehl über die bewaffneten Kräfte der Kolonie übernahm. Fünf oder sechs Mann, mit Pickelhauben, leichtem Brustharnisch, Piken und Hakenbüchsen ausgerüstet, folgten ihm in das Dickicht des Kaps. Sie sahen Indianer, die davonliefen, und fanden Gräber, die den noch ahnungslosen Leuten von der *Mayflower* die einzige Möglichkeit bieten sollten, mit dem Leben davonzukommen. Sie enthielten nämlich verschiedene Behälter voll gelber, schwarzer und roter Maiskörner – »ein angenehmer Anblick für uns«, sagt Bradford, »die noch nie welche gesehen hatten«. Die Beraubung der indianischen Todesgottheiten hatte den Engländern das Saatgut für die noch nicht entdeckten Äcker geliefert.

Man gab den Gedanken auf, sich auf dem Kap anzusiedeln. Eine aus dem Zwischendeck der *Mayflower* geholte Schaluppe diente dazu, die gegenüberliegende Küste der Bucht zu erforschen. Inzwischen war bittere Kälte hereingebrochen. Ein eisiger Sprühregen ließ die Menschen erstarren und verlieh der hohen, strengen Küste ein trostloses Aussehen. Ohne die entmutigende Kälte hätte man vielleicht weiter gesucht und einige Meilen nördlich die prachtvolle Bucht mit der Doppelmündung gefunden, an der jetzt Boston liegt. Dabei wäre es ein leichtes gewesen, besser vorbereitet und besser unterrichtet herüberzukommen. John Smith – der Virginia-Smith – hatte das ganze Gebiet vor sechs Jahren erforscht, eine vorzügliche Karte gezeichnet und sich in England den Pilgervätern zur Verfügung gestellt. Diese aber waren vom Hochmut der Fanatiker besessen, die menschliche Hilfe zurückweisen, weil sie sich unter dem besonderen Schutz Gottes wissen. Womit sie recht behielten. Sie waren Wollkämmer, Ellenmesser, Satinierer und Seidenweber, geschwächt durch ihr schweres Handwerkerleben und die in Holland ausgestandenen Entbehrungen, zufolge ihrer religiösen Leidenschaft eher diskussions- als tatenfreudig. So erschienen die Pilgerväter als am wenigsten geeignet, einem Kontinent die Stirn zu bieten, der die viel härterer Abenteurer gebrochen hatte. Aber sie überlebten, gegen jede Wahrscheinlichkeit.

Der von ihnen erwählte Platz, Neu-Plymouth, war weder gut noch schlecht. Die Küste buchtet sich hier zwar tief ein, der Boden aber ist dürr und ärmlich. Die Heiligen rechneten übrigens hauptsächlich mit dem Fischfang in den fischreichen Gewässern Neu-Englands. Damit gedachten sie den Wohlstand der Kolonie zu sichern und die in England hinterlassenen schweren Schulden abzuzahlen. Woraus wieder einmal mehr ihr an Selbstmord grenzender Optimismus deutlich wird. Denn unter den Pilgervätern war kein einziger Seemann. Keiner hatte auch nur die leiseste Ahnung vom Trocknen und Einsalzen der Fische. Man hatte sogar unterlassen, auf der *Mayflower* Netze und Angelruten mitzunehmen. Es war an Gott, das Nötige zu tun, damit sein Volk nicht verhungere.

Was Gott für sie getan hatte, entdeckten die Pilgerväter freilich erst später. Auf dem Kap hatten sie Indianer gesehen; es war sogar zu einem Scharmützel gekommen, wobei glücklicherweise niemand verletzt wurde. Als sie aber dann in Plymouth an den Bau von 19 Häusern gingen, die eine ansteigende Straße bildeten, und ein kleines Fort mit fünf Kanonen errichteten, befiel sie Angst vor der Einöde ringsum. Die Gegend war menschenleer, wo doch John Smith geschrieben hatte, sie sei vom Stamme der Massachusetts bewohnt, die etwa 3000 Krieger zählten. Allmählich wurden sich die Pilgerväter des Unheils bewußt, das hier vor ihrem Kommen hereingebrochen sein mußte. Als sie die Umgebung Plymouths erforschten, fanden sie Wigwams voller Skelette und das ganze Land von menschlichem Gebein bedeckt. »Tausende von Menschen«, schrieb der junge Winslow, »haben hier gelebt. Sie sind wohl vor kurzem an einer schweren Pest zugrunde gegangen. Die vielen schönen Äcker, und niemand da, sie zu bestellen! Es ist zum Erbarmen!« Edward Johnson hielt sich nicht unnütz mit solcher Rührseligkeit auf: »Christus«, sagt er, »dessen glorreiches Tun stets zum Nutzen seiner Auserwählten ausschlägt, schuf seinem Volk nicht bloß Platz. Er brach auch den Mut dieser barbarischen Indianer.« Die An-

Die Engländer in Virginia und Pennsylvanien

siedlung der Pilgerväter wäre gewiß viel schwieriger verlaufen, wenn sie der zahlreichen und mutigen Bevölkerung gegenübergestanden hätten, von der Smith spricht.

Immerhin gab es auch Alarme, Augenblicke, da Standish und seine Männer zu den Waffen griffen und klopfenden Herzens warteten, bis sie wußten, was ein Geräusch bedeutete, das die Stille des Waldes gestört hatte. Eines Tages hörten sie auf englisch »*Welcome*« rufen; statt eines Europäers aber tauchte dann aus dem Dickicht ein nackter Krieger auf. Samoset, aus Maine gebürtig, hatte sich schon öfter an die Weißen herangemacht, die durch diese Gebiete kamen. Ihn lockten Feuerwasser und Käse, die er bei den Fremden sicherlich finden würde. Er ließ sich des langen und breiten aus und machte sich soweit verständlich, daß die Pilgerväter von ihm erfuhren, der lokale Machthaber sei ein König namens Massassoit. Die schwere Seuche des Jahres 1617 hatte seine Pläne derart gefördert, daß er seine Herrschaft bis zur Bucht auszudehnen vermochte.

Wenige Tage später erschien Massassoit persönlich auf dem Hügel von Plymouth. Es war ein Augenblick voll atemloser Spannung. Den Indianerhäuptling begleiteten 60 Krieger in voller Kriegsbemalung – »sie sehen den *Gypsies* (Zigeunern) ähnlich«, vermerkten die Pilgerväter – sämtlich wundervoll gewachsen. Die Pilgerväter dagegen befanden sich in einem jämmerlichen Zustand. Kurz nach der Landung hatten sie Krankheiten befallen. Neben dem Skorbut, der noch während der Überfahrt ausgebrochen war, traten Lungenentzündungen auf, als Folge des eiskalten Wetters, dem man hatte standhalten müssen, als die Hütten noch im Bau waren. Das erste fertige Dach, das des Gemeindehauses, mußte den Kranken zum Schutz dienen, deren Zahl unaufhörlich stieg, obwohl der Tod gehörig aufgeräumt hatte: 6 Sterbefälle im Dezember, 8 im Januar, 17 im Februar, 13 im März ... Völlig entkräftet, mit benommenem Kopf, waren sie so geschwächt und niedergeschlagen, daß sie kaum mehr eine

Arbeit verrichten konnten. Dabei mußten die unglücklichen Engländer Haltung bewahren, damit ihnen der Barbarenkönig ihr Elend nicht anmerke. Die ganze Zukunft hing von dieser ersten Fühlungnahme ab.

Sie ließ sich schlimm an. In Neu-England wie in Virginia waren die Indianerherrscher in Etikettefragen ungemein empfindlich. Massassoit begann damit, daß er die Fremden durch Samosets Vermittlung aufforderte, aus ihren kleinen Verschanzungen herauszukommen und sich ihm vorzustellen. Die Pilgerväter lehnten dies ab, einer von ihnen jedoch, der beherzte Winslow, bot sich als Gesandter, dann als Geisel an, nachdem er Massassoit überredet hatte, Plymouth mit 20 unbewaffneten Kriegern zu betreten. An der Spitze eines Dutzend Männer, die so viel Stahl wie nur möglich zur Schau trugen — Pickelhauben, Brustharnische, Piken, Rapiere und Hakenbüchsen —, empfing Miles Standish die Majestät am Town Brook, dem Bach von Plymouth, und führte sie durch das noch im Bau befindliche Dorf. Trotz der bedrohlichen Situation und der eher gemessenen Schreibweise der Heiligen können sie in ihren Berichten ein leises Lächeln über das verschiedene Aussehen der beiden Männer nicht unterdrücken: einerseits der hünenhafte Indianer mit nichts als einer Rehhaut über der Schulter und einer Schnur Knochen um den Hals, anderseits der um ein paar Köpfe kleinere, unter der Last eines ganzen Klempnerladens neben ihm hertrippelnde Kapitän Krabbe.

Der offizielle Empfang fand im einzigen Haus statt, das halbwegs fertiggestellt war und das man hastig mit einem grünen Teppich geschmückt hatte. Die Europäer buchten einen großen Prestigeerfolg, als der Gouverneur John Carver im roten Samtmantel unter Trommelwirbel und Trompetengeschmetter einzog. Massassoit dagegen verlor das Gesicht, als er am gereichten Schnaps fast erstickte. Dann schritt man mit beispielhafter Geschwindigkeit zu Verhandlungen über einen Gut-Nachbarschafts-Vertrag zwischen der armseligen christlichen Niederlassung und dem großen Indianerkönig. Sieben kurze, klare Artikel betrafen Freundschaft, Handel, Verbot des Waffentragens bei gegenseitigen Besuchen und wechselseitige Auslieferung von Friedensbrechern. Massasoit starb erst 40 Jahre später. Solange er lebte, wurde der Vertrag niemals gebrochen.

In Leyden hatte die Angst vor den Indianern den Pilgervätern wie ein Alp auf der Brust gelegen. Gerade unter den Indianern aber hatten sie am wenigsten zu leiden: Massassoit blieb ihnen treu verbunden, und Squanto sollte noch viel mehr für sie bedeuten: eine Vorsehung, ohne die sie bis zum letzten Mann umgekommen wären.

Die Geschichte dieses Squanto klingt für die Zeit und besonders für die Rasse, der er angehörte, abenteuerlich genug. Er hatte sich überall in der Welt herumgetrieben. Als Angehöriger des Stammes der Patuxet wurde er 1605 von Kapitän Weymouth nach England mitgenommen und 1614 von Kapitän John Smith nach Amerika zurückgebracht. Ein dritter Kapitän, der Freibeuter Thomas Hunt, kidnappte ihn mit weiteren 30 Indianern, die er auf dem Sklavenmarkt von Malaga verkaufte. Von Geistlichen ausgelöst, fand Squanto eine Möglichkeit, wieder nach England zu gehen, von wo ein vierter Kapitän, Thomas Dermer, ihn 1619 nochmals in seine Heimat zurückbrachte. Inzwischen war aber der Stamm der Patuxet durch eine Seuche vernichtet worden. Squanto, der Veteran von vier Atlantiküberfahrten, lebte freudlos bei den Wampamoeg, als Samoset, jener Indianer, der *»Welcome«* gerufen hatte, ihn den Pilgervätern zuführte.

Ohne Squanto, den »über alles Erwarten Wertvollen« — wie Bradford sagt — wären die Leute von Plymouth Hungers gestorben. Sie hatten zwar aus Europa Saatgut mitgebracht, doch mißriet alles, und so bildete das Indianerkorn die Grundlage der ganzen Versorgung. Squanto lehrte sie, den schwer gedeihenden Mais anzubauen, denn an den unergiebigen Küsten Neu-Englands mußte man mit Fischzeug düngen. Somit wurde er zum Mentor der auf die bevorstehenden Schwierigkeiten wie auf die Besonderheiten des Handelsverkehrs schlecht vorbereiteten Europäer und führte sie in einen Erdteil ein, wo alles wild war, die Natur wie die Menschen. Wenn die *»Plymouth Plantage«*, vom Fischfang enttäuscht, einen Pelzhandel aufziehen konnte und es fertigbrachte, daß den Geschäftsteilnehmern im Mutterland die Geduld nicht riß, verdankte sie es nur der indianischen Diplomatie Squantos. Noch 1622 führte er eine Gruppe Pilgerväter an, die verzweifelt nach Nahrungsmitteln suchte. Dabei erlag er einem Fieberanfall. Im Sterben »flehte er den Gouverneur an, ihm eine gute Aufnahme im Paradies der Engländer zu sichern«. Doch ist aus keinem Bericht ersichtlich, daß die Heiligen für das Seelenheil des Mannes sorgten, der für sie der Abgesandte der göttlichen Vorsehung gewesen war.

Langsam festigte sich die kleine Kolonie von Plymouth. Ein genauer Bericht über ihre Auseinandersetzungen mit den Teilhabern (die neun Zehntel ihres Kapitals verloren) wäre langweilig. Desgleichen könnte die ins einzelne gehende Schilderung ihrer Leiden nur Gesagtes wiederholen, nach so vielen Beschreibungen von Hungersnöten, Seuchen und eintönigen Feldzügen, die sich doch in den Anfängen der amerikanischen Geschichte alle gleichen. In den drei auf die Ankunft der *Mayflower* folgenden Jahren kamen 258 Personen an – Heilige und Strangers – die zum größten Teil alsbald ins Grab stiegen. Im Jahre 1623 nahm es Gouverneur Bradford angesichts des Fehlschlagens primitiver landwirtschaftlicher Kollektivformen auf sich, den Boden zu verteilen, um den Ertrag durch den höheren Anreiz für die Besitzenden zu steigern. Von da ab verbesserten sich die Verhältnisse in Plymouth entscheidend.

Allerdings war es nun mit der Weltabgeschiedenheit vorbei. Nördlich der großen Bucht des Massachusetts strömten allsommerlich Tausende von Fischern sämtlicher Nationen herbei und errichteten an Land Trockenanlagen, die mitunter auch den Winter über nicht leerstanden. Da und dort wurden Kolonisationsversuche unternommen. Die Heiligen sahen mit einiger Besorgnis die Welt, der sie entflohen waren, wieder auf sich zukommen. Eines Tages verwandelte sich ihre Sorge in Abscheu. Neben dem Hort der Frömmigkeit war das schaurige Haupt Satans aufgetaucht. Diese Episode gehört übrigens zu den wenigen, die einen lustigen Zug in die sonst so griesgrämige Geschichte Neu-Englands bringen.

Der Beelzebub hieß Thomas Morton. Er war als Adjutant eines Edelmannes namens Wollaston gekommen, der 40 Meilen nördlich von Plymouth eine Siedlung errichtet hatte, und nach der Flucht seines Schutzherrn aus dieser rauhen Welt allein zurückgeblieben. Morton war Mitglied der Londoner Basoche, des Gerichtshofes der Schreiber, dichtete in lateinischer und englischer Sprache, ein Zyniker und Spötter, ein Freund der Freiheit, der Bäume und Tiere, überhaupt wie geschaffen für die Abenteuer auf einem neuen Kontinent. Bloß daß er vom Leben ganz andere Begriffe hatte als die Pilgerväter. Auf diesem von Saft und Kraft strotzenden Boden, wo alle Pflanzen schwellender wuchsen als anderwärts, wo man bis zu tausend Wildgänse vor die Flinte bekam, mußte der Mensch sorglos und vergnügt leben. In Kanada wäre Morton Waldläufer geworden und hätte sich ständig mit dem Herrn Oberpräsidenten herumgerauft. In Massachusetts wurde er der Vertreter des *Merry England.* Das lachte aus vollem Halse neben dem bedrückten, verdrängten, gehemmten und zerquälten England, das die Heiligen exportiert hatten.

»Oberwähnter Morton«, schreibt Bradford, »wurde Lord der Unordnung und eröffnete eine Schule des Atheismus. Da er am Handel mit den Indianern viel verdient hatte, gaben er und seine Leute das Geld in leichtfertiger und liederlicher Weise aus, tranken Wein und starke Schnäpse in schweren Mengen, richteten auch einen Maibaum auf, den sie ausgelassen umtanzten; ja, sie trieben ärgeren Unfug, als wollten sie das Fest der Göttin Flora oder die wüsten Gelage der Saturnalien wiederaufleben lassen ...« Morton selbst schwadroniert vom fröhlichen Leben, das er in seinem Hause Merrymount führte, wo, wie er sagt, »die Mädchen im Biberkleid (die Indianerinnen) zu jeder Tages- und Nachtzeit willkommen waren«. Er vermerkt auch, daß ihm die Heiligen die Konkurrenz nicht verzeihen konnten, die er ihnen mit seinem Pelzhandel machte. Gewissenlos zahlte er mit dem Geld, das die Wilden am meisten begehrten, mit Feuerwaffen. Er brachte ihnen bei, »wie man sie lädt und entlädt, wie man mit dem Pulver umgeht und mit dem Blei. Und wenn er sie das alles gelehrt hatte, ließ er sie für seine Rechnung jagen. Bald waren sie viel geschickter als jeder Europäer, das machten ihre flinken Füße und ihr scharfer Blick.« Im Jahre 1622 verbot ein königliches Dekret derlei Praktiken. Es lieferte den Kolonisten von Plymouth die gesetzliche Handhabe, gegen den Gottlosen vorzugehen.

Nach einigen vergeblichen Mahnungen entschloß man sich, Gewalt anzuwenden. Ein Expeditionskorps von neun Soldaten marschierte unter dem Kommando des Kapitäns Miles Standish gegen Merrymount. Morton, der seine Feinde doch zu sehr unterschätzt hatte, wurde im Walde überfallen, entwich allerdings während der Nacht und gelangte im Toben eines heftigen Gewitters nach Merrymount. Standish blieb ihm auf den Fersen und traf ihn mit bloß zwei Männern an, da die anderen zum Ankauf von Fellen unterwegs waren. Standish zufolge machte die Trunkenheit der beiden Gesellen jede Verteidigung unmöglich, und das Ungeheuer wurde überwältigt, als es zu fliehen versuchte. Morton zufolge war Kapitän Krabbe ein Tölpel, und er, Morton, hätte sich nur ergeben, um ein Blutvergießen zu vermeiden. Die Pilgerväter setzten ihn für einen Monat auf einer unbewohnten Insel aus und schoben ihn dann nach England ab. Damit war das Laster ausgerottet. »Die Stätte des Bösen«, doziert Bradford, »darf in Israel nicht geduldet werden.«

Doch das Laster kam wieder. Morton hatte einflußreiche

Freunde, und Neu-England hatte es ihm angetan. Zur größten Bestürzung der Heiligen tauchte er in Plymouth selbst auf. Sein Unwesen trieb er aber vor allem in Merrymount, rühriger, wohlhabender, munterer und scheußlicher denn je. Fast drei Jahre lang schien es, als habe die schwerste aller Sünden, das Lachen, auf amerikanischem Boden einen Brückenkopf errichtet. Die schöne Handschrift Gouverneur Bradfords – eine der regelmäßigsten des Jahrhunderts – verheimlicht mit Mühe, daß der Schreiber oft vor Verzweiflung schluchzte.

Endlich kam aber doch der Tag. Merrymount wurde umzingelt, diesmal von einer bedeutend stärkeren Truppe, als es die neun Soldaten des Miles Standish gewesen waren, und den zusammengerufenen Indianern ihr Freund Morton vorgeführt, die Hände auf dem Rücken gefesselt, die Füße in Ketten. Der Maibaum – Flaggenmast des Lasters – wurde umgelegt, das Haus bis auf die Grundmauern niedergebrannt. Dann führte man Morton ab, folterte ihn, warf ihn in den tiefsten Kerker und schob ihn schließlich nach England ab, mit dem Ersuchen an den *Chief Justice*, für den »Lord der Unordnung« die Todesstrafe zu beantragen.

Indes waren diese radikalen Maßnahmen nicht von den Pilgervätern ausgegangen. Zehn Jahre nach seiner Gründung hatte Plymouth seine Bahn durchlaufen. Es blieb für alle Zeit ein Flecken, hatte nichts als einen Mythus zu bewahren, der erst im 20. Jahrhundert voll erblühte. Ein anderer Menschenschlag war in der Massachusetts-Bucht erschienen, viel zahlreicher und viel stärker und dazu ausersehen, tiefere Furchen zu ziehen.

John Winthrop, der in den ersten Julitagen des Jahres 1629 über die Hauptstraße von Ipswich aus London heimfuhr, war eine seltsame Figur. Er sang aus vollem Halse, aber Worte und Melodie seines Liedes waren vom düsteren Ernst der Psalmen getragen, in dem die Puritaner mit ihrem strengen, eifernden Gott redeten. Wenn er außer Atem schwieg, verfiel er in tiefes Sinnen und bemühte sich dabei, die Gedanken zu sammeln und die Blicke nicht links und rechts des Weges umherschweifen zu lassen. Die gebräunte Gesichtsfarbe, das dunkle Haar über dem langen, schmalen Gesicht, das in einen Spitzbart auslief, all das waren eher Merkmale eines Spaniers als eines Engländers, auch das schwarze, rastlose Auge und die knochige, vorspringende Nase.

In John Winthrops Alter – er stand im 41. Lebensjahr – waren die Männer jener Zeit im Dasein fest verankert und schon an der Schwelle des Greisenalters. Er aber ließ sich in Abenteuer ein. Bei seinem Aufenthalt in London hatte er mit der Vergangenheit abgeschlossen und sein Richteramt am Tribunal der *Wards and Deliveries* sowie die im *Temple* seit dem Beginn seiner Advokatenlaufbahn innegehabte Wohnung aufgegeben. Nun eilte er nach seinem Herrensitz, dem früheren Kloster Groton in Suffolk. Sein Großvater, ein Tuchhändler, hatte es um einige Pfund Sterling gekauft, als Heinrich VIII. die Güter der Toten Hand versteigern ließ. Er wußte, daß er an der Stätte seiner Jugend nur kurz verweilen würde. Vor einem Monat hatte er seiner Frau Margaret – es war seine dritte – geschrieben, Gott werde England schwere Trübsal schicken, ihnen aber eine Zuflucht bieten, wie Er Loth Zoar und dem Propheten Elisa Sarepta geboten hatte. Eine Zuflucht? Ganz offenbar Amerika.

Der Gedanke war ihm nicht blitzartig gekommen. Er führte das Manuskript des hochwürdigen John White mit sich, der seit Jahren bemüht war, das andere Ufer des Ozeans zu bevölkern: »*General Considerations for justificage the undertaker of the intended plantation in New England ...*« Das Werk, einige mit dem von den Puritanern so geschätzten dialektischen Aufwand geschriebene Seiten, legte acht Gründe dar, die zugunsten überseeischer Niederlassungen stritten, und widerlegte schlagend sieben Einwände, von denen einer gewissenhafte Gemüter bedenklich stimmen mochte: »Mit welchem Recht«, so fragte der hochwürdige White, »eignen wir uns einen Boden an, der seit jeher anderen Söhnen Adams gehört?« Die Antwort darauf war allerdings entschieden und zwingend: Gottes Volk habe die gleichen Rechte wie Abraham, der die Seinen inmitten der Sodomiten ansiedelte, oder Jakob, der seine Herden auf die Felder Kanaans weiden führte. Außerdem hatte die Vorsehung die Wilden durch eine wundertätige Pest vernichtet und so den größten Teil des Landes entvölkert. Der Herr wies den Weg und machte ihn frei.

John Winthrop wollte England nicht aus materiellen Gründen verlassen. Ihm machten bloß seine Geschäfte mit dem Himmelsvater Kopfzerbrechen.

Wohin immer man schaute, ob man den Blick auf die eigene Tür richtete oder in die Ferne lenkte: überall häuften sich Katastrophen und schlimme Vorzeichen. In Frankreich war es der Fall von La Rochelle, in Deutschland die Ausrottung der reformierten Kirchen in der Pfalz, die einen Vorgeschmack der höllischen Verdammnis gab. In England wurde der Religionskampf unter dem neuen Stuart Karl I., dem Gemahl einer Französin, der zu Katholizismus, Absolutismus und Lustbarkeiten neigte, viel gefährlicher als zu Zeiten des verewigten Königs Jakob, der doch wenigstens ein guter Protestant gewesen war. Karl hatte gerade das Parlament ausgeschaltet, William Laud zum Bischof von London ernannt und die Sternkammer einberufen. Gelang es ihm, die verzweifelt umkämpfte finanzielle Unabhängigkeit zu erlangen, würde er mit seiner ganzen Macht über die Puritaner herfallen, deren Tugend ihn unverzeihlicher Hohn dünkte. Nach dem Fall dieses Bollwerks, nach der Vernichtung dieses heiligen Bataillons aber war die ganze Kirche Gottes in Gefahr.

Der Weg führte John Winthrop durch Kent und Suffolk: lachende Fluren mit ihren vielen Wasserläufen, Eschen und Buchen, von dichten Hecken eingefaßte Kornfelder und weidenbeschattete Dorfteiche. Wenn der Puritanismus irgendwo Wurzel geschlagen hatte, so gerade hier in Ostengland, das über die große Grafschaft Lincoln hinaus bis zum Heideland

Yorkshires reichte. Da waren Gentry und Aristokratie von den Sehnsüchten und Schwächen frei, die einen Teil der besitzenden Klassen in die Arme der autoritären Monarchie trieben. In den kleinen, von der Krise schwer betroffenen Industriestädten waren die Handwerker und Arbeiter dem Absoluten zugewandte Grübler. Sie alle wollten den Protestantismus mit äußerster Folgerichtigkeit zu Ende denken. Die Bibel war das alleinige Wort Gottes, der Katholizismus die Kirche Satans, und der von Heinrich VIII. aus persönlichen Gründen eingeführte Anglikanismus hatte sich nicht einmal von den gemeinsten römischen Praktiken losgesagt. Nirgends stand in der Heiligen Schrift zu lesen, Israel habe Bischöfe, eine Staatskirche oder eine Liturgie gekannt, wie sie sich in den britischen Kathedralen noch immer breitmachte. Kein Zweifel durfte an die Allmacht Gottes rühren, dessen unerforschlicher, aber unfehlbarer Ratschluß die einen zur ewigen Seligkeit, die anderen zur ewigen Verdammnis bestimmte. Angesichts solcher Ungewißheit und der völligen Unmöglichkeit, den Urteilsspruch zu ändern, hatte der Christ in frommem, ernstem Erwarten zu verharren. Es war nicht Ergebung, es war ihr Gegenteil. Das Ziel bestand nicht nur darin, rein zu sein, sondern darüber hinaus ein Werkzeug der Reinigung zu werden.

In diesem letzten Punkt wichen die Puritaner von den Separatisten ab. Die holländischen Brownisten, die Pilgerväter von Plymouth brachen mit der Anglikanischen Kirche. Doch wollten sie, die wahren Radikalen, die wirklich Reinen, die Puritaner eben, diese Kirche erobern, um sie zur Tugend zurückzuführen. »Als sein Schiff Kap Land's End erreichte«, erzählt Cotton Mather, »rief Mr. Higginson seine Kinder und die übrigen Passagiere zum Heck, um ihnen ein letztes Mal England zu zeigen. ,Wir rufen nicht', sagte er, ,wie die Separatisten: Auf Nimmerwiedersehen, Babylon! Auf Nimmerwiedersehen, Rom! Wir rufen: Auf Wiedersehen, geliebtes England! Auf Wiedersehen, Kirche Gottes in England, Ihr christlichen Freunde, die wir nun verlassen müssen! Wir trennen uns nicht von der Kirche, wohl aber von ihrer Verderbtheit, und gehen nach Amerika, um sie zu reformieren'.« Sie wanderten aus, um für Gott zu streiten, nicht wegen der Bequemlichkeit, Ihn jenseits des Ozeans nach ihrer Weise anzubeten.

Im Juli 1629 hatte Higginson England Lebewohl gesagt. Fünf Schiffe segelten im Frühling ab, zur Verstärkung einer ersten Gruppe von Kolonisten, die unter der energischen Führung John Endicotts zu den neuen Niederlassungen von Kap Ann und Salem stießen. Die finanzielle Grundlage der Expedition war ausreichend. Staatssekretär Sir Dudley Carlton und Lord Warwick, Sproß eines erlauchten Geschlechts, begünstigten die Kompanie der Massachusetts-Bucht, ferner die meisten vermögenden Puritaner. Viele der angesehenen Bürger Ostenglands gehörten zu den Aktionären der Kompanie und waren mit den Winthrops von Groton verwandt oder befreundet – so Downing (nach dem Downing Street ihren Namen trägt), Humphrey, Saltonstall, Isaak und Arabella Johnson und, auf einer viel höheren Stufe, Graf und Gräfin Lincoln.

John Winthrops Name fand sich nicht unter den Zeichnern. Er war wohl geneigt, sich mit seiner Familie und Habe einzuschiffen, doch hielt ihn davon ein grundlegender Fehler des Unternehmens ab. Die Auswanderer gingen im Sold der Kompanie hinüber und hingen in Amerika von ihr ab, die so weit entfernt war, herrisch auftrat und dabei auf schwachen Füßen stand. Was geschah, wenn die Aktien in andere Hände übergingen oder, wie durchaus zu befürchten war, der neue Stuart die Kompanie angriff, beschlagnahmte oder gar abschaffte? Seit langem schon suchte Winthrop einen Ausweg, eine Möglichkeit, als freier Mann mit eigener Verantwortung, aber auch eigenen Rechten über den Atlantik zu fahren. Es ist nicht von der Hand zu weisen, daß er sie auf der ausgefahrenen Straße zwischen den Hecken von Essex, im Licht der heißen Sommersonne des Jahres 1629 fand.

In Groton verbrachte Winthrop nur wenige Tage. Am 28. Juli begab er sich mit seinem Schwager Downing nach Sempringhaven, dem Schloß Lord Lincolns in der Nähe des kleinen Hafens Boston. Hier fand durch eine Woche eine Beratung der Puritaner statt. Dann berief der Gouverneur der Kompanie der Massachusetts-Bucht, Cradock, die Mitglieder seines Rates nach London zusammen. Unter dem Siegel strengster Verschwiegenheit teilte er ihnen »gewisse Vorschläge« mit und bat jeden einzelnen, sie ernstlich zu überlegen. Am 26. August versammelten sich in Cambridge zwölf Gentlemen, deren Namen sämtlich in die amerikanische Geschichte eingegangen sind (Winthrop, Dudley, Johnson, Humphrey, Saltonstall, Pynchon usw.), und verpflichteten sich unter einer Bedingung, mit allen Gütern, die sie mitnehmen konnten, nach Neu-England zu ziehen. Die Bedingung war der Einfall John Winthrops; sie war von Cradock den Mitgliedern seines Rates zugeflüstert worden: sowohl die Charta als auch die Verwaltung der Kompanie sollten nach Amerika übergeführt werden, um »bei uns und denen zu bleiben, die sich in der genannten Plantage nach uns ansiedeln werden«.

Ein kühnes Vorgehen. Niemand wußte so recht, ob die vorgeschlagene Überführung rechtens war, zumal sie ganz unmöglich die Billigung des Königs finden würde, denn die Absicht, sich der Obergewalt des Mutterlandes zu entziehen, sprang in die Augen. Winthrop und seine Freunde trieben jedoch die Sache mit der Geschwindigkeit und Energie voran, die gewöhnlich den Erfolg aufrührerischer Unternehmungen sicherstellen. Die verlangte Ermächtigung wurde ihnen Ende August von einer Versammlung erteilt, der 27 von insgesamt 125 Mitgliedern beiwohnten. Sechs Wochen später wurde John Winthrop zum Gouverneur gewählt, an Stelle von Cradock, der nicht beabsichtigte, übers große Wasser zu fahren. Der Hof schien nichts zu merken. Man behob enorme Summen, charterte Schiffe, warb Hunderte von Männern an und sammelte riesige Mengen Proviants, und noch immer kam der

König nicht drauf, daß die Anstifter des großen Umzugs im Grunde ihres Herzens Rebellen waren. Mit noch so wenig politischem Instinkt hätte er sich sagen müssen, daß es bereits die Unabhängigkeit Amerikas war, die hier auszog.

Am 26. März 1630 setzte John Winthrops großes Schiff *Arabella* die Segel bei. Drei Schiffe folgten in Kiellinie, sieben weitere sollten einige Tage später in See stechen. Die Fracht bestand aus großen Mengen Viehs und allem zur Gründung einer Kolonie Erforderlichen, darunter Ziegelsteinen, Erdkohle, Stahlstangen sowie 10 000 Fässern Bier und Wein. Die Personen von Stand nahmen ihr ganzes bewegliches Gut mit. Arbeiter hatte man im hungernden England mit Leichtigkeit angeworben. Jeder von ihnen erhielt vier Paar Schuhe, drei Paar Strümpfe, vier Hemden, fünf Wollmützen usw. Man fuhr auch nicht ins Ungewisse, hatten doch schon einige hundert Kolonisten von Neu-England Besitz ergriffen. Überdies erwartete John Endicott den Gouverneur in Salem. Die puritanische Völkerwanderung vertraute auf sich selbst und auf Gott.

Die Puritaner

Mrs. Hutchinson und der hochwürdige Williams im Streit mit der Theokratie

Charlestown zählte 150 Häuser. Dorchester hatte einen Platz inmitten prachtvoller Baumgruppen bezogen und war eine Zeitlang volkreicher als die übrigen heraufkommenden Städte der Plantage. Roxbury und Lynn mit seinen Eisen- und Bleierzvorkommen gaben sich bescheidener. Ipswich und Newtown, das spätere Cambridge, nahmen kaum erst Gestalt an. Salem auf Kap Ann war mehrere Jahre vor allen anderen gegründet worden, schien aber viel zu entlegen. Watertown wieder lag zu verstreut an seinen vielen Bächen und kam als Einfallstor ins Innere kaum in Frage. Das unbestrittene Zentrum war Boston. Auf seiner herzförmigen Halbinsel war es leicht zu verteidigen. Dem Meer zugewandt, hatte es über den Charles-River doch auch Zugang zum Kontinent. So wurde es von vornherein, wie Edward Johnson sagt, »die Hauptstadt der Wüstenwelt . . ., die sich gewiß zu einem prächtigen Gemeinwesen entwickeln« würde. John Winthrop wählte sie denn auch zum Sitz des Gouverneurs, und alsbald war da die Keimzelle einer Regierung gebildet.

Von einer Fata Morgana ließen sich die Puritaner Massachusetts' niemals locken. Zum Unterschied von den Spaniern, Franzosen und den Engländern Virginias hatten sie nie Goldbergwerke, Passagen zum Großen Ozean oder das Heil von Heidenseelen im Sinn. Nie wiegten sie sich im Glauben, sie könnten vom Tauschhandel mit den Indianern oder von fremder Fron bequem leben. Kaum gelandet, dankten sie Gott und machten sich daran, den Boden umzugraben. Ihre Leiter widersetzten sich dem Tabakbau und gingen sogar so weit, den Schiffen seine Ladung als Rückfracht zu verbieten. Dagegen faßten sie den Weinbau ins Auge, und es sind Briefe vorhanden, in denen die Kompanie ihre Agenten in England bittet, aus Frankreich Fachkräfte kommen zu lassen, um die Kolonisten in der Herstellung von Wein und Salz zu unterweisen. Was das Wasser angeht, machten die Puritaner bloß aus der Not eine Tugend: ihre Zeitungen schreiben, man müsse es eben trinken, so hart es einen auch ankomme, wenn das *Ale* ausgegangen sei. In Neu-England gab es reichlich wilden Wein, und so ist Amerika offenbar ganz zufällig nicht zu einem großen Weinland geworden*.

Selbstverständlich war das Leben der Einwanderer anfangs unvorstellbar mühselig. Besonders in der atemraubenden Winterkälte des amerikanischen Nordens beklagte es so mancher mit polternden Worten, das Mutterland verlassen zu haben. Winthrop vermerkt dazu, gerade diese seien bald vom Skorbut befallen worden und gestorben. Als Behausungen dienten strohgedeckte Hütten. Die Schornsteine, mit Lehm oder Kalk überzogene Holzkisten, bildeten eine schreckliche Gefahr, weshalb man auch trachtete, sie so weit wie möglich vom Wohnraum abzurücken. Auf jeder Seite des langen Tagebuches Winthrops (1630–1649) wird von einem abgebrannten Haus berichtet, wobei die betroffene Familie in schwerstes Elend geriet. Als zweite Plage trat hinzu, daß große Mengen des aus England mit erheblichen Kosten hergeschafften Viehs verendeten. Der erste Gouverneur von Massachusetts muß seine politischen und religiösen Betrachtungen fortwährend unterbrechen, um zu vermerken: »Die drei Schafe von Mrs. Cadburn haben Wölfe gerissen« oder »In Watertown ist eine Kuh eingegangen, weil sie grünen Mais gefressen hat.« Das waren so die wirklich erschütternden Ereignisse jener mühsamen, schwierigen Anfangszeiten, da auch der geringste Schicksalsschlag grimmige Not mit sich brachte.

Allmählich verbesserte sich die Ausrüstung der Kolonie. Die erste Ziegelbrennerei wurde 1629 in Salem erbaut, die

* Das gleiche gilt für Pennsylvanien. Als erstes baute der Begründer William Penn Wein an. Auch er erbat französische Weinbauern und schrieb nach Europa, Amerika könnte genauso gute Weine erzeugen wie Frankreich oder irgendein anderes Land.

erste Glashütte nahm 1639 im gleichen Ort den Betrieb auf. Das erste Schiff, *The Blessing of the Bay,* lief 1631 auf dem Mystic-River vom Stapel, wogegen die Eisenerzeugung in Lynn erst ganze 17 Jahre später aufgenommen wurde. Die erste Druckerei wurde 1640 in Cambridge errichtet. Sie druckte als erstes Werk einen Band erbaulicher Gedichte einer gewissen Mrs. Ann Bradstreet. Lange noch mußten die Kolonisten leibliche und geistige Not leiden. Trotz der Glasmacherei von Salem waren die meisten Häuser an Stelle von Fensterscheiben mit Holz- oder Ölpapierläden versehen. Die Beleuchtung lieferten auch weiterhin Fackeln aus *»candle wood«*. Gabeln und Teller waren unbekannt, letztere wurden durch *»trenchers«* ersetzt, rechteckige, ins Tischholz gehöhlte Doppelmulden, weil sie zwei Personen zugleich dienen mußten: daher der Ausdruck *»Trencher-fellows«* zur Bezeichnung von Busenfreunden. Auch die Kleidung bestand natürlich aus grobem, bäuerischem Zeug, und die Gesetze gegen den Aufwand vom Jahre 1634 entsprangen mehr der Sucht, die Gleichheit aller herzustellen, als der Notwendigkeit, sündhafter Verschwendung zu steuern.

Zu den Hauptaufgaben der Gerichte gehörte die Erhaltung der Sittenreinheit. So wurden Robert Hunt und Mary Ridge ausgepeitscht, weil sie Unzucht getrieben hatten, Nicolas Frost wegen des gleichen Delikts mit einer Person, deren Name nicht erhalten blieb, zusätzlich mit glühenden Eisen auf der Handfläche gebrandmarkt und von der Plantage gewiesen. Die verhurten, geilen Indianerinnen im Biberkleid, die ihre Männer hintergingen, bereiteten den Vätern der Kolonie schwere Sorgen. Ein gewisser John Daroe wurde »scharf« gepeitscht, weil er beinahe mit einer von ihnen geschlafen hätte. Eben aus Anlaß seines Prozesses beschloß der Gerichtshof, jeden mit dem Tode zu bestrafen, der mit der Frau eines anderen, sei sie Europäerin oder Indianerin, *»a carnal copulation«* gehabt habe. Dieses Gesetz wurde zwar nie angewandt, doch war die Drohung gefährlich genug und damit den Junggesellen das sexuelle Leben hoffnungslos schwer gemacht.

Nichts war so undemokratisch wie diese Mutterzelle der amerikanischen Demokratie. Unter den Einwanderern von 1630 befanden sich bloß zwölf »*freemen*«, Aktionäre der Kompanie, die sich sofort der Regierungsgewalt bemächtigten und sie um keinen Preis aus der Hand geben wollten. Infolge der hohen Sterblichkeit auf acht Mann zusammengeschrumpft, konnten sie nicht anders, als 109 Bürgerschaftskandidaten zuzulassen, behaupteten aber, ihre eigenen Posten – die des Gouverneurs, seines Stellvertreters und der Beisitzer – wären lebenslänglich, und die Rechte der neuen Bürger auf die Ergänzung der verstorbenen Beisitzer beschränkt. Watertown begehrte auf, die anderen Städte folgten, erlangten die Erweiterung des Rates durch Zuziehung zweier Abgeordneter jeder Gemeinde und setzten die Regelung durch, daß der Gouverneur jedes Jahr durch die Generalversammlung der *freemen* gewählt wurde. Die Konservativen holten zum Gegenschlag aus: sie ordneten nämlich an, nur Bürger könnten Angehörige der Kirche werden. Die Zulassung zu dieser hing aber vom Klerus ab – womit tatsächlich wie rechtlich die Theokratie begründet war.

Das Stahlmieder der Kirche konnte allerdings nicht verhindern, daß Massachusetts zum Schauplatz endloser politisch-religiöser Zerwürfnisse wurde. Die Reihe eröffneten zwei Gestalten, ein Mann und eine Frau, wie sie nur in solchen Zeiten religiöser Schwärmerei möglich sind: Roger Williams und Anne Hutchinson.

Zum ersten Male wird Roger Williams im Tagebuch Winthrops am 5. Februar 1631 erwähnt. Der Gouverneur vermerkt seine Ankunft an Bord des *Lion* und bietet ihm einen freundlichen Willkomm. Ein neuer *Clergyman*, ein neuer Graduierter von Cambridge verstärkte den geistigen Bestand der Kolonie. Winthrop zweifelte nicht daran, daß Williams genauso eingestellt sein würde wie seine übrigen Pastoren: Konformist im Nonkonformismus, aus dem Massachusetts entstanden war.

Aber der Mann spie Feuer. Man bot ihm den Posten des Vorstehers der Kirche von Boston an. Er lehnte wütend ab. Er müsse feststellen, daß die Kirche Bostons sich von der Anglikanischen Kirche nicht getrennt habe. Er verlangte, ehe er etwas mit ihr zu tun haben wollte, die sofortige Trennung und ein formelles Reuebekenntnis der Mitglieder, vor ihrer Abreise mit dem Anglikanismus Verbindung gehabt zu haben. Bei einiger Voraussicht hätte Winthrop den Wüterich mit dem *Lion* gleich wieder nach England abschieben müssen. Das wäre eine Tat gewesen. Statt dessen ließ er ihn nach Salem ziehen. Da, im Norden, unter der Befehlsgewalt des finsteren John Endicott, hatte sich der ältesten Stadt Massachusetts' eine tiefgehende Mißstimmung bemächtigt. Williams konnte sich auf seine Grobheiten gegen die glücklichere Rivalin Boston berufen und wurde gut aufgenommen. Da Higginson gerade gestorben war, gab man ihm seinen Posten, und als auch Pastor Skelton starb, wurde er dessen Nachfolger. Inzwischen hatte der Hitzkopf Plymouth einen Besuch abgestattet, dessen offizielle Doktrin eben der Separatismus war, den er so unnachgiebig predigte. Doch gingen die Wogen der religiösen Leidenschaften in Plymouth nicht mehr so hoch, und Williams war, von den Pilgervätern enttäuscht, nach Salem zurückgekehrt.

Allmählich bemächtigte sich die Empörung der anderen Städte der Bucht. Der Heißsporn von Salem begnügte sich nicht mehr damit, die Trennung der Kirchen zu verlangen. Nunmehr behauptete er, die weltlichen Richter hätten Macht bloß über Leib und Gut; Verfehlungen gegen die ersten vier Gebote – die man die Erste Tafel nannte – fielen mithin nicht unter ihre Gerichtsbarkeit. Das aber war allen puritanischen Grundsätzen zuwider, die doch die Hilfe des weltlichen Armes gegen Abgötterei, Gotteslästerung, Anstoß und Ketzertum vorsahen.

Williams griff die Grundlagen Massachusetts' noch auf einem zweiten, nicht minder heißen Boden an. Er vertrat nämlich die Ansicht, die Charta (der Freibrief), d. h. der Rechtstitel der Kolonie, sei null und nichtig. Der König habe zwar den Boden geschenkt, doch gehöre er ihm nicht. Die rechtmäßigen Besitzer seien die Indianer, die weder befragt noch entschädigt worden seien. Nach Recht und Billigkeit müßten die Engländer das Land räumen und dürften nur dann nach Amerika zurück, wenn sie zuvor den vollen Kaufpreis für den Boden ihrer künftigen Siedlungen erlegt hätten.

Nun kehrt der Name Williams im Tagebuch Winthrops ständig wieder. Der Mann bebte vor Rebellion. Die Ablegung des Treueides hatte er mit solcher Beredsamkeit abgelehnt, daß er die Kolonie mitriß und auf die Feierlichkeit, die das Gewicht der leitenden Kreise erhöhen sollte, verzichtet werden mußte. Seine Macht gründete sich auf das Ansehen, das er in Salem genoß, wo er herrschte, weil man in seinem Wahnsinn Gottes Willen sah. Salem gab auch einen Anlaß, gegen ihn vorzugehen. Die Stadt hatte dem Rat das Ansuchen unterbreitet, ihr ein Stück Land am Kap Marblehead zu übereignen. Der Rat antwortete unverblümt, er werde das Ansuchen nicht berücksichtigen, denn Salem habe das Priesteramt Williams anvertraut. Dieser erhob flammenden Protest, schrieb an die anderen Gemeinden, versuchte das Volk gegen seine Oberhäupter aufzuwiegeln und wandte sich schließlich an seine treue Gemeinde mit der Aufforderung, sich von den Kirchen Neu-Englands zu trennen. Das erschien dem kleinen, auf wildem Kontinent weit abseits liegenden Gemeinwesen aber doch zu gewagt. Zu Tode betrübt verzichtete Salem darauf, seinem Pastor zu folgen.

Am 8. Oktober 1635 erschien Williams vor dem Obersten Gerichtshof. Sämtliche Pastoren der Bucht hatten sich eingefunden und bezeugten geschlossen, daß sie das Verhalten ihres aufrührerischen Kollegen mißbilligten. Die Anklage erhob Thomas Hooker, ein Hüne mit tiefem Baß, dessen verhältnismäßig liberale Tendenzen ihn gewöhnlich mit seinesgleichen in Konflikt geraten ließen. Williams lehnte jeglichen Widerruf ab. Gouverneur Haynes, der Nachfolger Winthrops, verlas das Urteil. Es lautete auf Landesverweisung. In Anbetracht des nahenden Winters, der Krankheit Williams' und der Schwangerschaft seiner Frau wurde der Vollzug der Strafe bis zum Frühjahr ausgesetzt, unter der Bedingung freilich, daß der Verurteilte während des Aufschubs das Predigen unterlasse.

Das hieß das Unmögliche verlangen. Im Januar wurde den Richtern gemeldet, Roger Williams halte in seinem Haus zu Salem Versammlungen ab und rufe die Einwohner zum Widerstand auf. Man beschloß, ihn nach England abzuschieben. Doch verstand er es, das Herz des Konstablers John Penn zu rühren, der Auftrag hatte, sich seiner Person zu versichern. Als Kapitän Underhill sich einfand, um Williams zum abfahrenden Schiff zu geleiten, stand da nur die in Tränen aufgelöste Frau des hochwürdigen Herrn. Der unbeugsame Roger Williams floh in Begleitung bloß eines Kindes über vereiste Küstenwege und durch verschneite Wälder nach Süden. Er mied Plymouth, denn er wußte, daß die eingeschüchterten Pilgerväter keine Verwicklungen wünschten. Voll Vertrauen zu den Indianern, deren Rechte er verteidigt hatte, suchte er bei ihnen Zuflucht. König Massassoit behielt ihn über den Winter in seiner verrauchten Hütte. Williams, einer der seltenen Puritaner, die für die Eingeborenen nicht nur tiefe Verachtung übrig hatten, fand in diesem unbequemen Aufenthaltsort den Stoff für sein Buch *Key unto the Language of America.*

Es blieb ihm vorbehalten, ein anderes Blatt der amerikanischen Geschichte zu schreiben und nach der Rolle des Rebellen die eines Gründers zu spielen.

Von Anne Hutchinson ist nur *eine* schwache Seite überliefert: als sie vom Deck des *Griffin* Boston erblickte, weinte sie. Sie hatte – 1634 – eine Wiese vor Augen und ein armseliges Dorf mit ein paar Holzhäusern, aus denen der Rauch melancholisch zum Himmel stieg. Der Eindruck von Ärmlichkeit und Verlorenheit war niederschmetternd.

Kein Bild, keine Beschreibung ihrer Person ist auf uns gekommen. Wir wissen nicht, ob sie brünett oder blond, häßlich oder hübsch war. Der einzige Zug, der ihr leibliche Wirklichkeit verleiht, wird vom hochwürdigen Thomas Weld erwähnt, der von ihrem *»haughty and fierce carriage«*, ihrem anmaßenden, heftigen Auftreten spricht. Schwerlich ließe sie sich übrigens schüchtern und bescheiden vorstellen. Von lebhaftem Geist, hatte sie eine scharfe Zunge, liebte endlose Auseinandersetzungen und war wie toll darauf erpicht, immer das letzte Wort zu behalten. Dazu hatte sie zahlreiche Kinder geboren und mußte im damaligen Neu-England notgedrungen Wäsche waschen, Kochtöpfe scheuern und ihre Kuh melken.

Anne Hutchinsons Schicksal hatte sich entschieden, als sie in Boston (England) einer Predigt John Cottons beiwohnte. Sie war die nach Gewißheit dürstende Tochter eines Pastors aus Lincolnshire. Da sie das flammende Wort des künftigen Geisteshelden Neu-Englands vernommen, war sie sogleich in glühender Begeisterung entbrannt. Im folgenden Jahr wanderte Cotton nach Amerika aus, und Anne beschloß, ihm zu folgen. Ihren Mann zu überreden, kostete sie keine Mühe. Er beugte sich ihrem Willen wie ein schwankes Rohr. Für die heutige, viel weltlichere Zeit sei angemerkt, daß ihre Beziehungen zu John Cotton stets gegen den leisesten Verdacht gefeit waren. Sie himmelte ihn bloß allzu offen an, und er ließ sich die Beweihräucherung gern gefallen.

In ihrer Bostoner Bretterbude zog Anne Hutchinson bald gleichgeartete Menschen an. Zunächst Frauen: Neu-Englands geistig vernachlässigte, ungebildete, verachtete Frauen, die unter der Last von Hausarbeit und Mutterschaften erlagen. Jeden Donnerstag versammelten sie sich bei ihr, und ihre Zahl stieg auf 80. Sie besprach mit ihnen religiöse Fragen, die Predigt vom letzten Sonntag, und erging sich in Vermutungen über die nächste. Allmählich begann sie selbst zu predigen — offenbar nicht ohne Sachkenntnis, denn bald wurden auch Männer und sogar Pastoren ständige Besucher ihrer Donnerstage. John Cotton gehörte auch dazu, ferner der hochwürdige Wheelwright, ein Verwandter des Ehepaares Hutchinson. Der Höhepunkt war erreicht, als Henry Vane es sich zur Gewohnheit machte, seinen Platz inmitten der Getreuen einzunehmen. Er war der Sohn eines Geheimen Rates und hatte als Puritaner und Republikaner Londons Wohlleben den Rücken gekehrt, um das armselige und tugendhafte Dasein der Leute von Massachusetts zu teilen. Es ist nicht von der Hand zu weisen, daß die feurige Anne trotz ihrer 40 Jahre auf den vierundzwanzigjährigen Junggesellen eine gewisse Anziehungskraft ausübte. Doch haben die Zeitgenossen nichts dergleichen angedeutet. Wir haben hier tatsächlich nichts anderes vor uns als die Geschichte einer Liebe zu Streitgesprächen und zu Gott.

Anne Hutchinsons Bild — wie das Roger Williams' — hat im Laufe der Geschichte einen grundlegenden Wandel erfahren. Heute sehen wir in ihm einen Verteidiger der Freiheit, in ihr die Predigerin einer milden, menschenfreundlichen Lehre gegenüber puritanischer Glaubensstrenge. In Wirklichkeit vertrat sie — im unentwirrbaren theologischen Jargon der Zeit — eine der unter dem unbestimmten Namen Antinomismus bekannten Abarten des Christentums. Weder hatte sie ihn erfunden noch war sie die einzige Eingeweihte. Die Erwählten nahmen in ihre Seelen einen Teil der Substanz des Heiligen Geistes auf, standen damit über den Gesetzen des Alten Testaments und waren folglich nicht gehalten, gute Werke zu tun, welche Doktrin der protestantische Pragmatismus mit der Lehre von der Gnadenwahl zu verquicken verstanden hatte. Buchstäblich aufgefaßt war somit alles erlaubt, Zügel- und Hemmungslosigkeit, überspitzter Individualismus, absolute Freiheit und ein Quietismus, in dem Moral und Gesellschaft sich auflösen mußten. In der Praxis war die Gruppe um Mrs. Hutchinson weder weniger arbeitsam noch weniger tugendhaft als die übrige Gesellschaft. Der Kampf tobte um die Idee als solche.

Winthrop befand sich damals in einer schlimmen Lage. Man warf ihm vor, sowohl zu schwach als zu brutal zu sein. Seinen Stellvertreter Thomas Dudley hatte er sich mit dem Befehl zum Feind gemacht, ein Haus abzureißen, welches dieser gegen eine Vorschrift der Siedlung erbaut hatte. Der jähzornige und nachträgerische Dudley rächte sich, indem er an die Spitze der Opposition trat und Winthrop als Gouverneur ausstach. Dann war Henry Vane gekommen, ein junger Herr aus großem Haus und liebenswürdiger Schönredner mit weitreichenden Londoner Beziehungen, deren Massachusetts zur Abwehr der Gorges und Morton bedurfte, die den Widerruf des Freibriefs vom Jahre 1629 betrieben. Nach Dudley wurde denn auch Vane zum Gouverneur gewählt, obwohl er doch erst vor kurzem nach Amerika gekommen war. Winthrop aber brütete Rache. Für all sein Mißgeschick machte er Mrs. Hutchinson verantwortlich, die einen Sturm moralischer Disziplinlosigkeit entfesselt hatte. Es war unerhört, daß sie eine Rolle spielte, die zur Sanftmut und zu den geringen Geisteskräften ihres Geschlechts so gar nicht paßte. Ohnehin war in Watertown schon eine Frau verrückt geworden, weil sie zuviel gelesen und außer acht gelassen hatte, daß das weibliche Gehirn nicht darauf angelegt war, eine größere Anspannung auszuhalten als die Probleme der Hausarbeit erforderten. Bei der Hutchinson aber zeigten sich noch keine Merkmale geistiger Zerrüttung. Sie beherrschte ihren Mann, ihren Kreis und hatte – wie ehedem Roger Williams die Gemeinde Salems – die Bostons so weit in ihren Bann gezwungen, daß es um Pastor Wilson immer stiller wurde. Schwere innere Zerwürfnisse bedrohten die Ansiedlung. Edward Johnson, ein Puritaner von echtem Schrot und Korn, pflegte zu sagen, die Engel der Kirchen Neu-Englands hörten zu den Silberklängen ihrer Trompeten Satan die Trommel zum Sturm auf das aus der Wüste wiedererstandene Sion rühren!

Winthrop sammelte alle konservativen Kräfte für den Kampf. Das erste Scharmützel war gewonnen, als der Gerichtshof die Versetzung Wheelwrights ins neue Grenzdorf Braintree verfügte, statt ihn nach Annes Wunsch in Boston zu belassen. Sodann zeigte sich der junge Gouverneur Henry Vane schwach. Später sollte er in der Englischen Revolution eine bedeutende Rolle spielen und nach der Restauration der Stuarts im Londoner Tower den Tod eines Helden sterben. Amerika indes machte es ihm zu schwer, das düstere, erdrükkende, unfrohe Amerika. Am 10. Dezember 1636 erklärte er vor dem Obersten Gerichtshof, persönliche Angelegenheiten riefen ihn nach England. Diese unerwartete Eröffnung wurde mit mißbilligendem Schweigen aufgenommen. Da brach er in Tränen aus und schluchzte, er habe es satt und halte es nicht mehr aus, immerfort verrissen und bekrittelt zu werden. Seine Freunde beruhigten ihn, und er nahm Abstand von der Reise. Winthrop aber hatte erfaßt, daß seine Taktik darin bestehen mußte, hier den Hebel anzusetzen: er würde Mrs. Hutchinson los sein, sobald Vane auf hoher See schwamm.

Den ganzen Winter gab es wütende Zänkereien. Im Mai trat die Generalversammlung zusammen, um die Befugnisse des Gouverneurs zu erneuern. Vane beging den Fehler, als Tagungsort Newtown (Cambridge) statt Boston zuzulassen. Boston gehörte ihm und Mrs. Hutchinson gemeinsam, aber nur Boston. Überall sonst wurde die Hutchinson als Furie hingestellt, der einst vergötterte Vane aber als junger Laffe, der ihr ins Netz gegangen war. Auch der Frühling und die blumige Wiese, wo die Tagung im Schatten einer uralten Eiche stattfand, vermochten die Gemüter nicht zu beschwichtigen. Die Abgesandten Bostons wurden mundtot gemacht und überstimmt. Eine starke Mehrheit rief John Winthrop zum Gouverneur von Massachusetts aus. Als Stellvertreter wurde ihm erneut sein alter Leutnant und Gegner Thomas Dudley beigegeben, der sich inzwischen regelrecht mit ihm ausgesöhnt hatte. Wieder war die alte Garde an der Macht und schickte sich an, den wahren Glauben herzustellen.

Von da ab überstürzten sich die Ereignisse. Im August segelte Vane nach England ab, neuem Kampf und blutigem Tod entgegen. Gegen Wheelwright und Mrs. Hutchinson aber wurde eine Untersuchung eingeleitet, die den Ausgang des Prozesses voraussehen ließ. John Cotton wäre der einzige gewesen, der ihre Verteidigung hätte übernehmen können. Durch Annes Weissagungen hatte er sich über seinesgleichen erheben lassen und die Freude ausgekostet, von ihr zum Minister des Gnadenpaktes ausersehen zu sein. Jetzt aber, in der Stunde der Prüfung, reichte sein Mut gerade noch hin, sie, die ihn so hoch gepriesen, nur lässig zu belasten. Wheelwright dagegen zeigte sich unerschrocken. »Wenn ich des Aufruhrs schuldig bin«, erklärte er, »verdiene ich die Todesstrafe. Zu widerrufen habe ich nichts.« Er wurde im November des Landes verwiesen. Wie Roger Williams bot man ihm einen Aufschub bis zum Frühling an, falls er verspräche, den ganzen Winter über zu schweigen. Vorzeitig war bittere Kälte eingebrochen. Gleichwohl lehnte Wheelwright den faulen Ausgleich ab. Durch meterhohen Schnee zog er mit trotzigem Auftrumpfen ausgerechnet nach Norden. Obwohl er schon 45 Jahre zählte, überlebte er diese Anstrengung, und gründete mit einigen nachgekommenen Freunden im folgenden Jahr die Exeter-Kolonie als erste Ortschaft New Hampshires. Nakkensteife Männer seines Schlages sicherten das Gedeihen des englischen Amerika selbst dann noch, wenn sie Verfolgung litten.

Anne wurde eine Woche später abgeurteilt. Wegen Bostons Empfindlichkeiten spielte sich der Prozeß in Cambridge ab, einer kleinen, trübseligen Ortschaft am Ufer des vor der Zeit vereisten Charles-River. Das Gerichtsgebäude war eine Bretterbude, in der sich die frohlockenden Feinde der Angeklagten zusammenpferchten. Man bemerkte, daß sie schwanger war, somit in kanonischem Alter Mutterfreuden entgegensah. Winthrop verspürte ein menschliches Rühren und ließ ihr einen Stuhl bringen. Die Atmosphäre entspannte sich übrigens eine Weile, und einige Zeugen glaubten, Mrs. Hutchinson würde mit einer Rüge davonkommen. Sie selbst führte indes ihre Verurteilung herbei. Sie brach in einen Wortschwall aus, wiederholte ihre Lehre und erklärte, in unmittelbarer Verbindung mit Gott zu stehen, wessen sie sich bis dahin noch nie erdreistet hatte. Zum Schluß verdammte sie ihre Richter: Gott werde sie und ihre Nachkommenschaft vertilgen, ja, selbst den Staat, an dem sie bauten. Danach durfte Anne Hutchinson nicht mehr auf Nachsicht hoffen. Sie wurde des Landes verwiesen.

Im folgenden Frühling machte sie sich auf den Weg. Zuvor hatte sie noch eine letzte Gelegenheit versehen, als sie im Laufe einer Gegenüberstellung zu widerrufen versuchte. Aber sie konnte nicht anders, sie mußte auch da über eine Einzelheit rechten, worauf der ganze Streit von neuem entbrannte. Auf Indianerpfaden, von ihrem in sein Schicksal ergebenen Mann geleitet, erreichte sie mit Mühe die Narrangasetts-Bucht, wo sich Williams mit einigen anderen Verbannten um die Errichtung einer neuen Niederlassung mühte. Als sie sechs Wochen später niederkam, verbreitete sich in den Städten Massachusetts' eine freudige Nachricht: die Ketzerin hatte ein Ungeheuer geboren. Schlimmer als ein Ungeheuer: eine Handvoll Embryonen, nein, ein paar Samenhäufchen bloß, die der verworfene Leib angesammelt hatte, ohne die Arbeit der Mutterschaft bewältigen zu können. Winthrop beschreibt das Ganze mit ekelhaften Einzelheiten. Auf jeder Seite ist seine tiefe Genugtuung mit Händen zu greifen: Gott hatte das Urteil gegengezeichnet.

Anne irrte noch einige Jahre umher. Wo sie hinkam, keimten Zank und Zwietracht auf. Sie wurde Witwe, suchte auf holländischem Boden Zuflucht und baute sich eine Hütte im heutigen New Yorker Stadtviertel Bronx. Im folgenden Som-

Das erste Lager der Pilgerväter in Amerika (oben)
Der »Plymouth Rock«, der Landeplatz der Pilgrims (unten)

1620

mer brachte eine Indianerbande Mrs. Hutchinson und ihre Familie um, ausgenommen eine Enkelin, die von den Holländern freigekauft wurde. Nach ihr heißt eine der aus der großen Stadt herausführenden Autobahnen »Hutchinson Parkway«. Kaum einer von 100 000 Autofahrern weiß das.

Sehr bald machte sich der Bodenmangel bemerkbar. Die Äcker waren sandig und unfruchtbar, Wiesen gab es kaum. Das Küstengebiet von Massachusetts reichte nicht hin, die ständig wachsende Zahl der Europäer zu ernähren, die sich da ansiedelten. Das Meer gewährte Schutz, doch mußte man sich notgedrungen immer weiter von ihm entfernen und in die Tiefen des furchterregenden Kontinents eindringen.

Als erste Pioniere, deren Leiden Edward Johnson höchst anschaulich schildert, setzten sich etwa 50 Familien durch das dicht wachsende Buschholz in Marsch. Die Farnkräuter verbreiteten in der heißen Augustsonne einen so betäubenden Geruch, daß die Wanderer oft einer Ohnmacht nahe waren. Mit Wunden bedeckt und zu Tode erschöpft kamen sie endlich in ein kleines Tal, dessen Boden einigen Ertrag versprach. Indessen stürzten schwere Regengüsse auf sie nieder. Da sie keine Zelte besaßen, gruben sie Höhlen in den Abhang des Hügels, hockten sich hinein und »sangen Psalmen, beteten und lobten Gott«, wie Johnson berichtet. So entstand Concord in New Hampshire, eine der kleinen Städte Amerikas, von der die Geschichte in der Folge am meisten zu berichten hat.

Voll Bewunderung für die Pioniere von Concord, geht Johnson äußerst streng mit den vom Connecticut-Fieber erfaßten Cambridge-Leuten ins Gericht. »Die von ihnen bebaute Erde flößte ihnen Widerwillen ein. Sie fanden es unerträglich, ihr Brot im Schweiße ihres Angesichtes zu verdienen und warteten lieber voll Ungeduld auf Männer, die fester im Glauben waren und ihnen die Häuser und Äcker abkauften.« Diese Sybariten lockte das große unerschlossene Tal, das Edward Winslow und Kapitän Oldham kürzlich aufgesucht hatten.

Roger Williams trat für die Indianer ein (oben)
Williams Penns Vertrag mit den Indianern (unten)

Um seinen Besitz waren drei Interessentengruppen aneinandergeraten: die Holländer hatten einen Handelsplatz in Hartford eingerichtet, die Pilgerväter von Plymouth einen zweiten in Windsor und die puritanischen Lords Saye und Brook an der Flußmündung das Fort Saybrook erbaut. Die Leute von Cambridge erfaßten, daß der Boden dem gehören würde, der sich da ansiedelte. Sie traten ihr Dorf einer Gruppe von Neueinwanderern ab und rüsteten zum Aufbruch.

Die Schwungkraft, mit der hier zur Eroberung einer Welt aufgebrochen wurde, hat in ihrer bäuerlichen Urgewalt etwas Majestätisches. Der Moses dieses Exodus war Pastor Thomas Hooker, von dem ein Chronist sagt, er sei so hoheitsvoll gewesen, daß er einem König Schweigen geboten hätte. Er ritt neben der Sänfte, in der seine Frau und sein Söhnchen saßen. Die übrigen 35 Familienoberhäupter gingen mit Frauen und Kindern zu Fuß und trieben ihre Herde von 160 Stück Vieh vor sich her. Die Wanderung verlief ohne Zwischenfälle und dauerte zwei Wochen. Das schöne Tal täuschte die Erwartungen nicht. Die in ihrem Fort »Gute Hoffnung« sitzenden Holländer waren außerstande, sich dieser Invasion zu widersetzen. Connecticut war gegründet.

Im Vergleich zu Massachusetts war Connecticut die Heimstatt des Liberalismus. Die Aufnahme in die Kirche und das Wahlrecht wurden grundsätzlich allen zugestanden. Den Gouverneur, die Beisitzer und Richter wählte man stets unmittelbar. Schließlich war der Vertrag zwischen Regierung und Regierten schriftlich festgelegt. Die *Fundamental Orders,* 1639 erlassen, stellen somit den ersten Entwurf einer Verfassung in den Vereinigten Staaten, möglicherweise in der ganzen Welt, dar.

Noch stärker wehte der Geist der Freiheit am Ufer der Narrangasetts-Bucht, wo sich der aus Salem verbannte Roger Williams niedergelassen hatte. Zunächst war es ihm bloß um eine Zufluchtsstätte zu tun gewesen, um eine Stelle, seine

Mission zu errichten. Von hier aus wollte er das Licht des Christentums zu den Indianern bringen. Indessen stießen andere zu ihm, die vor der Tyrannei der Puritaner geflüchtet waren. Halb gegen seinen Willen fiel ihm die Rolle eines Reichsgründers zu.

Die weite Bucht von Narrangasetts ist von Inseln übersät, die im 17. Jahrhundert eine wundersam vielverschlungene Welt für sich bildeten. Williams und seine kleine Gruppe ließen sich, von allem entblößt, auf dem festen Boden am Zusammenfluß zweier Bäche nieder und nannten ihre armseligen paar Hütten in unerschöpflicher Zuversicht *Providence* (Vorsehung). Gemäß den Grundsätzen des Gründers hatten sie vorher den Boden den Indianern abgekauft. Aus den Dokumenten ist nicht ersichtlich, daß sie ihn bezahlt oder auch nur den Kaufpreis ausgemacht hätten – denn sie besaßen ja nichts.

Andere kamen dazu, wenn möglich ebensolche Individualisten wie Roger Williams: Coddington, Aspinwall und Clarke, aus Boston wegen Antinomismus vertrieben: Samuel Gorton, Gott weiß woher, John Green, ein wilder, seit Jahren durch die Wälder irrender Nonkonformist, und schließlich die hochschwangere Mrs. Hutchinson, mit ihrem trübselig hinterher trottenden Mann.

Sie alle überragt Williams. Das widrige Geschick hatte ihn gereift, das Verantwortungsbewußtsein sein wildes Ungestüm, den unentwegten, sinnlosen Starrsinn seiner ersten amerikanischen Zeit gemildert. Er fand sogar den Mut, seinen Irrtum zu bekennen. Einige Jahre zuvor hatte er doch in Salem erklärt, der Freibrief der Massachusetts-Kompanie sei null und nichtig, da er den Kolonisten Eigentumsrechte übertrug, die allein den Indianern zustanden. Im Jahre 1643 sah er ein, daß die englischen Niederlassungen von Narrangasetts an ihren inneren Zerwürfnissen zugrunde gehen müßten, fuhr nach England und erbat für sich genau den gleichen Freibrief, den er seinerzeit verworfen hatte. Henry Vane, der im Parlament ein Machtwort zu sprechen hatte, verhalf ihm dazu, und der Dissident Coddington büßte seinen Einfluß ein, als er gegen ihn aufzutreten versuchte. Bei seiner Rückkehr waren Portsmouth, Plymouth und Warwick bereits seiner eigenen Ansiedlung einverleibt und Rhode Island entstanden.

Williams gab ihm eine Verfassung, die den von ihm zeitlebens vertretenen Auffassungen entsprach. Die Kirche war vom Staat getrennt, die Gewissensfreiheit gesichert. Volksabstimmungen bestimmten den Willen der Gemeinden, diese brachten zusammen mit der Versammlung Gesetzentwürfe ein. Das Schönste aber: dem ungestümen Gründer, dem Flüchtling von Salem, waren noch 35 Lebensjahre beschieden. Allgemach erreichte er das Patriarchenalter. Er starb im blühenden Providence, im Angesicht der Bucht, die er als erster Weißer erblickt hatte.

Inzwischen hatte Neu-England seine erste große Bewährung bestanden, das Volk der Indianer aber eine seiner größten Tragödien erlebt: wir sprechen vom Krieg mit den Pequots.

Der Grund war die Ansiedlung der Engländer im Tal von Connecticut. Sie verließen die von der großen Pest des Jahres 1618 entvölkerten Küsten der Massachusetts-Bucht und drangen in Gebiete vor, wo die Indianerstämme noch nicht geschwächt oder gar vernichtet waren. Kaiser Sassacus, Oberhaupt des Pequotvolkes, sah mit dem Blick des Staatsmannes sofort, daß sich hier ein Kampf auf Leben und Tod entspann. Er schickte Abgesandte zum Volk der Narrangasetts mit einem Bündnisangebot und der Warnung, sie kämen auch bald an die Reihe, wenn sie die Engländer sich ausbreiten und vermehren ließen. Doch hatte Roger Williams schon zuviel Einfluß auf die Stämme des Küstengebietes gewonnen. Die Pequots blieben auf ihre eigenen, übrigens gewaltigen Kräfte beschränkt: immerhin 3000 oder 4000 Krieger zu einer Zeit (1636), da es in Connecticut kaum 250 Weiße gab.

Eine Schreckenszeit brach für das Tal an. 14 Familien wurden umgebracht, junge Mädchen entführt. Hinter den Palisaden ihrer kleinen Forts standen die Kolonisten ständig Wache. Auch das Meer, das die großen Kanus der Pequots durchstreiften, war unsicher geworden. Auf Block Island wurde der Erforscher von Connecticut, John Oldham, überfallen und getötet. Seine Ermordung hatte für die Indianer verhängnisvolle Folgen, denn sie bewog die Buchtkolonie Massachusetts zum Eingreifen.

Angesichts der religiösen Zerwürfnisse des Jahres 1637 war die Mobilmachung der Puritaner alles andere als leicht. Jede Stadt wurde aufgefordert, ein ihrer Bevölkerung angemessenes Kontingent zu stellen. Boston versuchte sich jedoch dieser Verpflichtung unter dem Vorwand zu entziehen, im Heer Sauls stünden Soldaten, die Gott nicht genehm seien. Die Puritaner, 200 von Endicott angeführte Krieger, trafen am Versammlungsort nahe der Connecticut-Mündung zu spät ein. Da fanden sie einen strammen kleinen Trupp von Männern aus Plymouth vor. 37 Milizen der neuen Talniederlassungen, aber etwa 1000 mit den Eindringlingen verbündete Indianer. Im letzten Augenblick führte ein Verwandter des Kaisers Sassacus namens Uncas (der Uncas Fenimore Coopers) als Verstärkung 70 Mohagans, auch Mohikans genannt, heran.

Das Drama spielte sich in der Nacht des 25. Mai ab. In ihrem eigenen Land hätten die leicht ausgerüsteten, flinken Indianer immer überraschen müssen, nie überrascht werden dürfen. Und wurden es doch. Einige hundert Pequots saßen am Flüßchen Mystic unter ihren Lauben-Wigwams um Lagerfeuer, schmausten und nahmen das Maul voll. Währenddessen krochen die Engländer in ihren schweren Kürassen, die plumpe Muskete hinter sich herziehend mit angehaltenem Atem durch das Gras, lauschten lang dem Schall der Stimmen und des kehligen Gesangs. Eine Rothaut schlug plötzlich Alarm und gab damit zugleich auch das Zeichen zum Sturm. Es wurde eine schauerliche Metzelei. Zum Schluß warfen die Weißen die Indianer – Männer, Frauen und Kinder – in die brennenden Wigwams. »Hätten wir Christen«, fragt sich Kapitän Underhill, »Mitleid haben sollen? Da verweise ich euch auf Davids Krieg. Es steht geschrieben, daß die Kinder mit ihren Eltern umkommen sollen.« Hier war es auch, daß die Weißen von ihren indianischen Hilfskräften wissen wollten, wie diese ihre Kriegführung beurteilten. Die Antwort der Indianer lautete, sie sei gewiß fabelhaft, aber doch etwas zu blutig; auch töteten die Engländer zuviel.

Ein weiteres Gefecht am nächsten Tag artete erneut in Morden aus. Sassacus, dem die Flucht geglückt war, suchte bei den Irokesen Schutz. Sie aber ließen nicht Gnade für Recht ergehen und marterten ihn zu Tode. Der Verräter Uncas vereinigte die Überbleibsel des Pequotvolkes unter seiner Herrschaft. Die Pequots erholten sich nie von diesem Schlag, verschwanden oder gingen in den Nachbarstämmen auf. Puritaner und Pilgerväter kehrten heim in ihre Städte, dankten dem Herrn und waren mehr denn je überzeugt, daß Er in ihren Reihen kämpfe. Neu-England hatte nun 40 Jahre lang Ruhe vor den Indianern. Ein Held, König Philipp, mußte kommen, sie von neuem zu stören.

Ein Fischerboot hatte in den letzten Tagen des Jahres 1640 eine Nachricht überbracht: Drüben war ein Parlament einberufen worden, und der Einmarsch eines schottischen Presbyterianer-Heeres in England hatte den schon seit langem drohenden Bürgerkrieg entfesselt. In leidenschaftlichen Diskussionen wurden diese aufregenden Geschehnisse erörtert. Viele sagten, man müsse heimkehren. Der Kampf um die Erneuerung war nun im Mutterland selbst entbrannt: dahin gehörten auch die Puritaner.

Die Wirtschaftskrise trug dazu bei, vielen die Abreise nahezulegen. Ausgelöst hatten sie die dem wahren Glauben so förderlichen Ereignisse in England. Von einem Jahr zum anderen, 1640–1641, hörte die Einwanderung fast völlig auf. Sie war es aber, welche die Zahlungsbilanz der Kolonie durch den gleichzeitigen Zustrom von Menschen und Kapitalien sicherstellte. Die Puritaner Großbritanniens schöpften neue Hoffnung und blieben im Land, um zu kämpfen. Die Güter aber, die sie sonst in reicher Fülle hinüberschickten, gelangten nun nicht mehr nach Boston. Stoffe, alle Eisen- und übrigen Fertigwaren wurden unerhört knapp. Nie noch waren die Väter Amerikas so zerlumpt und arm gewesen wie in den glorreichen Jahren der Englischen Revolution. Die Ungeduldigsten, etwa 1200, fuhren hinüber. Winthrop vermerkt in seinem sorgfältig geführten Tagebuch mit Befriedigung, wie viele von ihnen Schiffbruch erlitten: hatten sie doch die bei der Auswanderung übernommene Solidaritätspflicht verletzt.

Massachusetts hatte mehr zu leiden als die anderen Teile Neu-Englands. Nach der Verbannung Roger Williams' und Mrs. Hutchinsons mäßigte nichts mehr die herrschende Theokratie. Dünkel und Unduldsamkeit erreichten ihren Höhepunkt.

Die bürgerlichen Rechte blieben mehr denn je an die Zulassung zur Kirche gebunden, und die Zahl der Begünstigten überstieg nicht ein Fünftel oder Sechstel der männlichen Bevölkerung. Innerhalb dieser Herde von Auserwählten herrschte so etwas wie eine auf der Gleichheit der Wahlstimmen beruhende, aber streng konformistisch kontrollierte Demokratie. Die Pastoren bestimmten die politische und moralische Gesetzgebung. Wer sich ihrer Geistestyrannei nicht fügen wollte, mochte sein Heil in der Flucht suchen. Nicht nur in Connecticut und Rhode Island, auch in Neu-Holland und in Virginia, ja selbst auf den Karibischen Inseln begegnete man bald starken Persönlichkeiten, welche die in Massachusetts herrschende Stickluft vertrieben hatte.

Boston war noch ein elendes Nest. Es gab keine richtigen Straßen, nur Dorfwege, die sich zwischen den am Ufer oder auf den Abhängen von Beacon Hill regellos erbauten Häusern hindurchschlängelten. Die Historiker können nicht einmal mit

Bestimmtheit den Sitz des Obersten Gerichtshofs angeben, der von sich selbst mit solcher Salbung sprach. Seine in der Rückschau verklärten Beratungen mochten bestenfalls der heutigen Gemeinderatssitzung eines ärmlichen Dorfes gleichen. Nichtsdestoweniger gedieh der Imperialismus Massachusetts'. Im Süden leistete ihm Roger Williams allerdings kräftigen Widerstand. So entfaltete er sich nordwärts, in Richtung der neuen Niederlassungen von New Hampshire sowie jener, die zwei vom Pech verfolgte Kolonisatoren, Gorges Vater und Sohn, in Maine gegründet hatten. Im Gefolge des Pequot-Krieges war ein Bund der Kolonien Neu-Englands (Massachusetts, Connecticut, Plymouth, New Haven) zustande gekommen, dessen Führung die Römer von Boston an sich zu reißen trachteten. Sie stießen freilich auf den erwachenden Partikularismus der Mitglieder. Der Bund beschränkte sich schließlich auf einen einfachen Militärvertrag und erwachte aus seinem Schlummer nur von Zeit zu Zeit, wenn seitens der Indianer Gefahr drohte. Auch hier übrigens haben sich im Rückblick die richtigen Verhältnisse verschoben. Wie hochtrabend alle diese Kolonien von ihrer Diplomatie auch reden mögen, ihre Militärmacht bestand aus ein paar Dutzend Soldaten, die Verbindungswege aus kaum ausgetretenen Saumpfaden, und ihre Hauptstädte waren nichts anderes als Weiler.

Ein richtig dörfliches Ereignis führte zu einer bedeutsamen Neugestaltung der inneren Einrichtungen von Massachusetts. Mrs. Sherman war ihre Sau abhandengekommen. Sie bezichtigte Kapitän Keaynes des Diebstahls. Dieser Keaynes war, wie Winthrop berichtet, ein Kaufmann von schlechtem Ruf, ein wegen Preistreiberei verwarnter Kornwucherer – und Mrs. Sherman eine brave arme Frau. Da der Diebstahl ihm nicht nachgewiesen werden konnte, ließ Keaynes sie wegen Verleumdung zu 20 Pfund Schadenersatz verurteilen. Der Prozeß ging im Instanzenweg bis zum Obersten Gerichtshof, der höchsten richterlichen wie politischen Behörde. Da saßen die obersten Richter und Beamten (Gouverneur, Stellvertreter,

Beiräte) mit zwei Abgeordneten je Gemeinde zusammen. Keaynes' Unbeliebtheit »ließ viele schwache Geister gegen ihn Partei ergreifen«. Nach Verhandlungen, die nicht weniger als sieben Tage in Anspruch nahmen, sprachen sich zwei Richter und 15 Abgeordnete für Frau Sherman aus, sieben Richter und acht Abgeordnete bestanden jedoch auf endgültiger Bestrafung. Nach den Vorschriften kam der Wahrspruch der Mehrheit einem Veto gleich, bedeutete also in diesem Falle den Sieg Keaynes'. Gegen das Privileg nun, das ihn ermöglicht hatte, und unter Nutzung der herrlich rührseligen Geschichte vom armen Weib und dem bösen Reichen bildete sich die Opposition.

Mrs. Shermans Sau war im Jahre 1636 vermißt worden. Die puritanische Kasuistik sorgte indes dafür, daß der Streitfall noch 1644 nicht abgeschlossen war. Winthrop hatte eine Abhandlung geschrieben, worin er vom »religiösen und scholastischen« Standpunkt nachwies, es müsse zur Demokratie führen, wollte man den Richtern das Vetorecht entziehen. Ein solches Regime habe es aber in Israel nicht gegeben. Dennoch vermochte er einen Kompromiß nicht zu verhindern. Am 21. April 1644 fand die letzte Plenarsitzung des Obersten Gerichtshofes von Massachusetts statt. Dabei wurde vereinbart, in Hinkunft sollten sich Richter und Abgeordnete getrennt versammeln, jedoch kein Beschluß vollstreckbar sein, dem nicht beide zugestimmt hätten. Damit wurde das Veto wechselseitig, und das amerikanische Zweikammersystem war begründet.

Die von Winthrop gefürchtete Demokratie machte tatsächlich alle Anstrengungen, in die feindliche Front eine Bresche zu schlagen. Schon wurden die ersten Proteststimmen gegen das befremdliche Regime von Massachusetts laut, gegen die unantastbare Willkürherrschaft einiger Männer, die sich für die Richter Israels hielten. Ein Advokat namens Thomas Lechford, der ausgewiesen worden war, weil sein Beruf bei den Gerechten keine Daseinsberechtigung hatte, suchte das Mutterland über die Lage von Engländern aufzuklären, die außerstande waren, ihren religiösen Pflichten nachzukommen, ja sogar ihre Kinder taufen zu lassen, bloß weil eine bigotte Kirche sie nicht anerkannte. In der Kolonie forderte man ein schriftlich festgelegtes Gesetzbuch, wie Thomas Hooker es Connecticut geschenkt hatte. Ein erster, unbrauchbarer Entwurf stellte einen bloßen Abklatsch der zivil- und strafrechtlichen Bestimmungen des Alten Testaments dar. Pastor Nathaniel Ward, der als Schuhflicker tätig war und Pamphlete gegen die Gewissensfreiheit schrieb, nahm die Sache wieder auf. Er verfaßte 100 Gesetze, die nach langem Widerstreben der Richter schließlich dem Obersten Gerichtshof vorgelegt, von ihm gestrichen, überarbeitet und unter dem Namen *Body of Liberties* zusammengefaßt wurden. Einer der Artikel sah für den Atheismus die Todesstrafe vor. Eine Anzahl bürgerlicher Freiheiten wurde zwar zugestanden, das System der Verleihung des Bürgerrechtes im Wege der Kirche aber nicht angetastet. Die Theokratie hatte ihre Stellungen im ganzen gehalten.

The Body of Liberties war im Jahre 1641 angenommen worden. Fünf Jahre später mußte die Theokratie einem viel schwereren Angriff standhalten. Ein gewisser William Vassell (»ein friedloses, aufrührerisches Subjekt«, wie Winthrop vermerkt) sandte ein Bittgesuch an das Londoner Parlament, in dem er die Tatsache aufzeigte, daß englischen Untertanen in Amerika die politischen und religiösen Freiheiten vorenthalten wurden, auf die sie in England ein Anrecht gehabt hätten. In der Tat war der Mißstand nur immer ärger geworden, denn die Zahl der Neubürger für das Jahr 1646 war auf die lächerliche Ziffer von 31 herabgesunken, die niedrigste seit dem Bestehen der Kolonie. Sieben angesehene Bürger, darunter Dr. Robert Child und der älteste Einwohner Salems, Samuel Maverick, griffen das Gesuch Vassells auf und liehen ihm ihre gewichtige Unterstützung. Sie forderten die Aufnahme jedes Engländers in die Kirche, »dessen Lebensführung und Redeweise nicht Anstoß erregten«, und der somit teilhaftig würde der Freiheit, die Christus mit seinem Blut für uns alle erkauft hatte. Was nach Johnsons Meinung »eine ungeheuerliche Auslegung« der Worte des Erlösers darstellte und nur dem Zweck diente, das Volk gegen seine Regierung aufzuhetzen.

Nun, bei diesem Volk von Massachusetts fanden Child und seine Freunde wenig Unterstützung. Ihre Forderungen betrafen vier Fünftel der Bevölkerung, doch diese gleichgültige Masse half keineswegs mit dem von jeder Revolution benötigten äußeren Druck nach. So ließ die Theokratie die Bittsteller gerichtlich verfolgen und zu schweren Geldstrafen verurteilen. Begründet wurden sie wegwerfend mit der »Hoffart« der Schuldigen. Child versuchte nach England zu entkommen, wurde jedoch im Bostoner Hafen angehalten. Er mußte sein Gepäck öffnen und alle mitgeführten Papiere herausgeben. Dann führte man ihn dem Rat vor, »wo er sich in Schmähungen erging und verwarnt wurde, er könne auch als Edelmann ins Gemeindegefängnis gesteckt und in Eisen gelegt werden, wenn er sich nicht anständiger benehme«. Alle Bittsteller wurden eingelocht, selbst einer der Diener, weil er sich erfrecht hatte, den Schergen, der zur Haussuchung bei seinem Herrn gekommen war, nach der königlichen Vollmacht zu fragen.

Das Gesuch von Child und Genossen veranlaßte die Regierung Masschusetts' immerhin, über das darin angeführte Argument nachzudenken, daß nämlich die Engländer Neu-Englands die gleiche Behandlung beanspruchen durften wie die Engländer des Mutterlandes. Am 4. November 1646 versammelte sich der Oberste Gerichtshof und verhandelte darüber nach allen Regeln der schwerfälligen puritanischen Dialektik. Es wurde anerkannt, daß man dem englischen Staate die Treue genauso zu halten hatte, wie dieser seiner Kolonie Schutz gewähren mußte. Einstimmig legte man aber den Freibrief für Massachusetts dahin aus, daß er *»an absolute power of government«* verleihe. »Unser Treueverhältnis«, sagt Winthrop, »bindet uns nicht an die englischen Gesetze, sobald wir nicht mehr in England wohnen.« Überdies, so fügten die Puritaner hinzu, hätten sie England verlassen, um Gott auf ihre Weise anzubeten, und sich damit das Recht erkauft, jeden fernzuhalten, der nicht streng ihrem Glauben anhing.

Man entsandte Eduard Wilson mit genauen Weisungen, diese These vor den Lord-Kommissaren für die Kolonien zu vertreten. Doch geriet er mitten in Ereignisse von solcher Tragweite, daß seine Mission gegenstandslos wurde. Die Unbotmäßigkeit des fernen Massachusetts war für das England, das im Begriff stand, seinen König zu enthaupten, im Augenblick kein Problem.

In den folgenden Jahren waren die Kolonien Neu-Englands faktisch unabhängig. Was Massachusetts bisher noch zurückgehalten hatte, die Angst nämlich, sein Freibrief könnte widerrufen werden, war geschwunden. Die Synode vom Jahre 1649 stärkte die Autokratie, indem sie bekräftigte, daß Abgötterei, Ketzertum und das Äußern lästerlicher Meinungen durch die weltlichen Behörden zu ahnden waren. In politischer Hinsicht berichtigte die Kolonie ihre Grenzen und erweiterte das Staatsgebiet, wie ihr Zeitgenosse Ludwig XIV., durch Entscheide von ihr selbst eingesetzter Gerichtshöfe. Sie schlug Münzen unter dem Vorwand, die den Spaniern von englischen Korsaren abgenommenen Edelmetalle müßten doch Verwendung finden. Diese Münzen zeigten vorne eine Fichte, auf der Kehrseite die Inschrift »Neu-England« und das Prägejahr; König und Parlament waren überhaupt nicht erwähnt. Sodann nahm Massachusetts die Gewohnheit an, sich »Unabhängiges Commonwealth« zu benennen. Vorhaltungen aus England wurden vornehm überhört.

Hätte Cromwell etwas länger gelebt, wäre er mit den überseeischen Puritanern in Zwist geraten. Massachusetts hatte die Hinrichtung Karls I. nicht gebilligt. Anderseits galt der Protektor, der Juden und Katholiken duldete, bei den Bostoner Fanatikern als lau. Sie hinwieder waren in seinen Augen aufrührerische Elemente. Leverett, der Vertreter der Kolonie in London, verhehlte nicht seine Besorgnis. Cromwell beschied ihn zu sich und regte an – ohne eigentliche Vorwürfe zu machen –, die Puritaner möchten von Neu-England nach Irland oder auf die Antillen ziehen, wo sie ein fruchtbareres Tätigkeitsfeld vorfinden würden als auf dem unergiebigen Boden Nordamerikas. Leverett stritt mit ihm, wandte dies und jenes ein. Schließlich entließ ihn Cromwell mit der süßlichen Versicherung, er wolle natürlich keinerlei Zwang anwenden. Und doch lag etwas in der Luft.

Nach Cromwells Tod atmete Massachusetts zunächst auf. Dann wurden die Nachrichten aus England wieder trübe und besorgniserregend. Der Sohn des Protektors erwies sich als unfähig, den Platz des Vaters einzunehmen. Kaum bekannte und durch die Entfernung verzerrte Figuren waren handgemein geworden, wie Ludlow, Lambert, Fleetwood, Monk. »Massachusetts trachtete«, wie Hutchinson sagt, »nicht Partei zu ergreifen und abzuwarten, bis die Dinge sich klärten.« Indessen überbrachte am 27. Juli 1660 der Kommandant eines der Schiffe, die den Pendelverkehr zwischen Bristol und Boston aufrechthielten, eine unerwartete und folgenschwere Nachricht: Karl II., der verbannte Stuart, der König von Breda, war drauf und dran, nach England zurückzukehren. Das gleiche Schiff verließen übrigens auch zwei schwarze, ernste Männer, Whalley und Goffe, Schwiegervater und -sohn, Mitglieder des Tribunals, das Karls I. königliches Blut vergossen hatte, zwei Königsmörder also, die vor der Rache des Sohnes flohen und auf amerikanischem Boden 16 Jahre im Verborgenen leben sollten. Ihre Flucht bestätigte die Stichhaltigkeit der durch den Seemann überbrachten Nachricht von der bevorstehenden Restauration.

Boston aber wollte lieber zweifeln. Man war zwar gewiß nicht dafür gewesen, daß Karl I. sein Haupt auf den Block hatte legen müssen, haßte aber alle Stuarts bis in den Tod. Auch wußte man ja, daß noch eine Menge Rechnungen unbeglichen waren. In der Versammlung ließ man den Hochw. John Norton nicht zu Wort kommen, als er vorschlug, dem König sofort ein Treuegelöbnis zu unterbreiten. Aus Barbados, von wo alle Gerüchte verbreitet wurden, trafen gerade rechtzeitig Berichte ein, denen zufolge die Lage äußerst unklar und das Volk sehr unzufrieden war, die Schotten den Kopf Monks forderten und Lord Fairfax – ein Bollwerk der Republik – an der Spitze eines starken Heeres stand. Selbstverständlich stimmte nichts von alledem. England kehrte sich begeistert dem Verbannten, seinem heißgeliebten, wiedergewonnenen König zu. In Massachusetts aber verlangte die kochende Volksseele volle Unabhängigkeit. Sie lehnte es ab, dem Herrscher zu huldigen. Zumindest wollte man die Entwicklung der Dinge abwarten.

Neue Schwierigkeiten ergaben sich gerade in dem Augenblick, da die puritanische Glaubenswut die religiösen Verfolgungen so weit trieb, daß es zu einem Blutbad kam.

Die Puritaner

Das Neue Sion gegen die Quäker und zwei Könige: Philipp und Stuart

Anne Austin und Mary Fisher, die eine alt, die andere jung, waren in York und Cambridge (England) eingekerkert und ausgepeitscht worden. Nach Boston kamen sie im Laufe des Sommers 1656 an Bord der *Swallow*. Der Behörden bemächtigte sich ungewöhnliche Aufregung. Die beiden Frauen wurden in engen Gewahrsam genommen und Dunkelhaft über sie verhängt. Der alte Nicolas Upshall wollte ihnen etwas Nahrung zukommen lassen. Dafür wurde er zu einer Geldstrafe verurteilt und ausgewiesen. Ihr Gepäck wurde beschlagnahmt: es enthielt etwa 100 Flugblätter, die der Scharfrichter verbrannte. Dann schiffte man Mary Fisher und Anne Austin wieder auf der *Swallow* ein, deren Kapitän den strengen Befehl erhielt, schleunigst abzusegeln.

Wenige Tage später kamen an Bord eines anderen Schiffes acht weitere Quäker herüber. Diesmal versammelte sich der Oberste Gerichtshof und befaßte sich ernsthaft mit der Sache. Es wurde der Beschluß gefaßt, jeden rückfälligen Schiffsherrn mit einer Geldbuße von 100 Pfund Sterling zu belegen. Die Quäker aber sollten scharf ausgepeitscht, eingesperrt und bis zu ihrer Abschiebung zur Arbeit angehalten werden, bei strengem Verbot, auch nur ein Wort zu sprechen. Denn die Luft des Neuen Sion durfte von den Reden dieser Ungläubigen nicht verpestet werden. Der Gouverneur John Endicott äußerte sich darüber mit vorbildlicher Strenge. Ihm durfte man Vertrauen schenken: es war derselbe Endicott, der am Beginn der großen puritanischen Einwanderung Salem gegründet hatte. Noch als Siebziger war der Nachfolger des verstorbenen Winthrop vom Eifer und der Entschlossenheit seiner jungen Jahre beseelt.

Papisten waren im äußersten Notfall zugelassen, so die

Franzosen Akadiens, die nach Boston kamen, hier Handel zu treiben oder Ränke zu schmieden. Aber Quäker? Niemals! Sie waren die abscheulichsten, die fluchwürdigsten aller Gotteslästerer. Sie bekannten sich zur Lehre eines Teufelsdieners, eines gewissen George Fox, der vor etwa zehn Jahren in England zu predigen begonnen hatte. Anfangs hatten sie sich *»Children of Light«*, Kinder des Lichts genannt, nun bezeichneten sie einander als *»Friends«*, Freunde. Allgemein aber hießen sie »Quäker«, Zitterer, weil sie ganz teuflisch die Glieder verdrehten. Die Bibel lehnten sie mit dem Bedeuten ab, Gott offenbare sich in jedem Gläubigen durch ein in ihm gewirktes Licht. Sakramente oder kirchliche Ämter fanden sie entbehrlich. Für die Erhaltung der Gotteshäuser oder für militärische Zwecke dürften keine Steuern eingehoben werden, denn ein Christ müsse seine Beteiligung an Kriegen und anderen Gewalttaten bedingungslos versagen. Übrigens erregten die Quäker nicht nur bei glühenden Puritanern unliebsames Aufsehen. Unter ihnen gab es Anarchisten, Vagabunden, Wahnsinnige sowie männliche und weibliche Nudisten, deren Treiben besagen sollte, ihre Seele sei aller Künste genauso ledig wie ihr Leib der Kleider. In England hatten sie Verfolgung leiden müssen, nun trachteten sie, sich in Amerika zusammenzuschließen. Fast überall trafen sie jedoch auf festgegründete christliche Gemeinschaften, die den Schwarmgeistern die Tür vor der Nase zuschlugen.

Die bedeutendste Ausnahme bildete Rhode Island. Als man in Boston erfuhr, daß der kleine Nachbar die Quäker duldete, schrieb der Oberste Gerichtshof einen Drohbrief. Roger Williams lebte noch. Mit großer Würde ließ er bestellen, es gebe keine gesetzliche Handhabe, gegen besagte Leute vorzugehen, der Freibrief seiner Kolonie gründe auf der Gewissensfreiheit. Überall sonst, auch in Neu-Holland, ergriff man Maßnahmen. Massachusetts überbot sie alle an Strenge: die männlichen Quäker sollten im Handteller gebrandmarkt und ihnen die Ohren abgeschnitten, den weiblichen die Zunge mit glühendem Eisen durchbohrt werden. Wer nach der Ausweisung wiederkam, hatte den Strick zu erwarten. 25 Pastoren reichten eine Bittschrift ein: ihnen war das Gesetz noch viel zu milde; sie forderten die Todesstrafe schon beim ersten Betreten der Kolonie.

Die Quäker brannten vor Begierde, für den Glauben ihr Blut hinzugeben. Gerade das ihnen streng verwehrte Massachusetts zog sie unwiderstehlich an. Ein Ausgewiesener, Robert Fowles, überquerte sogar den Atlantik in einer Nußschale, bloß um ganz offen ins Land der Unmenschlichkeit zurückzukehren. William Blend wurde mit den Fersen am Nacken in Eisen gelegt, mußte in dieser Lage 16 Stunden ausharren und erhielt schließlich 97 Peitschenhiebe, die sein Fleisch »in Gallerte« verwandelten, wie ein Augenzeuge berichtet. Die beiden Kinder des Ehepaares Southwick verkaufte man als Sklaven nach den Antillen, um die Geldstrafe ihrer Eltern einzubringen. Immerhin wagten die Puritaner nicht, die verhängte Todesstrafe zu vollstrecken. Sie begnügten sich mit der neuerlichen Ausweisung der Verbannten. Es wurde zunehmend schwieriger, die heimliche Einwanderung der Quäker einzudämmen und die Ausbreitung ihrer Lehre zu hindern, die ihre Anhänger hauptsächlich unter den Halbsklaven der Kolonie warb, wie es ja auch die ersten Christen bei den Römern taten.

Quäker Robinson predigte in Virginia, fern seinen Brüdern in Massachusetts, denen täglich Gefahr für Leib und Leben drohte. Eines Tages vernahm er in Newport die Stimme des Herrn. Sie trug ihm auf, nach Boston zu gehen und sein Leben Seinem Dienst zu weihen. Er gehorchte »wie ein Kind«. Als er durch Providence kam, vermochte er Marmaduke Stevenson nicht daran zu hindern, seine junge Frau zu verlassen und ihm nachzufolgen. Die beiden Quäker gelangten am Sabbat nach Boston, begaben sich in den Tempel und versuchten nach der Predigt des Pastors, eine Ansprache an die Gemeinde zu halten. Sie wurden unverzüglich ins Gefängnis gesteckt, wo schon andere »Freunde« saßen, darunter Mary Dyer, die als bereits Verbannte in Lebensgefahr schwebte. Die Richter ließen jedoch ungewöhnliche Milde walten. Sie lasen den Häftlingen das Gesetz vor und setzten sie mit der Belehrung auf freien Fuß, die Todesstrafe sei ihnen gewiß, wenn sie Massachusetts nicht binnen zweier Tage verlassen hätten.

Tags darauf wanderten Robinson und Stevenson nach Salem. In den Wäldern hielten sie mehrere Versammlungen ab und kehrten dann in Begleitung einiger Quäker am hellichten Tag nach Boston zurück. Einer von ihnen hatte ein Stück Tuch mit, »die Leichen derer darein zu hüllen, die des Todes sein würden«. Die Nachricht von ihrem Nahen war ihnen vorausgeeilt, und die bewaffnete Miliz stand bereit, sich ihrer zu bemächtigen, umringt von einer Menge, die Schmähungen ausstieß und rohe Späße machte. Sie ließen sich mit all der theatralischen Demut ihrer Sekte ins Gefängnis abführen. Stevenson mußte man in einen Keller stecken, um zu verhindern, daß er vom Zellenfenster aus eine Ansprache an das Volk hielt. Als sie am 18. Oktober 1659 vor dem Tribunal erschienen, sahen sie zu ihrer Überraschung Mary Dyer wieder, die Massachusetts verlassen hatte und von einer Stimme dahin zurückbefohlen worden war, weil sie doch ruchlosen Einflüsterungen gehorcht habe. In Boston hielten die Pastoren wütende Predigten und tobten mit voller Lautstärke gegen die Anwandlungen von Milde, denen die Richter zu erliegen drohten, wie gegen das Mitleid, das sie im Volk aufkommen spürten. Sie forderten den Tod der Angeklagten. Und erwirkten ihn. Die Frau und die beiden Männer kamen an den Galgen.

Am nächsten Morgen stieg ein denkwürdiger, ein unheilvoller Tag herauf. Unter der Bedeckung von 200 Soldaten wurden die Verurteilten zur Richtstätte geführt und dabei die Trommeln gerührt, damit sie, vom Lärm eingeschlossen, nicht zum Volk sprechen könnten. »Schämst du dich nicht«, schrie der Profos Mary zu, »so zwischen zwei jungen Männern zu gehen?« »Dies ist«, erwiderte sie, »die Stunde meiner größten Freude. Kein Auge kann die Seligkeit schauen, die mich erfüllt, kein Ohr sie erlauschen, keine Zunge sie aussprechen, kein Herz sie fassen.« Sie sah ihre Gefährten baumeln und ließ sich lächelnd die Hanfschlinge um den Hals legen. Da hielt der Henker ein. Der Profos tat ihr kund, Ihre Herrlichkeiten vom Hohen Rat hätten sie auf Bitten ihres Sohnes begnadigt. Sie aber verwahrte sich dagegen und beteuerte, sie wolle sterben. Ihre Familie, eine der bedeutendsten auf Rhode Island, holte sie nach Providence, dem Hort der Quäker.

Der zweite Rückfall freilich konnte nicht ungesühnt bleiben. Als Mary Dyer im Frühling des folgenden Jahres erneut nach Boston kam, war alles Bitten Rhode Islands vergeblich. Am 1. Juni 1660 wurde sie gehängt. Auch diesmal lächelte sie und sagte dem Himmel Dank, genau wie beim ersten Gang zum Galgen.

Im folgenden Jahre wurde der Quäker Leddra gehängt. Zur ersten Sitzung des Gerichtshofes nach der Hinrichtung erschien der am Vortag aus Providence gekommene Quäker Weldock Christiansen und fuhr den Gouverneur an: »Ich bin gekommen, dir zu sagen, daß du nicht weiter unschuldiges Blut vergießen wirst, denn das von dir vergossene schreit schon zum Herrn nach Rache.« Christiansen wurde der Prozeß gemacht. Er blieb unerschrocken, verlangte ein Verfahren nach den Gesetzen der englischen Nation, gab der religiösen Angelegenheit eine Wendung ins Politische und schleuderte den Richtern von Massachusetts den Vorwurf ins Gesicht, »ihre Herzen seien gleich verderbt in Ansehung des Königs wie Gottes«. Die Richter schwankten, ob sie die Todesstrafe verhängen sollten, der Wüterich Endicott aber sprach das Urteil aus, ohne sie nach ihrer Meinung gefragt zu haben. »Gott sei Dank«, schrie er Christiansen an, »habe ich keine Angst, dich zu verurteilen. Du wirst gehängt, gehängt, gehängt, bis du tot bist, ganz, ganz tot.« — »Gottes Wille geschehe«, antwortete der Quäker.

Indes wurde Christiansen nicht gehängt. Nach genauer Überlegung obsiegte das Zögern der Richter über die Leidenschaftlichkeit des Gouverneurs. Massachusetts befand sich in einer schwierigen Lage. Jeder wußte es. Die so töricht als unmöglich hingestellte Restauration war inzwischen eine vollendete Tatsache geworden. Der Oberste Gerichtshof hatte sich endlich entschlossen, dem König ein Treuegelöbnis zu unterbreiten, doch war es derart ungeschickt abgefaßt, von so täppischer Unterwürfigkeit, daß ganz gewiß das Schlimmste zu befürchten stand. Massachusetts bekannte seine Schuld mit Anmaßung, rief Gott zum Zeugen an und brachte dem wiedereingesetzten König zu allem Überfluß seine *Verbannung* in Erinnerung, wo doch die Rechtsfiktion wahrhaben wollte, der König sei bloß von einer Auslandsreise zurückgekehrt. Die Quäkerverfolgungen und Hinrichtungen der letzten Jahre quälten das Gewissen der Puritaner nicht im geringsten, beunruhigten sie nur wegen der Folgen, die sie nach sich ziehen konnten. Sie verteidigten sich vorbeugend, indem sie ihre Opfer schmähten. Aus den Briefen Leveretts war ihnen bekannt, daß sich zu Füßen des Thrones eine erdrückende Koalition gegen sie bildete. Quäker Godfrey prangerte »die Usurpatoren von Boston« an. Der verbannte Breedam beschuldigte sie, Königsmördern Asyl zu gewähren. Der Flüchtling Maverick erklärte, drei Viertel der Bevölkerung Massachusetts' warteten nur darauf, daß man dem Tyrannenklüngel den Hochmut austreibe. Auch geschädigte Ansiedlungen erhoben drohend die Stimme: Gorges protestierte gegen die Angliederung Maines, Mason gegen die Beraubung New Hampshires und die Kapitalisten von Lynn gegen die Beschlagnahme ihrer Kapitalien. Jeder Kurier aus England brachte eine neue Drohung herüber. Am Horizont zogen Wolken auf.

Man hatte die Möglichkeit eines Widerstandes ins Auge gefaßt. Bei Endicott fanden geheime Besprechungen statt, in denen die Frage der Abtrennung vom Mutterland beraten wurde. Vor einigen Jahren hatte Massachusetts erklärt, kein anderes Gesetz als das eigene anzuerkennen, und sich das Recht vorbehalten, gegen jeden die Waffen zu ergreifen, der versuchen sollte, »es zu vernichten, zu überfallen oder auch nur zu belästigen«. Das klang sehr mutig, entsprach jedoch mit Karl II. auf dem Thron in keiner Weise dem Kräfteverhältnis zwischen einem mächtigen Königreich und einer kleinen Kolonie, die zu ihrer Verteidigung höchstens 1500 Mann auf die Beine zu stellen vermochte. Die Lage wäre weniger schlimm gewesen, wenn die anderen Kolonien Neu-Englands die Gefühle Bostons geteilt hätten. Nun warfen sie sich aber alle dem Herrscher zu Füßen. Rhode Island hatte es schon am 18. Oktober 1660 feierlich bekanntgemacht – das elende Rhode Island, Hort der Gewissensfreiheit, Schutz und Schirm der Quäker, Zufluchtsort aller Ränkeschmiede, die Israels gerechte Gesetze flohen. Im Frühjahr 1661 waren Connecticut und Newhaven dem Beispiel Rhode Islands gefolgt. Boston stand allein. Es wußte, daß der Spielraum zwischen Unterwerfung und Rebellion von Tag zu Tag enger wurde. Es war nicht der richtige Augenblick, das Schuldkonto der Kolonie mit der Hinrichtung eines weiteren Quäkers zu belasten, um so mehr, als die Richter eben die Königsmörder Whalley und Goffe hatten entkommen lassen und sich nun fragten, welchen Eindruck diese beabsichtigte Ungeschicklichkeit in London machen würde.

So ließ man Christiansen laufen. Einige Tage später mußte man in den sauren Apfel beißen: am 7. August huldigte auch Massachusetts Karl II. Endicott, der das Nötige zu veranlassen hatte, war krank vor Ärger. Durch seinen Rat ließ er das seinerzeitige Gesetz gegen das Ausbringen von Trinksprüchen in Erinnerung rufen: wer immer es zu Ehren des neuen Herrschers verletze, solle ausgepeitscht werden.

Einen Monat später raste der Greis wieder einmal vor Wut. Der Quäker Samuel Shattock, aus Massachusetts verbannt, war eben von Bord eines aus England kommenden Schiffes gegangen. Endicott schwor, wenigstens dieser solle der Züchtigung nicht entgehen. Indessen eilte der Kerkermeister ganz außer Atem herbei: unter den Papieren des schon verhafteten und eingesperrten Shattock hatte man einen mit dem königlichen Siegel versehenen Brief an ihn, den Gouverneur John Endicott, gefunden. Darin erteilte ihm Karl II. einen strengen Verweis wegen der Grausamkeiten, denen seine Quäker-Untertanen ausgesetzt waren, und befahl, alle gefangengehaltenen Mitglieder der Sekte nach England zu schicken, wo sie nach den Gesetzen des Königreichs abgeurteilt werden sollten. »Sire«, hatte der Quäker Eduard Burrough erklärt, »in einem Eurer Dominions rinnt unschuldiges Blut aus einer offenen Ader.« — »Ich werde die Wunde schließen«, war Karls II. Antwort gewesen. Die »Gesellschaft der Freunde« charterte ein Schiff, das Massachusetts in aller Eile den Befehl zu überbringen hatte, ihre Glaubensgenossen außer Verfolgung zu setzen. Die Rache bestand darin, gerade einen Verbannten, den schon das Betreten des Bodens der Kolonie todeswürdig machte, als Überbringer einer königlichen Botschaft zu feiern.

Zunächst bäumte sich Endicott dagegen auf. Er war ein ganzer Mann und hatte das Herz auf dem rechten Fleck. Ob Königsbote oder nicht, Shattock würde hängen. Schließlich beruhigte er sich doch, als ihm bedeutet wurde, er werde keinen Richter und keinen Henker finden, die gewillt wären, sich den auf dem Verbrechen der Majestätsbeleidigung stehenden Strafen auszusetzen. Er ließ den Quäker vorführen, trug in verletztem Stolz den Nacken steif und sprach die schlichten Worte: »Die Befehle Seiner Majestät werden ausgeführt.«

Statt aber die angeklagten Quäker nach England zu schikken, zog Massachusetts es vor, sie in Freiheit zu setzen. Das jüngste seiner schrecklichen Verbotsgesetze blieb jedoch in Kraft, das sogenannte »Karren- und Peitschengesetz«. Ob Mann oder Frau, jeder zur Grenze abgeschobene Quäker mußte sich bis zum Gürtel entkleiden, wurde an einen Karren gebunden und in allen Ortschaften, durch die der Zug kam, ausgepeitscht.

Drei weibliche Quäker wurden auf diese Weise mitten im Winter ausgewiesen und bezogen elfmal elf Hiebe, die sie lediglich mit Gottes Hilfe überlebten.

Dann schlug der Blitz ein. Karls II. Brief war gnädig in der Form: er schätze sich glücklich wegen der Huldigung der Kolonie und sei bereit, den von seinen Ahnen der Kolonie ausgestellten Freibrief zu erneuern. Allerdings müßten alle dem Ansehen der Krone abträglichen Gesetze aufgehoben, der Huldigungseid geleistet, Urteile im Namen des Königs gefällt, das Anglikanische Gebetbuch gestattet, alle in England üblichen Andachtsübungen auch in Amerika erlaubt, jeder Mensch von einwandfreiem Lebenswandel zum Abendmahl zugelassen, alle Kinder getauft werden und alle freien Männer an den Wahlen zu zivilen und militärischen Ämtern teilnehmen dürfen. Schließlich war der Brief des Königs öffentlich bekanntzumachen. Mit einem Wort: die Theokratie Massachusetts war abgeschafft.

Doch auch diesmal geschah, was schon 15 Jahre zuvor das Gesuch Dr. Childs unwirksam gemacht hatte. Der Brief des Königs befreite vier Fünftel der Bevölkerung Massachusetts' von schwerster Tyrannei – aber diese vier Fünftel waren willenlos. Regte sich im Volke überhaupt etwas, schöpfte es neue Hoffnung, zeigte es Aufstandsgelüste gegen die Rebellen, die dem Willen des Königs Trotz boten? Wir wissen es nicht. In jedem Fall müssen solche Regungen sehr schwach gewesen oder meisterhaft unterdrückt worden sein, denn in den Dokumenten der Zeit findet sich keine Spur davon. Der Oberste Gerichtshof führte die Regierungsgeschäfte weiter. Ebenso wurde auch weiterhin auf Grund der engherzigen puritanischen Gesetze das Recht gesprochen; Trunkenheit, Gotteslästerung, Brechen des Sabbat, Hurerei und Aufwiegelung wurden auch weiterhin geahndet. Nichts rührte sich im Commonwealth Massachusetts, entweder weil strenge Zucht gehalten wurde oder weil die Parias die ihnen aufgezwungene Entrechtung als die gottgewollte Ordnung hinnahmen. Die theokratische Minderheit durfte ihren Widerstand ausbauen, ohne daß ihn irgendeine Gegenpartei geschwächt hätte.

Wider den Befehl wurde das Handschreiben des Königs nicht bekanntgemacht. Es heischte sofortigen Gehorsam — und wurde einem Ausschuß überwiesen, der sich fünf, dann zwölf, schließlich zwanzig Monate Zeit ließ. Jene Abgesandten der Kolonie, die in London verhandelt hatten, wurden geschmäht. Einer von ihnen, ein gewisser Norton, starb vor Kummer darüber. Ein nach Boston zurückgekehrter Royalist, Kapitän Breedam, wurde festgenommen und durch Auferlegung einer riesigen Geldstrafe zugrunde gerichtet. Das Gesetz, das die Rückkehr eines Quäkers aus der Verbannung mit der Todesstrafe bedrohte, trat wieder in Geltung. Schließlich begannen Arbeiten auf dem Eiland, das, an der äußersten Spitze Dorchesters gelegen, die Einfahrt des Bostoner Hafens schützte. Das Schloß, eine verfallene Holzfeste, wurde instand gesetzt, mit Steinbastionen versehen und erhielt eine ständige Besatzung. Auch wurden Kanonen aufgefahren.

Im Frühling 1665 verbreiteten sich in Boston alarmierende Nachrichten: mehrere Schiffe mit Truppen und königlichen Kommissaren an Bord seien im Begriff, England zu verlassen. Als sie ankamen, war der greise Endicott eben gestorben und der greise Bellingham – auch ein Einwanderer von 1630 – zu seinem Nachfolger gewählt worden. Er ließ die königlichen Schiffe wissen, daß sie nicht in den Hafen einlaufen und nur kleine Gruppen unbewaffneter Männer an Land gehen durften.

Indes hatte die Flotte Boston bloß angelaufen. Sie verschob diesen Teil ihres Befehls, nämlich die Kolonien Neu-Englands in die Knie zu zwingen, auf später und nahm inzwischen den Holländern Neu-Amsterdam weg. Als sie nach Wochen wiederkam, hatte sich Massachusetts eine neue Versammlung gewählt, unter Mißachtung der königlichen Weisungen über die Ausdehnung des Wahlrechts. Die vier Kommissare stießen auf einen zwar nicht gewalttätigen, aber schikanösen und unüberwindbaren Widerstand gegen Karls II. Willensbekundung. Sie schlugen einen schärferen Ton an: »Da Euch der König«, schrieben sie an den Obersten Gerichtshof, »einen Freibrief verlieh, entäußerte er sich nicht der Oberhoheit, und da er Euch eine gewisse Gewalt über seine Untertanen zugestand, sollte das keineswegs bedeuten, sie würden nun *Eure* Untertanen.« Es gab freilich auch erheiternde Episoden während der feierlichen, langweiligen Auseinandersetzungen. So legten sich die puritanischen Büttel auf die Lauer, um die Kommissare des Königs zu ertappen, wie sie am Sabbat Wein tranken. Die Kommissare aber hatten Lunte gerochen und verprügelten sie. Das war übrigens ihr einziger Erfolg in Massachusetts. Sie segelten davon, die Zustimmung der übrigen Kolonien zu den von der Krone gewünschten Reformen in der Tasche. Nur die Puritaner von Massachusetts hatten keinen Zoll breit nachgegeben. Carr, Cartwright und Maverick schlugen infolgedessen den Widerruf des Massachusetts-Freibriefs vor. Nichols, der vierte Kommissar, war als Gouverneur von New York in Amerika geblieben und fand es besser, sich der Stimme zu enthalten.

Im folgenden Jahr machte Karl II. einen neuen Versuch, seinen widerspenstigen Amerikanern den Nacken zu beugen. Er drückte seinen braven Kolonien seine Zufriedenheit aus, ausgenommen der Ansiedlung an der Massachusetts-Bucht. Diese wurde aufgefordert, ihren Gouverneur Bellingham an der Spitze einer Delegation abzuordnen, die in allen Anklagepunkten Rede und Antwort zu stehen hätte. Der Oberste Gerichtshof beriet diese dringende Aufforderung in einer gespannten Atmosphäre. Zum erstenmal ging in der Kolonie eine Niederschrift von Hand zu Hand, die dem König Treue gelobte, somit der aufrührerischen Theokratie eine Rüge erteilte. Diese blieb jedoch in ihrem Widerstand fest. Sie erinnerte daran, daß sie Beweise der ihr abgesprochenen Königstreue gegeben hatte: die Huldigung, eine Ladung Holz für Seiner Majestät Schiffsmaste als Geschenk, eine Geldsammlung für die Opfer der großen Londoner Feuersbrunst usw.

Die Freiheiten Massachusetts' aber seien unantastbares Väterteil. Gouverneur Bellingham könne man unmöglich die für seine Jahre allzu anstrengende Reise zumuten. Der Gouverneur von Massachusetts gehöre nach Massachusetts: da werde er auch bleiben.

Zum Beschluß bat der Oberste Gerichtshof Seine Majestät, seine untertänigsten und innigsten Gebete für Sein Wohlergehen auf Erden und Sein ewiges Heil entgegennehmen zu wollen.

Die einzig richtige Antwort auf dieses Meisterwerk an Unverschämtheit wäre der Widerruf des Freibriefs und die Ankündigung von Strafmaßnahmen gewesen. Massachusetts verhielt sich abwartend. Es wartete mehrere Jahre lang. Karl II. hatte sich in Europa viele Feinde auf den Hals geladen und mußte sich mit Holland und Frankreich herumschlagen. Warum sollte er die Auseinandersetzung mit einer aufsässigen, aber unbedeutenden und fernen Kolonie übers Knie brechen? Castle Island, das vor dem Bostoner Hafen auf Wache stand, bekam die königlichen Fregatten, das englische Landungskorps und den von Whitehall ernannten Gouverneur nie zu Gesicht. Aus dem Wald der Indianer aber, an denen der Gram über die verlorene Unabhängigkeit nagte, sollte das Gewitter hervorbrechen und Neu-England gefährden.

Zur Winterszeit 1674–75 wurde in einem vereisten Teich die Leiche eines Indianers namens Sassamon aufgefunden. Er war in ein Loch gefallen. Daneben lagen in auffälliger Weise Flinte und Kopfbedeckung. Die Polizei von Plymouth witterte eine Tarnung. Man hatte offenbar den Eindruck erwecken wollen, Sassamon wäre verunglückt. Quetschwunden am Kopf der Leiche deuteten jedoch auf Gewaltanwendung und Mord. Woraus geschlossen wurde, der Indianer sei auf Befehl König Philipps umgebracht worden.

Sassamon war das beste Pferd im Stall von Pastor Eliot gewesen, einem der seltenen Geistlichen, die sich der Indianer annahmen. Mit Hilfe von in England gesammelten Geldern war es ihm gelungen, etwa 1000 Indianer zu bekehren, die unter dem Namen *»Praying Indians«* bekannt waren. Einige hatte er zu gebildeten Menschen gemacht, so auch Sassamon. Dieser war vom Glauben abgefallen, zu ihm wieder zurückgekehrt, und hatte eine Stellung als Sekretär und Dolmetscher bei König Philipp gefunden, dem Sachem der Wampanoag. In seiner Eigenschaft als englischer Agent hatte er beim Übersetzen die Unwissenheit seiner Stammesgenossen bedenkenlos ausgenützt. Die Engländer aber beförderten ihn nun zum Märtyrer.

Zum letzten Male erscheint die kleine Kolonie von Plymouth auf der historischen Bühne. 16 Jahre später wurde sie Massachusetts einverleibt. Damals aber behauptete sie noch ihre Selbständigkeit und hatte als Mitglied der Union der Kolonien Neu-Englands ein Machtwort zu sprechen. 13 Ortschaften mit etlichen hundert Einwohnern lagen verstreut zwischen der Massachusetts- und Narrangasetts-Bucht. Von Kap Cod, wo nichts wuchs, wollen wir absehen: man hatte es den *»Praying Indians«* überlassen. Andere Indianer, die Wampanoags, die sich dem Christenum widersetzten, siedelten im westlichen Teil der Kolonie und standen in Verbindung mit den verhältnismäßig mächtigen Bünden von Rhode Island und Connecticut: den Narrangasetts, Podunks, Mohikanern und Nipmucks. König Philipp oder Matassom, wie sein Indianername lautete, herrschte über die Wampanoags. Er war kein Geringerer als der Sohn des Königs Massassoit, den Kapitän Krabbe vor 55 Jahren zitternd durch die einzige Straße Plymouths geleitet hatte. Das Bündnis mit Massassoit, das treue Festhalten des eingeborenen Potentaten am Freundschaftsvertrag waren von entscheidender Bedeutung für Fortbestand und Festigung der Niederlassung der Pilgerväter gewesen.

Seither hatte sich freilich ein Wandel vollzogen. Die Europäer waren nun nicht mehr geduldete Fremde. Die Zahl, die ihnen in Kanada so bitter gefehlt hatte, verlieh ihnen in Neu-

England unwiderstehliche Macht. 60000 Engländer saßen von Maine bis Connecticut, erniedrigten und verdrängten 12000 bis 15000 Indianer und machten kein Hehl aus ihrem Wunsch, sie völlig von der Bildfläche verschwinden zu sehen. Die härtesten waren wie immer die gewalttätigen Puritaner Bostons. Sie standen nicht an, die Indianer als Söhne Satans zu bezeichnen. Doch lagen die Wurzeln des Gegensatzes tiefer als im Theologischen. Die Engländer brauchten bestellbaren Boden, den die Eingeborenen für einen Pappenstiel herschenkten, ohne zu begreifen, daß sie damit Eigentumsrechte aus der Hand gaben, für die ihnen allerdings jedes Verständnis fehlte. Als Standish mit zwei anderen 40 Quadratkilometer Boden für 20 Messer und 10 Meter Baumwollstoff kaufte, glaubten sie, das Land rechtmäßig für alle Zeiten erworben zu haben, während die Verkäufer meinten, sie hätten ihnen lediglich den Nießbrauch für einige Monde überlassen. Das gleiche Mißverständnis gab es überall.

Was den Europäern Sicherheit verlieh, die Indianer aber zur Geduld mahnte, war die Vernichtung des Pequotvolkes vor 40 Jahren, aus der beide Teile eine Lehre gezogen hatten. Den Engländern flößten die Indianer weder einfache Teilnahme noch gar wärmere Gefühle ein. Sie waren mit der Zeit dahin gelangt, sie als ihre Untergebenen zu betrachten, denen sie Gesetze vorzuschreiben hatten. Jeder Indianer, ob Christ oder nicht, der am Sabbat jagte, fischte oder Holz trug, wurde ausgepeitscht. Jeder betrunkene Indianer mußte zwölf Tage Zwangsarbeit leisten, die Hälfte davon zum Nutzen seines Anzeigers. Die Stämme hatten sich an die puritanische Tugend zu halten: »Der Fall einer des Ehebruchs schuldigen Squaw«, erzählt Hutchinson, »wurde vor den Gerichtshof gebracht, der entscheiden sollte, ob sie den Tod verdiente oder nicht.« Das Gericht übte Nachsicht mit der heidnischen Sünderin. Sie kam *»with a smart whipping«* davon. Von wenigen Ausnahmen abgesehen machten sich übrigens die Kolonisten kein Gewissen daraus, Indianer zu berauben oder zu kränken. Die Berichte über den Aufstand sind voll scharfer Rügen für die »Undankbarkeit« der Indianer. Nun, undankbar waren sie bloß gegen die Räuber ihres Bodens und ihrer Ehre.

Der Vater König Philipps, Massassoit, war als Verbündeter des Königs von England gefeiert worden. Der Bruder König Philipps, Alexander, wurde vor den Rat von Plymouth geladen und, da er säumte, von Major Josuah Winslow mit gezogener Pistole vorgeführt. Philipp, der Alexander folgte, sah sich von Anfang an verdächtigt und verfolgt. Sein Stamm war auf einer Landzunge in der Narrangasetts-Bucht eingepfercht worden, und die Söhne der Pilgerväter weinten unausgesetzt dem tafelförmigen, fruchtbaren Mount Hope nach, den sie ihm hatten überlassen müssen. 1617 brach ein Konflikt aus. König Philipp entging einer Strafexpedition nur, weil er die Vermittlung Massachusetts' angerufen und dieses seinen Nachbarn erklärt hatte, es sehe keinen triftigen Grund zum Krieg. Gleichwohl hatte man dem armen Fürsten allerhand Demütigungen und Grobheiten angetan und ihn gezwungen, sich nicht nur als Untertan der Krone, sondern auch als solchen der Kolonie Plymouth zu erklären. Er setzte sein Zeichen, ein unbeholfen gemaltes »P« unter ein Schuldbekenntnis, in dem er seine »Schlechtigkeit«, »Untreue« und »Torheit« eingestand. Man verdonnerte ihn zu einer Geldstrafe von 100 Pfund Sterling, die er gar nicht besaß. Überdies verpflichtete er sich, den Behörden alle Feuerwaffen der Wampanoags auszuliefern. Was diese allerdings nur zu einem Viertel taten.

Ein verzweifelter Aufstand der Indianer konnte Neu-England ebensowenig erspart bleiben wie Neu-Holland oder Virginia. Die Sache mit Sassamon beschleunigte ihn bloß. Der Verräter hatte den Engländern hinterbracht, Philipp zettele eine Verschwörung gegen sie an, und hinzugefügt, sein Leben sei keinen Pfifferling wert, wenn der Sachem von der Anzeige erführe. Als man seinen Leichnam unter der Eisschicht entdeckte, war der nötige Zusammenhang sogleich hergestellt, und die englische Gerichtsmaschine setzte sich racheschnaubend in Bewegung. Was übrigens ein Fehler war. Glaubte man einen Vorwand zu haben, König Philipp zu erledigen, dann hätte man ihn mit allen der Kolonie zur Verfügung stehenden Kräften überrennen und ohne viel Federlesens hinrichten müssen. Die Leute von Plymouth jedoch waren eher in Rechtshändeln bewandert als in der Politik. Sie zogen vor, die unmittelbaren Mörder des Spions zu fassen und sich den Anstifter später vorzunehmen.

Die drei auf Grund von Angaben eines Freundes Sassamons verhafteten Indianer hießen Tobias, Wampanom und Metthushanana. Der Prozeß wurde im kleinen Court House von Plymouth verhandelt. Als Geschworene hatte man »aus Billigkeitsgründen«, wie man gleisnerisch erklärte, auch sechs »ernste« (d. h. fügsame) Indianer zugezogen. Die Angeklagten stellten das Verbrechen in Abrede. Nun wurde eine unfehlbare Untersuchungsmethode angewandt; man grub die sechs Monate alte Leiche aus und ließ sie der Reihe nach von den Angeklagten schlagen. Als Tobias zuschlug, quoll reichlich Blut hervor, der wahrhaft schlagende Beweis dafür, daß er der Mörder war, die beiden anderen aber folglich seine Helfershelfer. Alle drei wurden verurteilt und hingerichtet.

Philipp begriff, daß nun die Reihe an ihm war. Es blieb ihm gar nichts anderes übrig, als auf Tod und Leben zu kämpfen.

Wir hätten gern mehr von diesem Vercingetorix Neu-Englands gewußt. Leider haben die trockenen, jeder menschlichen Anteilnahme baren und gehässigen englischen Chronisten seine Persönlichkeit im Dunkel belassen. Der einzige Charakterzug, den sie im Einerlei maßloser Beschimpfungen ins Licht setzen, ist seine Feigheit. Im Kampf floh er stets als erster – und das Wissen um diese Angewohnheit gab seinen Feinden wenige Monate später die für ihn verhängnisvolle Kriegslist ein. Doch mußte diese in der Indianerwelt so seltene Schwäche unbedingt mit politischen oder persönlichen Eigenschaften aufgewogen sein, über die wir leider nicht unterrichtet sind.

Der erbitterte, mörderische Krieg begann als Streit zweier Dörfer. Wir sehen die sieben oder acht Wampanoags förmlich vor uns, wie sie, hochgewachsen, schlank und braun gleich Zigeunern, am Sonntag, dem 20. Juni 1675, im Weiler Swansea herumschlichen. Sie gaben vor, einen Schleifstein für ihre Äxte zu suchen. Den Einwand der Engländer, es sei doch heute der Tag des Herrn, beantworteten sie mit Witzeleien über den Gott der Weißen. Schließlich schoß ein Engländer, traf einen der Indianer und entfesselte damit die Kampfhandlungen. Die in einem der Häuser verbarrikadierten Bewohner Swanseas leisteten zwar Widerstand, die verlassenen Gebäude aber wurden in Brand gesetzt und mehrere Kolonisten umgebracht.

Hätten sich alle Stämme gleichzeitig erhoben, wäre die Lage der Engländer bedenklich gewesen. Doch die Bündnisse zwischen den Indianerstämmen standen auf schwachen Füßen und erforderten endlose diplomatische Vorbereitungen. War wirklich ein allgemeiner Aufstand nahe, wie die Autoren der Zeit behaupten, so war er im Sommer 1675 jedenfalls noch nicht reif. Die Wampanoags standen somit den von Plymouth und Boston her vorrückenden Truppen allein gegenüber. Sie räumten Mount Hope und suchten Zuflucht im großen Sumpf von Pocasset. Als die Engländer dort eindrangen, mußten sie die Erfahrung mit ihrem Blut erkaufen, wie schwer es war, die Indianer auf ihrem eigenen Boden zu bekämpfen. Fast übernatürlich leichtfüßig liefen die Wilden über den Morast, in den die Europäer bis zu den Schultern einsanken. Überall witterten sie lauernde Feinde, und ihre Angst nahm derart überhand, daß sie aufeinander schossen, weil sie einfach in jeden Busch feuerten, wenn sich da nur das geringste regte. Sie gingen aus dem gefährlichen Sumpf, wollten ihn umstellen und Philipp aushungern. Doch er entkam mit allen seinen Kriegern in den letzten Tagen des Juli. Von da ab wurden die Feindseligkeiten allgemein.

Von Maine bis New York war es mit der Sicherheit vorbei.

Der Feind war nicht zu fassen. Er tauchte plötzlich vor einem Dorf auf, überrumpelte es, und mochte er auch nicht immer die Garnison überwältigen, so steckte er zumindest den größten Teil der Behausungen in Brand. Mendon, Brookfield, Lancaster und alle vorgeschobenen Ortschaften des Connecticut-Tales, wie Northfield, Deerfield, Hatfield und Hadley, gingen während dieses Sommers in Flammen auf. Die beweglichen Truppen, die den Belagerten Entsatz oder Nachschub bringen sollten, waren im Kleinkrieg gegen die Streifscharen der Indianer stets äußerst gefährdet, denn er wurde mit List, Tücke und Verrat geführt. Ein Kapitän Hutchinson, der Sohn Anne Hutchinsons, die selbst das Opfer eines früheren Indianerkrieges geworden war, wurde mit seiner ganzen Abteilung niedergemacht. Er hatte sich in Besprechungen mit den Nipnets eingelassen. Fast alle Männer der Grafschaft Essex wurden bei Bloody Brook getötet, als sie den Transport von 3000 Scheffeln Mais von Northfield nach Hadley deckten. Immer mehr englische Skalpe baumelten am Gürtel der Rothäute. Scharen von Frauen und Kindern folgten den wandernden Indianern in die Sklaverei, allen Grausamkeiten der Squaws und sogar der Hunde ausgesetzt, die den Feind witterten und die ihren Herren zugefügten Demütigungen rächten. Hemmungslos warfen die Wilden das Joch ab, das ihnen die Weißen mit ihrer Manneszucht, mit ihrem Verbot gegenseitigen Tötens seit so langen Jahren auferlegt hatten. Die Gefangenen und Belagerten, die sie um ihre Biwakfeuer tanzen sahen und hörten, bestätigten die puritanische Behauptung, die Indianer seien *»the children of the devil«*. Immerhin sei erwähnt, daß die Berichte aus jener Zeit keinen einzigen Fall von Menschenfresserei anführen, wo doch alle französischen Niederschriften voll davon sind. Entging den Engländern diese Tatsache oder ernährten sich die Stämme Neu-Englands anders als die Irokesen und Algonkins am Sankt Lorenz-Strom?

Die Lage wurde so bedrohlich, daß der seit 20 Jahren schlummernde Bund der Kolonisten zu neuem Leben erwachte.

Da Rhode Island seiner pazifistischen Tendenzen wegen außerhalb der Liga stand und New Haven Connecticut angeschlossen worden war, verblieben nur mehr drei Verbündete, deren Vertreter am 9. September in Boston zusammentrafen. Es wurde beschlossen, 1000 Mann auszuheben, von denen Massachusetts 527, Connecticut 315 und Plymouth 158 zu stellen hatten. Josuah Winslow wurde zum Oberbefehlshaber ernannt, mit einem Gehalt von 1000 Pfund jährlich. Von einer Stellungspflicht konnte übrigens keine Rede sein, und es gibt zahlreiche Beweise, daß die Puritaner sich mit allen Mitteln davon drückten, den Kindern Satans, die sie mit soviel schönnen Argumenten bekämpften, auch mit der Waffe in der Hand entgegenzutreten. Noch ehe das Heer in die Kampfhandlungen eingriff, erlitten die Indianer vor Hatfield eine schwere Niederlage und zogen sich, da auch die schlechte Jahreszeit herannahte, ins Connecticut-Tal zurück, ihre Winterquartiere zu beziehen. Philipp, den man nur selten auf den Schlachtfeldern erblickt hatte, setzte sich, fern dem Kriegsgeschehen, in die Nähe von Albany ab.

Neu-Englands Strategen prüften die Lage. Das mächtigste Volk, die Narrangasetts, das mit angeblich 5000 Kriegern zu hoch eingeschätzt wurde, hatte bis dahin eine feindliche, aber abwartende Haltung eingenommen. Wahrscheinlich würde es im Frühjahr zu den Waffen greifen. Man hoffte, es durch einen Blitzkrieg mitten im Winter zu vernichten, und beschloß, ihm zuvorzukommen. Die Truppenteile sammelten sich auf dem Westufer der Narrangasetts-Bucht, in der Nähe des Gebietes, wo der Krieg begonnen hatte. Sie machten einen Gefangenen, der sich, den Strick schon um den Hals, bereit erklärte, sie zum Lager des Feindes zu führen. Es wurde ein furchtbarer Nachtmarsch bei schneidender Kälte. Um die Mittagsstunde des 19. Dezember langte man beim Sumpf an, in dessen Mitte die Narrangasetts auf einer Insel mit festem Boden das Winterquartier errichtet hatten. Ihr Ingenieur, ein europäisierter Indianer, John Steinwand zubenannt, hatte es sogar sorgfältig mit einer Palisade umgeben. Nur hatte der Frost den Sumpf gehärtet und der Kundschafterdienst der Indianer sich wieder einmal als so mangelhaft erwiesen, daß sie von einer weißen Armee in ihrer Nähe gar nichts wußten. Sie wurden beim Zubereiten ihrer Mahlzeit überrumpelt. Pastor Hubbard bemerkt dazu sarkastisch, viele von ihnen hätten sie wohl in einem bei weitem kälteren Land verzehren müssen. Dennoch wütete der Kampf ganze drei Stunden. Den Engländern gelang es, Feuer an die Wigwams zu legen, so daß Frauen und Kinder bei lebendigem Leib verbrannten. Doch als die roten Krieger in die Flucht geschlagen waren, verfielen die Sieger inmitten der trostlosen Landschaft in Trübsinn: 220 Kameraden lagen tot oder verwundet auf dem vereisten Boden. Nichts konnte sie davon abhalten, das Schlachtfeld in finsterer Nacht und tiefem Schnee ungesäumt zu verlassen. Sie fühlten sich nicht als Sieger, und ein Soldat konnte schreiben: »Ein Glück, daß die Sachems den jungen Männern verboten, uns zu verfolgen, wo wir uns doch mit so vielen Toten und Verwundeten schleppen mußten.«

Der Krieg ging weiter und breitete sich aus. Er wurde mit Erbitterung geführt. »Gott, der Gerechte«, so gab der Oberste Gerichtshof von Massachusetts offiziell zu, »hat diesen wilden Heiden aufgetragen, uns mit dem Flegel zu dreschen, zur Strafe für die Hoffart, so sich unter uns breitmacht: da gewisse Männer das Haar lang, ja, gar Perücken tragen, gewissen Frauen aber die Unzucht an ihren Locken und Frisuren anzusehen ist.« Die Angst, Neu-England könne vom Indianeraufstand weggefegt werden, begann sich bemerkbar zu machen, als Rothäute kaum zwanzig Meilen von Boston entfernte Gemeinden überfielen und eine elfköpfige Familie am Ortsrand von Plymouth ausrotteten. Lancaster, Sandbury, Chelmsford, Medford und Weymouth wurden angegriffen, eingenommen oder zerstört. Dann kamen Providence, Groton, Warwick, Marlborough, nochmals Sandbury und Chelmsford, später Rehoboth, Wrentham, Seekonk, Andover, Scituate sowie

Bridgewater an die Reihe. Im Norden, in den Einöden New Hampshires und Maines, befanden sich die Europäer in noch schlimmerer Lage. Maine mußte geräumt werden. Boston war überfüllt von Flüchtlingen, die alles verloren hatten.

Schließlich gaben die Irokesen dem Krieg eine neue Wendung. In Boston sprach man frohlockend Dankgebete, als die Nachricht eintraf, König Philipp sei von den Mohawks angegriffen und viele seiner Krieger getötet worden. Noch ein furchtbarer Gegner setzte den siegestrunkenen Indianern hart zu: der Hunger. »Sie scharren alte Gebeine aus«, erzählt die Gefangene Mary Rowlandson, »säubern sie am Feuer von den Würmern, kochen sie und trinken die Brühe. Indessen habe ich keinen, Mann, Frau oder Kind, Hungers sterben sehen. Wir sind in den Augen des Herrn so sündig, daß Seine Hand unsere Feinde nährt, statt sie zu züchtigen.« Canouchet, Sachem der Narrangasetts, sah gleichwohl ein, daß seinen Kriegern die Kräfte fehlen würden, und fand, es sei unerläßlich, den eroberten Boden zu bebauen. Um sich Saatgut zu verschaffen, ging er auf Raub aus, was freilich für ihn ein schlimmes Ende nahm. Er fiel Kapitän Denison in die Hände, lehnte es aber gleich Regulus ab, seinen Stammesgenossen Friedensvorschläge zu überbringen — *»a most perfidious villain«*, erläuterte Hubbard. Die Gunst, ihn erschießen zu dürfen, erbaten ein junger Sachem der Mohikaner und zwei Pequots, denn der interindianische Krieg dauerte mitten im Aufstand an, und die Engländer wären ohne ihre rothäutigen Bundesgenossen nie Herren der Lage gewesen.

Im Juli 1676 waren alle Hoffnungen der Aufständischen zerstört. Sie hatten keinerlei Aussicht mehr. Die Indianerbanden liefen auseinander und wurden einzeln vernichtet. Überall herrschten Abfall und Verrat. Der Krieg mußte aus sein, wenn es gelang, den Mann zu erlegen, der als sein Symbol galt, obwohl ihn die Engländer in offener Feldschlacht nie zu Gesicht bekommen hatten. Aus dem Gebiet des Hudson von den Irokesen vertrieben, kehrte König Philipp zur Küste zurück, in die alten Jagdgründe der Wampanoags. Bald war er ein gehetztes Wild. Seine Squaw und sein Sohn wurden gefangen, sein Onkel neben ihm von einer Kugel getötet. Er selbst jedoch entkam. Seinen letzten Gefährten durfte er nicht vertrauen, denn die trachteten ihn zu verraten, um selber davonzukommen. Seine Schwägerin, die unentwegte Squaw Sachem Weetahoe, war schon verraten und umzingelt. Da rettete sie sich mit einem Sprung auf ein Floß. Ein paar Tage später fischten die Engländer ihre nackte Leiche aus dem Wasser und nagelten ihren Kopf an die Palisade von Taunton. Am 12. August kam endlich ein Überläufer zu Kapitän Church und bot sich an, ihm das Versteck König Philipps zu zeigen. Church war im Indianerkrieg ein alter, schlauer Fuchs geworden. Sorgfältig ließ er die von den Indianern vorgesehenen Fluchtwege erkunden und bewachen. König Philipp ging als erster in die Falle. Ein Mann aus Plymouth legte gegen ihn an, seine Flinte versagte aber, und so tötete ein Indianer von Kap Cod den Vorkämpfer der Unabhängigkeit seines Volkes durch einen Herzschuß.

Auf den ersten Blick war der Krieg den Engländern teuer zu stehen gekommen. Von zehn oder zwölf Männern im kriegsfähigen Alter war einer gefallen. Zwölf Städte lagen in Schutt und Asche, viele andere waren teilweise zerstört. Die Kolonien hatten Schulden machen müssen, und Plymouth erschien derart geschwächt, daß sein Anschluß an Massachusetts nurmehr eine Frage der Zeit war. Die Kampfeswut der Indianer war nicht völlig gebrochen: der Krieg dauerte in Maine fort, und schon zehn Jahre später flammte ein neuer Aufstand auf. Die Machtfrage war indessen entschieden. Westlich der Großen Seen gab es niemals mehr ein Indianerproblem.

In diesem Jahr 1676 schwand somit die Indianergefahr, doch lebte der Streit zwischen Neu-England und den Stuarts wieder auf. Zehn Jahre zuvor hatten die Kommissare Karls II. Boston verlassen müssen, ohne den starrsinnigen Puritanern die geringste Konzession abgerungen zu haben. Zwischen Mutterland und Kolonie herrschte ein stillschweigender Waffenstillstand, wobei letztere einen moralischen und faktischen Sieg davongetragen hatte. Der Oberste Gerichtshof von Massachusetts, die Versammlungen von Connecticut und Rhode Island erließen Gesetze, als hätte es England nie gegeben. In Neu-England befand sich kein einziger Beamter, kein Vertreter der Krone — während Virginia eine königliche Kolonie war, das frühere Neu-Holland dem Herzog von York direkt unterstand und Maryland, Jersey sowie Süd- und Nordkarolina großen, mit der Monarchie eng verbundenen Herren gehörten. Die puritanischen Niederlassungen, mit Massachusetts an der Spitze, waren eigentlich Republiken. Von der völligen Unabhängigkeit schied sie bloß ein Treuegelöbnis, so schwach wie eine Rechtsfiktion.

Die allmählich befestigte Lage wurde wieder unsicher, als im Juni 1676 Eduard Randolph den Fuß auf den Bostoner Kai setzte. Er war bloß ein kleiner Mann, der Sohn kinderreicher Eltern, den eine Feuersbrunst zugrunde gerichtet hatte und der in ewige familiäre und finanzielle Schwierigkeiten verstrickt war. Nach Massachusetts kam er allerdings als Vorbote einer neuen Politik der Krone. Der königliche Brief, den er überbrachte, rief der Kolonie die Navigations-Akte in Erinnerung und lud sie ein, zu den zahlreichen Beschwerden über ihre Räubereien Stellung zu nehmen. Zehn Jahre lang hatte sich das Mutterland mit allem abgefunden, nun erwachte es plötzlich. Massachusetts, Neu-England waren bloß zweitklassige Besitzungen, bei weitem nicht so bedeutend wie Virginia oder Jamaika. Immerhin fand es der neue Rat der *Lords of Trade* an der Zeit, sie dem Empire wieder fest einzugliedern. Ihr böses Beispiel hatte die guten Sitten lang genug verdorben.

Die Herren von Massachusetts empfingen Randolph hochfahrend und bärbeißig, ein Benehmen, das sich gegen den Herrn und den Boten richtete. Er wurde zum Rathaus geleitet, einem langen, giebeligen Gebäude, das 1658 errichtet worden war und das die Regierung aus Gründen der Sparsamkeit mit der Gemeindeverwaltung teilte. Als ein Beamter Karls II. Prosa vorzulesen begann, nahm Randolph den Hut ab, doch nur drei Beiräte folgten seinem Beispiel, der Gouverneur Leverett und die übrigen hohen Herren blieben bedeckt. Dann erklärte Leverett, die im Brief des Königs erwähnten Gegenstände »ergäben kaum Weiterungen und ließen sich mit Leichtigkeit beantworten«. 48 Stunden später lag die Antwort des Rates vor — den Obersten Gerichtshof einzuberufen hatte man nicht geruht. Randolph, den man in einer Herberge sehr schlecht untergebracht hatte, wurde bedeutet, ihm würde bloß eine Abschrift ausgefolgt, der Originaltext aber nicht durch ihn, sondern anderweitig zugestellt. Er verwahrte sich dagegen mit dem Bemerken, er sei der Abgesandte und Vertreter des Königs. Doch die aristokratischen Republikaner von Massachusetts würdigten ihn keiner Antwort. So mußte sich der Bote Karls II. mit der Abschrift eines dreisten Briefes an seinen König tief gekränkt wieder nach England einschiffen. Aus seinem verletzten Stolz erwuchsen Massachusetts die schlimmsten Folgen.

Kaum in London angekommen, ging Randolph ans Werk. Es ist kein Bildnis von ihm erhalten. Wir neigen dazu, ihn uns häßlich und verschlagen vorzustellen. Jedenfalls verstand er sich darauf, eine Sache aktenmäßig darzustellen und ins richtige Licht zu rücken. Sein Bericht an die *Lords of Trade* stellt fest, zahlreiche Schiffe Neu-Englands seien unter Mißachtung der Navigationsakte im direkten Handel zwischen Nordamerika, den Antillen und Europa eingesetzt. Die übrigen Gesetzesverletzungen Massachusetts', seine Unverschämtheiten und schlimmen Streiche aufzuzählen, sei kaum möglich: die Kolonie habe sich völlig widerrechtlich Gebiete einverleibt und diesbezügliche Klagen als freche Lügen zurückgewiesen; Münzen würden geprägt, ohne den Namen des Königs auch nur zu erwähnen; dessen Untertanen aus religiösen

Gründen dem Henker überantwortet; der Huldigungseid an Karl II. abgelehnt, die Kolonisten jedoch gezwungen, ihren eigenen Behörden den Treueid zu leisten; schließlich wurden die königlichen Ausstellungen mit der Begründung zurückgewiesen, englische Gesetze beträfen Amerika nicht, man habe nach dem Freibrief das unumschränkte Recht auf eigene Gesetzgebung. So lautete im großen und ganzen die Anklage, die alle folgenden Jahre hindurch immer wieder gegen die Puritaner erhoben wurde. Randolph ging kurzerhand zu den Folgerungen über und empfahl Karl II., die alten Kränkungen zu vergeben, Neu-England aber durch Entsendung eines Gouverneurs und entsprechender Truppen als Kronkolonie zu begründen.

Boston witterte die Gefahr noch lange nicht. Der Brief des Königs wurde dem Obersten Gerichtshof erst im August 1677 vorgelegt, über ein Jahr nach Randolphs Besuch. Die Extremisten erklärten, man solle ihn unbeachtet lassen, aber der Klerus empfahl ein erstes Mal Mäßigung, und so beschloß man, zwei Vertreter nach London zu entsenden, die Sache der Kolonie zu verfechten. Indessen ging das törichte Treiben in ihrer Abwesenheit weiter. Die strenge puritanische Gesetzgebung wurde noch verschärft, der Kolonie mußte ein erweiterter Treueid geleistet werden, weil angeblich eine Verschwörung aufgedeckt worden war, Boston niederzubrennen, was tatsächlich ein paar Monate später geschah. Man kaufte den Gorges ihre Rechte auf Maine ab, noch während sich die königlichen Gerichte mit der Angelegenheit befaßten. Die Verfolgung der Quäker lebte wieder auf. Als Bürger wurden auch weiterhin nur Mitglieder der puritanischen Kirche anerkannt — mit einer einzigen Ausnahme im Verlaufe von elf Jahren, die den Vertretern von Massachusetts erlauben sollte, mit frecher Stirne zu behaupten, diese Anschuldigung sei falsch. Die bedrohte Theokratie tobte sich aus.

Im Jahre 1678 erschien Randolph wieder in Boston. Diesmal kam er als Kommissar und Zolleinnehmer für Neu-England, als erster Beamter der Krone in Boston. Sein Auftrag bestand hauptsächlich darin, die gegen die Navigationsakte verstoßenden Schiffe mit Beschlag zu belegen, nur fehlten ihm hierzu jegliche Mittel, und die um Unterstützung ersuchten Behörden der Kolonie gaben sich im Gegenteil alle erdenkliche Mühe, seine Tätigkeit völlig lahmzulegen. »Ich erwarte«, schreibt er in einem Brief, »jeden Augenblick meine Verhaftung.«

Statt aber den Kampf aufzugeben, trieb die Verfolgung diesen Mann zu unermüdlichem Einsatz gegen die Puritaner an. Achtmal fuhr er nach England, bei den Gerichten die Bearbeitung der gegen Massachusetts eingereichten Klagen zu beschleunigen und den königlichen Behörden über das herausfordernde Benehmen zu berichten. Im Jahre 1683 überbrachte er nach der Rückkehr von einer dieser Reisen dem Bostoner Obersten Gerichtshof die letzten Vorschläge des erbosten Königs: Der Herrscher versprach vollen Schutz des Privateigentums sowie eine liberale Reorganisation der Kolonie, wenn sie sich durch freiwilligen Verzicht auf die Charta unterwerfe. Widrigenfalls würde das Erforderliche in die Wege geleitet, damit Seine Majestät das letzte Wort behalte.

Nun waren die Bostoner übel daran. Sie standen allein. Rhode Island und Connecticut hatten sich auf die gleichen Vorschläge hin sofort unterworfen, auf ihre Freibriefe verzichtet und den König angefleht, Großmut zu üben. Die Regierung von Massachusetts ordnete ein Fasten und die Abhaltung öffentlicher Gebete an und befragte den Klerus und die Honoratioren um ihre Meinung, die jeder schriftlich zu äußern hatte. Am 15. November trat die Richterkammer zusammen. Die Beratung verlief kurz und kläglich: »Wir beabsichtigen keineswegs, uns in einen Rechtsstreit mit Seiner Majestät einzulassen. Wir fallen Ihr zu Füßen und sind bereit, unsere Vertreter zur Entgegennahme Ihres allergnädigsten Willens zu entsenden.« Diese Kapitulation bedurfte allerdings der Zustimmung der Abgeordneten, denen die Beamten und Richter 14 Tage Bedenkzeit gaben. Am 30. November überbrachte man ihnen die Antwort des Unterhauses. Sie bestand aus einem Satz: »Die Abgeordneten verweigern ihre Zustimmung und verharren bei ihrer früheren Meinung.« Der Commonwealth von Massachusetts hatte beschlossen, »den Tod von fremder, nicht von eigener Hand zu empfangen«.

Wieder vergingen viele Monate. Englands Staatskanzlei befaßte sich mit dem langwierigen Verfahren der Nichtigkeitserklärung des Freibriefs von 1630. Der Freibrief hatte eine solche symbolische Bedeutung gewonnen, die Straflosigkeit aber war dermaßen zur Gewohnheit geworden, daß man noch immer auf einen glücklichen Ausgang der Angelegenheit hoffte. Anfang September schrieb Thomas Dudley, einer der Vertreter in London, der Freibrief sei für ungültig erklärt worden. Immerhin handle es sich dabei um ein bedingtes Urteil. Das Gericht sei bereit, es aufzuheben, wenn der Beklagte vor Michaeli wieder erscheine. Bei einiger Eile – Michaeli fällt auf den 23. Oktober – konnte Massachusetts die Lage noch retten. Man berief den Obersten Gerichtshof ein, doch vertagte er sich auf den 15. Oktober, in der Überzeugung, die Frist würde noch einmal erstreckt. An diesem Tag wurde eine Bittschrift angenommen: Massachusetts tat vor dem König einen »Fußfall« und bat demütig um Verzeihung. Dem Vertreter der Kolonie aber schrieb man einen groben Brief voll von Beschimpfungen und Schmähungen. Doch ob Demut oder Zorn, das alles war nun gleichgültig geworden. Da die Vertreter Massachusetts' in England sich nicht gerührt hatten, war zu Michaeli das letzte Stündlein für das Pergament gekommen, das die Puritaner des Jahres 1629 vom zweiten Stuart erhalten hatten.

Dem König war es gar nicht eilig, die Früchte des Sieges zu pflücken, den sein Gericht errungen hatte. Das Jahr 1685 verlief für Massachusetts ohne die geringste Veränderung. Gleichwohl fiel die republikanische Regierung auseinander. Mehrere Gemeinden sahen von der Entsendung ihrer Abgeordneten zur Sitzungsperiode von 1685 überhaupt ab, und den

Registern des Obersten Gerichtshofes ist zu entnehmen, daß sich dieser nunmehr ausschließlich mit Privatklagen befaßte. Kein Mensch dachte mehr an bewaffneten Widerstand. Vor 20 Jahren hatte Massachusetts Kanonen auf Castle Island auffahren lassen: jetzt war es mit dem Draufgängertum vorbei.

Am 12. Mai 1686 war noch immer nichts vorgefallen und in trüber Stimmung Bradstreet zum Gouverneur wiedergewählt worden, dazu eine verkleinerte Regierung. Drei Tage darauf lief die Fregatte *Rose* in den Hafen ein und überbrachte das Dekret, mit dem der König geruhte, Thomas Dudley zum Gouverneur seiner Kolonie an der Massachusetts-Bucht zu ernennen. Der Oberste Gerichtshof trat erneut zusammen. Dudley zeigte das große Siegel Englands auf einer Ausfertigung der Nichtigkeitserklärung des Freibriefs vor und meinte entschuldigend, er könne die Versammlung nicht mehr als »Gouverneur« bzw. als »Kompanie« anreden. Weinend vertagte der höchste Beamte John Green die Sitzung, und man ging, wie Richter Sewall sagt, mit Tränen in den Augen auseinander. Doch gab es nicht einmal einen formellen Protest. Der Freibrief der Kolonie Massachusetts war 55 Jahre lang in Geltung gewesen, und wenn es mit ihm auch kein gutes Ende nahm, so hat er doch, wie selten ein historisches Dokument, die Zukunft mitgestaltet.

Nun, da Boston klein beigegeben hatte, war in ganz Neu-England die königliche Autorität wiederhergestellt. Connecticut und Rhode Island behielten vorläufig ihre Regierungen, aber auf ihre Fügsamkeit war Verlaß. New Hampshire stand seit 1680 unter direkter Verwaltung. London hatte seinen zweiten Gouverneur, Cranfield, eben abberufen. Man warf ihm weniger Tyrannei als zu großes Entgegenkommen vor. Weiter östlich stieg in Maine die infolge des Krieges mit König Philipp stark gesunkene Bevölkerungszahl allmählich an, und die Krone hatte jetzt nichts gegen den Anschluß an

Massachusetts, da sie diese Kolonie wieder fest in Händen hielt.

Übrigens befand sich ganz Neu-England in befriedigendem Gesundheitszustand. Reich war es noch lange nicht, hatte aber – zum Unterschied vom benachbarten Kanada – ein wirtschaftliches Gleichgewicht gefunden, das auf Land- und Forstwirtschaft, einigen Industrien, auf der Fischerei und dem Seehandel beruhte.

Der erste Gouverneur des Königs in Massachusetts war Thomas Dudley, der Sohn jenes Dudley aus der Zeit der großen Einwanderung im Jahre 1630. Er hatte gewiß nicht die Absicht, seine Landsleute zu unterdrücken. Randolph vermerkte bald, daß die Zeit des »Gouverneurs« und der »Kompanie« keineswegs zu Ende war. Der puritanische Geist, nur für kurze Zeit eingeschüchtert, regte sich unter der kraftlosen Faust von neuem. Am 5. August wurde ein Mann zum erstenmal seit Begründung der Kolonie nach der Liturgie des *Common Prayer-Book* zu Grabe getragen. Das bewegte die Gemüter so stark, daß man einen der Demonstranten wegen allzu dreister Reden gegen den König ins Gefängnis stecken mußte. Ein paar Tage später fand eine neue Kundgebung statt, als Dudley in die britische Flagge das Kreuz wieder einfügte, welches Massachusetts eigenmächtig entfernt hatte. Ein Einheimischer konnte auf die Dauer eine Kolonie wie Massachusetts nicht regieren: das wurde allen klar, als Ende 1686 Sir Edmond Andros in Boston eintraf.

Andros kam aus New York, wo er sich die ersten Sporen im amerikanischen Verwaltungsdienst verdient hatte. Da drüben, an der Spitze der Insel Manhattan, in der kleinen Stadt, die noch immer so gut nach Holland roch und im holländischen Tonfall sprach, hatten sich Vergangenheit und Gegenwart nicht immer reibungslos verschmolzen. Im Jahre 1672, während des dritten Englisch-Holländischen Krieges, war plötzlich eine Flotte vor Sandy Hook erschienen, und ein Landungskorps hatte unter dem Freudengeschrei der älteren

Bevölkerung das Fort zurückgenommen, das Stuyvesant sieben Jahre zuvor blutenden Herzens hatte übergeben müssen. Manhattan, Albany, New Jersey und der größte Teil Long Islands begrüßten freudig ihre früheren Besitzer. Dennoch dauerte die zweite Landnahme Hollands in Nordamerika nur zwei Jahre. Im Frieden von Westminster kam New York an England und an seinen Herzog von York zurück, und letzterer entsandte dahin Sir Edmond Andros, einen Edelmann aus Guernsey. Seine Erfolge auf so schwierigem Posten hatten ihn für die Reorganisation der nördlichen Kolonien nach einem von London aufgestellten Plan als geeignet erwiesen. Sie sollten von Delaware bis nach Kanada ein riesiges Generalgouvernement bilden, das Pennsylvanien, New Jersey, New York und ganz Neu-England umfaßte. Die Stimmung Bostons aber, das ihm als Amtssitz angewiesen wurde, machte ihm mehr zu schaffen als die vielen tausend Quadratmeilen.

»Nero«, schreibt Thomas Hutchinson, »verheimlichte seine tyrannischen Neigungen mehr Jahre hindurch als Andros Monate«. Die traditionsgebundenen amerikanischen Historiker übernahmen diese Ansicht. Wir wissen aber heute, daß sich Andros' Neronismus darauf beschränkte, von seinen schwierigen Schutzbefohlenen ein wenig Gehorsam und Duldsamkeit zu fordern. Gerne hätte er Massachusetts wieder mit einer Volksvertretung ausgestattet, doch mußte er die mißtrauische und engstirnige Politik Jakobs II. durchführen, der Karl II. auf dem Thron gefolgt war. Gemäß den Weisungen aus London hatte er die Grundbesitzrechte überprüfen lassen. Und er konnte nicht umhin, den hochwürdigen John Wise wegen seiner Weigerung, eine Steuer zu zahlen, gerichtlich zu belangen. Das vergalten ihm die gehässigen Puritaner mündlich und schriftlich mit den ungeheuerlichsten Verleumdungen. So wurde behauptet, er lasse an die Milizmänner der Kolonie vergifteten Rum austeilen, ferner, er warte bloß die Gelegenheit ab, Neu-England den Indianern und Franzosen in die Hände zu spielen.

Die Spannung verschärfte sich zu Anfang des Jahres 1688. Pastor Increase Mather, Nachfolger John Cottons in der Stellung des Himmelsstürmers von Massachusetts, führte die Opposition an. Als er seine Absicht kundtat, nach England zu fahren, um die Beschwerden der Kolonie dem Thron zu unterbreiten, versuchte der Edelmann Andros gar nicht, ihn daran zu hindern. Da war der Plebejer Randolph aus ganz anderem Holz geschnitzt. Er machte eine alte Klage wegen Diffamierung wieder anhängig und wollte Mather festnehmen lassen. Dieser verließ jedoch, als Landarbeiter verkleidet, Boston bei Nacht und verbarg sich in Charlestown. Junge Männer aus seiner Gemeinde brachten ihn nach Chelsea. Von da aus ging er auf bewegter See an Bord des Schiffes, das er versäumt hatte und das wie vereinbart draußen auf ihn wartete. Er fuhr bedeutenden, schwerwiegenden Ereignissen entgegen, die in die Geschichte zweier Kontinente tief eingreifen sollten.

Ehe wir den Amerika betreffenden Teil dieser Ereignisse erzählen, müssen wir von einer in sich abgeschlossenen Tragödie Nachricht geben. Die Vorkommnisse reichen zwar über den zeitlichen Rahmen dieses Buches hinaus, werfen jedoch ein bezeichnendes Licht auf das Neu-England des 17. Jahrhunderts – dieses eifernde, frömmlerische, abergläubische, vor dem Unsichtbaren zitternde und von Teufelsfurcht besessene Jahrhundert, das im Kampf gegen das Unsichtbare stets bereit war, den grausamen Arm der Gerechtigkeit zu Hilfe zu nehmen, ob nun in den Wäldern der Neuen Welt oder in den aufgeklärtesten Staaten Europas. Wir meinen die Hexenprozesse, die unter der zusammenfassenden Bezeichnung »Die Hexen von Salem« traurige Berühmtheit erlangt haben.

Die Puritaner

Die wahre Geschichte der Hexen von Salem und anderer Orte

Diese Hexen sind Amerika ausgesprochen unangenehm. Sie wurden aus so vielen Gründen und mit so verschiedenen Mitteln popularisiert, daß viele Leute glauben, die Hexenjagd sei eine amerikanische Spezialität, wie die Gangster von Chikago oder der Baseball. Nichts trifft weniger zu. Die Zahl aller in den englischen Kolonien Amerikas zu Tode gebrachten Hexen ist vergleichsweise verschwindend gering: 254 wurden in Osnabrück verbrannt, 600 in Saint-Claude hingerichtet, 400 bestiegen in Toulouse am selben Tag das Blutgerüst, 500 starben in Genf, und so fort in unzähligen Städten Deutschlands, Frankreichs, Schottlands, Englands, Spaniens und Italiens. Vom Hexenwahn war damals die ganze Welt befallen, und Protestanten wie Katholiken, der Norden wie der Süden wetteiferten miteinander, wenn es galt, auf Hexen Jagd zu machen.

Warum sollten die Puritaner Amerikas dieser Seuche widerstehen? Sie waren Menschen ihrer Zeit und glaubten selbstverständlich an Hexen, schon weil die Bibel sie erwähnt und ihre Vertilgung anbefiehlt. In einem Land, das für Geistergeschichten wie geschaffen war, inmitten fremdartiger, undurchschaubarer Eingeborener ist es geradezu erstaunlich, daß die Lockung des Bösen nicht schon früher spürbar wurde. Nicht die ersten Einwanderer verfolgten die Hexen, nicht Bradford, Winslow oder Winthrop, die sich auf jeder Seite ihrer Schriften als hochgebildete, kluge und verständige Männer ausweisen. Die zweite Generation tat das, die Zeitgenossen Newtons, Halleys und Harveys. Sie war in den freudlosen Kleinstädten Neu-Englands herangewachsen, hatte keine anderen Bücher gelesen als mühsame theologische Traktate, und keinen geistigen Aufschwung gekannt als die vier Stunden Predigt und drei Stunden Psalmensingen am puritanischen Sonntag. Gerade als Europa von seiner Verblendung zu genesen begann, verfielen diese Hinterwäldler allen Schrecken der *Invisible World,* der übersinnlichen Welt.

Wir kennen nur den Namen der ersten in Amerika gehängten Hexe — Alsa Young —, das Datum — 1647 — und den Ort ihrer Hinrichtung — Windsor, Connecticut. Der Fall der zweiten, Margaret Jones aus Charlestown, Massachusetts, wird schon ausführlicher geschildert. Sie besaß die Gabe, durch einfache Berührung heftige Schmerzen und Erbrechen hervorzurufen. Sie vermochte Gedanken zu lesen und wußte von Gesprächen, die sie nur dank ihrem Pakt mit dem Teufel erlauscht haben konnte. Übrigens trug Margaret Jones an einer verborgenen Stelle ihres Körpers das Zeichen des Satans — eine schön gezeichnete, klar erkennbare Brustwarze. Im Sterben noch beteuerte sie ihre Unschuld, doch brach kurz nach ihrem Tod zum Beweis ihrer Zauberkräfte ein Sturm los, gerade als sie den letzten Seufzer ausstieß.

Margaret Jones war 1648 hingerichtet worden. Die folgenden Jahre brachten weitere Hexenprozesse, abwechselnd in Massachusetts und Connecticut. Sie begannen stets mit der Klage einer oder mehrerer Nachbarinnen gegen eine alte Frau oder einen alten Mann, ihnen Schmerzen zugefügt, den Brand ihrer Hütte oder Krankheiten ihrer Haustiere verursacht zu haben. Nach der Bezeugung durch Zeitgenossen waren die Nerven der Bewohner Neu-Englands in einem keineswegs glänzenden Zustand, vielmehr so, daß hysterische Anfälle und Sinnesstörungen aller Art hinreichende Beweise für das Dazwischentreten des Leibhaftigen lieferten. Die Akten der Zeit sind richtige Schreckenskammern: Zungen, die sich krümmten oder aus dem Mund heraushingen, verkrampfte Glieder, Schaum am Mund, Ohnmachtsanfälle, Zuckungen, Halluzinationen, plötzliche Sprach-, Gedächtnis- oder Sinnesstörungen. Diese höchst eindrucksvollen Anomalien zeugte der Teufel: er war gegenwärtiger, unheimlicher, kurz: mächtiger als Gott.

Wasserprobe auf Hexenwesen

Nicht immer leugneten die Angeklagten ihre Beziehungen zur übersinnlichen Welt. Es waren doch meist einfältige Menschen, die sich von den Richtern und Geistlichen einschüchtern ließen, unter den auf sie einstürmenden Fragen schließlich zusammenbrachen und in dumpfer Ergebung zu allem Ja und Amen sagten. Manchmal bildeten sie sich auf die tödliche Beschuldigung sogar etwas ein. Ganz offenbar glaubten sie in einigen Fällen tatsächlich, mit dem Teufel einen Pakt geschlossen zu haben. Bei solchen Faseleien spielte natürlich auch der sexuelle Kitzel eine Rolle. Er gab den Zwangsvorstellungen, die sowohl die Richter als auch die Massen beherrschten, reichliche Nahrung. Arme alte Närrinnen wie Mutter Bassit oder Mutter Greensmith erzählten, wie der Teufel in ihre Betten gestiegen sei, alle ihre Körperteile liebkost, sie in Besitz genommen und ihre Lust befriedigt hätte. Die Folter im engeren Sinne wurde anscheinend nur in Ausnahmefällen angewandt, mehrere Hexen mußten sich jedoch der Wasserprobe unterziehen – wen die Hölle in ihrer Gewalt hatte, der ging nicht unter –, und der Schlafentzug fand zwecks Erzielung von Geständnissen laufend Verwendung.

Von 1647 bis 1663 wurden in Connecticut acht und in Massachusetts sechs Personen wegen Hexerei gehängt. Das größte Aufsehen erregte 1665 der Fall von Anne Hibbins aus Boston. Sie war die Schwester des früheren Gouverneurs Bellingham und ihr verstorbener Mann immerhin so angesehen, daß er als Vertreter der Kolonie nach England geschickt wurde. Wir wissen wenig von ihr. Sie wird als Frau von lebhaftem und scharfem Verstand, aber streitsüchtiger Gemütsart geschildert. Witwenschaft und wohl auch finanzielle Verluste verbitterten sie mehr als nötig und »machten sie bei ihren Nachbarn so verhaßt, daß einige von ihnen sie der Hexerei bezichtigten« (Hutchinson). Die Geschworenen verneinten die Schuldfrage, doch die Richter anerkannten den Wahrspruch nicht und brachten Anne Hibbins vor den Obersten Gerichtshof, der sie

Pilgerfamilie auf dem Weg zur Kirche (oben)
Der Hexenprozeß von Salem (unten)

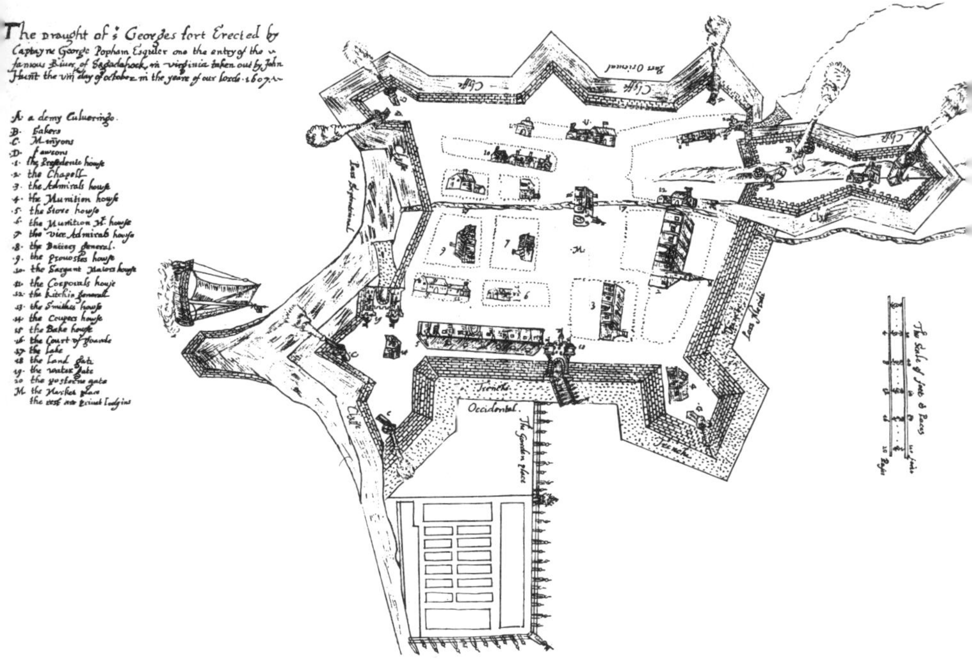
The draught of S: Georges fort Erected by Captayne George Popham Esquier one the entry of the famous River of Sagadahock in virginia taken out by John Hunt the viij day of october in the yeare of our lorde 1607
A a demy Culueringe
B Sakers
C Minyons
D fawcons
1 the Presidents house
2 the Chapell
3 the Admirals house
4 the Munition house
5 the Store house
6 the Munition M. house
7 the vice Admirals house
8 the Battery generall
9 the Prouostes house
10 the Sargent Maiors house
11 the Corporals house
12 the Kitchin generall
13 the Smithes house
14 the Coupers house
15 the Bake house
16 the Court of Guarde
17 the lake
18 the Land gate
19 the water gate
20 the posterne gate
M the Market place
the rest are priuat lodgins
Occidental
The Garden place
The Scale of feete & Paces

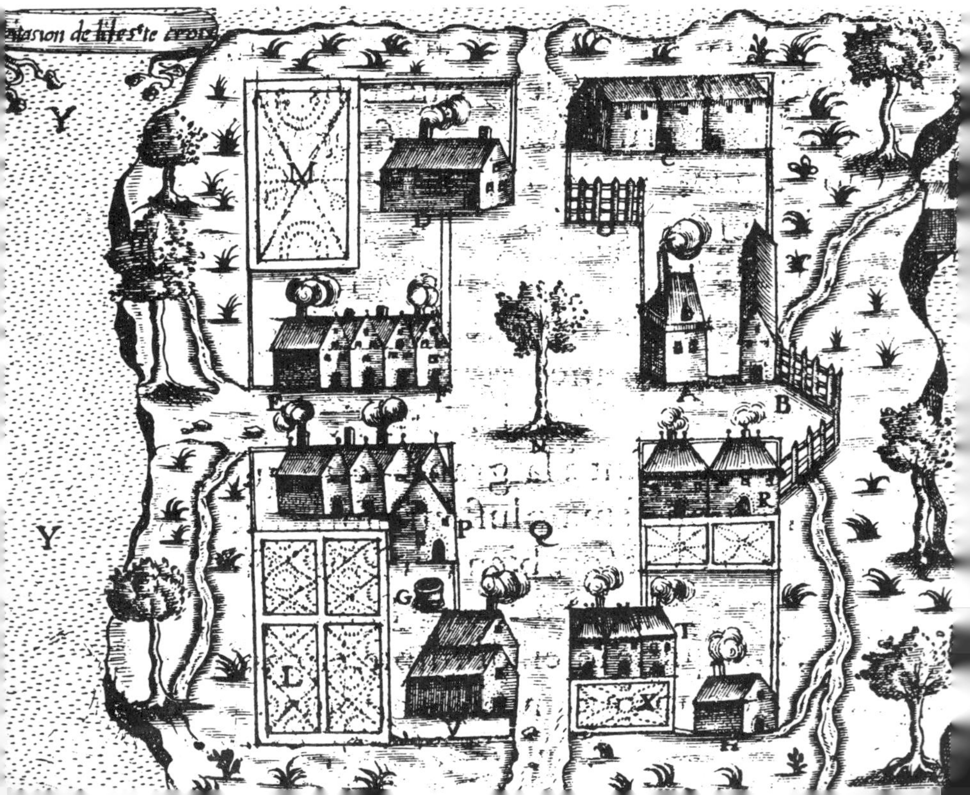
bitasion de lile S.te croix
Y
M
D
C
A
B
E
P
Q
R
G
L
T
X

unter dem Druck der öffentlichen Meinung zum Tode verurteilte. Immerhin wirbelte dieser Rechtsstreit viel Staub auf. »Wie in Jeanne d'Arc«, sagt Hutchinson, »sahen die einen in ihr eine Heilige, die anderen eine Hexe. Ihre Hinrichtung wurde von vielen Menschen scharf getadelt. Damit gerieten die Verfolgungen in Mißkredit, und so rettete ihr Tod manchem Unschuldigen das Leben.«

Nach 1663 wurde 15 Jahre hindurch keine einzige Hinrichtung verzeichnet, obwohl verschiedene Leute sich gezwungen sahen, zu flüchten oder ihr Leben kümmerlich zu fristen, von Argwohn und Haß verfolgt. Im Jahre 1688 löste ein Wäschediebstahl in Boston Anfälle von Massenhysterie aus und brachte eine alte, halbverrückte Irländerin, Mutter Glover, an den Galgen. Cotton Mather, der große Clergyman dieser Zeit, schrotete die Angelegenheit weidlich aus, um den Glauben des Volkes an den Teufel und seine Künste zu stärken. Sie bereitete auch den Boden für die Begebenheiten, die Amerikas gesamte Hexengeschichte unter einem Ortsnamen zusammenfassen: dem der Stadt Salem.

Dabei war nicht eigentlich die Stadt Salem Ort der Handlung, sondern Salem Village, eine in Tälern und Wäldern verstreute Dorfgemeinde nahe Kap Ann. Genaueste Nachforschungen stellten die Generalstabskarte des Gebiets für 1692 mit allen seinen Pflanzungen und Farmen wieder her. Den Ortskern bildeten bloß drei Baulichkeiten, das Gemeindehaus, das Pastorat und die Taverne des Nathaniel Ingersoll, der als frömmster Bürger von Salem Village großes Ansehen genoß. Etwas abseits hauste der Kapitän der Miliz Jonathan Walcot, dessen Tochter Mary im 16. Jahr stand. Aus dieser für die Gemeinschaft verhältnismäßig unbedeutenden Keimzelle erwuchs die furchtbare *»delusion«*, der todbringende Massenwahn von Salem.

Die Sache ging vom Pastorat aus. Samuel Parris, der Pastor, war Diener Gottes geworden, weil er im Handel auf den Antillen kein Glück gehabt hatte. Seinem Haushalt gab das

Das Fort St. Georg, 1607 von den Engländern errichtet (oben)
Französische Kolonie auf einer Insel im Sainte-Croix (unten)

schwarze Sklavenehepaar eine besondere Note, das er aus Barbados mitgebracht hatte: ein verschlagener Indianer namens John und eine Mestizin, die Titube genannt wurde. Ihre unverständliche Sprache, ihr absonderliches Gebaren und die dunklen Drohungen, die sie ausstieß, dazu die wie zwei Kohlenstücke glühenden Augen verbanden sich leicht mit Zaubereivorstellungen. So fiel der Verdacht auf sie, als Tochter und Nichte des Pastors, Elisabeth Parris und Abigail Williams, zwölf und neun Jahre alt, in Trancezustände gerieten, die sich nur durch die Einwirkung des Teufels erklären ließen. Titube gab zu, ihre Mutter sei Hexe gewesen, und gestand schließlich, die geheimen Kräfte von ihr geerbt zu haben. Ihr Geständnis schien jedoch den Stadtvätern die immer häufigeren, äußerst bedenklichen übernatürlichen Erscheinungen in Salem nicht hinreichend zu erklären. Die halbverrückte Mutter Good und die sieche Mutter Osborn wurden mit Titube zusammen ins Gefängnis gesteckt. Dann geriet man auf den Einfall, auch in Mutter Goods Enkelin, die nach sämtlichen Quellen vier bis sechs Jahre alt war, müsse ein geheimnisvoller Zauber stecken. Folglich legte man sie im Gefängnis von Salem an die Kette.

Nun müssen wir die unvergängliche Gruppe der kleinen Mädchen von Salem ins rechte Licht rücken: Abigail Williams, Elisabeth Parris, Ann Putnam und Mary Walcot. Von den vieren war nur die letzte halbwüchsig, die anderen drei hatten alle das zwölfte Jahr noch nicht überschritten. Sie wurden von der übersinnlichen Welt gequält, gekniffen, gebissen, gekratzt und geschubst, verloren die Stimme, verfielen in Zuckungen und erlitten Ohnmachtsanfälle. Abigail Williams lief zum Ofen und warf mit Glutbrocken um sich, als wollte sie das Haus in Brand stecken. Ann Putnam stieß Schreie von übernatürlicher Lautstärke aus, und Mary Walcot verfiel bisweilen in einen derart schweren Starrkrampf, daß man sich fragte, ob sie je wieder zu sich kommen werde. Im Trance- wie im normalen Zustand erzählten sie allerhand

Dinge und beschuldigten viele Menschen. Ihr Dasein war eine peinliche Belagerung durch die Mächte der Hölle. Satan – der ihnen als schwarzer Mann erschien – packte sie, entführte sie über Baumwipfel hoch in die Lüfte, blendete sie mit grellem Licht und hielt ihnen unter unablässigen Drohungen oder Verheißungen ein Buch vor, das sie nur mit dem Finger zu berühren brauchten, um zwischen sich und dem Feind des Menschengeschlechts einen ewigen Pakt zu schließen. Zwanghaft oder in stillem Einverständnis nahmen sie an feierlichen Handlungen teil, wobei dem Teufel verfallene Wesen, Hexen und Hexenmeister, zu gotteslästerlichem Abendmahl mit Menschenblut gingen, ob in Leib- oder in Spukgestalt, wer kann das wissen? Sie kannten sie nicht alle, die Unseligen, Verworfenen, die mit dem Bösen einen Pakt hatten. Die Leute von Salem freilich, die Namen der Nachbarn, an die erinnerten sie sich allmählich. Aber was sie das für Anstrengung kostete! Übrigens wußten sie genau, wer ihnen die Peinigungen zugefügt hatte, mit denen sich Cotton Mather ausgiebig befaßte – Wunden, von denen er sagte: »Sie hinterlassen keine Narben, weil die Hölle sie zugleich schlägt und heilt, um sie ohne Unterlaß wieder aufzureißen.«

Titube, Mutter Good und Mutter Osborn – sie mochten noch hingehen: die erste war Heidin, die beiden anderen Bettelweiber. Weit mehr erregten sich die Gemüter, als sich Abigail Williams in der Kirche plötzlich auf dem Boden wälzte und schrie, sie sehe einen gelben Vogel auf die Finger Martha Coreys einpicken. Diese, Frau des alten Giles Corey, war nach Alter und Stand noch nie in den Verdacht geraten, mit der übersinnlichen Welt Beziehungen zu unterhalten. Doch hatte sie Abigail in so dramatischer Form der Hexerei beschuldigt, wobei kein Anlaß vorlag, die Aufrichtigkeit eines zwölfjährigen Kindes anzuzweifeln, daß eine sofortige Untersuchung angeordnet wurde. Am nächsten Tag, dem 21. März, einem Montag, ließen zwei der obersten Richter der Kolonie im Gemeindehaus von Salem Village unter großer Beteiligung der

Bevölkerung Martha Corey vorführen. Ihr gegenüber stand die Gruppe der Ankläger.

Denn es handelte sich jetzt nicht mehr um Abigail allein, obwohl sie den größten Eifer zeigte. In ein paar Stunden hatte sich das hysterische Kindergeschrei zur Massenanklage ausgewachsen. Man sah da eine Mrs. Pope in ihrer Erregung Martha Corey einen Schuh an den Kopf schleudern. Neben dieser – mit Verlaub – Dame eine richtige Viper namens Bibbes, in Salem wegen ihrer Bosheit stadtbekannt. Ferner etliche Ehefrauen, einige Dienstmägde und die Kumpaninnen Abigails, die keineswegs gewillt waren, ihr die Hauptrolle zu überlassen. Als sich die Angeklagte ihnen zuwandte, kreischten sie gottsjämmerlich auf; das Weib Pope stieß Verwünschungen aus und heulte vor Schmerz, da ihr Leib die Bank vor ihr berührte: die Hexe zerfleische ihr die Eingeweide! Dann fragte Abigail ins atemlose Schweigen hinein, ob man die Höllentrommeln höre, die das Teufelsgelichter zusammenriefen, der bedrängten Schwester beizustehen? Und wirklich hörten alle ein unheimliches, dröhnendes Wirbeln.

Damit waren nun tatsächlich alle Beteiligten angehört. Martha Corey bat um die Erlaubnis, beten zu dürfen. Richter Hawthorne verweigerte sie ihr mit dem Bemerken, der Zweck ihres Hierseins sei einzig und allein, den Beweis ihrer Unschuld anzutreten. Ihren Einwand, die Anklägerinnen seien unverantwortliche Kinder, wies Richter Corwin zurück: eben sie habe ja diese Kinder verzaubert! Sie wandte sich an die Menge – ihre Landsleute und Nachbarn – und rief ihnen zu, sie sei doch eine *»Gospel Woman«* – eine Frau also, die nach der Bibel lebt. *»Gospel Witch!«*, Bibel-Hexe, tönte es aus vielen Kehlen zurück. Dann warf man sie bis zur Aburteilung ins Gefängnis.

Zwei Tage darauf wurde Sarah Nurse, 71 Jahre alt, unter den gleichen Umständen angezeigt, verhört und verhaftet. Im April kamen Sarah Cloys, das Ehepaar Proctor, George Jacobs, Giles Corey, John Willard (weil er die Richter als verrückt bezeichnet hatte), Elizabeth Howard, Susanne Martin und Dutzende anderer an die Reihe. Die Anzeigen erfolgten meist während der Untersuchung: wer Angst hatte, selbst angeklagt zu werden, deckte sich so, gleichsam wie mit einem Schild. Die Geständnisse häuften sich infolge völliger Zermürbung oder auf Grund der Zusicherung, nur wer sofort beichte und aufrichtig bereue, habe Aussicht, sein Leben zu retten. »Seit elf Jahren habe ich einen Pakt mit dem Teufel«, schrieb und unterschrieb Mary, die Ehefrau des Kapitäns Osgood. »Er zwang mich, meine Taufe zu verleugnen, hob mich in die Lüfte, spendete mir die seine und sagte, nun gehöre ich ihm mit Leib und Seele.« »Seit wann bist du Hexe?« fragte man Sarah Carrier. »Seit meinem sechsten Lebensjahr.« »Und wie alt bist du jetzt?« »Mein Bruder Richard meint, ich würde im November acht.«

Im Mai kam Sir William Phipps mit dem neuen Freibrief für Massachusetts, für sich selbst aber mit dem Gouverneurstitel aus London. Wir müßten diesem seltsamen Menschen ein ganzes Kapitel widmen können. In Neu-England geboren, wuchs er mit 25 Geschwistern heran, wurde zunächst Hirtenknabe, dann Seemann und hatte das unwahrscheinliche Glück, bei den Bahamas eine versunkene spanische Galeone zu heben. So war er zu Reichtum gekommen, war geadelt worden und kehrte nun in seine Heimat als Statthalter zurück. Mehr denn irgendwer glaubte er an Hexen, zumal er alles mit den Augen Cotton Mathers sah, der ihm eine Fülle von Beweisen dafür lieferte, daß es sie wirklich gab. Hundert Menschen saßen damals in den Gefängnissen Salems, und es galt, schleunigst irgendwelche Verfügungen zu treffen. Phipps ließ ein richtiges Hexen-Kriegsgericht zusammentreten. Zum Vorsitzenden ernannte er seinen Stellvertreter, den Umstandskrämer Stoughton. Einige Tage später bestieg die erste Hexe von Salem, Bridget Bishop, das Schafott. Schon vor 20 Jahren war sie der Hexerei verdächtigt worden. Mather zufolge bestand kein Grund, ihre Schuld zu beweisen, sprang sie doch jedem in die Augen, der sich bloß die Mühe nahm, zu sehen.

Die Tragödie wickelte sich nur deshalb mit einigen Wochen Verzögerung ab, weil Phipps die Meinung der Bostoner Kleriker hören wollte, ehe er seinem Kriegsgericht freie Hand ließ. Übereinstimmend empfahlen sie, gegen Satans Werkzeuge ungesäumt und zielbewußt einzuschreiten.

Am 19. Juli starben Sarah Good, Elizabeth Howard, George Jacobs, Susanne Martin, Sarah Wilder, Rebecca Nurse. Letztere hatte einen Freispruch erwirkt, doch stimmte die Gruppe der Besessenen mit Abigail Williams an der Spitze ein derartiges Gebrüll an, daß die Geschworenen als erste eine erneute Beratung forderten, die der Angeklagten Unheil brachte.

Zum August-Schub gehörten Martha Carrier, John Proctor, John Willard sowie, sie alle nach gesellschaftlicher Stellung und Charakter überragend, der hochwürdige George Burrough. Als Vorgänger Parris' war er Pastor in Salem Village gewesen, hatte aber die Pfarre als zu schwierig abgegeben und war nach Maine gezogen, von wo Stoughton ihn hatte ausliefern lassen. Der Mann sah wie ein Würfel aus, war ungemein klein, ungemein breit und besaß Körperkräfte, die man sich lange Jahre hindurch begnügt hatte, als außerordentlich zu bezeichnen, die bei näherer Überlegung aber nur vom Teufel herstammen konnten. So hatte man den hochwürdigen Herrn eine sieben Fuß lange Flinte am Ende des Laufes packen und waagerecht von sich abhalten sehen, was bei einem solchen Zwerg Riesenkräfte erfordert hätte. Man erzählte auch, er hätte seine beiden Frauen wie Sklavinnen gehalten und ihren Tod durch Beschwören erschreckender Geistererscheinungen herbeigeführt. Während seiner Amtszeit in Salem Village hatte kein Mensch etwas von seinen Hexereien gemerkt, jetzt aber, nach vier Jahren, berichteten 30 Zeugen, wie er sie gepeinigt, verhext und versucht habe, sie in seinen Teufelspakt einzubeziehen.

Nichts konnte George Burrough, den von seinen Amtsbrüdern im Stich gelassenen Diener Gottes, retten. Als das Gericht das Todesurteil fällte, erklärte Neu-Englands Gewissen, Cotton Mather, mit erhobener Stimme, es sei ein gutes Urteil. Dennoch warf die Hinrichtung einen Schatten auf das ganze Verfahren. Als der kleine Mann entschlossen auf den Strick zuschritt und vom Schafott herab mit kraftvoller, vernehmlicher und zu Herzen gehender Stimme das Gebet des Herrn sprach, hatten viele die Augen voll Tränen. Dem Volksglauben zufolge konnte kein Hexenmeister die geheiligten Worte ohne Straucheln sprechen – die süßen Mädelchen von Salem aber, die unter dem Galgen standen, schrien sofort, sie sähen einen schwarzen Mann hinter Burrough stehen, der das Gebet für ihn hersage. Cotton Mather schwang sich auf ein Pferd und hetzte die verwirrten Leute auf: es komme häufig vor, daß der Teufel seine Helfer in Lichtengel verwandle, um die Christenmenschen irrezuführen. Der Henker beeilte sich, seines Amtes zu walten, und die noch warme Leiche des Hexenpastors wurde hastig in eine Grube geschleift, wohin ihr Minuten später die Leichen Willards und der Carrier folgten.

Das nächste Opfer war Giles Corey. Seine Schuld bestand bloß darin, seine Frau verteidigt zu haben. Vor Gericht lehnte er es ab, sich zu verantworten, und sagte den Richtern ins Gesicht, ihre ganze Justiz sei der reinste Hohn. Infolgedessen wurde er – als erster und letzter in Amerika – zur »schweren, harten Strafe« des alten englischen Rechts verurteilt, das heißt zum Erdrücken unter immer schwereren Steinblöcken.

Im September erreichte die Raserei ihren Höhepunkt. Das Erschreckendste daran war die Vergeblichkeit der Hinrichtungen, da die Zahl der Hexen und Hexenmeister sowie die Häufigkeit der satanischen Kundgebungen ständig wuchsen. Täglich gestand jemand, Mann, Frau oder Kind, er sei mit dem Teufel im Bunde, und täglich wurden die erschöpften Richter auf Grund neuer Anzeigen auf frische Fährten gesetzt.

Salem glich einer Gemeinde, in der die Pest ausgebrochen war. Und wirklich handelte es sich um eine Seuche, denn Fallsucht, Ohnmachten und Geistererscheinungen, plötzliches Verenden oder Tollwut des Viehs griffen um sich. Abigail Williams und ihre kleinen Freundinnen lebten stets in einem Kreis von Richtern und Klerikern, die ihre Qualen ängstlich und ratlos beobachteten. Es schien unmöglich, sie davon zu befreien, obwohl sie Anklage auf Anklage häuften. Manchmal gelang es ihnen erst nach verzweifelten Anstrengungen, die einander ablösenden Quälgeister zu benennen. Nun ging man schon in die Nachbargemeinden auf Hexenjagd, nach Andover, Ipswich, Charlestown. Alle schleppte man sie vor den gestrengen Stoughton, dessen Verhöre so furchteinflößend waren, daß es auch den resolutesten Weibern die Rede verschlug. Übrigens richteten sich die Beschuldigungen allgemach auch gegen Angehörige der höheren Schichten. Die Frau eines der großen Reeder der Kolonie, Mrs. Cary, wurde Stoughton vorgeführt, von Abigail Williams als Hexe erkannt und einem langen Verhör unterzogen, das sie mit gekreuzten Armen über sich ergehen lassen mußte. Ihr Mann trocknete ihr die Tränen. Als er sie stützen wollte, bedrohte ihn der Richter. Sie wurde eingekerkert und in Ketten gelegt, doch machte der treue Ehemann seinen Einfluß geltend und erreichte, daß sie von Salem nach Cambridge überführt wurde, wo man ihr zur Flucht verhalf. Da habe man eben aus Klassengründen durch die Finger gesehen, murrten die Hexenjäger, und bald ging das Gerücht um, die Frau des Gouverneurs selbst, Lady Phipps, sei nicht über jeden Verdacht erhaben.

Am 19. September wurden sechs Frauen – unter ihnen Martha Corey – und zwei Männer gehängt. Damit stieg die Zahl der Opfer auf 19, für ein kleines Dorf enorm. Nun erhoben sich doch Stimmen des Mitleids und der Vernunft, wie die des Mathematikers und Schatzmeisters von Harvard, Thomas Brattles, dessen Protestschreiben von Hand zu Hand ging.

Phipps bekam Angst. Er vertagte zunächst sein Tribunal »*Oyer and Terminer*«, dann schaffte er es ganz ab. Doch da er in seinen Entschlüssen schwankend war, ersetzte er es durch ein neues, an dessen Spitze er den Inquisitor William Stoughton beließ. Dieser beeilte sich, acht weitere Todesurteile zu fällen, und befahl, die Hinrichtungen zu beschleunigen. Während einer Sitzung in den ersten Tagen des Jahres 1693 überbrachte man ihm den Erlaß des Gouverneurs, womit alle Verurteilten begnadigt wurden. Stoughton, ein verschlossener Mann mit langwallendem, weißem Haar, verharrte einen Augenblick in Schweigen. Dann sprach er die folgenden Worte: »Wir waren auf dem besten Wege, die Heimat von einer Landplage zu befreien. Nun fällt man der Gerechtigkeit in den Arm. Ich weiß nicht warum. Gott sei uns allen gnädig.« Ungesäumt verließ er das Tribunal, um es nie wieder zu betreten. So endete die Geschichte der Hexen von Salem.

Die amerikanischen Historiker sind der Meinung, sie habe den Sturz der puritanischen Willkürherrschaft beschleunigt. Zur Zeit, da Phipps die Strafen erließ, saßen 150 Personen im Gefängnis. Mehr als 50 hatten ihre Verbindung mit der übersinnlichen Welt gestanden. In Salem Village waren nur noch die Ankläger auf freiem Fuß. Mangels weiterer Opfer begannen sie, sich gegenseitig zu beschuldigen. Der Wahn war jedoch zerstört. Und nun fragten sich die Leute, wie es auf einem so kleinen Gebiet überhaupt möglich war, »daß so viele Menschen allesamt in Satans Schoß sprangen«. Der Klerus Neu-Englands hatte sich an die Spitze des Kreuzzugs gegen die Hexerei gestellt und versucht, den Aberwitz über Salem hinaus zu verbreiten. Nun, da sich die Gunst der Öffentlichkeit den Opfern zuwandte, verlor er den Boden unter den Füßen. Nie mehr erlangten die Pastoren die unumschränkte Herrschaft über Gewissen und Sitten wieder, die in Amerika dem ganzen 17. Jahrhundert das Gepräge gegeben hatte. Ihr Einfluß auf das werdende Neu-England ist aus diesem gewiß nicht wegzudenken, doch ihr Traum vom Sion in der Wüste vermochte den neuen Zeitströmungen, aber auch der inneren Festigung des Landes nicht standzuhalten. Eine schöpferische Zeit, eine Zeit der Überzeugungen und Leidenschaften ging mit der Freilassung der überlebenden Hexen von Salem zu Ende. In den Straßen des Dorfes, das der Galgen entvölkert und die Angst verödet hatten, fing ein neues Leben an.

Schluß

Das Jahr 1689

Der Bostoner Aufstand begann am 18. April, um 8 Uhr morgens. Die Straßen von *North End* füllten sich mit Menschen, Trommeln wirbelten, die Miliz trat unter die Waffen, und im Nu war die Innenstadt — mit Rathaus, Gerichtsgebäude, Gefängnis und Markt — in den Händen der Aufrührer. Aus einem Fenster des *Council House* verlas der damals 26 Jahre alte Cotton Mather, Sohn des Increase Mather, der die Klagen Massachusetts' nach London überbracht hatte, eine ellenlange Proklamation, in der die Rede war von einer schauerlichen papistischen Verschwörung, von der Tyrannei Sir Edmond Andros', von aus England herübergeschickten Truppenverbänden und aus New York gekommenen pflichtvergessenen Beamten. Auch die Lage der Pflanzer in Neu-England war erwähnt: sie sei kaum besser als die von Sklaven, nur daß man sie nicht kaufen und verkaufen durfte. Der Pöbel, der weltliche Arm aller Volkserhebungen, folgte nur mit Mühe den gelehrten Ausführungen des jungen Geistlichen. Gar trefflich aber begriff er den eigentlichen Sinn der Bewegung, als er sah, welche Bürger verhaftet wurden: Richter Bullivant, Ratsherr Sherlock, Kapitän Ravenscroft, Exkommissar Randolph usw. — lauter Angehörige der Anglikanischen Kirche, Freunde des Gouverneurs und treuergebene Untertanen Jakobs II.

Die Bostoner Wirren waren eine Folge der Ereignisse in England. Eigentlich wußte man nicht recht, was drüben vorging, zum Unbehagen der Gemäßigten, die gern erfahren hätten, welche Wendung die Dinge im Mutterland nahmen, ehe sie sich unwiderruflich festlegten. Die englischen Unruhen waren im Juni des vergangenen Jahres ausgebrochen, als ein königlicher Prinz das Licht der Welt erblickt und die Hoffnung vernichtet hatte, die Dynastie der Stuarts würde im Mannesstamm erlöschen. Die Engländer kehrten sich stürmisch der guten Protestantin Maria zu, die durch eine so späte (und so verdächtige, wie man hinzufügte) Geburt eines Kronprinzen vom Thron verdrängt werden sollte. Sie war mit dem *Stathouder* der Niederlande, Wilhelm von Oranien, vermählt, der die religiösen und politischen Freiheiten Europas gegen den Ehrgeiz Ludwigs XIV. verteidigte. Schon im Januar hatte sich das Gerücht von der bevorstehenden Landung Wilhelms in England verbreitet, doch sperrte Gouverneur Andros die Nachrichten. So hörten die Bostoner erst durch John Winslow, der von den Antillen herübergekommen war, daß der Stathouder eine Proklamation erlassen hatte, als er in See stach, um seinen Schwiegervater zu entthronen. Ein paar Tage später brach der Aufstand aus. Die Drahtzieher waren im Puritanerklüngel zu suchen.

In *North End* saßen die Handelsleute und das gewöhnliche Volk Bostons. *South End* war das Viertel der Zivil- und Militärbehörden. Das Fort und die Residenz des Generalgouverneurs erhoben sich an der Stelle, wo die Straßen zu Pfaden wurden, die alle nach *Boston Neck* führten, dem kleinen Isthmus, der in der Anfangszeit die Stadt so gut gesichert hatte. Auf die Nachricht vom Auflauf befahl Sir Edmond die Hauptleute der Miliz zu sich. Die aber waren entweder schon gefangen oder machten mit, so daß Andros nichts als die von 17 Honoratioren unterzeichnete Aufforderung erhielt, sich und die Zitadelle zur Verfügung des Wohlfahrts-Ausschusses zu halten, den die Bostoner Bürger gebildet hatten. Auch der Kapitän der auf dem Charles-River vor Anker liegenden Fregatte *Rose* wurde verhaftet, als er an Land ging, um Nachrichten einzuholen. Doch lehnte es sein Stellvertreter ab, das Schiff auszuliefern, lichtete die Anker und öffnete die Stückpforten, um die Bostoner die schön gerichteten Kanonen schauen zu lassen. Die Krise näherte sich ihrem Höhepunkt.

Es war vier Uhr nachmittags, als die Menge erfuhr, daß der Gouverneur das Fort verließ und eine Barke der *Rose* ihn an

Bord des Kriegsschiffes bringen sollte. Alles Volk stürzte zum Ufer, überrannte eine Abteilung Soldaten, zwang Andros, ins Fort zurückzulaufen und bemächtigte sich im gleichen Schwung einer Außenbatterie, die der Wachtposten schleunigst verlassen hatte. Andros warf den Soldaten vor, keinen Gebrauch von der Waffe gemacht zu haben, worauf ein holländischer Söldner in seiner schweren Sprache erwiderte, er sehe nicht ein, warum zum Teufel er allein gegen tausend kämpfen sollte. Diese Antwort warf ein bezeichnendes Licht auf die Stimmung der Garnison. Der Gouverneur gab das Spiel verloren, ließ die Tore des Forts öffnen und ergab sich.

Seine Hoffnung auf ehrenvolle Behandlung ging nicht in Erfüllung. Die Hände wurden ihm mit einem Strick gefesselt, und unter Vorantritt eines Trommlers schleppte man ihn – wie einen Verurteilten zum Galgen – durch die engen Straßen Bostons. Brüllend forderte der Pöbel seinen Tod. Dann zerrten sie ihn vor den Wohlfahrts-Ausschuß, zu dessen Vorsitzendem der siebenundachtzigjährige Exgouverneur Bradstreet bestellt worden war. Er solle auf der Stelle hingerichtet werden, drohte man ihm. So gab er dem Schloß, das die Einfahrt des Hafens beherrschte, den Befehl zur Kapitulation. Als Gefangener wurde er ins Fort abgeführt, das er als Gouverneur verlassen hatte. Am folgenden Tag gelang es ihm, in Frauenkleidern auszubrechen. Er passierte zwei Wachtposten, doch der dritte erkannte ihn an seinen Männerschuhen und nahm ihn fest. Die Puritaner forderten seinen Kopf, wagten aber nicht, ihn selbst abzuhauen, und fragten beim neuen König an. Der befahl kurz und bündig, den Gefangenen nach England einzuschiffen. Wilhelm III. hatte ein Auge für tüchtige Diener und nahm sie, wo er sie fand: Wenige Monate später segelte Sir Edmond wieder nach Amerika, diesmal mit dem Titel des Gouverneurs von Virginia.

Diese mißglückte Rache war nicht die einzige Enttäuschung, welche die Glorreiche Revolution des Jahres 1689 den Puritanern bereiten sollte. Vom Sturz der Stuarts hatten sie das sofortige Inkrafttreten des Freibriefs für Massachusetts erwartet. Sie bekamen es aber mit einem Herrscher zu tun, der klug genug war, die Vorteile zu wahren, die sich sein von ihm entthronter Vorgänger verschafft hatte. Zwei Jahre dauerten die Verhandlungen und Zänkereien zwischen Boston und London. Am Ende des Tauziehens fand sich Massachusetts zähneknirschend damit ab, das Regime anzuerkennen, dem sich die drei übrigen Kolonien Neu-Englands, New Hampshire, Rhode Island und Connecticut, vernünftigerweise unterworfen hatten. Der König ernannte weiterhin den Gouverneur, der seinerseits die Richter ernannte und gegen die Beschlüsse der Versammlung sein Veto einlegen konnte. Die bürgerlichen Rechte, deren Zuerkennung so lange das unerhörte Privileg der Kirche gewesen war, erlangten nunmehr alle Erwachsenen männlichen Geschlechts mit einem Vermögen von 36 Pfund oder einem Einkommen von 30 Shilling. Die verhaßte Glaubensfreiheit blieb nur mehr den Katholiken entzogen. Ganz nebenbei wurde im Zuge dieser Neuordnung die Siedlung Plymouth Massachusetts angeschlossen. Nach einem schwächlichen Protest schickte sich die Ahnfrau der Kolonien darein.

Von da ab hatte Massachusetts die politischen Einrichtungen, die das Leben hier bis zur Amerikanischen Revolution regeln sollten. Die Bezeichnung Charta (Freibrief) wurde für die neue Verfassung beibehalten, doch der von ihr festgelegte Status war der einer einfachen königlichen Kolonie. Der Traum der Puritaner – eines von der Bibel beherrschten, ausschließlich den Reinen vorbehaltenen Wüstensions – war in nichts zerronnen. Sie waren sich dessen bewußt und klagten laut: »Das Herz Neu-Englands«, jammert etwa Pastor Samuel Torry, »haben alle Sünden der Zeit heillos verderbt: der Geist der Gottlosigkeit, der Geist der Hoffart, der Geist der Weltliebe, der Geist der Sinnenlust, der Geist des Zwiestreits, der Geist des Aufruhrs, der Geist der Ausschweifung und der Geist der Unzucht.« Übrigens sah der hochwürdige Herr die

Frau des Timucua-Stammes in Florida

A GENERAL MAP, MADE ONELYE FOR THE PARTICVLER DECLARATION OF THIS DISCOVERY.
ZONA TEMPERATA. ZONA FRIGIDA ZONA TEMPERATA.
ZONA TORRIDA.
ZONA TEMPERATA.
ZONA FRIGIDA.
Insulæ Moluccæ.
Equator.
AMERICA
Anian.
Florida.
Tropicus Cancer.
Mare pacificum vulgo Mare del Sur.
Oceanus Atlanticus.
Peru.
Strecho de Magellan.
Grondland
EVROPA.
M. Mediterraneum.
Barbaria.
Mons Atlas.
AFRICA.
C: de buona Speranza.
ASIA.
Tangut.
Cataio.
China
Tropicus Capricorni.
England. A.
Izeland. B.
Island. C.
Verrucani. D.
Nuouo Zembla. E.
Spain. F.
Fraunce. G.
Germany. H.
Mexico. I.
Saquinay. K.
QVID NON?

The North part of AMERICA
Conteyning Newfoundland, new England, Virginia, Florida, new Spaine, and Noua Francia, wth ye Iles of Hispaniola, Cuba, Jamaica and Porto Rico on the South, and vpon ye West the large and goodly Iland of California. The bonds of it are the Atlantick Ocean on ye South and East sides, ye South sea on ye west side and on ye North Fretum Hudson and Buttons baye a faire entrance to ye neerest and most temperate passage to Japan & China.
OCEANVS IAPONICVS
In Porte Nelson did Sr Thomas Button winter in 57 deg. findinge the tide constantly euery 12 howers to rise 15 foote or more: and that a west winde did make the nepe tides equal to ye springe tydes. And ye sumer folowing about ye latitude of 60 degrees he founde a stronge race of a tide runinge sometymes eastwarde sometymes westwards whereupon Iosias Hubbarde in his platt called ye place Hubbarts hope.
In the Bottome of Hudsons bay where he wintred ye height of the tyde was but two foote, and in the bottome of Fretum Dauis was found by Mr Baffin to be but one foote, whereas in the neareness of the South Sea in Porte Nelson, it was constantly 15 foote or more.
BVTTONS BAIE
Hudsons bay
Fretum Hudson
PARTE OF GROENLAND
NOVA BRITTANNIA
AMERICA SEPTENTRIONALIS
Canada
New England
Plymouth
Virginia
Florida
Summers Ilands
CALIFORNIA
REY COROMEDO
PUEBLOS DE MOQUI
REAL DE NUEVA Mexico
GRANADA
ASTABLAN
NEWE SPAINE
Mexico
CVCHILLO
Ullao
Roca Partida
CUBA
Jamaica
HISPANIOLA
Bahama
Lucaios
Porto Rico
St Johns
Anguilla
el Sombrito
California sometymes supposed to be a part of ye westerne continent but since by a Spanish Charte taken by ye Hollanders it is found to be a goodly Islande: the length of the west shoare beeing about 500 leagues from Cape Mendocino to the South Cape thereof called Cape St Lucas: as appeareth both by that Spanish Chart and by the relation of Francis Gaule whereas in the ordinarie Charts it is sett downe to be 1700 Leagues.
R: Elstracke sculpsit

Dinge viel zu schwarz. Mochte der Geist der Reinheit auch nicht mehr ungeteilt herrschen, es standen ihm doch noch schöne Tage bevor.

In Virginia waren die Jahre nach dem Aufstand Nathaniel Bacons recht friedlich verlaufen. Man versuchte, das von den Rebellen zerstörte Jamestown neu aufzubauen, doch gereichten der Stadt die trostlose Landschaft, die übelriechenden Sümpfe und die bitteren Erinnerungen zum Nachteil. Die erste Hauptstadt des englischen Amerika erholte sich nie wieder und wurde von der in gesunder, fruchtbarer Gegend liegenden *Middle Plantation* überflügelt. Diese wurde einige Jahre später in Williamsburg umbenannt.

Hier führte man große Bauten auf, legte ungeheure Landgüter an, gründete virginische Dynastien. William Fitzburg, der 1671 gekommen war, besaß 20 Jahre später 96 000 Morgen im besten Teil Virginias zwischen dem Potomac und dem Rappahanock. Er hatte 54 Sklaven, denn der schwarze Zustrom wuchs ständig. John Carter, William Byrd, Robert Berkeley und etliche Dutzend anderer großer Grundbesitzer konnten es mit ihm aufnehmen. Ihre Plantagen wurden Selbstversorger — sie verfügten über eigene Mühlen, Hüttenwerke, Brennereien, Sägewerke und Böttchereien. Als Grafschaftskommissare, Friedensrichter und Abgeordnete beherrschten sie das öffentliche Leben. So entstand die allgemeine Meinung, Virginia sei eine aristokratische — einem virginischen Historiker zufolge von der normannischen Herrenrasse gegründete — Kolonie, Neu-England dagegen von der »Rasse der leibeigenen Sachsen« begründet worden. Die Kehrseite der feudalen Medaille war die schwarze und weiße Sklaverei. Denn der Frondienst der Weißen unterschied sich von dem der afrikanischen Arbeitskräfte nur dadurch, daß er vertraglich und zeitlich begrenzt war. Die aus England kommenden Menschen wurden öffentlich für vier bis sechs Jahre an den Meistbietenden versteigert. Für diese Zeit nämlich hatten sie ihre Muskel-

Englische Weltkarte aus dem Jahre 1576 (oben)
Nordamerika. Karte von Henry Briggs, 1625 (unten)

kraft und ihre Freiheit als Preis der Überfahrt veräußern müssen. Sie aßen Mais, tranken Wasser, schliefen in Höhlen, wurden körperlich gezüchtigt und ertrugen alle diese Unannehmlichkeiten in der Hoffnung auf das Stückchen Boden, das ihnen nach Ablauf des Vertrages zustand. Dann gehörten sie zur Klasse der freien Pflanzer, die zum größten Teil aus mittleren und kleinen Grundbesitzern bestand. Wie aus den Steuerregistern der Grafschaften Virginias zu ersehen ist, besaßen diese durchschnittlich 500 bis 600 Morgen, manche allerdings nicht einmal 100. Sie konnten mit der billigen Sklavenarbeit natürlich nicht Schritt halten. Damit sanken die unabhängigen Landwirte immer tiefer und wurden allmählich so etwas wie die »Armen Weißen des Südens«.

Im Jahre 1689 kam es zwischen dem Gouverneur, Lord Howard of Effingham, und der Gesetzgebenden Versammlung zu schweren Meinungsverschiedenheiten. Sie wurden durch das Machtwort der Glorreichen Revolution entschieden. Lord Howard schiffte sich nach England ein, und der Übergang von einem Regime zum anderen vollzog sich nirgends so reibungslos wie in Virginia.

Die anderen Tabakkolonien weiter im Süden, die beiden Karolina, waren erst im Werden. Aus der Albemarle-Plantage entstand Nordkarolina, aus der kleinen Niederlassung von Charleston Südkarolina. Die Besiedlung dieser heißen und ungesunden Gebiete erwies sich trotz der begeisterten Beschreibungen als äußerst mühsam, zumal die hochgeborenen Lordbesitzer und Verbannungsgefährten Karls II. mit den Pionieren keine guten Beziehungen unterhielten. Da sie sich der Revolution von 1689 anschlossen, hatte diese für ihre amerikanischen Besitzungen keine schlimmen Folgen. Wenige Jahre später gingen sie ihrer Rechte dann doch verlustig.

Nördlich von Virginia, in Maryland, glomm unter der Asche der Ereignisse des Jahres 1655 ein Religionskrieg. In diesem

Land, wo es keine Städte und kaum Dörfer gab, wo große Entfernungen und tiefe Sümpfe die Pflanzungen voneinander trennten, trafen die Nachrichten infolge der schlechten Verbindungen meist in entstellter Form ein. Als im Frühling 1689 der Sturz der Stuarts bekannt wurde, verbreitete sich im protestantischen Norden der Kolonie das Gerücht, der Vizestatthalter William Joseph, Vertreter des katholischen Lord Baltimore, beabsichtige, Maryland den Papisten auszuliefern und die Franzosen herbeizurufen. Tatsache war, daß die protestantischen Pastoren schon seit Jahren eine Verschwörung voraussagten und die Gewissensfreiheit verdammten, die den Männern Gottes zumutete, mit den Untertanen des Teufels zusammenzuleben. So mochte an dem Gerede etwas Wahres sein. Aus eigenem Antrieb holten die Puritaner der Grafschaft Charles die Flinten vom Nagel und versammelten sich in Annapolis, um dem Protestantismus den im Mutterland errungenen Sieg auch in Amerika zu sichern.

Einen Farmer namens John Coode erwählten sie zu ihrem Anführer. An der Spitze von 250 Männern marschierte er durch die ganze Kolonie nach der kleinen Hauptstadt Saint Mary am Potomac. William Joseph, der Katholik und Legitimist, hatte sich gegen den Angriff gerüstet. Coode drohte aber, er werde alle Papisten niedermetzeln, wenn er sich nicht auf der Stelle ergebe. Nach kurzem Zögern beugte sich Joseph.

Die Sieger riefen Wilhelm III. zum König aus. Dann verlangten sie von ihm, den Lordbesitzer abzusetzen und selbst die Oberherrschaft zu übernehmen. Ihre angeborene Geschmeidigkeit rettete die Calvert freilich auch diesmal wieder. Der dritte Lord Baltimore erwarb die Huld des neuen Königs, wie es seinem Vater der Reihe nach mit Karl I., Cromwell, Karl II. und Jakob II. geglückt war. Der vierte Lord Baltimore festigte die Stellung seiner Familie durch seinen Übertritt zum Protestantismus. Erst der Amerikanischen Revolution gelang es, aus Maryland etwas anderes zu machen als einen riesigen Privatbesitz.

Jakob Leisler überstürzt gehängt

New York war frühzeitig in Gärung geraten. Als der Sturz des Stuart bekannt wurde, verbreitete sich das Gerücht, seine Anhänger hätten zu den Waffen gegriffen und bereiteten ein Blutbad unter den Patrioten vor. Die Menge sammelte sich um das Haus Jakob Leislers, des Oppositionsführers, reichen Demagogen und blindwütigen Gegners der Katholiken. Für sie war er der Retter in der Not. Man ernannte ihn zum Vorsitzenden des Sicherheitsausschusses und Kommandanten des Forts. Unter Trompetenschall ließ er Wilhelm und Maria ausrufen und bildete eine unabhängige Regierung, während die Notabeln in Albany Zuflucht suchten.

Die endgültige Regelung erfolgte infolge verschiedener Zwischenfälle erst zwei Jahre danach. Leisler spielte sich in seinem New Yorker Schloß als ein Savonarola auf, doch versagte ihm der Hof von Saint James die Anerkennung der widerrechtlich angemaßten Macht. Der von Wilhelm III. schließlich entsandte Gouverneur war zwar ein Trunkenbold, aber auch ein Schlagetot. Er belagerte Leisler, der erst große Worte machte und nach ein wenig Blutvergießen klein beigab. Er wurde abgeurteilt und etwas überstürzt — das heißt ohne Urteilsbestätigung durch Wilhelm III. — gehängt, gemeinsam mit seinem Stellvertreter und Schwiegersohn Samuel Milborn. Gewisse Histörchenschreiber wollen wissen, die Feinde Leislers hätten den Gouverneur die Hinrichtungsorder im Rausch unterschreiben lassen. Stoughton selbst starb zwei Monate später, woraus die liberalen Historiker unbedenklich folgern, die Reue habe ihn ins Grab gebracht.

Die Tiefebenen und Eishügel westlich des Hudson waren von Karl I. mehreren Höflingen wie Lord Berkeley und Sir George Carteret übereignet worden. Hier bildeten sich zwei kleine politische Einheiten *(East* und *West Jersey)* heraus, doch gestaltete sich die Kolonisierung wegen der ständigen Streitereien zwischen den Besitzern und den Pionieren recht schwierig. Als die Glorreiche Revolution ausbrach, hatte East

Jersey gerade seinen Freibrief zurückgeben und einen vom Mutterland ernannten Gouverneur annehmen müssen. West Jersey kämpfte gegen verschiedene Schwierigkeiten an. Ein paar Jahre später wurden sie unter dem Namen New Jersey zu einer königlichen Kolonie vereinigt.

Eine weitere Kolonie war im Entstehen – Pennsylvanien. Noch sieben Jahre vor der Glorreichen Revolution bildete ihr Gebiet eine Lücke in der Kolonisierung. Einige Schweden – Landwirte und Köhler –, wenige Holländer – Trapper oder Händler –, die einen wie die anderen bloße Überbleibsel aufgegebener Kolonisationsversuche, bewohnten lediglich die Sohle des Delaware-Tales, als William Penn von Karl II. einen Freibrief erhielt, der ihn zum Besitzer eines Gebietes zwischen drei Breiten- und neun Längengraden machte. Damit tilgte der König eine Schuld von 12 000 Pfund Sterling gegenüber Admiral Penn, dem Vater Williams. Allerdings mußte das allzu großzügige Geschenk doch etwas gestutzt und beschnitten werden, denn es griff einerseits auf das Gebiet des Herzogs von York, anderseits auf das Lord Baltimores über. Was blieb, machte Penns Sylvae (Wälder) nach den Maßstäben des alten Kontinents noch immer zu einem Königreich.

Penn war Quäker. Die Umstände, unter denen dieser Aristokrat der verachteten Sekte beitrat, wie er sich bekehrte, predigte, ins Gefängnis kam und lächerlich gemacht wurde; sein Aufruhr gegen Oxfords Talare, seine Kreuzzüge gegen die Kirche, seine Familienhändel, seine Theorien als Gesellschaftsreformator – all das bildet eine bunte, bewegte Lebensgeschichte, die wir hier nicht einmal in Umrissen darstellen können. Wie geschickt er war, beweist die Tatsache, daß dieser Mann, der sich republikanisch gab, kleidete und ausdrückte, die höchste Gunst der zwei selbstherrlichsten Monarchen seiner Zeit genoß: Karls II. und Jakobs II. Quäker sein bedeutete für Penn weder das überspannte Geschwätz noch die herausfordernde Armut der Jünger George Fox'. Quäker gab es schon in Amerika, so die blinden Märtyrer von Massachusetts oder die zerlumpten Gestalten, die der Reisende Danckaerts in Maryland antraf. William Penn war von ganz anderem Schlag: er war Realist, Kapitalist, Kolonisator und Gesetzgeber.

Um sein Stück Amerika zu besiedeln, wandte Penn bemerkenswert moderne Methoden an. Der wortreiche und klare Schriftsteller verfaßte Traktate, in denen er die Vorteile und Reichtümer seines Pennsylvanien beschrieb, ehe er sie kennengelernt hatte. Er ließ seinen Besitz in Teilen verkaufen. Für die großen von 5000 Morgen verlangte er als Zahlung Geld, für die kleinen von 50 Morgen Arbeit. Seine Agenten fahndeten in Deutschland nach Gemeinden, die geschlossen auswandern wollten, um den Kriegen zu entgehen, die Europas Märtyrerland verwüsteten. Der Pazifismus der Quäker und ihre religiöse Duldsamkeit (die allerdings Juden, Unitarier und Atheisten ausschloß) sowie eine tadellose Organisation begünstigten die Anwerbung. Wer unter der Oberleitung William Penns auswanderte, wußte, wohin er ging, was er für die genau abgestuften Bequemlichkeiten während der Überfahrt zu zahlen, wie er in seiner Kabine gegen das Ungeziefer an Bord anzukämpfen und was er nach der Ankunft auf seinem Boden anzupflanzen hatte. Alle diese Vorkehrungen waren derart vernünftig, daß es in den Anfängen Pennsylvaniens keinerlei ernsthafte Stockungen gab.

Die erste Sorge galt der Wahl einer Hauptstadt. Die von Penn entsandten Kommissare wollten von den holländischen und schwedischen Ortschaften wie Upland oder Newcastle nichts wissen. Zwischen dem breiten Delaware und dem Schuylkil-Fluß legten sie eine schachbrettförmige Stadt an, deren 60—100 Fuß breite Straßen die Namen von Bäumen erhielten. Sie heißen noch heute so: *Chestnut Street, Walnut Street, Locust Street, Spruce Street* usw. Die Stadt selbst taufte man Philadelphia oder die Stadt der Bruderliebe. Schon 1682, also nach einem Jahr, zählte sie 80 Häuser. 1683 waren es

300 und 600 im Jahre 1685. 4000 Menschen waren bis dahin eingewandert, zu denen der feste deutsche Kern gehörte. Unter der Führung eines Pedanten namens Pastorius gründeten die Deutschen die eigene Stadt Germantown, die lange danach von Philadelphia aufgesaugt wurde.

Penn starb viele Jahre später in finanziellen Schwierigkeiten, die ihn sogar in den Schuldturm gebracht hatten. Infolge Arbeitsüberlastung war er nur zweimal zu kurzem Aufenthalt nach Pennsylvanien gekommen. Doch verdankt es ihm seine Wesenszüge, und er machte es zum glänzendsten Kolonisationsunternehmen aller Zeiten. Pennsylvanien ist die einzige große amerikanische Niederlassung, deren frühe Geschichte nicht mit Blut und Tränen geschrieben ist.

Die Glorreiche Revolution fand da reibungslos Eingang. Allerdings verlor der Begründer, dem das Wohlwollen Jakobs II. sehr geschadet hatte, den Gouverneursposten, den nunmehr die Krone besetzte. Fünf Jahre später erhielt Penn ihn wieder, doch bewahrte das den Lebensabend des großen Mannes nicht vor Armut und Verfolgungen.

Die Glorreiche Revolution beendete für Amerika einen Geschichtsabschnitt. Das amerikanische 17. Jahrhundert war — elf Jahre vor dem Kalenderdatum — abgelaufen. Es hatte am 26. April 1607 begonnen, am Tag, da Kapitän John Smith in Virginia landete und die erste ständige englische Niederlassung auf dem neuen Kontinent gründete.

82 knappe Jahre hatten für ein Beginnen gereicht, das zu den bedeutendsten der Weltgeschichte zählt. Am Anfang des Jahres 1607 war Nordamerika, Mexiko ausgenommen, noch frei von Weißen. Wohl klammerte sich ein Häuflein Franzosen an den Ufern des Sankt Lorenz-Stromes fest, führten ein paar Spanier in Florida ein kümmerliches Leben und waren einige andere eben über den Rio Grande gesetzt, doch die unendlichen Weiten zwischen diesen winzigen Niederlassungen gehörten noch zur Gänze der Natur und ihren Indianer-

söhnen. Im Jahre 1689 dagegen war die weiße Bevölkerung auf der ganzen Atlantiklinie beherrschend geworden. Neu-England zählte über 100 000 Einwohner, Virginia und Maryland etwa ebensoviel, und die dazwischenliegenden Kolonien erhöhten die Bevölkerungszahl des englischen Amerika auf 250 000 Seelen. Portsmouth, Boston, Providence, Hartford, New Haven, Albany, New York, Philadelphia, Charlestown sowie Santa Fé in Neu-Mexiko, Quebec und Montreal in Kanada waren gegründet. Die europäischen Siedlungen zogen sich immer weiter ins Landesinnere, die Täler des Hudson und Connecticut hinauf, und bedeckten ein ständig wachsendes Gebiet in den vom Meer abliegenden Ebenen Virginias. Zwischen den Ortschaften wurden Verbindungen geschaffen. Sie folgten den Indianerpfaden, bauten sie aus und überquerten die breiten Flüsse auf Fähren, deren Bedeutung für die amerikanische Geschichte und Wirtschaft erst viel später allmählich abnahm. Brücken tauchten auf, worunter als älteste die *Great Bridge* über den Charles-Fluß in Cambridge. An den belebtesten Verkehrswegen entstanden Herbergen oder Tavernen. Die Hausordnungen einiger dieser ursprünglichen Gasthöfe sind noch erhalten: vier Pence für die Übernachtung, nicht mehr als fünf Personen je Bett und strenges Verbot, mit den Stiefeln ins Bett zu steigen. Wer alle diese örtlichen Möglichkeiten zu nutzen verstand, konnte schon damals ohne weiteres lange Reisen durch Amerika unternehmen. So besuchte etwa in den Jahren 1679–1680 der junge Holländer Joseph Danckaert auf Fluß- und Landwegen Neu-England, das Hudsontal, die beiden Jersey und Maryland. Überall hatte er auf schlechten Straßen und in üblen Unterkünften viel Mühsal, begegnete aber kaum wirklicher Gefahr.

Die Bewohner Amerikas veränderten sich mit dem Land. Die Generation der Gründer — Winthrop, Bradford, John Cotton — war dahingegangen, und die nachfolgende, auf den Armen der Mutter in die Neue Welt gekommene, sehr bald von der Bildfläche verschwunden. Die Männer, die nun das öffentliche Leben lenkten, waren nicht mehr verpflanzte Europäer, sondern schon Amerikaner. Auf dem rein geistigen Gebiet wird der Rückschritt von einer Generation zur anderen deutlich, wenn wir die Schriften der früheren mit denen der späteren vergleichen. Welcher Abstand zwischen den klassischen Seiten eines Bradford oder Winslow und der schlechten Prosa Sewalls oder Mathers! Im wilden, gnadenlosen Amerika war für den Glanz des europäischen 17. Jahrhunderts kein Platz. Harvard war zwar schon gegründet, aber bloß ein armseliges, kleines Seminar, und die im Entstehen begriffene »William- und Mary-Universität« in Williamsburg nahm nur langsam einen gewissen Aufschwung. Dabei stand die Volkserziehung immer auf einem höheren Niveau als die des gleichzeitigen Europa. Schon 1647 trat in Massachusetts das Gesetz in Kraft, wonach alle Gemeinden mit mindestens 50 Familien eine Lese- und Schreibschule, solche über 100 Familien eine *»Grammar School«* zu unterhalten hatten. Sogar in den rauhen, unvorstellbar armen Grenzniederlassungen wurde die Schule zu einer lebendigen Einrichtung. Die verhältnismäßige Gleichförmigkeit des Wissens und der Unabhängigkeitsgeist der Pioniere stellen ohne Zweifel die Hauptquellen der amerikanischen Demokratie dar.

Das Jahr 1689 war ein Markstein auch in anderer Hinsicht, nicht nur was die innerkolonialen Veränderungen betraf. Mit ihm beginnt wirklich das amerikanische 18. Jahrhundert. Beweis dafür ist die Tatsache, daß von ihm sein entscheidendstes Geschehen ausgeht: der Kampf zwischen Frankreich und England um den Besitz Nordamerikas. Die Thronbesteigung Wilhelms III. entfachte den bisher niedergehaltenen Wettstreit an den Ufern der großen Seen und in den Pelzgebieten des Nordwestens. Er wurde erst nach über sieben Jahrzehnten geschlichtet.

Für Kanada wurde 1689 ein tragisches Jahr. Schon die vorhergehenden waren Vorboten einer Wendung zum Schlechten gewesen. Frontenac, dessen Tatkraft nachgelassen hatte, war 1682 abberufen worden. Als sein Nachfolger, Le Febvre de La Barre, vor Quebec ankam, sah er bloß ein Ruinenfeld. Wenige Tage zuvor hatte eine Feuersbrunst die ganze Unterstadt zerstört. Nur ein einziges Haus war stehengeblieben.

Die Ruinen wieder aufzubauen, war für den neuen Gouverneur noch eine verhältnismäßig einfache Aufgabe. Die wahren Schwierigkeiten lagen anderwärts, im Gebiet der Irokesen, das für die Franzosen seit jeher das Land des Schreckens gewesen war. Courcelles hatte die Rothäute zu Paaren getrieben, Frontenac sie ins Bockshorn gejagt. Nun wurden sie nach ihren leichten Siegen über die Illinois wieder frech. Ihre Lage war übrigens vorübergehend dadurch besser geworden, daß die Engländer am oberen Hudson die friedfertigen holländischen Krämerseelen verdrängt hatten. Bisher waren die Weißen Nutznießer der indianischen Bruderzwiste gewesen. Als deren gelehrige Schüler nutzten nun die Rothäute die Uneinigkeit der Weißen.

La Barre trat in Verhandlungen ein. Seine Abgesandten, der Montrealer Charles Le Moyne und der Jesuit Jean de Lamberville, machten sich erneut auf den Weg zu den Fünf Völkern. Ihren Weisungen zufolge sollten sie von den Irokesen das Versprechen erlangen, die franzosenfreundlichen Stämme nicht anzugreifen und ihren Pelzhandel nicht zu stören. Man ließ sie wissen, der neue Onionto Kanadas sei bereit, als Gegenleistung ein Auge zuzudrücken, falls La Salle, der im Fort Saint Louis die Verteidigung der Illinois zu organisieren trachtete, etwas zustoßen sollte. Doch die Irokesen traten Le Moyne und Lamberville mit einer Aufgeblasenheit sondergleichen entgegen. Besonders die westlichen, die Senecas – sie saßen freilich weit vom Schuß –, verhielten sich geradezu beleidigend. »Euer Hochgeboren«, schrieb Lamberville, »können sich gar nicht vorstellen, mit welcher Freude die Senecas hörten, Ihr könntet Euch vielleicht zum Krieg gegen sie entschließen. Sie sagen, die Franzosen lechzen danach, geschunden, gebraten und aufgegessen zu werden. Sie würden dann feststellen können, ob ihr Fleisch, das sie für gesalzen halten, da wir ja Salz gebrauchen, auch so gut schmeckt wie das der übrigen Feinde, die sie für gewöhnlich verspeisen.«

Monate gingen über verwickelten, dreiseitigen franko-anglo-irokesischen Verhandlungen hin. Der Gouverneur der Kolonie von New York, der Irländer Thomas Dungan, beanspruchte die Herrschaft über die Gebiete der Irokesen, wies sie an, die Jesuiten wegzuschicken, und ließ in ihren Dörfern das Wappen des Herzogs von York anbringen: dieses Zeichen werde sie vor einem französichen Einfall bewahren. La Barre beschloß, eine Expedition gegen die Irokesen zu unternehmen, hatte aber das Pech der Schwachen. Sein kleines Heer erreichte bloß Fort Frontenac, wo es vom Fieber befallen und nicht nur kampf-, sondern auch bewegungsunfähig wurde. Ein Versuch, dem Onondagahäuptling Großmaul Achtung zu gebieten, endete für La Barre beschämend. Er mußte den Hohn des Wilden über sich ergehen lassen und sich seinen Bedingungen unterwerfen, um die Erlaubnis zu erlangen, seinen fiebernden Trupp nach Kanada zurückzuführen.

Dem schwachen und frommen La Barre folgte der fromme und mutige Dragoneroberst Marquis de Denonville. Sein Befehl lautete, »den Irokesen ihren Hochmut auszutreiben«. Leider ging ein Drittel seiner ohnehin kleinen Verstärkungstruppe schon auf der Überfahrt an einer Seuche zugrunde. Auch seine kanadische Amtszeit ließ sich schlecht an. »Die Ratte«, ein wie alle die wenigen Überlebenden seines Volkes rachsüchtiger Huronenhäuptling, heckte eine wahre Komödie der Irrungen aus, die den Krieg unvermeidlich machte: Er richtete es nämlich so ein, daß den Franzosen nichts übrigblieb, als die irokesischen Abgesandten gefangenzunehmen und einige an den Galgen, die übrigen auf die Galeeren zu schicken. Währenddessen veranstaltete Dungan in New York für die Irokesenhäuptlinge großartige Festlichkeiten und erzählte ihnen, der König von England sei ihr Vater, auf seinen

Schutz könnten sie stets rechnen, wenn sie nur den Franzosen Widerstand leisteten. Denonville protestierte dagegen. Zunächst tauschten die beiden Gouverneure Höflichkeiten in der blumigen Sprache des 17. Jahrhunderts, dann gingen sie zu epigrammatischem Spott und schließlich zu gegenseitigen Beschimpfungen über. Auch ironische Lichter fehlten nicht: »Ich schicke Euch einige Apfelsinen«, schrieb Dungan, »man sagt, sie seien selten bei Euch.« – »Wie schade«, antwortete Denonville, »daß Eure Apfelsinen samt und sonders verfault waren.«

Denonvilles Expedition gegen die Irokesen wurde weder ein Erfolg noch ein Mißerfolg. Er konnte immerhin 2000 Mann aufstellen, Soldaten, Milizmänner und Waldläufer unter so geeichten Anführern wie Tonti, Duluth und Durantaye. Da die Senecas Hiebe beziehen sollten, fuhr er über den Ontario-See und landete auf dem Gebiet dieses Stammes. Hundert seiner Männer wurden hinterrücks getötet, was ihn aber nicht hinderte, sich einiger Dörfer zu bemächtigen, die freilich alle in Schutt und Asche lagen. Zum Schein nahm er das Land für Ludwig XIV. in Besitz, stieß noch weiter nach Westen vor und errichtete am Niagara ein Fort als Ersatz für das alte, das La Salle erbaut und La Barre verlassen hatte. Danach zog er sich nach Quebec zurück.

Wenige Monate später schwebte Kanada in Todesängsten. Wieder bedrohten schwere Schicksalsschläge das Land wie in der Zeit vor Courcelles und dem Marquis de Tracy. Denonvilles Expedition hatte die Macht der Irokesen, denen ihr Bündnis mit den Engländern das Rückgrat stärkte, um kein Jota geschwächt. Gebiete, die seit vielen Jahren friedlich bebaut wurden, mußten von neuem vor der Indianergefahr, vor Marterungen und Menschenfresserei bangen. Es war kaum vier Jahre her, da hatte man den Grafen Frontenac gerne ziehen lassen. Sein hochfahrendes, adelsstolzes Wesen erschien damals den meisten nicht tragbar. Jetzt vermißte man bitter seine achtunggebietende Persönlichkeit, sein ans Unbegreifliche grenzendes Ansehen, mit dem er die Indianer in Schach hielt. Was hatte es geholfen, daß der tapfere, redliche Denonville dem Aufschneider und Schieber La Barre nachgefolgt war? Es sah so aus, als könnte Frontenac allein Kanada Sicherheit geben.

Das Jahr 1689 mit seinen Ereignissen in England und ihrer Rückwirkung auf Amerika hinterließ im hinterwäldlerischen Kanada kaum irgendwelche Spuren. Von Belang schien einzig die unverhoffte, unerklärliche Entspannung an der Irokesenfront. Die Überfälle hatten völlig aufgehört. Mahd und Ernte — zwei harte Proben in Zeiten der Indianerkriege — verliefen, ohne daß ein Tropfen Blut vergossen worden wäre. »Wir glaubten, unsere Feinde untergekriegt zu haben«, berichtet ein Chronist, »wir erwarteten, sie würden kommen und um Frieden flehen.« Infolgedessen ließ auch die Wachsamkeit nach. Da der Gouverneur Denonville mit seiner Frau, der Marquise, in Montreal weilte, kamen die Offiziere der entferntesten Posten, vom Prärie-Fluß und dem Ontario-See, dahin, ihnen ihre Aufwartung zu machen. Man spielte bei Kerzenlicht, die Augustnächte waren schön und die Fenster des Schlößchens in der zweiten Hauptstadt standen offen. Ein Waldläufer, Louis Atarhea, hatte gemeldet, daß die Irokesen einen ganz großen Handstreich vorbereiteten. Denonville aber hatte die Jesuiten zu Rate gezogen, denn er sah alles mit ihren Augen — und die meinten, Atarhea sei ein liederliches Subjekt, weshalb auch seine Auskunft nichts tauge.

In der Morgendämmerung des 5. August krachte um vier Uhr ein Kanonenschuß. Das bedeutete Alarm. Vom Sankt Lorenz-Strom her kamen Leute gelaufen und schrien, alle Häuser eines großen Dorfes namens Lachine stünden in Flammen. Von Montreal aus sah man nichts, doch schon eine Meile stromaufwärts konnte man in der Richtung des Dorfs, das so lange Zeit das Tor zum Westen gewesen war, die Röte am Himmel wahrnehmen. Die Hoffnung, es könne sich um eine zufällige Feuersbrunst handeln, machten sehr bald neue

Flüchtlinge zunichte. Sie erzählten, wie die roten Teufel mitten im Schweigen der Nacht so lautlos und mit solcher Blitzesschnelle angegriffen hätten, daß an Widerstand nicht zu denken war. Wenigen Bewohnern gelang die Flucht, die meisten aber waren in den Händen der Henker geblieben.

Drei Posten, *Rémy, Rolland* und *La Présentation,* sicherten den Strom oberhalb von Lachine. Ein viertes Fort mit einer Garnison von 200 Mann lag zwischen dieser Ortschaft und Montreal. Sein Kommandant Subercase machte wie alle die anderen der Marquise den Hof, stürzte sich aber sofort nach dem Alarm hinaus und stürmte mit seiner Truppe zum überfallenen Dorf. Die Indianer hatten sich eine halbe Meile zurückgezogen und etwa 100 Menschen mitgeschleppt. In den Ruinen lagen 200 skalpierte, verstümmelte und geschändete Leichen. Subercase fand auch zwei toll und voll besoffene Irokesen, was ihn hoffen ließ, die Bestien schlafend anzutreffen. Schon drang er in einen Wald ein, der ihn von den Indianern trennte, als er hinten rufen hörte: »Das Ganze halt!« Statt zu warten, lief er weiter. Doch holte ihn der Adjutant des Oberbefehlshabers, Ritter de Vaudreuil, ein und überbrachte ihm den Befehl, nichts zu riskieren. »Sie sagten einander Grobheiten«, erzählt ein Ohrenzeuge, »aber schließlich mußte Subercase gehorchen.« Die Gelegenheit, sofortige Vergeltung zu üben, war verpaßt. Am folgenden Tag hatten die Indianer ihren Rausch ausgeschlafen und brachten einem Aufklärertrupp eine schwere Schlappe bei. Denonville beschloß nun, sich in Montreal zu verschanzen. Übrigens dachten die Indianer wie gewöhnlich gar nicht daran, ihren Vorteil auszunutzen. Sie zogen sich auf ihr Gebiet zurück, um sich an der Marter der Dorfbewohner von Lachine zu weiden und an ihrem Fleisch gütlich zu tun.

Das Blutbad von Lachine, dieses plötzliche Wiederaufleben indianischer Schlagkraft mit allen ihren Greueln, versetzte Kanada in Furcht und Schrecken. Dem armen Marquis de Denonville hatte es zunächst an Wachsamkeit, dann aber auch an Kühnheit gemangelt. Darüber hinaus warf man ihm nun vor, den grauenhaften Überfall selbst verschuldet zu haben, denn zwei Jahre zuvor hatte er irokesische Abgesandte gröblich beschwindelt. Vor dem französischen Fort erschienen Indianerherolde und rühmten sich dieser Abrechnung: »Du hast uns betrogen, Onontio, jetzt haben wir es dir heimgezahlt.« Mag es auch nicht erwiesen sein, daß die Engländer das Gemetzel herbeiführten, aus den Kolonialdokumenten New Yorks geht doch hervor, wie sehr sie sich darüber freuten. Wilhelms III. Thronbesteigung hatte den offenen und allgemeinen Krieg zwischen den beiden Kronen entbrennen lassen. Mit dem Irokesenbündnis und der Vorherrschaft zur See hatte England die Vorhand. Auch die viel größere Zahl der in der Neuen Welt angesiedelten Engländer fiel stark ins Gewicht. Es waren ihrer über 200 000, davon 120 000 in den Grenzmarken Neu-Englands und New Yorks, wogegen die letzte Volkszählung in Kanada bloß 12 263 Einwohner ergeben hatte. Einer gegen 15, bei völliger Verzweiflung, und mit den Irokesen gegen sich – wie sollte man da standhalten!

Den Rest des Sommers 1689 stellte man trübsinnige Überlegungen an. Da, im Herbst, rüttelte eine unerwartete Nachricht Kanada aus seinem dumpfen Brüten auf, verbreitete sich mit Windeseile über die Wasserstraßen Neu-Frankreichs, klopfte an die spärlich gesäten Heimstätten der langgestreckten Küstengebiete: Graf Frontenac war wieder da! Ludwig XIV. hatte, noch in Unkenntnis der Metzelei von Lachine, den alten, beinahe 70jährigen Edelmann gebeten, den Posten eines Gouverneurs wieder zu übernehmen, dem keiner nach ihm Glanz zu leihen vermocht hatte. Frontenac kam Ende Oktober an und wurde in Quebec mit einem Feuerwerk und einer Willkommensansprache des Superiors der Jesuiten begrüßt, den Kanadas gefährdete Lage für den Augenblick mit seinem alten Widersacher versöhnt hatte. Dann fuhr er weiter nach Montreal, den in banger Furcht Wache haltenden Denonville abzulösen. Ihm voraus eilten Waldläufer ins Land der Irokesen und verkündeten ihnen, der große Onionto der Franzosen sei wieder da.

Inzwischen war der Krieg zwischen England und Frankreich erklärt worden. Die Feindseligkeiten hatten in Europa mit dem Einfall der Truppen Ludwigs XIV. in die Pfalz begonnen. Amerika, das noch so ferne, unendlich große, völlig unbekannte, erst an einem seiner Ränder vom überseeischen Eroberer angeknabberte Amerika, das von Völkerschaften wimmelte, die keine Ahnung hatten, daß es auch weiße Menschen geben könnte, dieser noch lange nicht Gestalt gewordene Erdteil sah sich in einen Konflikt verwickelt, der ausschließlich Europa anging, dessen unscheinbares Anhängsel es damals noch war. Bald sollte am Sankt Lorenz-Strom Kanonendonner dröhnen. Der Krieg war ausgebrochen und währte mit nur kurzen Unterbrechungen ein ganzes Jahrhundert lang. Bis zum unvorhergesehenen Ausgang, der aus den beiden Kriegführenden des Jahres 1689 Besiegte, aus dem Gegenstand des Kampfes aber, Amerika, den alleinigen Sieger machte.

Register

Accomack 296, 297, 301
»Adam und Eva« 293
»Aigle d'Or« 160
Aigron, d' 213, 216
Ailleboust, d' (Gouverneur) 149
»Aimable« 210, 211, 213, 215, 216, 219, 221, 225, 227
Akadien 107, 118, 119, 352
Akamska 187
Alabama 64, 66
Alba, Herzog von 231
Albanel, Pater 172, 173
Albany 129, 231, 232, 369, 380, 404, 408
Albemarle-Plantage 402
Alcoredo, Pedro de 62
Alexander 365
Algonkins 20, 22, 23, 25, 100–103, 118, 120, 134, 135, 137, 140, 152, 155, 162, 164, 168, 181, 186, 233, 234, 240, 242
Allouez, Claude d' 183, 184, 189
Allumette-Insel 122
Allyon, Lucas Vasquez 36
Alvarado, Hernando de 52
Amazonas 159
Amerikanische Revolution 400, 403
Anastasius, Pater 223, 224, 226
Andaraque 164, 165
Andover 370, 392
Andros, Sir Edmond 379, 380, 381, 397–399
Anglikanische Kirche 397
Anglikanisierung 328
Anjou 142
Annapolis 277, 403
Annatauha 138
Anthropoiden 10
Antillen 158, 159, 167, 246, 267, 349, 398
Aontariosati 145
Apachen 18, 47, 76, 80–82, 84, 85
Appalachees 68
Appalachen 225
Arabella 323
Arc, Jeanne d' 385
Argall, Samuel 109, 267
Argenson, Vicomte d' 151, 155, 156
Arguello, Fernando d' 79
Arizona 16, 50
Arkansas 59, 187, 205, 226
Arkansas-Fluß 226
Arlington, Lord 284
Armada 161
Aspinwall 339
Atarhae, Louis 413
Athapaskane 12
Atlantis 10, 12
Auriusville 129
Austin, Anne 351
Autray, d' 200, 204, 206
Avaugour, Baron Dubois d' 156, 167, 172
Aves 42
Ayeta, Custodo Francisco de 81, 84, 86
Azteken 9, 16, 35

Bacon, Francis 290, 291
Bacon, Nathaniel 282, 283, 286, 290–301, 401
Bahamas 389

Bahamas-Kanal 63, 213
Baltimore, Lord George (s. a. Calvert, George) 271, 274
Lord Cecil (s. a. Calvert, Cecil) 272, 273, 276, 277, 279, 280, 281
Lord Leonhard (s. a. Calvert, Leonhard) 285, 403
Lord 403, 405
Barbados 350, 386
Barbesto, Lius Cancer de 62
Barentsen 234
Baron 121
Barry Street 10
Barthélemy 222, 226, 227
Bartholomäusnacht 72
Bartier 219
Basken 175
Basketmakers 18
Basoche 315
Bassit 384
Bataver 248
Batavier 127
»Bâton Rouge« 227
Battery Park 233
Baugg, Chevalier de 208
Beacon Hill 343
Beaufort 168
Beaujeu, de 211, 212, 214–218
Beauport 141
Beaupré 141, 172
Bellard 291
Bellingham 360, 361, 362, 384
Beltram, Pater 75
Benavides, Pater Alonso de 76
Bennett, Richard 278, 279
Beringstraße 10, 11, 13
Berkeley, Lord Robert 401
Sir William 276–279, 282, 284, 285, 288, 289, 291, 292, 294–299, 300, 301
Beneš 251
Berry 201
Berry Street 10
Biard 107, 108, 109
Bibes 388
Biencourt 108
Bikker 246
Biminien 35, 36
Bishop, Bridget 389
Blend, William 353
Block Island 341
Body of Liberties 346
Boisrondet, de 204
Bonnerme 100
Bordeaux 108
Boston 97, 101, 237, 308, 322, 324, 328, 330, 331, 333–335, 339, 341, 343, 349, 351–354, 356, 357, 360, 362, 367, 369–373, 375, 376, 379–381, 384, 385, 397–400, 408
Bostoner Hafen 347
Boucher, Pierre 159, 166
Bourbon, Charles de 105
Bouwensz 234
Bouweries 233, 236, 237
Bradford, William 304–306, 308, 313, 314–317, 382, 409
Bradstreet, Ann 326, 399
Braintree 334
Brasilien 231, 242
Brattles, Thomas 392
Bravo-Indianer 210
Brébeuf, Pater Jean 109, 110, 117, 119, 120–122, 124, 125, 133, 138, 146
Breda, König von 277, 349
Breedam 360
Brent 275, 287, 288, 298–300
Bressany 139
Bretagne 130
Bretonen 91, 175, 226
Brewster, William 306, 307
Brigantine 38, 39, 41, 61, 69

Bristol 349
Bristol-Kanal 243
Britisch-Kolumbien 19
Broadway 238, 241
Bronx 336
Brook, Bloody 338, 368
Brookfield 368
Brownisten 320
Brûlé, Etienne 104, 116, 121
Bua, Nicola 82
Buckingham, Herzog von 112
Bullivant 397
Burrough, Eduard 358
George 390, 391
Byrd, William 383, 401

Caballero 50
Cabot, John 89, 258
Sebastian 258
Caboto, Zuan (s. a. Cabot, John) 258
Caciqua 21, 56, 57
Cadburn, Mrs. 325
Cadix 54, 59
Caën, Emery de 105, 109, 111, 117, 118, 154, 156
Cahca 58
Calvert, Cecil (s. a. Baltimore, Lord Cecil) 272, 273, 276, 279–281
Charles 281
George (s. a. Baltimore, Lord George) 271, 272
Leonhard (s. a. Baltimore, Lord Leonhard) 272–276
Philip 281
Cambridge 322, 324, 326, 327, 334, 335, 337, 338, 351, 392, 408
Cancer, Pater Luis 62, 63
Canouchet 371
Cape Blanc 97
Cap Cod 97
Cardenas, Lopez de 51
Carignan-Salières 158, 160, 161, 163, 169
Carlton, Sir Dudley 321
Carrier, Martha 390, 391
Carter, John 401
Carteret, Sir George 404
Cartier, Jacques 89–94, 97, 113, 152
Carrier, Richard 389
Sarah 389
Cartwright 361
Carver, John 306, 312
William 298, 299
Casas del Rey 78
Casson, Abbé Dollier de 163, 164, 180
Castenado 53
Castillo, Alonzo del 40, 41, 43, 44
Castle Island 362, 378
Catalogne, Gédéon de 174
Catskills 245
Caudi 82
Caux 218
Cavelier 211, 222, 226
Cayugas 24
Cenis 220, 221, 226
Chabanel, Pater 134
Chaldäa 10
Chambly, de 161
Champlain, Samuel de 15, 16, 25, 89, 92, 95, 97, 100–107, 109, 111–116, 118–121, 126, 127, 139, 143, 152, 162, 182, 190, 234, 306
Madame de 106
Champlain-See 163, 194
Charleroi 22
Charles-Fluß 408
Charlesfort 66, 67
Charles-River 324, 335, 398
Charleston 402
Charlestown 324, 381, 383, 392, 408

Chastes, Aymond de 95, 110
Chasy, de 163
Chatham 97, 306
Chaumonot, Pater de 146–148, 158
Chefdeville 211, 222
Chelsea 381
Chenco 270
Chenonceaux 66
Chesapeake 141
Chesapeake-Bucht 257, 259, 260, 269, 271, 272, 277, 296, 298
Chesneau, Du 206, 207
Chikago 186, 202, 381
Chikasaw 21, 57
Child, Dr. Robert 346, 347, 359
Chimakmaws 30
Chimakuanen 19
China-Stromschnellen 143
Chinooken 19, 30
Chisca 58
Christiansen, Weldock 355–357
Christine, Königin von Schweden 246
Christo, Sangre del 76
Choktaw 21
Chouart des Groseilliers, Médard 182
Cibola 43, 44, 46, 47, 50, 52, 56, 66, 75, 92
Citternborne 289
Clarke 339
Clayborne, William 274, 275, 278
Clergyman 385
Cloys, Sarah 388
Cockatrice 274
Coddington 339, 340
Colbert, Jean Baptiste 159, 161, 167, 169–172, 174, 175, 177, 184, 187, 188, 192, 207, 208, 210, 215, 219
Colbert-Fluß 214, 218
Coligny, Admiral 65, 66
Colorado 51, 85
Commonwealth 348, 377
Concord 337
Coney Island 237
Connecticut 235, 239, 248, 250, 252, 337, 338, 340, 341, 343, 344, 346, 357, 363, 364, 369, 373, 376, 383, 384, 400
Connecticut-Tal 368, 369
Coode, John 403
Corey, Giles 387, 388, 391, 392
Martha 387, 388, 392
Cornwallis 275, 276
Coronado, Francisco Vasquez de 35, 49–52, 55, 58, 63, 74, 76
Cortez, Fernando 35, 37, 49, 64, 75
Corwin 388
Cotton, John 107, 331, 332, 335, 381, 408
Couillard 104
Council House 397
Courcelles, Rémy de 159, 160, 162, 163, 172, 180, 410, 412
Court House 366
Couture, Guillaume 127–129
Cowes 275
Cradock 322
Cramoisy, Sébastien 121
Cranfield 378
Creek 21
Crewes 293, 297
Crèvecœur 195, 196
Cromwell, Oliver 249, 250, 275, 277–279, 281, 284, 348, 349, 403
Richard 282
Cruzato 85
Cudrudaiguy 91
Culpeper, Lord 278, 284
Curaçao 251
Curtis 298, 299
Custer 9
Custodio 78, 80

Dakotas 20
Danckaert, Jasper 284
Joseph 408
Daniel, Pater Antoine 121, 131
Dare, Virginia 258, 264
Daroe, John 326
Davenant, Sir William 277
Davost, Pater 121, 122
Deerfield 368
Delaware 155, 231, 232, 239, 245–247, 250, 380, 406
Delaware-Tal 245, 405
Denison 371
Denonville, Marquis de 175, 411–414
Dermer, Thomas 313
Detroit 192
Deutschland 319, 382, 406
Diaz, Melchior 50, 51
Dieppe 65, 95, 105, 108, 117
Diomeden 10
»Discovery« 257
Divine-Strom 202
Doegs 286
Dollier 180
Domegaia 89
Dominikaner 55, 63
Don 260
Don Juan 74
Don Tristan 65
Dorante, Andreas 40, 41, 43, 44
Dorchester 324
Dormacona, König 91
Douay, Pater Anastasius 211, 222
Doughty, Francis 237
Downing 321, 322
Downing Street 321
Drake, Sir Francis 74
Drei Flüsse 121
Drummond 297, 299–301
Lady W. 297
Dublon, Pater 21
Dudley, Thomas 322, 333, 334, 377–379
Duhaut, Pierre 222–226
Duke, Sir Edward 290
Lady Elisabeth 290
Duluth, Daniel 196, 412
Dungan, Thomas 411, 412
Dunmore, Lord 28
Durand 277
Durango 75
Durantaye 412
Dyer, Mary 354, 355

East Jersey 405
East-River 232–234, 253, 254
Edmond, Sir 398, 399
Eelkins, Jacob 248
Effingham, Lord Howard of 402
Eldorados 28, 35, 52, 57–59
El Draco 74
Eliot, Pastor 362
Ellsborg, Fort Nyn 245, 246
El Paso 76, 84–86
El Turco 52, 53
Encomenderos 79
Endicott, John 321, 323, 328, 351, 355–358, 360
England 115, 116, 260, 261, 264, 265, 275, 276, 279, 282, 284, 285, 290, 297, 300–302, 306–309, 313, 315, 316, 318–321, 324, 325, 328, 330, 334, 335, 343, 348, 349, 352, 357–359, 373, 374, 377, 378, 380–384, 397–399, 401, 402, 409, 413, 415, 416
Englische Revolution 334, 343
Englisch-Holländischer Krieg 379
Eries 23, 145, 149
Erie-See 130, 189–191
Er Loth Zoar 318
Eskorial 71
Esopus 245, 250, 251

Espajo, Alfonso de 75
Esquirol 41
Esteban 40, 41, 43, 46, 47
Estevan 40
Estredo, Beatrix de 49
Estrée, Graf d' 210
Europa 55, 94, 114, 130, 159, 196, 237, 243, 381, 383, 409, 416
Eustache 127
Exeter 335

Fairfax, Lord 350
Feuerland 11, 26
Figueroa 41
Fisher, Mary 351
Fitzburg, William 401
Flamand 162–164
Fléché, Pater 108
Fleetwood 349
Florida 22, 36, 37, 39, 55, 56, 62–66, 70–75, 94, 110, 167, 200, 210, 407
Flushing 237, 348, 350
Fort Amsterdam 243, 248
Fort Barbier 222
Fort Caroline 68, 69, 71, 72
Fort Casimir 246, 247
Fort Christine 239, 247
Fort Frontenac 181, 188, 195, 196, 198, 411
Fort Gute Hoffnung 338
Fort Herzeleid 197, 198, 203, 204
Fort Saint Louis 208, 220, 221, 223, 226, 227, 410
Fort Nassau 232, 245
Fort Oranje 162, 172, 232–236, 239, 240, 245, 248
Fort Saybrook 338
Foucher 112
Fourneaux 69
Fowles, Robert 352
Fox, George 352, 356, 405
Franchetot, Mathurin 144
Franko-Indianer 175
Frankreich 130, 133, 140–142, 145, 156–158, 160, 163, 165–171, 181, 185–188, 206, 220, 259, 315, 325, 362, 409, 416
Henriette von 118
Franziskaner 35, 46, 63, 73, 76, 81, 105, 107, 109, 112, 117, 120, 122, 124
Französisch-Kanada 111, 113, 116, 152, 173
Friston Hall 291
Frondienst 401
Frontenac, Graf Onionto de 171, 172, 174, 177, 180, 181, 183, 184, 186–188, 191, 202–204, 206, 410, 412, 417
Frost, Nicolas 326
Fundy-Bucht 96, 98, 259

Gabriel, Pater 196, 203
Gallikaner 108, 154, 171, 172, 180, 222
Gallinée 180
Galveston-Bucht 226
Galveston-Insel 38
Garcia, Alonso 84
Garnier, Pater 123, 134
Garner, Thomas 293
Gaspe, Halbinsel 95, 114, 141
Gates, Sir Thomas 265, 266, 268, 269
Genf 382
Genre 68
George-See 163, 164
Georgia 56, 66, 73
Georgia-Bucht 135
Germantown 407
Gesellschaft Jesu 108, 117, 139
Gibraltar 183
Griffard, Robert 141

Gilbert, Sir Humphrey 258
Glorreiche Revolution 399, 402, 404, 405, 407
Gloucester, Grafschaft 283, 294, 296, 300
Glover 385
Godfrey 356
Goffe 349, 357
Goldon Lion 280
Golf von Kalifornien 42, 51, 76
Golf von Mexiko 15, 36, 63, 194, 210
Gomez, Andres 84, 90
Good, Mother 386, 387
Good, Sarah 390
Goodspeed 257
Gorges, Sir Ferdinando 26, 259, 333, 344, 375
Goupil, Rene 127, 128, 129
Gourgues, Dominik de 72–74
Grand Canyon 51, 62
Grande Hermine 91
Gravesand 237, 242, 250, 269
Great Eastern 191
Green, John 339, 377, 378
Greensmith 384
Green Spring 278, 300
Greenwich 249
»Greif« (»Griffin«) 191, 192, 193, 330
Griffard, Robert 141
Groseilliers 184
Groslet 226
Großmaul, Onondaga-Häuptling 411
Groton 318, 321, 322, 370
Grover 249
Guadeloupe 84
Guarcheville, Marquise von 107, 109
Guast, Pierre de 95
Guatemala 62
Guerillakrieg 37
Guernsey 380
Guimont, Louis 153
Guinea 252, 278
Gustav Adolf 239

Habsburg 161
Hadley 368
Halley 382
Häretiker 65, 70, 72, 117
Harlem 238
Harlem-Fluß 232, 236
Hartford 250, 338, 408
Harvard 101, 392, 409
Harvey 271, 274, 382
Hatfield 368, 369
Hawkins, John 69
Hawthorne 388
Haynes 330
Hazienda 76, 80, 84
Hébert, Louis 103, 106, 109, 118
Heinrich IV., König von England 94–96, 107
Heinrich VIII., König von England 318, 320
Hellegat 232, 233, 236, 237
Hells Kitchen 241
Hemmestede 250
Hen, Robert 286
Henlein 251
Hennegau 167
Hennequin, Pater 25, 190, 191, 195–197
Henrico, Grafschaft 291, 293, 294
Henrietta-Marie, Gemahlin Karls I. 272
Herminette 91
Hermitage 154, 156
Hertel, François 153
Hexenprozesse 383
Hiawathas 24
Hibbins, Anne 384

Hidalgo, Pedro 16, 44, 62, 81, 221
Higginson 320, 321, 328
Hillaret 198
Hispaniola 36
Hitler, Adolf 25, 249
Hochelaga 91, 92, 94, 95, 143
Hochelaga-Strom 189
Holland 232, 235, 236, 242, 245, 246, 254, 304, 308, 362, 379, 380
Hollande, Jardin de 160
Holländisch-Westindische Kompanie 231
Honduras 35
Honfleur 95, 105, 111
Hook, Sandy 379
Hooker, Pastor Thomas 329, 338, 346
Hopi-Indianer 13
Hopkins, Ozeanus 305
Stephen 307
Howard, Elizabeth 389, 390
Hubbard, Pastor 249, 370, 371
Hudson 89, 103, 151, 175, 231, 232, 236, 237, 240, 241, 248, 250, 251, 253, 259, 306, 371, 404, 408, 410
Hudson-Bucht 147, 159, 182, 183
Hudson, Henry 89, 231, 233
Hudsontal 127, 167, 408
Hugenotten 65–68, 70–72, 95, 105, 107–109, 117
Humphrey 321, 322
Hunnault 200
Hunt, Robert 326
Thomas 313
Huronen 23, 26, 104, 117, 120–128, 130–141, 145–147, 149, 182, 411
Huronien 125, 127, 130, 133, 134, 138, 140
Huron-See 127, 130, 137, 182, 183, 191, 192
Hutchinson, Anne 237, 324, 327, 330–337, 343, 349, 368
Thomas 332, 335, 364, 368, 380, 384
Hutchinson Parkway 337

Iberische Halbinsel 74
Ihonatiria 121, 125
Illinois 21, 186–188, 192, 195, 197–199, 200–203, 208, 221, 410
Illinois-Fluß 202, 207
Illinois-See 193, 198
Illinois-Tal 204
Immaculata, Maria 142
Indien 35
Infantado, Herzog von 49
Ingersoll, Nathaniel 385
Ingle, Richard 275, 276
Ingram 301
Inquisition 78, 79
Ipswich 317, 324, 392
Irland 349
Irokesen 23, 24, 31, 80, 100–104, 107, 115, 118, 120, 126–134, 136, 138, 139, 143–147, 149–155, 159, 161, 162, 164–166, 172, 181, 191, 194, 199, 200, 202, 203, 205, 206, 208, 233, 234, 238, 242, 254, 287, 292, 298, 371, 410–415
Irokesen-Fluß 204
Irving, Washington 235
Isleta 82, 84, 85
Israel 245, 257
Italien 382

Jacksonville 68
Jacobs, George 388, 390
Jakob I. Stuart, König von England (s. a. James I.) 257, 267, 268, 271, 304, 319
Jakob II. Stuart 397, 403, 407
Jamaika 250, 373

James I. Stuart, König von England (s. a. Jakob I.) 257, 267, 268, 271, 304, 319
James-River 254, 260, 266, 269, 278, 283, 285, 291, 293, 298
Jamestown 261–270, 275, 277, 285, 287, 288, 292, 293, 295, 299, 300, 401
Jansen Krol 236
Jansenisten 154
Jardin, du 108
Jason, Robert 290
Jean, Abbé 211, 221–226
Jefferson 28
Jeffreys 301
Jermyn, Lord 278
Jérôme 123
Jersey 373, 408
Jesuiten 22, 26, 78, 107–110, 116–127, 129–131, 133, 135–138, 140, 143, 145–150, 154, 156, 160, 168, 171, 172, 175, 180, 182, 184, 185, 187, 189, 191, 195, 199, 206, 212, 237, 238, 410, 411, 413
Jogues S. J., Isaak 117, 123, 127, 128, 129, 145, 165, 238
Johnson, Arabella 321
Edward 26, 309, 324, 333, 337, 347
Isaak 321, 322
Joliet, Louis 184, 185, 186–188, 216, 219, 225
Jones, Christoph 306, 307
Margaret 383
Jordans Point 291
Joseph, Bruder 172
Williams 403
Joutel, Henry 214–216, 218–222, 223–226
Juan 83, 86
Juarez, Ciudad 84
Juden 406
»Justice« 160
Kalifornien 18, 19
Kalifornisches Meer 184
Kalvinisten 105
Kanada 9, 16, 22, 23, 89, 90, 92, 94, 95, 97, 104–107, 109, 112, 117–120, 129, 131, 140–145, 149, 151, 153–157, 159–161, 165, 168, 170, 175, 177, 180, 182, 184, 185, 188–190, 193, 196, 206, 209, 221, 224, 234, 263, 363, 379, 380, 408–415
Kannibalismus 29, 39
Kansas 53, 58, 64, 76
Kap Ann 97, 306, 321, 324, 363, 372, 385
Kap Fear 36, 259
Kap der Guten Hoffnung 159
Kap Hatteras 65
Kap Henry 257
Kap Land's End 320
Kap Marblehead 329
Kap San Antonio 213
Kap Tourmente 111, 112
Kap Verde 159
Kapuziner 117
Karibische Inseln 343
Karibisches Reich 71
Karibische See 237
Karl I. Stuart 112, 118, 271, 272, 275, 277, 319, 348, 349, 403
Karl II. 251, 277, 281, 282, 284, 285, 349, 357–362, 372, 374, 375, 402, 403, 405
Karl V. 36, 90
Karolina 402
Kastilien 37, 49, 70
Kavalkaden 75
Kayugas 148, 161
Keaynes 344, 345
Kendall 264
Kent 274, 275, 319
Kirke, Gervaise 112–114

Luis 115, 116, 118
Klerikalismus 154, 174
Krieckbeek 234
Krieft, Willem 238–243, 245
Kolumbus 10, 14, 35, 36, 303
Konquistadoren 35–37, 44, 48, 52, 55, 57, 59, 60, 62, 74
Kon-Ti-Ki 12
Konvertiten 124
Kuba 35, 57, 59, 63, 68
Kuyter 243

La Barre, de 206, 208, 209, 410–413
La Belle 210, 211, 216, 217, 219–221, 225, 227
Labrador 90, 94
La Canada 83
La Chaise 67
Lachine 413, 415
La Conception 131
La Forêt 209
La Hontan, Baron de 169
La Lande, Jean de 129
Lallemand, Pater Jerôme 109, 123, 127, 129, 151, 190
Gabriel 133
Lambert 349
Lamberville, Jean de 410
La Méttérie, Jacques 204, 206
La Mothe Cadillac 174
Lancaster 368, 370
La Peltrie, Madame de 140
Larchevêque 222–224
La Regnardière Léon de 141
La Roche, Marquis de 94
La Rochelle 160, 169, 189, 211, 216, 219, 319
La Roquette 68
La Sablonnière, Marquis de 212, 219, 221, 222
La Salle, Robert Cavelier de 13, 177, 180, 181, 183, 187–193, 195–217, 219–227, 410, 412
Las Casas, Bartholomäus de 55, 62
Laud, William 319
Laudonnière, René de 67–72
Laurent, Nicolas 198, 199
Laval-Montmorency, François Xavier de 153–156, 169, 172, 173
Lawrence, Richard 293, 297, 299–301
»Le Bessé« 158
Le Blanc, Noël 198
Le Breton 68, 69
Le Caron, Joseph 112
Lechford, Thomas 345
Leclerc, Maximus 222
Leddra 355
Lee 277
Le Febvre 410
Legros 219
Leisler, Jakob 404
Le Jeune, Paul 117, 118, 120, 125, 140, 154, 160
»Le Joly« 209–212, 217, 218
Le Mercier, Joseph 125, 148, 166
Leminolen 21
Le Moyne, Charles 146, 163, 227, 397, 410
Leon, Alonso de 227
Ponce de 9, 36, 39, 55
Velasquez de 37
Le Rocher 207
Lescarbot, Marc 96, 98, 103
Leverett 349, 356, 374
Leyden 304–306, 313
Lilienbanner 118, 157
Lincoln, Grafschaft 319
Graf von 321, 322
Lion 327
Liotot 220, 222, 224–226
Logan 28
London 10, 267, 271, 274,

317–319, 322, 332, 334, 349, 374–378, 380, 389, 397, 400
Londoner Feuersbrunst 361
Londoner Parlament 346
London-Kompanie (London Company of Virginia) s. a. Süd-Kompanie 258, 259, 271
Long Island 236, 237, 248–252, 380
Los Cerillos 83
Louisiana 225, 227
Loyola, Ignatius von 108
Ludert 177
Ludlow 349
Ludwell 283, 286
Ludwig XIII., König von Frankreich 105
Ludwig XIV., König von Frankreich 157, 159, 160, 167, 173, 188, 206, 210, 348, 398, 412, 415, 416
Luna y Arellano, Tristan de 63–65
Luth, Daniel du 176
Luther, Martin 93
Lynn, von 324, 326, 356

Mac Leod, William C. 15
Madrid 35, 36, 48, 62, 63, 65, 76, 77, 79
Magellanstraße 51
Maifluß 66–69, 71
Maine 12, 26, 97, 311, 344, 356, 367, 371, 372, 378, 390
Maisonneuve, Chomédy de 143, 144
Malaga 313
Maldonado, Don Rodrigo 49, 57
Malhado 40
Manatte 172
Manitou 22, 121
Manhattan 232–238, 240, 242, 243, 250–253, 379, 380
Manitoulin 138
Manse, Jeanne 142
Marcos 46, 47, 50
Marle, de 222, 225, 226
Marlborough 370
Marne 194
Marquesas-Inseln 12
Marquette, Pater Jacques 21, 184–186
Martin, Abraham 104, 121
Martin, Susanne 389, 390
Martinique 218
Martinstag 203
Martyr, Pierre 35, 36
Maryland 272–281, 284, 285, 287, 288, 296, 402, 403, 406, 408
Maskuten 184
Mason 287, 288, 356
Massachusetts 23, 26, 97, 98, 101, 141, 173, 203, 237, 238, 242, 273, 309, 314, 317, 321–325, 328, 329, 332–334, 336–341, 343–345, 347–350, 352, 354, 356–359, 361–363, 365, 369, 370, 372–381, 383, 384, 389, 397, 400, 406, 409
Massassoit 22, 311, 312, 313, 330, 363, 365
Massé, Pater 107, 109
Matagorda-Bucht 226, 227
Matassom 363
Mather, Cotton 320, 385, 387, 389, 391, 397, 409
Mather, Pastor Increase 381
Mathews, Thomas 293, 296, 301
Maverick, Samuel 346, 356, 361
Maya 9, 21, 62
»Mayflower« 97, 303–309, 314
May, Kapitän Cornelius Jakob 231
Medford 370
Medici, Maria von 107
Memberton 108

Membré Xenobius 211, 222
Memphis 58
Mendizabal, Lopez de 79, 80
Mendon 368
Mendoza, Antoine de 44, 46, 48, 51, 54
Menendez d'Afilar, Pedro de 70–73
Mercure Galant 209
Merrymount 316, 317
Meskonsin 184
Messier, Jacques 198, 199
Metayer 98
Metthushanana 366
Mexiko 9, 21, 37, 39, 40, 44, 46, 47, 49, 50–52, 54, 63, 64, 75, 77, 79, 81, 84, 85, 167, 186, 189, 209, 210, 212, 215, 225–227, 407
Mézy, Saffray de 156, 172
Miami 21, 73, 203
Miami-Fluß 193, 198, 202, 204
Miami-Häuptling 195
Miami-Indianer 194
Michaeli 377
Michel, Jean 204
Michigan 134
Michigan-See 180, 183, 189, 190, 204
Middle Plantation (s. a. Williamsburg) 297, 401
Mikmaks 23, 119, 121
Milborn, Samuel 404
Milot, Jean 180
Mient 213, 215, 216
Minuit, Peter 232–235, 239, 240, 242, 245
Missilmackinac 183, 192, 198, 203, 207, 221
Mississippi 13, 20–22, 31, 58–61, 184, 186–188, 193–197, 204–207, 210, 212–214, 216, 220, 221, 225–227
Mississippi-Indianer 23
Missouri 186, 205
Mittelamerika 94
Mobila 64
Mohagans 341
Mohawkebene 164
Mohawks 24, 128, 129, 145, 147, 148, 161–165, 233, 234, 240, 242, 371
Mohikaner 233, 234, 240, 263, 271
Monk 349, 350
Monnier 222
Montagnais 23, 119, 121
Montagny 143
Montezuma 35, 52, 75
Montigny, Abt von 153
Montmagny 127, 160
Montmorency-Laval, Montseigneure de 105, 142
Mont Royal 91, 92
Montreal 92, 95, 139, 142–145, 149, 152, 154, 162, 163, 166, 168, 172, 175, 176, 180, 186, 191, 208, 227, 258, 408, 413–415
Monts, Graf de 95, 97, 110
Moody, Lady Deborrah 237, 242
Moranger, de 211, 214, 215, 222–225
Morosko, Louis de 60
Morton, Thomas 315–317, 333
Moskowien 245
Mount Desert 109
Mount Hope 365, 367
Mount Vernon 287
Mullins, William 307
Muskogi 21–23
Mystic 341
Mystic River 326

Nanicapana 64
Narragansets 23, 340, 363, 369, 371

Narragansets-Bucht 336, 338, 339, 363, 369
Narvaez, Panfilo de 35, 36, 38, 39, 41, 55, 56, 62
Naseby 275
Natchez 21, 22, 205
Navajos 18
Nebraska 53
Neschichos 209
Neu-Amstel 247, 250
Neu-Amsterdam 162, 232, 234, 236–238, 241–245, 247, 249, 250–254, 360
Neu-Biskaya 210, 219
Neu-England 23, 141, 167, 234, 238, 248, 251, 274, 279, 282, 283, 286, 303, 306, 309, 312, 313, 315, 317, 322, 323, 325, 329, 331, 333, 340, 342, 344, 347–349, 357, 360, 363, 364–366, 368–370, 372–375, 378, 379, 383, 389, 391, 393, 397, 401, 408, 415
Neue Sion 272, 351
Neue Welt 15, 38, 48, 66, 95, 96, 102, 105, 109, 144, 163, 175, 189, 209, 228, 232, 238, 281, 408, 415
Neu-Frankreich 93–95, 103, 105, 106, 108, 110, 114, 119, 120, 121, 128, 152, 154, 155–161, 166, 168, 171, 173, 174, 177, 190, 221, 225
Neufundland 94, 110, 266, 271
Neu-Galizien 49, 54
Neu-Holland 167, 235–237, 242, 243, 245, 246, 248–251, 365, 343, 352, 373
Neu-Kent 283
Neu-Mexiko 16, 74–78, 80–82, 84–86, 220, 408
Neu-Plymouth 309
Neu-Schweden 167, 245, 247
Neu-Spanien 44, 48, 49, 54, 59, 60, 68, 75, 81
Nevada 30
Newcastle 406
New Hampshire 335, 344, 356, 371, 378, 400
New Haven 271, 344, 369, 408
New Jersey 236, 241, 247, 380, 405
Newport 261, 264, 353
Newton 382
Newtown 324, 334
New York 12, 24, 147, 162, 232, 233, 235, 336, 361, 367, 379, 380, 397, 404, 408, 411, 415
Niagara 24, 190, 191, 193, 412
Nicolet, Louis 182
Nicolls, Richard 252–254, 361
Niederlande 236, 251, 398
Nika 222, 225
Nipmucks 363
Niza, Markos von 46, 47, 49
Nomaden 18, 20, 51, 53, 119, 120
Nootkas 19
Nordkarolina 258, 373, 402
Nord-Kompanie (s. a. Plymouth–Kompanie) 259
Nordstrom 231
Nordwest-Passage 231
Normandie 161
Normannen 91, 181, 188, 223
Northhampton, Grafschaft 296
Northfield 368
North-River 231, 233
Northumberland, Graf von 258
Norton, Lord John 278, 350, 360
Notre Dame des Anges 109, 118
Notre Dame de la Récouvrance 119
Nouë, Pater 117
Nugent 280
Nunez, Alvar 38–40, 44
Nurse, Rebecca 390
Sarah 388

Oberster Gerichtshof 334, 352, 356, 361, 362, 370, 373–378
Occaneechee 292
Ohio 180, 205
Oklahoma 16, 59
Oldham, John 337, 341
Olier, Abbé 142
Omahas 20
Onate, Don Juan de 74, 75
Oneidas 24, 148, 161
Onguiahra 190
Onionto 410, 415, 416
Onondaga-Fluß 147
Onondagas 24, 144, 145, 147, 148, 161, 180, 181
Ontario-See 24, 120, 130, 147, 150, 181, 187, 412, 413
Ontitarak 125
Oranien, Wilhelm von 398
Oregon 19
Orinoko 159
Orleans 172
Orleans-Insel 91, 107, 111, 115, 141, 143, 145, 147, 153, 168
Orneaux, Daulac de 152
Osborn 386, 387
Oschategnin 100
Osgood, Mary 389
Osnabrück 382
Österreich, Anna von 154
Otermin 82–86
Ottawa 120
Ottawa-River 104, 127, 130, 137
Ottawa-Stamm 21
Outina 68
Oviedo, Lope de 40, 41
Oxenstierna, Axel 239
Oxford 275, 405
Oyster-Bucht 249

Pace, Richard 270
Pahua 58
Paix 160
Pamlico-Sund 261
Pamunkey-Fluß 298
Pamunkey-Stamm 298
Panama, Isthmus von 11, 95
Panfilo 37
Panunco 38, 39, 41, 61
Paradino, Juan 50
Paraguay 78, 130
Paris 127, 154, 155, 173, 183, 189, 209, 213, 226
Parral 80
Parris, Elisabeth 386
Parris, Samuel 385, 390
Patagonier 26
Patanou 68
Patuxent 279, 313
Pauw, Michel 236
Pavonia 236, 241, 242
Pawnee-Indianer 13, 14, 20
Penaloza, Diego 79
Penn, John 330
Penn, William 10, 325, 405–407
Penns Sylvae 405
Pennsylvanien 325, 380, 407
Penobscots 23
Pensacola 37, 38, 64
Pequoten 23, 30, 340–342, 344, 371, 364
Percy, George (s. a. Persie) 257, 262
Perelta, Pedro 76, 78
Perraga, Pater 80
Perrot, Nicholas 183
Persicles 292
Persie, George (s. a. Percy) 257, 262
Peru 46, 47, 55
Peter der Große 247
Petite Hermine 91
Petit Goave 212
Peträa 153, 155, 171

Philadelphia 10, 246, 406–408
Philipp II., König 63, 65, 74, 210, 221, 342, 351, 362, 363, 365–367, 369, 371, 372, 379
Phipps, Lady 392
William 389, 390, 393
Picuris 82, 83
Pierria, Albert de 66, 67
Pijart, Pater Pierre 124
Pilgerväter (s. a. Pilgrims) 303, 304, 306–309, 311–316, 320, 330, 342, 363
Pilgrims (s. a. Pilgerväter) 303, 304
Pinedo, Alfonso de 36
Pirogen 19, 23, 62, 91
Pizarro 35, 46, 47, 55
Plessis-Brochart 144
Plymouth 26, 303, 304, 309, 311–317, 320, 328, 340, 341, 344, 362, 363, 366, 369, 370, 372, 400
Plymouth-Kompanie 259
Plymouth Plantage 314
Pocahontas 22, 29, 263, 267–270
Pocasset 367
Podunks 363
Polynesier 12
Poncet 144
Pontchartrain-See 206
Pontbriant, Claudius de 93
Pont Gravé 95, 98, 100
Pope, Mrs. 388
Popham, Sir John 259
Portland 97
Port Royal 98, 100, 103, 105, 109
Portsmouth 97, 340, 408
Portugal 259
Posado 85
Potlatsch 19, 20
Potomac 269, 272, 276, 283, 285, 287, 288, 291, 401, 403
Poutrincourt, de 105, 107, 108
Powhatan 260, 263, 267–269
Prärie-Fluß 413
Praying-Indianer 363
Presidios 76
Printz, Johann Björnsson 245, 246
Proctor 388
Prohibition 27
Providence 277, 279, 280, 408
Prud'homme 205
Puans 182, 192
Puans-Bucht 183, 184
Pueblo-Indianer 16, 18, 30, 43, 50–52, 75, 80–85
Puritaner 30, 237, 238, 248, 273, 276, 279, 280, 303, 304, 317–322, 324, 325, 330, 332, 338, 341–343, 347–349, 351–353, 356, 361, 369, 372, 375–377
Puritanismus 173, 280
Puteatami 192, 193, 203
Putnam, Ann 386
Puys, Zacharie du 146
Pynchon 322

Quachoya 60
Quäker 351–355, 357–360, 405
Quebec 89, 91–93, 100, 106, 107, 109, 111–115, 118–121, 126, 127, 131, 138–140, 143–153, 155, 156, 158, 160–163, 166, 168, 173, 177, 184, 186, 191, 207–209, 221, 237, 408, 410, 412, 415
Quelus, Abbé de 154
Queres 82, 85
Quesne, du 108
Quiqueltaws 60
Quivira 52, 53, 75, 92

Radisson, Pierre-Esprit 147, 149, 150, 151, 182, 184, 186
Ragumeau, Paul 132, 133, 135–137, 139, 141, 149

Raleigh, Sir Walter 258, 264, 303
Ramirez, Pater 80
Randolph, Eduard 373–375, 379, 381, 397
Rappahanock 283, 401
Ravenscroft 397
Reformation of London 275
Rehoboth 370
Relation 121, 124, 126, 127, 131–133, 136, 145, 149, 151, 153, 160, 175, 190
Rémy 414
Renardfluß 184
Renaudot, Abbé 189
Renault 203
Rencontre, Pierre 153
Rensselaer 236
Rensselaerwyck 236, 245
Rhode Island 340, 343, 352, 355, 357, 363, 369, 373, 376, 378, 400
Ribaut, Jean 65, 66, 70–72
Richelieu 104, 110, 117, 118
Richelieu-Fluß 127, 139
Richmond 261, 283
Ridge, Mary 326
Rio Abago 82
Rio Colorado 76
Rio Conchos 75
Rio Grande 9, 22, 46, 53, 54, 65, 75–77, 81, 84, 407
Rising, Johann Classon 246, 247
Roanoke River 258, 292
Roberval, Baron de 93
Robinson 353, 354
Rochefort 209, 211
Rocky Mountains 19, 42
Rodrigues, Pater Agostin 75
Rolfe, John 266–270
Rolland 414
Rom 154, 259
Rosas, Luis de 79
Rose 378, 399
Rouen, Erzbischof von 154
Rougemont, Claude 111–113
Rowlandson, Mary 371
Roxbury 324
Rupert, Prinz 275

Sabbat 238, 259, 361
Sachems 100, 129, 236, 240, 365, 370–372
Saget 222, 225
Saguenafluß 113
Saguenay 89, 98
Sainte Croix 97, 100
Saint Francois-Xavier-Mission 183
Saint Gabriel 142
Saint-Germain en Laye 188
Saint-Claude 382
Saint François 211, 212
Saint Ignace 131–134
Saint James 404
Saint John-River 97
Saint-Jones-Fluß 66
Saint Joseph 131, 135–138
Saint Louis 131–133, 140, 147, 152, 222
Saint Louis-See 130
Saint Lusson, Daumont de 183
Saint Mary 273–275, 277, 280, 287, 403
Saint Michel 131
Saint Pierre-See 127, 139
Saint Pierre-Straße 142
Saint Sacrement-Seen 162, 163
Saint Sebastien 160
Saint Simon 183
Saint Sulpice 142
Saint Vallier, Bischof de 174
Salamanca 49
Salem 321, 323, 324, 326, 328, 330, 333, 338, 340, 346, 351, 354, 382, 385–390, 392–394

Salières, de 160, 161
Saltonstall 321, 322
Samoset 311–313
San Agostino 71–74
Sanchez 50
Sandbury 370
Sand-Insel 94
San Domingo 212, 214, 215, 217, 219
San Juan 76
San Juan de Porto Rico 233
Sankt Augustin 71
Sankt Lorenz 15
Sankt Lorenz-Strom 22–24, 31, 89–93, 95, 97, 98, 100, 103–105, 107, 110, 111, 113, 117, 119, 127, 139, 141, 142, 145, 147, 151, 157–159, 161, 166, 167, 176, 177, 181
Sankt Lorenz-Tal 130
San Mateo 72
Santa Elena 64
Santa Fé 76, 77, 79, 81–83, 86, 408
Santa Maria 303
Sarah Constant 257
Sarepta, Elisa 318
Sassacus 341, 342
Sassamon 362, 363, 365, 366
Satouriouna 68
Sauls 341
Sault Sainte Marie 132, 134, 135, 142, 148, 149, 180, 183, 186, 194
Sauzon, de 145, 147, 152
Savonarola 404
Savoyen, Herzog von 46
Saye, Lord 338
Schottland 382
Schuylkil-Fluß 406
Schweden 246, 247, 405
Scituate 370
Scott, John 250, 251
Seekonk 370
Seignelay 208, 209, 211, 212, 218
Seminolen 39, 55, 62, 63, 73, 80
Sempringhaven 322
Semkas 24, 148, 161, 410, 412
Seneschall 152
Sewall 378, 409
Sezessionskrieg 72
Shattock, Samuel 357, 358
Shawnee 222
Sherlock 397
Sherman, Mrs. 344, 345
Siebenbürgen 260
Sierra Azul 85
Sierra Madre 47
Sierra Nevada 19
Sillery 139, 168
Sion 393
Sioux 20, 139, 182, 196
Skelton, Pastor 328
Smith, John 29, 257, 260, 265, 267, 303, 308, 309, 311, 313, 407
Smits, Claes Cornelius 240
Smoky Mountains 56
Soissons, von 105
Sonora 43
Sorel, de 161
Soto, Hernando de 21, 28, 35, 47, 48, 54–60, 62, 74, 184
Soto, Dona Isabella de 57, 61
South River 246, 252
Southwick 353
Spanien 35, 44, 49, 52, 63, 66, 74, 76–78, 94, 237, 259, 382
Spanien, König von 65, 70
Speedwell 306
Spiegel 275
Spooner, Ephraim 303
Staats-Insel 236
Standiol, Miles 307, 311, 312, 316, 317
Starved Rock 207
State House 295

Staten-Island 232, 236, 242, 252
Steinwand, John 369
Stevenson, Marmaduke 353, 354
Stone, William 276, 277, 279, 280
Stoughton, William 389, 390, 391–393, 404
Strangers 206, 305, 314
Stratford, Grafschaft 286, 287
Strong, Leonard 280
Stuart, Familie 334, 349, 351, 372, 397, 399, 403
Stuart, Maria 398, 404
Stuyvesant, Balthasar 254
Peter 243, 245–247, 249, 250–254, 380
Squanto 313, 314
Subercase 414
Südamerika 9, 44, 94, 159, 267
Südkarolina 373, 402
Süd-Kompanie (s. a. London-Kompanie) 256
Suffolk 318, 319
Sully 95, 98
Sunda-Kokosinseln 231
Susquehanocks 287–289, 292
Swallow 351
Swansea 367
Syracuse 147

Tadoussak 118, 151, 158, 160
Taignoaguy 89
Talcott 250
Tallahassee 56
Talon, Jean Baptiste 158–160, 169–171, 180, 183, 184, 222
Tampa 37, 63
Tanos 82, 83, 85, 86, 205
Taos 81, 82, 85
Taube 272, 273
Taunton 372
Tennessee 56
Tepees 22
Teron 158
Tessier 222
Tesuque 81
Tewas 82, 83, 85, 86
Texas 16, 28, 38, 42, 53, 60, 225
Thanksgiving Day 304
The Blessing at the Bay 326
Thorpe 297
Throgmorton 237
Ticonderoga 102, 103
Tidewater Lands 283
Tienkoven, von 242
Tilini 82
Titube 386, 387
Tleume 82
Tobias 366
Toledo, Don Pedro de 49
Tomahawks 25, 130, 145
Tonti, Heinrich von (Tonti, Henri de) 31, 189, 190–193, 195–204, 206–208, 217, 221, 226, 227
Torry, Samuel 400
Tracy, Marquis Prouville de 158, 160, 163, 165, 182, 412
Toulouse 382
Town Brook 312
Trevino 81, 82
Trinity-Fluß 226
Truman 288
Turenne 167
Türken 161
Twiller, Wouter von 235, 239, 247, 248
Tyler 283

Uatuaks 175
Ultramontaner 156
Ultramontanismus 154
Uncas Fenimore Coopers 341, 342
Underhill 30, 237, 242, 248, 330, 342
Unitarier 406

Upland 406
Upshall, Nicolas 351
Ursulinen 140, 158, 168
Utagamis 175
Utah 15, 85

Vaca, Cabeza de 15, 16, 28, 35, 38–44, 46, 51, 185
Vane, Henry 332–334, 339
Vargas, Don Diego de 86
Vassell, William 346
Vauban 168
Vaudreuil, Ritter von 414
Vera Cruz 64
Vera Paz 62
Vercingetorix 82, 366
Verrazano, Giovanni de 89, 261
Versailles 209
Vignau, Nicolas de 104
Villafana, Angel de 65
Villemarie 143
Vimont, Pater 127
Virginia 141, 257, 259, 261, 264–272, 274–279, 282–288, 290, 291, 294, 297, 298, 300, 301, 303, 305, 306, 308, 312, 324, 343, 365, 373, 399, 401, 402, 407, 408
Voltaire 90
Vries, De 240, 241

Wahnsinnige, Johannes der 49
Walcot, Jonathan 385
  Mary 385, 386
Wales 243
Wallonen 232
Wall Street 242
Wall Street-Mauer 237
Wampamoeg 313, 363, 365–367, 372
Wampun 92, 134
Ward, Nathaniel 346
Warr, Lord de la 265, 266
Warwick, Lord 321, 340, 370
Washington 19, 271, 287
  Familie 283
  George 287
  John 288
Watertown 324, 325, 327, 333
Weetahoe 372
Weld, Thomas 331
Wells 54
Westchester 242
Westindien 95, 96, 249
Westindische Gesellschaft 159
Westindische Kompanie 166, 232, 235, 237, 243
West Jersey 405
Westminster 380
Weston, Thomas 305
Weymouth 313, 370
Whalley 349, 357
Wheelwright, Pater 332, 334, 335
Whitehall 275, 362
White, Pater John 273, 275, 318
Whittaker, Pastor 268
Wigwam 22, 26, 53, 370
Wilder, Sarah 390
Wilhelm III. 398, 399, 403, 404, 409, 415
Willard, John 388, 391
Williams, Abigail 386–388, 390–392
  Priester 324
  Roger 327–332, 335, 336, 338–340, 343, 344, 352
Williamsbury (s. a. Middle Plantation) 297, 401, 409
Wilson, Eduard 333, 348
Windsor 338, 383
  Schloß 271
Wingfield, Edmund 260–262
Winkle, Rip van 245
Winslow, Josuah 306, 309, 312, 337, 365, 369, 382, 398, 409

Mary 303
Winthrop, John 303, 317–319, 321–330, 333, 334, 336, 343–345, 347, 382, 408
Wisconsin 134, 176, 183, 184
Wise, John 380
Wissler, Clark 27
Wollaston 315
Wrentham 370

Xuarez, Pater Juan 35

Yacomino-Indianer 273
Yardley, George 269
York, Herzog von 250, 251, 254, 283, 351, 373, 405, 411
York-River 269, 283
Yorkshire 320
You 200
Young, Alsa 383
Yroquet 100

Zacatecas 75
Zavildar, Juan de 76
Zenoble, Pater 204
Zuca 50

Erläuterungen zu den Abbildungen

Die Ziffern beziehen sich auf die der Abbildung gegenüberliegende Seite.

Vorsatzpapier vorne: Martin Waldseemüllers Weltkarte erschien 1507 und wurde in Straßburg in der hohen Auflage von 1000 Exemplaren gedruckt. Es war die erste Karte, die den von ihm vorgeschlagenen Namen »America« und die neuen Entdeckungen enthielt.

Vorsatzpapier hinten: Der Indianerhäuptling Athore führt im Jahre 1564 René de Laudonnière zu einem Hügel an der Mündung des St.-Johns-Rivers, auf dem Ribaut eine steinerne Säule mit dem Wappen des Königs von Frankreich errichtet hatte. Miniaturgemälde von Jacques Le Moyne de Morgues. Der Maler nahm selbst an der Expedition teil; dies ist das einzig von ihm erhalten gebliebene Gemälde. New York Public Library, New York.

32 Kolumbus wird von den Indianern am 12. Oktober 1492 auf der Insel San Salvador empfangen. Stich vom Anfang des 16. Jahrhunderts.

33 Schon bald nach der Landung betrieben die Spanier regen Tauschhandel mit den einheimischen Indianern. Kleider und Schmuck waren begehrte Waren. Zeitgenössischer Stich.

48 *Oben:* Der Spanier Hernando de Soto (1486–1542) stieß 1539 von der Westküste Floridas mit einer Expedition von sechshundert Männern in das Mississippi-Gebiet vor, um »das reichste Land der Welt zu erobern«. 1542 erlag er, wie ein Großteil seiner Leute, am Mississippi den Strapazen seines Unternehmens. Aus: Herrera y Tordesillas, *Historia General,* Madrid 1601–1615.
Unten: »De Soto am Mississippi«, Gemälde von W. H. Powell. Die Abbildung zeigt das Zusammentreffen de Sotos (links) mit den Indianern. In Wirklichkeit kamen die Spanier jedoch völlig erschöpft hier an, nachdem sie sich monatelang durch unwegsames Gebiet gequält hatten und der ständigen Bedrohung der Indianer ausgesetzt waren.

49 *Oben:* Zeitgenössische Federskizze vom Verlauf der Expedition de Sotos 1539–1542. Dargestellt ist der südliche Teil Nordamerikas von der Küste St. Elena (Port Royal, South Carolina) bis zum Río Pánuco in Mexiko. Bis hierhin gelangte die Expedition nach de Sotos Tod unter Führung Moscosos. Archivo General de Indias, Sevilla um 1544.

Unten: Francisco Vasquez de Coronado auf der Suche nach dem Königreich Quivira. Der indianische Führer El Turco deutet nach Osten.

64 *Oben:* Auf seiner Eroberungsreise durch Florida zeichnete sich Hernando de Soto durch besondere Grausamkeit aus. Er und seine Leute hausten wie Barbaren und metzelten ganze Indianerdörfer grausam nieder. Bevor die Indianer getötet wurden, schlug man ihnen Hände und Füße ab. Nach einer Zeichnung von Jacques Le Moyne de Morgues. Stich aus Theodore de Bry, *Historia Americae Sive Novi Orbis* (America), Teil V, 1595.
Unten: Die spanischen Eroberer waren mit ihren modernen Waffen den Indianern weit überlegen. Jede kleinste Gegenwehr schlugen sie erbarmungslos nieder. Stich aus: de Bry, *America,* Teil VI, 1596 (nach einer Zeichnung Le Moynes).

65 *Oben:* »Outina, der an der Spitze seiner Armee gegen den Feind marschiert, befragt einen Zauberer über den Ausgang.« Der über 120 Jahre alte Zauberer kniet auf dem Schild nieder und murmelt, während er wild gestikuliert, unverständliche Worte. Nach kurzer Zeit hatte er Anzahl und Standort des Feindes ausgemacht. Stich aus: de Bry, *America,* Teil II, 1591 (nach einer Zeichnung Le Moynes).
Unten: »Wie Outinas Männer die erschlagenen Feinde behandeln.« Mit scharfen Schilfblättern schneiden sie die Haut des Kopfes von vorn nach hinten auf und reißen sie mitsamt dem Haar ab. Dann zerhacken sie die Körper. Skalpe und getrocknete Gliedmaßen tragen sie an den Enden ihrer Speere im Triumph nach Hause. Stich aus: de Bry, *America,* Teil II, 1591 (nach einer Zeichnung Le Moynes).

80 *Oben:* René de Laudonnière war Befehlshaber der Hugenotten, mit denen er 1562 nach Florida kam, um sich zunächst am Mai-Fluß niederzulassen. Stich aus: Crispin de Passe, *Effigies Regum,* Köln 1598.
Unten: Auf ihrer ersten Reise nach Florida liefen die Franzosen eine dicht bewaldete Landzunge an, die ihr Kommandant Frankreich zu Ehren »Französisches Vorgebirge« nannte. Am Ufer wurden sie freundlich von den Indianern mit Geschenken empfangen. Stich aus: de Bry, *America,* Teil II, 1591 (nach einer Zeichnung Le Moynes).

81 *Oben:* Nach langer Suche fanden die Franzosen am Fluß Mai einen geeigneten Platz für ein Fort. Auf einem dreieckigen Grundriß errichteten sie gemeinsam die Anlage. Stich aus: de Bry, *America,* Teil II, 1591 (nach einer Zeichnung Le Moynes).
Unten: Das dreieckige Festungswerk nannten die Franzosen Fort

Caroline. Es war mit Schutzwällen umgeben, die eine Zitadelle, Proviantspeicher und niedrige Quartierhäuser für die Soldaten einschlossen. Die Residenz Laudonnières stand auf einer kleinen Piazza. Ein Backofen wurde in sicherer Entfernung von dem Befestigungswerk errichtet, da man die nur mit Palmwedeln gedeckten Häuser nicht der Brandgefahr aussetzen wollte. Stich aus: de Bry, *America*, Teil II, 1591 (nach einer Zeichnung Le Moynes).

96 Jacques Cartier (1491–1557) leitete 1534 seine erste Schiffsexpedition nach Nordamerika. In den Jahren 1535/36 fuhr er den Sankt-Lorenz-Strom bis in die Nähe von Montréal hinauf und erkundete die großen Seen. Stich aus: Charlevoix, *Histoire de la Nouvelle France*, Paris 1744.

97 *Oben:* Als die Franzosen den Fluß Mai hinaufsegeln, werden sie von den Indianern am Ufer freundlich begrüßt. Die Indianer, die ihnen bis zu den Schultern im Wasser entgegenwaten, bieten ihnen Körbe mit Mais und Maulbeeren als Geschenke an. Am Ufer erwartet sie der Häuptling, begleitet von einer Truppe bewaffneter Stammesgenossen. Stich aus: de Bry, *America*, Teil II, 1591 (nach einer Zeichnung Le Moynes).
Unten: Diese Karte von Kanada zeichnete ein portugiesischer Kartograph vor 1547. Sie zeigt Cartier mit seiner Mannschaft. Cartier ist im rechten Bilddrittel neben einer Dame stehend dargestellt. Ungeklärt ist, ob der Zeichner die Ankunft in Kanada oder die Rückfahrt nach Frankreich dargestellt hat.

112 *Oben:* Bei der Fortsetzung ihrer Fahrt entdeckten die Franzosen einen Fluß, den sie Port Royal nannten. Hinter der vorgelagerten Insel flüchteten Indianer vor ihnen und ließen einen gebratenen Luchs zurück. Daher wurde diese Stelle »Luchs-Spitze« genannt. Stich aus: de Bry, *America*, Teil II, 1591 (nach einer Zeichnung Le Moynes).
Unten: Nach einer zweimonatigen Schiffsreise landet Champlains Frau am 2. Juli 1620 in Kanada. Die Familien Champlains und Louis Héberts waren zeitweise die einzigen Siedler, die ständig in Quebec lebten.

113 *Oben:* Cartiers Entdeckungen des Jahres 1534 sind auf dieser Holzschnittkarte »La nuova Francia« noch nicht enthalten. Sie zeigt das aus vielen Inseln bestehende Neufundland mit den schmalen Bänken vor der Küste und beeinflußte viele spätere Karten. Aus: Giovanni Baptista Ramusio, *Navigazioni e viaggi*, Venedig 1556.
Unten: Geraume Zeit nach der Abreise Ribauts aus Florida stellten die in Fort Charles zurückgelassenen Leute fest, daß ihr Proviant zur Neige ging. Mit Kanus machten sie sich auf den Weg zu den Indianern, die sie

in der Nähe eines Süßwasserflusses, in dem zahlreiche Krokodile schwammen, fanden. Die Indianer hatten Verständnis mit der Notlage der Franzosen und versorgten sie mit Mais und Bohnen. Stich aus: de Bry, *America,* Teil II, 1591 (nach einer Zeichnung Le Moynes).

128 *Oben:* Der französische Offizier und Kolonialpionier Samuel de Champlain (1567–1635) war 1604 maßgeblich bei der Entdeckung und Gründung von Port Royal beteiligt. Im selben Jahr gründete er auch Quebec. Er erforschte das Innere Nordamerikas und entdeckte 1609 den nach ihm benannten Champlainsee und 1615 den Huronsee. Zeitgenössischer Stich.
Unten: Französische Pelzhändler fahren, geführt von Indianern, mit Kanus den Mississippi hinunter. Einer der Entdecker, La Salle (1643–1687), nahm 1682 das große Tal an der Mündung des Flusses ein und nannte es nach dem Namen des Königs von Frankreich Louisiana.

129 *Oben:* Nachdem die Franzosen den Fluß weiter hinaufgefahren waren, entdeckten sie zwei weitere Inseln. Die eine, die nur durch einen schmalen Wasserarm vom Festland getrennt war, nannten sie »Libourne Island« (F). Hier errichteten sie ein Denkmal zu Ehren Frankreichs. Gegenüber fanden sie eine zweite Insel, die von hohen Zedern bewachsen war. Deshalb nannten sie die Insel »Cedar«. Stich aus: de Bry, *America,* Teil II, 1591 (nach einer Zeichnung Le Moynes).
Unten: Die französischen Jesuitenpatres Brébeuf, Lallemant und Joques werden 1649 von den Irokesen zu Tode gefoltert. Der französische Priester Hugues Pommier malte das Bild 1655 nach einer Darstellung auf einer Karte Bressanis aus dem Jahre 1657.

144 *Oben:* Plan der Indianerstadt Hochelaga. Die befestigte Siedlung lag etwa zehn km vom Sankt-Lorenz-Strom entfernt. Der Plan orientiert sich nach einer Beschreibung Cartiers aus dem Jahre 1535. Aus: Giovanni Baptista Ramusio, *Navigazioni e viaggi,* Venedig 1556.
Unten: Der Kupferstich stellt vermutlich das Hafenleben in Sevilla dar, von wo aus der Mailänder Girolamo Benzoni 1551 nach Guadalquivir aufbrach. Benzonis *Historia del Mondo Nuovo* wurde von de Bry nachgedruckt. Aus: de Bry, *America,* Teil IV, 1594.

145 *Oben:* Die Kriegserklärung eines Indianerhäuptlings an den Feind wird symbolisch mitgeteilt. Auf Anordnung des Häuptlings werden Pfeile, an deren Enden Haarlocken geknüpft sind, entlang der öffentlichen Wege gesteckt. Stich aus: de Bry, *America,* Teil II, 1591 (nach einer Zeichnung Le Moynes).

Unten: Nach einem erfolgreichen Kriegszug versammeln sich die Indianer zur Feier des Siegesrituals. Sie legen Arme, Beine und Skalpe der gefallenen Gegner nieder und befestigen die Siegestrophäen auf hohen Pfählen. In der Mitte verflucht ein Zauberer, der eine kleine Statue in der Hand hält, den Feind, wobei er mit leiser Stimme tausend Verwünschungen ausstößt. Mit Keulen und Kürbisrasseln schlagen drei Männer den Takt zu den Gesängen des Zauberers. Stich aus: de Bry, *America,* Teil II, 1591 (nach einer Zeichnung Le Moynes).

160 *Oben:* Die Indianer befestigen ihre Dörfer ringsum mit dicken, runden Holzpfählen. Die Umrandung ziehen sie spiralförmig ein Stück über den Beginn hinaus, damit ein schmaler Eingang entsteht. Hier errichten sie ein kleines, rundes Wachgebäude mit vielen Sehschlitzen für die Beobachtung. In der Mitte des Dorfes steht das Haus des Häuptlings, um das sich die Häuser der anderen Stammesmitglieder scharen. Alle sind mit Palmwedeln gedeckt. Stich aus: de Bry, *America,* Teil II, 1591 (nach einer Zeichnung Le Moynes).
Unten: Zweimal im Jahr ernten die Indianer auf den Inseln Früchte, die sie mit ihren Einbäumen oder Kanus nach Hause fahren und in den schattig gelegenen Steinhäusern lagern. Stich aus: de Bry, *America,* Teil II, 1591 (nach einer Zeichnung Le Moynes).

161 *Oben:* Die Indianer wenden zwei Methoden an, um Kranke zu heilen. Sie legen die Kranken auf eine Holzliege auf den Rücken und ritzen ihnen mit scharfen Muscheln die Haut der Stirn ein, saugen das Blut aus der Wunde, spucken es in Gefäße und geben es schwangeren Frauen als Stärkungsgetränk; oder sie legen den Patienten auf den Rücken und reizen ihn mit dem Dampf gerösteter Tabakblätter oder Samenkörner bis zum Erbrechen. Stich aus: de Bry, *America,* Teil II, 1591 (nach einer Zeichnung Le Moynes).
Unten: Zwei junge Männer gehen an der Seite Häuptling Saturibas und tragen Fächer, während ein dritter die Schleppe trägt. Seine Frau und ihre Zofen tragen Schmuck um den Hals und Moosgürtel über Schulter und Hüften. Die Haut um den Mund herum ist blau bemalt, Arme und Schenkel sind bunt tätowiert. Stich aus: de Bry, *America,* Teil II, 1591 (nach einer Zeichnung Le Moynes).

176 *Oben:* Das Indianerdorf Pomeiooc zwischen dem heutigen Lake Landing und der Wyesocking Bay. Das Dorf mit seiner Palisadeneinfriedung zeigt achtzehn für den Baustil der Algonkin-Indianer typische Langhäuser. Stich aus: de Bry, *America,* Teil II, 1591 (nach einem Aquarell von John White, 1585).

Unten: Ein beliebtes Ausflugsziel für die Indianer Floridas waren die vielen Inseln in den flachen Flüssen. Sie schwammen oder wateten durch das seichte Wasser, wobei sie ihre Kinder, Proviant und die Waffen über dem Wasser hielten. Stich aus: de Bry, *America*, Teil II, 1591 (nach einer Zeichnung Le Moynes).

177 Beim Fischfang befestigen die Indianer, da sie über keine Eisen- oder Stahlspitzen verfügen, den hohlen Schwanz eines Fisches an Rohren oder langen Ruten und stechen damit nach den Fischen. Oder sie bauen sich Reusen aus Rohren und Zweigen, die sie im Wasser aufstellen. Aquarell von John White, 1585. British Museum, London.

192 *Oben:* Die Expedition La Salles erreicht im April 1682 die Mündung des Mississippi. Im Namen des Königs von Frankreich errichtet La Salle am Ufer ein Kreuz und erklärt es als französisches Gebiet. Gemälde von George Catlin (1796–1872).
Unten: Chevalier de Tonti wurde, als er die Irokesen um Frieden bat, zunächst von einem Indianer mit einem Messer gestochen. Doch schließlich ließ man die Franzosen ziehen, die sich daraufhin zu den Ottawa-Indianern durchschlugen. Gemälde von George Catlin.

193 *Oben:* Champlain besiegt mit Hilfe der Algonkin, Huronen und Montagnais im Juli 1609 am Lake Champlain die feindlichen Irokesen. Aus: Champlain, *Voyages*, Paris 1632.
Unten: Mit der »Greif« fuhr La Salle vom Eriesee nach Detroit und später nach Niagara. Das Schiff wurde nach dem Wappen des Grafen de Frontenac benannt, das von zwei Greifvögeln gehalten wird. Das Gemälde von George Catlin (1796–1872) zeigt den Stapellauf der »Greif«.

208 *Oben:* La Salle segelte den Mississippi bis zu seiner Mündung hinunter, wo er an einem Baumstamm das Wappen des Königs von Frankreich befestigte und ein Kreuz errichtete, um zu beweisen, daß er hier war. Anschließend fuhr er den Mississippi wieder hinauf. Zeitgenössischer Stich.
Unten: Im Alter von dreißig Jahren kam La Salle im Gefolge seines älteren Bruders Abbé Jean von Rouen in Frankreich nach Kanada. Er entdeckte die großen Seen und segelte den Ohio und den Mississippi hinab. Im Namen des Königs von Frankreich gründete er 1682 Louisiana. Zeitgenössischer Stich.

209 *Oben:* Ansicht der Stadt Quebec von der gegenüberliegenden Seite des Sankt-Lorenz-Stromes. Kolorierter Kupferstich von James Peachey, 1784.
Unten: Häuser von Quebec. B=Taubenschlag, C=Wohnungen der Arbeiter und Waffenlager, D=weitere Wohnungen für Arbeiter, E=Sonnenuhr, F=Wohnungen für Handwerker, G=Galerie, H=Wohnung Champlains, I=Eingang, L=Rundweg, M=Schutzmauer, N=Plattform für Kanonen, O=Garten Champlains, Q=Platz am Ufer des Flusses, R=Sankt-Lorenz-Strom.

224 *Oben:* Henry Hudson (um 1550–1611) bei seiner Landung auf Manhattan. Zeitgenössisches Gemälde.
Unten: Nachdem Henry Hudson schon zuvor häufig mit seinen Schiffsbesatzungen zu kämpfen hatte, wurde er 1611 wahrscheinlich von seiner meuternden Mannschaft mit seinem Sohn und acht Gefährten in der Hudson-Bay ausgesetzt und blieb verschollen. Gemälde von John Collier.

225 *Oben:* Holzschnitt von Mexiko City. Aus: Hernando Cortès, *Praeclara ... de Nova Maris Oceani Hyspania Narratio,* Nürnberg 1524.
Unten: Für viele Indianerstämme gehörte die kriegerische Auseinandersetzung zum täglichen Leben. Junge Männer hatten die Gelegenheit, sich beim Kampf für ihren Stamm auszuzeichnen. Bemalte Büffelhaut.

240 *Oben:* Die älteste Ansicht New Yorks, als es noch »Fort Neu-Amsterdam auf der Manhattan-Insel« hieß. Stich aus: Joost Hartgers, *Beschrijvinghe van Virginia, Nieuw Nederlandt, Niew Engelandt,* Amsterdam 1651.
Unten: Peter Minuit, einer der Direktoren der Holländisch-Westindischen Kompanie, kaufte 1626 den Indianern die Insel Manhattan ab und gründete Neu-Amsterdam. Auf dem Gemälde verhandelt er mit den Algonkin-Indianern.

241 *Oben:* Stadtplan von Manhattan mit der englischen Flotte, die Neu-Amsterdam 1641 einnahm. Die Straße mit der Mauer ist die heutige »Wall Street«.
Unten: Indianertanz zur Unterhaltung der europäischen Einwanderer. Bei ihrer Expedition zum Mississippi trafen die französischen Jesuiten vorwiegend auf freundliche Indianer. Stich aus: de Bry, *America,* Teil II, 1591 (nach einer Zeichnung Le Moynes).

256 *Oben:* Der Stich zeigt die Küste von Kap Hatteras bis zur Insel Knott im Currituck-Sund. An den fünf Einfahrten deuten fünf Schiffswracks auf die Gefahren dieser Meeresstelle hin, die später als »Friedhof des Atlantiks« bezeichnet wurde. Aus: de Bry, *America,* Teil I, 1590 (nach einer Zeichnung von John White).
Unten: Mit Geschenken wie Messern oder Perlen versuchten die Engländer, die Indianer günstig für sich zu stimmen. Stich aus: de Bry, *America,* Teil XIII, 1634.

257 *Oben:* Rekonstruktion des Fort James, das die ersten englischen Siedler um 1607 erbauten. An dieser Stelle entstand später die Stadt Jamestown.
Unten: Indianer bauen ihre Boote aus ganzen Holzstämmen. Mit einem kleinen Feuer wird der Stamm langsam ausgebrannt und danach mit scharfen Muscheln weiter ausgeschabt. Stich aus: de Bry, *America,* Teil I, 1590 (nach einer Zeichnung von John White).

272 *Oben:* Bevor Saturiba in den Kampf zog, veranstaltete er eine feierliche Zeremonie. Die Krieger setzten sich in einem Kreis um den Häuptling, der in der Mitte ein Feuer anzündete und zwei mit Wasser gefüllte Eimer danebenstellte. Kampfschreie ausstoßend entleerte er dann einen Eimer in Richtung der Sonne und betete, daß das Blut der Feinde ebenso ausgeschüttet werde. Mit dem anderen Eimer löschte er das Feuer, um damit das Auslöschen des Lebens der Feinde anzudeuten. Stich aus: de Bry, *America,* Teil II, 1591 (nach einer Zeichnung Le Moynes).
Unten: Der Gouverneur von Virginia, Thomas Dale, schickte 1614 seinen Sekretär zu Häuptling Powhatan, um ihn um die Hand seiner Lieblingstochter zu bitten. Der Indianerhäuptling ging darauf nicht ein, nahm jedoch die Friedensversicherung der Engländer entgegen. Stich aus: de Bry, *America,* Teil X, 1618.

273 Die Häuptlingsfrau trägt das Haar mit einem Knoten, ihre Haut ist tätowiert, eine Perlenkette schmückt ihren Hals, und um die Hüften hat sie ein Hirschfell gebunden, das den Rücken frei läßt. Ihre etwa achtjährige Tochter ist nur mit einem schmalen Fellgürtel bekleidet. In der Hand trägt sie eine englische Puppe. Farbige Zeichnung von John White, 1585. British Museum, London.

304 *Oben:* Das Gemälde, das in der Pilgrim Hall in Plymouth hängt, stellt das erste Erntedankfest im Jahre 1621 dar. Am rechten Bildrand sitzend nehmen befreundete Indianer in einiger Entfernung an der Feier teil.

Unten: Aus Dank, daß sie den ersten Winter überstanden haben, bieten die Pilgerväter den Indianern Speisen und Getränke an.

305 Die »Mayflower«. Stich nach einem Gemälde von Marshall Johnson.

336 *Oben:* Nach der Landung im Winter 1620 richten sich die Pilger das erste Lager bei Plymouth, Massachusetts, ein.
Unten: Der »Plymouth Rock« mit der eingemeißelten Jahreszahl markiert die Stelle der ersten Landung der Pilger.

337 *Oben:* Roger Williams (1604–1683), Prediger in Massachusetts und Vertreter einer demokratischen und liberalen Regierungsform, kritisierte die Kolonisationsmethoden der englischen Krone und wurde aus Massachusetts verbannt. Er floh nach Rhode Island und gründete in Providence die erste Siedlung. Besonders zu den Narragansett-Indianern unterhielt er gute Beziehungen.
Unten: Der Quäker William Penn (1644–1718) erwarb 1681 für seine in Europa verfolgten Anhänger das Gebiet des heutigen Pennsylvania. 1683 gründete er dort die Hauptstadt Philadelphia. Das Gemälde von Benjamin West (1738–1820) entstand 1771 und zeigt seinen Vertragsabschluß mit den Indianern. Pennsylvania Academy of the Fine Arts, Philadelphia.

384 *Oben:* Die Pilger auf ihrem sonntäglichen Weg zur Kirche. Die Männer halten ihre Gewehre bereit, um gegen Indianerüberfälle gerüstet zu sein. Vermutlich handelt es sich um eine Szene im ersten Winter 1620/21, als die Siedler noch keine Freundschaft mit Häuptling Samoset geschlossen hatten.
Unten: Im Jahre 1647 wurde die erste Hexe, Alsa Young, in Amerika gehängt. Auch die Puritaner waren vom Hexenwahn befallen und verfolgten jeden, der hysterische Anfälle hatte oder verdächtigt wurde, mit dem Bösen im Bunde zu stehen. Szene aus dem Hexenprozeß von Salem.

385 *Oben:* Das Fort St. Georges wurde 1607 von englischen Siedlern unter Kapitän George Popham und Ralegh Gilbert erbaut. Die Skizze zeigt eine vollständige Kommune mit Kirche, Gemeinschaftsküche, einem Bach für die Wasserversorgung und Befestigungsanlagen.
Unten: Den kalten Winter 1604/05 verbrachten die von Skorbut geplagten Franzosen auf einer Insel in der Mündung des Saint-Croix. A=Haus von Graf de Mont, P=Haus von Champlain. Stich aus: Champlain, *Voyages,* Paris 1632.

400 Die Indianerin ist am ganzen Körper tätowiert und trägt als einziges Kleidungsstück einen über die Schultern geworfenen Gürtel, an dem Moosstränge befestigt sind. Farbige Zeichnung von John White, 1585, nach einer verlorenen Le-Moyne-Zeichnung. British Museum, London.

401 *Oben:* Die erste in England gedruckte Weltkarte. Durch die herzförmige Projektion wird die Kürze der Nordwestroute zu den Molukken im Vergleich zu den Südrouten über die Magellanstraße oder das Kap der Guten Hoffnung betont. Kopie der Ortelius-Weltkarte von 1564.
Unten: Mit dieser Karte und einer schriftlichen Abhandlung wollte Henry Briggs seine Hypothese untermauern, daß die Hudson-Straße und die Button-Bay einen »guten Zugang zu der nächsten Passage nach Japan und China« böten. Es ist die erste Karte, auf der der Name »Hudsons bay« erscheint.